KB139640

百見不如一打

코드를 한번 쳐보고 실행해보는 것이
프로그래밍을 익히는 으뜸 공부법이라는
철학을 담았습니다.

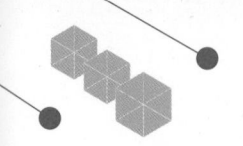

지은이의 글

"기술 스택에 자신 있게 'Node.js'를 넣어보세요"

최근 개발에 대한 관심이 높아지면서 전공자가 아닌 사람도 '개발'에 대한 수요와 관심이 높아졌습니다. 처음 개발을 배울 때 많은 사람이 웹의 '프론트엔드' 분야로 시작하는 것을 보았습니다. 상대적으로 웹의 '백엔드'보다 진입 장벽이 낮아 보인다는 것이 이유였는데요. 저는 전혀 그렇게 생각하지 않습니다. 프론트엔드와 백엔드의 넘어야 하는 기술적인 부분이 다르고, 개발자의 성향에 따라 맞는 포지션이 존재할 뿐입니다. 그래서 웹의 '백엔드 공부를 시작하는 사람들'에게 'Node.js로 서버 만들기'라는 주제를 쉽게 전달하기 위해 집필을 시작했습니다. Node.js 공부를 시작하여 무언가 만들어보고 싶은 노베이스 입문 개발자부터, Node.js를 조금 다룰 줄 알지만 기초 개념을 다시 잡고 싶은 중급 개발자까지 Node.js로 서버를 만들어보고 싶은 사람은 누구나 이 책의 독자가 될 수 있습니다.

처음 Node.js를 접한 것은 이전 직장에서 프로젝트를 위해 서버를 개발해야 할 일이 생겼기 때문이었습니다. 서버를 만들기 위해 'Node.js'라는 스택을 선택한 이유는 다음과 같습니다.

- 프론트엔드에서 많이 사용하는 자바스크립트로 서버의 로직까지 처리할 수 있다.
- 서버에 무리가 적고 자유도가 높다.
- 생태계가 커서 혼자서 검색하며 공부하기에 좋다.
- 다양한 모듈을 npm에서 가져와 사용할 수 있어 기술을 빨리 개발하고 응용할 수 있다.

이와 같은 특징 때문에 혼자서 백엔드를 공부하며 기술 스택에 추가하고 싶은 입문자에게 'Node.js'는 최고의 스택이 아닐까 싶습니다.

프로젝트를 진행할 때, 전공자이지만 자바스크립트와 Node.js는 자세하게 다뤄본 적이 없어 많은 어려움을 겪었습니다. 그러므로 독자분도 저와 같은 어려움을 겪지 않으면 하는 마음으로 Node.js 기술을 익히기 위해 했던 노력과 경험을 최대한 살리기 위해 노력했습니다.

기초를 다질 수 있도록

Node.js라는 기술은 자바스크립트를 알아야 사용할 수 있는 환경입니다. 하지만 자바스크립트에 익숙하지 않아도 프로그래밍이 어떤 것인지 기본 개념만 있으면 따라할 수 있도록 집필하였습니다. 또한 용어가 이해가 되지 않아 포기하는 일이 없도록, 최대한 알기 쉽게 풀어서 설명하는 데 초점을 두었습니다.

개발은 만들어보는 것

이 책의 구성은 기초 용어 및 개념 설명이 끝난 뒤 응용과 이해를 위한 예제로 이루어져 있습니다. 서버 로직을 만든다는 것은 화면 개발처럼 시각적으로 눈에 보이는 결과가 나오는 것이 아니므로 어쩌면 '서버'라는 개념이 뜬구름 잡는 소리처럼 느껴질 수 있습니다. 그러므로 예제를 통해 개념과 원리를 서서히 습득하고 이해할 수 있도록 구성하였습니다.

명쾌하고 심플하게

하나의 기술을 알려면 어렵고 추상적인 내용까지 공부해야 하는 순간이 옵니다. 하지만 입문자에게는 그 과정이 오히려 걸림돌이 되어 쉽게 낙담하는 일이 생기곤 합니다. 이를 위해 많은 분량과 자세한 설명보다는 꼭 알아야 하는 내용만 명쾌하게 설명하기 위해 노력했습니다.

몇 년 전까지만 해도 MVC 패턴을 사용하는 기술이 유행이었으나, 최근에는 서버와 프론트가 나뉘고 프론트의 자유도가 높은 방식으로 바뀌고 있습니다. 또 2021년을 기준으로 보면 간단하고 빠른 프레임워크가 대세이기도 합니다. 이 경향 속에 'Node.js'도 포함되어 있고 Node.js 스택을 가진 개발자를 찾는 구인 공고도 흔하게 볼 수 있습니다. Node.js는 진입 장벽이 낮고, 쉽고, 동적 스크립트 언어이며, 넓은 사용자층, 높은 자유도라는 장점이 있는 아주 멋진 기술입니다. 그리고 넷플릭스, 페이팔, 유튜브가 사용하는 기술로도 유명하죠.

하지만 새로운 기술과 최신 경향이 교체되는 주기가 점점 짧아지고 있습니다. Node.js라는 기술을 열심히 습득했는데 내가 일하는 곳에는 Node.js말고 다른 기술이 사용될 수도 있고요. 이는 실제로 아주 흔하게 벌어지는 일입니다. 이런 상황에서 독자분이 한 가지 기술을 A부터 Z까지 섭렵하고 싶지는 않을 것이라고 생각하였습니다. 책을 구매해서 앞장만 닳는 경험을 한 적이 있지 않은가요? 이 책도 그렇게 소비되지 않게, '꼭' 필요한 개념과 기술을 담았습니다.

코딩을 처음 시작할 때 '개발자들은 어떻게 이런 많은 기술을 익히고, 외우고, 적용하지'라는 생각을 하곤 하였습니다. 나만 모르는 것 같은 좌절감에 빠지기도 했고요. 하지만 대부분 개발자도 모든 함수와 라이브러리, 기술을 외우고 있지는 않습니다. 어떤 원리로 흘러가는지에 대한 감을 익히고 필요한 부분은 그때그때 찾아보는 방식으로 코딩을 하죠. 여러분도 이 책을 통해 바로 그 '감'을 찾을 수 있었으면 좋겠습니다.

이 책을 읽고 개발자가 되기 위한 발을 내딛는 모든 독자분을 진심으로 응원하며, 개발을 하며 자괴감이나 낙담에 빠지는 일이 없었으면 좋겠습니다. 코딩을 하는 것은 운전을 하는 것과 같아서 처음부터 못하는 것이 당연하며 서서히 익숙해지는 것이기 때문입니다.

감사의 글

이 책을 집필할 수 있도록 용기와 칭찬을 아낌없이 주신 임성춘 편집장님께 감사의 말씀을 드리고 항상 옆에서 응원해주는 사랑하는 가족과 친구들, 그리고 성장하는 개발자가 될 수 있도록 영감을 주는 우리 팀원들에게 감사의 마음을 전합니다.

2021년 9월
박민경

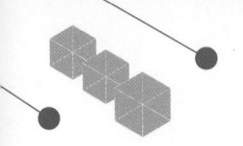

일러두기

1. 이 책의 학습 방법

- 우선 1장을 통해 Node.js의 정확한 개념을 이해하고 개발 환경을 제대로 구축할 줄 알아야 합니다.
- 자바스크립트가 가물가물하다면, 2장을 통해 다시 한번 학습하기 바랍니다.
- 눈으로 읽어도 알 만한 예제라도 하나하나 직접 코딩을 해보면서 학습해야 학습 효과를 극대화할 수 있습니다.

```
[함께해봐요 2-21] 콜백 함수의 동기 처리                                    sample18.js
01  setTimeout(() => {
02      setTimeout(() => {
03          console.log('todo: Second work!');
04      }, 2000);
05      console.log('todo: First work!');
06  }, 3000);
07
```

- "정리해봅시다"는 가볍게 복습하는 내용입니다. 앞서 배운 내용을 복기함으로써 한번 더 정리하는 단계이오니, 한 글자 한 글자 꾹꾹 눌러 읽어보길 권합니다.
- "나의 이해도를 측정하자"는 힌트가 제공되는 실습문제입니다. 가장 중요한 파트이기도 합니다. 실습문제는 현장에서 자주 직면하는 작은 미션들입니다. 이 미션들을 여러분 스스로 하나하나 해결해나가는 순간, 여러분은 이미 프로그래머입니다.

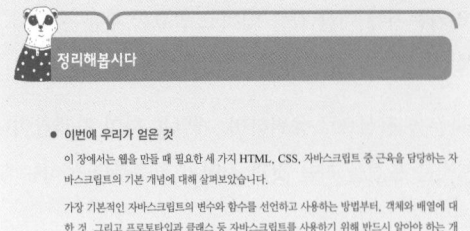

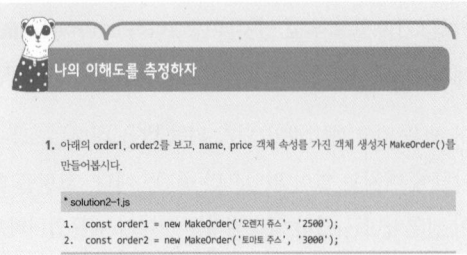

- 6장 "실시간 통신을 구현해보자"까지 학습하였다면, 7장과 8장은 토이 프로젝트와 배포를 다룹니다. 처음엔 따라해 보고, 그 다음엔 안 보고 만들어 보고, 그 다음엔 응용해서 좀더 확장된 여러분의 버전을 만들어 보길 바랍니다.

1. 토이 프로젝트 : 페이스북 클론 코딩

6장까지는 웹 서비스에 필요한 내용을 조각조각 나누어 살펴보았다면, 이제는 내가 가진 조각들로 하나의 덩어리를 만들 순서입니다. 내가 가진 조각으로 처음부터 대단한 것을 만들 순 없습니다. 많이 따라해보고 익숙해져서 내 것으로 만들어야 합니다. 그래서 '클론 코딩'을 통해 서비스에 대한 전체적인 흐름을 익히고 배포를 위한 하나의 프로젝트를 만들어 봅니다.

2. 서버를 배포해보자

원하는 기능을 하나의 서비스로 올리고 이 서비스를 전 세계의 사용자가 인터넷을 통해 접속하게 만들려면 어떻게 해야 할까요? 여기서 등장하는 개념이 바로 '배포'입니다. 배포를 위한 방법은 간단하게는 웹 호스팅부터 클라우드 또는 내 컴퓨터에 직접 올리는 방법까지 다양합니다. 우리는 가장 빠르고 간단하게 배울 수 있는 배포 방법 몇 가지를 살펴봅니다.

2. 이 책의 예제 다운로드와 표기법

- 이 책의 소스코드는 비주얼 스튜디오 코드 버전으로 작성되었습니다.
- 예제 소스는 로드북 사이트와 백견불여일타 네이버 카페에서 다운받을 수 있습니다.

```
www.roadbook.co.kr/261
cafe.naver.com/codefirst
```

- 책의 예제는 행 번호를 두었습니다. 행 번호는 독자가 어느 위치에 코드를 추가해야 할지 직관적으로 알 수 있게 하기 위함입니다.

```
03          console.log('todo: Second work!');
04      }, 2000);
05      console.log('todo: First work!');
06  }, 3000);
```

- 어려운 용어는 별도로 설명을 두었고, "여기서 잠깐" 코너를 두어 주의사항이나 개발 상식 같은 내용을 담았습니다. 주요 개념은 도식으로 설명하여 지루하지 않게 학습할 수 있도록 구성하였습니다.

용어정리
프레임워크 애플리케이션 개발에 바탕이 되는 템플릿과 같은 역할을 하는 클래스와 인터페이스의 집합입니다.
CRUD 데이터 처리의 기본 기능인 생성, 조회, 수정, 삭제(Create, Read, Update, Delete)를 말합니다.

여기서 잠깐
콘솔 디버깅 시 주의할 점!
콘솔에서 테스트할 때, 〈Enter〉 키를 누르면 실행됩니다. 그러므로 실행하지 않고 다음 줄로 넘어갈 때는 〈Shift〉+〈Enter〉 키를 눌러주어야 합니다. 그리고 콘솔로 실행하면 실행한 데이터가 메모리에 남아있게 됩니다. 내가 이미 a라는 변수를 선언했으면 페이지를 새로고침하기 전까지는 a라는 변수가 메모리에 남아있어 다시 a라는 변수를 선언하면 이미 선언된 변수라는 오류가 납니다. 따라서 새로 코드를 돌리고 싶다면 페이지를 다시 로드해야 합니다. 간단히 새로고침(F5)를 해주거나, 콘솔창에 location.reload();를 입력하면 됩니다.

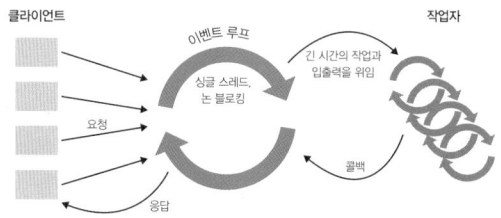

3. 백견불여일타 카페에서 함께 공부합시다

앞으로 지속적으로 백견불여일타 시리즈 책들이 나올 예정입니다. 현재 HTML5와 안드로이드 앱 개발에서 없어서는 안 될 파이어베이스, C#, Vue.js, 파이썬 등을 공부하는 독자분들이 백견불여일타 카페에서 많은 도움을 받고 있습니다. 외롭게 홀로 고군분투하며 어렵게 학습하는 입문자들에게 힘이 되는 공간으로 발전시켜나가도록 하겠습니다.

백견불여일타 네이버 카페 주소 : cafe.naver.com/codefirst

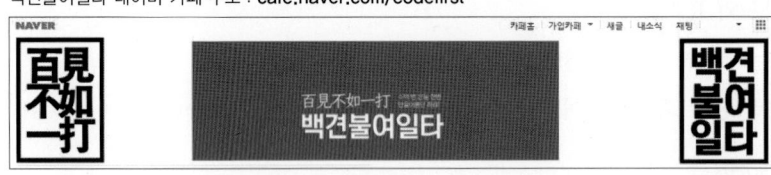

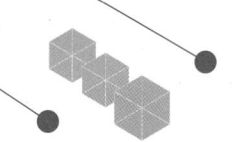

목차

3장. 5줄로 만드는 서버

4장. 통신을 구현해보자

5장. Node.js와 데이터베이스

## 1장

Node.js
첫걸음

우리가 인터넷으로 뉴스를 보고, SNS를 하고, 스트리밍 앱을 통해 영화를 볼 때 뉴스, 사진, 영화가 어디에 저장되어 있는지 궁금해본 적이 있습니까? 아주 멀리 있는 컴퓨터에 저장되어 있는 데이터가 마우스 클릭 한번으로 내 컴퓨터에, 내 모바일 폰으로 오는 것이 꽤나 신기하지 않습니까? 이것을 가능하게 하는 기술은 무엇일까요? 바로 '웹 서버'입니다.

웹 서버가 없었다면 우리는 아직도 CD를 통해 설치 프로그램을 다운받고 내 컴퓨터에 설치해야 했을 것입니다. 웹 개발의 꽃이라고 할 수 있는 '웹 서버', 우리는 바로 이 웹 서버를 Node.js로 만드는 방법을 공부할 것입니다. 그렇지만 그 시작에 앞서 Node.js가 대체 무엇이고, 웹 서버와의 관계는 무엇인지, 왜 Node.js를 사용해야 하는지를 먼저 알아보겠습니다.

#웹서버와Node.js #Node.js란 #Node.js의특징

1.1 Node.js 첫걸음

많은 서비스에서 웹Web과 앱App을 사용하고 있는 만큼 웹 개발 분야는 개발자에게 있어 가장 보편적이면서 동시에 가장 '핫'한 분야라고 할 수 있습니다. 웹 개발은 크게 두 가지 작업으로 나뉘는데, '화면 앞'에 표시되는 인터페이스Interface를 만드는 작업인 '프론트엔드Front-end'와, '화면 뒤'에서 여러 요청을 처리하는 작업인 '백엔드Back-end'로 나누어져 있습니다. 바로 이 서버를 만드는 백엔드 작업은 다양한 언어(자바, 파이썬, 루비, Go, 스위프트 등)로 다양한 프레임워크(스프링, Django, Ruby on tails 등)를 이용해 만들 수 있지만 우리가 개발하는 환경에서는, 언어는 자바스크립트JavaScript, 환경은 Node.js에서 웹 서버를 만드는 방법을 알아볼 것입니다.

웹 서버와 Node.js의 관계

웹 환경

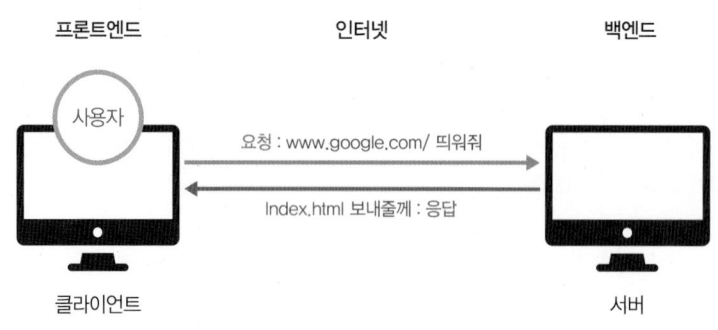

[그림 1-1] 웹 환경

서버에 대한 개념을 알려면 먼저 웹 환경에 대한 이해가 필요합니다. 정말 간단하게 웹이 어떻게 동작하는지 설명을 해보겠습니다. 클라이언트가 무엇이냐, 사용자가 보는 컴퓨터입니다. 서버가 무엇이냐, 웹 서비스 할 리소스가 저장되어 있는 컴퓨터입니다. 서버도 단순하게 생각하면 그냥 컴퓨터 프로그램 중 하나입니다. 내가 웹 브라우저를 켜고 www.google.com/을 입력했다고 해봅시다. 내 컴퓨터는 클라이언트가 되는 것이고 구글 컴퓨터는 서버가 되는 것입니다. 그리고 url을 브라우저에 입력해서 〈Enter〉키를 누른 작업은 구글 웹 페이지를 띄워 달라는 클라이언트의 요청(Request)이 됩니다. 그럼 구글 컴퓨터가 구글 웹 페이지의 html 파일을 내 브라우저로 보내주게 되는데, 이를 응답

(Response)이라고 합니다. 웹을 개발한다는 것은 이런 요청과 응답 작업을 처리하는 소프트웨어를 만드는 것입니다.

웹 서버와 Node.js

> "웹 서버 : 클라이언트에서 보내는 요청을 처리하고 적절한 결과를 보내주는 프로그램"

앞서 소개한 '웹 서버'를 만드는 데는 여러 방법이 있습니다. 웹 서버를 만들기 위한 언어와 *프레임워크 선택은 자신의 상황에 따라, 그리고 만들고 싶은 웹 스타일에 따라 고를 수 있는데. 보편적인 프레임워크로는 파이썬을 사용하는 Django, 자바를 사용하는 스프링Spring이 있습니다.

스프링은 안정적이고 정형화된 패턴이 있지만 자유도가 낮아 내가 특정한 어떤 기능을 만들고 싶은데 스프링만으로는 만들지 못하는 상황이 생길 수도 있습니다. Django도 마찬가지로 기본적으로 제공하는 기능이 있어 편리하고, 데이터 조작을 많이 하는 서비스(*CRUD)를 만들 경우 좋은 선택지일 수 있지만 한계가 존재합니다.

> **용어정리**
>
> **프레임워크** 애플리케이션 개발에 바탕이 되는 템플릿과 같은 역할을 하는 클래스와 인터페이스의 집합입니다.
>
> **CRUD** 데이터 처리의 기본 기능인 생성, 조회, 수정, 삭제(Create, Read, Update, Delete)를 말합니다.

반면, 우리가 배워볼 Node.js를 활용하면 자유도가 높은 웹 서버를 개발할 수 있습니다. Node.js를 배우게 되면 이를 활용해서 만들 수 있는 서비스가 무궁무진하기 때문에, 서버 개발을 배워보고 싶은 개발자들에게 Node.js는 꽤나 활용도가 높은 멋진 기술이라고 자신 있게 권하고 싶습니다.

[그림 1-2] Node.js 공식 홈페이지

"Node.js : Chrome V8 JavaScript 엔진으로 빌드된 JavaScript 런타임"

Node.js는 서버나 프레임워크라고 착각하는 경우가 많은데, 공식 홈페이지에서 볼 수 있듯이 Node.js는 자바스크립트JavaScript의 런타임입니다. 런타임runtime이라는 뜻은 간단하게 말해 '실행환경, 실행기'라고 생각하면 됩니다. 자바스크립트로 짜진 코드를 돌려주는 환경이라는 뜻이 됩니다. Node.js는 웹 서버를 만드는 것 외에도 다양한 일을 할 수 있지만 보통 서버를 만드는 데 가장 많이 사용합니다. 그러므로 우리는 Node.js만의 APIApplication Programming Interface를 이용해 웹 서버를 만들 수 있게 됩니다.

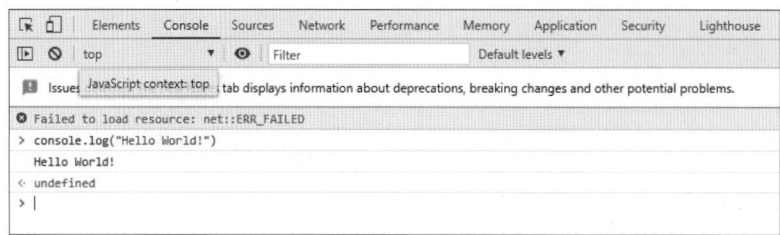

[그림 1-3] 개발자모드 → Console

Node.js는 웹 브라우저 밖에서 우리가 작성할 자바스크립트 서버 코드를 실행해주는 환경입니다. 런타임이라는 것은 프로그램이 구동되고 있는 환경을 말하는데, 자바스크립트를 돌리는 엔진은 브라우저 내에 저장되어 있습니다. 그래서 [그림 1-3]처럼 브라우저 내에서 자바스크립트 코드를 실행할 수 있습니다. Node.js는 브라우저에서 돌릴 수 있는 자바스크립트 코드를 우리의 컴퓨터에서 돌릴 수 있도록 밖으로 빼놓은 것입니다. 그러므로 Node.js 덕분에 우리는 자바스크립트를 사용하기 위해 꼭 브라우저를 사용해야 할 필요가 없어졌습니다.

Node.js를 사용하면 좋은 서비스는 다음과 같습니다.

- 내가 만들 웹이 *리얼타임입니다.
- 내가 만들 웹은 커스터마이징이 많이 필요합니다.
- 내가 만들 웹에 자바스크립트 API를 사용해야 합니다.
- 내가 만들 웹은 빠른 실행과 성능이 중요합니다.

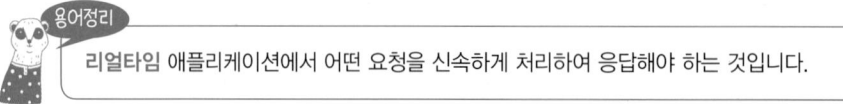

용어정리

리얼타임 애플리케이션에서 어떤 요청을 신속하게 처리하여 응답해야 하는 것입니다.

일단 내가 만들 웹이 Node.js로 개발하기에 적합한지를 알아보려면 Node.js의 특징인 비동기 방식을 이해해야 합니다. Node.js가 다른 방법보다 빠른 이유는 바로 비동기 방식을 사용하고 있기 때문인데, 우리 눈에 보이는 개념이 아니기 때문에 이해하기에는 조금 어려울 수 있지만, 그래도 Node.js의 특징을 알아야 Node.js를 잘 사용할 수 있습니다. 이제 그 개념에 대해 알아보겠습니다.

> **여기서 잠깐**
>
> Node.js로 브라우저 바깥에서 개발환경을 구축하고 서버를 개발할 수 있지만 최근(2021년 05월) 풀스택 Node.js 환경을 브라우저에서 실행할 수 있는 StackBlitz라는 기술이 발표되었습니다. 모든 코드를 브라우저 내에서 실행할 수 있어 보안상 이점이 있고 빌드도 빠르고 패키지 설치도 빠르다고 합니다. 자세한 내용은 이 책 뒤에 있는 '참고 링크'에서 확인할 수 있습니다.

Node.js가 동작하는 방식

동기적 처리와 비동기적 처리

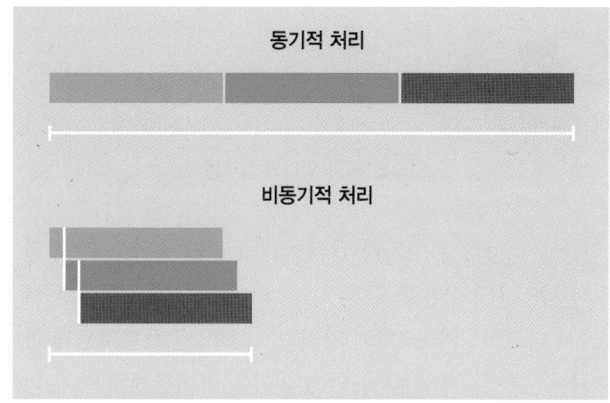

[그림 1-4] 동기적(Synchronous) 처리 VS 비동기적(Asynchronous) 처리

[그림 1-4]를 봅시다. 내가 해야 할 일이 총 세 가지가 있고, 하나 당 한 시간씩 걸린다고 해봅시다. 동기적 처리 방법은 하나씩 순차적으로 일을 해결해 나가는 것이고(위 그림), 비동기적 처리 방법은 한번에 여러 일을 시작하고 보는 방법입니다(아래 그림). 만약 동기적 처리 방법을 채택한다면, 안정적이므로 스케줄을 다루기 쉽겠지만 총 세 시간이 걸릴 겁니다. 그리고 비동기적 처리 방법을 사용한다면 한번에 시작한 일의 관리를 어떻게 해야 할지 조금 머리가 아프겠지만 효율적으로 다루면 세 시간보다는 훨씬 빠른 시간 안에 일을 끝낼 수 있을 것입니다. 만약, 일을 동시에 여러 개를 저질러 버렸을 때 효율적으로 분배하지 못해 일이 꼬여버린다면 어떻게 될까요? 하나씩 처리한 것보다 더 오랜 시간이 걸리게 될 것입니다. Node.js는 바로 이 비동기적 처리 방법을 사용합니다. 왜 Node.js가 빠르지만 사용하기 어렵다는 이야기를 하는지 감이 올 겁니다.

Node.js는 어떻게 여러 작업을 처리할 수 있을까?

Node.js가 사용하는 방법을 알아보기 전에 알아야 할 몇 가지 개념이 있습니다. 추상적인 개념이라 저도 자주 헷갈리곤 하는데, 기억에 남을 수 있도록 우리 주변의 예시를 가져와보겠습니다.

엄마와 아이 셋이 마트에 함께 갔습니다. 엄마는 아이들에게 각각 사과, 당근, 배를 가져오라고 시켰을 때, 어떤 시나리오가 가능할까요?

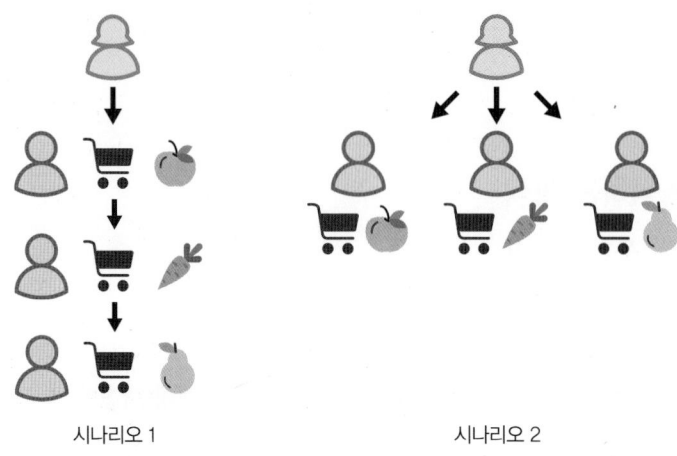

시나리오 1   시나리오 2

[그림 1-5] 엄마와 심부름

- **시나리오 1** 아이들에게 아직 심부름을 맡기기가 불안한 엄마는 카트 한 개를 가지고 다같이 과일 코너에 가서 아이 1이 사과를 담게 하고, 다시 다같이 채소 코너에 가서 아이 2가 당근을 담게 하고, 다시 다같이 과일 코너에 가서 아이 3이 배를 가져오게 합니다.
- **시나리오 2** 아이들의 독립심을 키우기 위해 엄마는 아이들에게 각자 카트를 한 개씩 가지고 각자 맡은 물건을 담고 다시 자기 카트에 넣으라고 지시합니다. 아이들은 각자 맡은 물건을 가지고 오는 대로 엄마의 카트에 담습니다.

시나리오 1에서 엄마는 카트를 한 개만 가지고 아이 한 명의 심부름이 끝날 때까지 다른 아이에게 심부름할 기회를 주지 않습니다. 바로 이렇게 제어권을 넘겨주지 않고 대기하게 만드는 것을 블로킹 Blocking 방식이라고 합니다. 또, 아이들에게 한 명씩 심부름을 시켰는데, 이는 작업의 흐름이 순차적인 동기적(Sync) 방식입니다. 그래서 시나리오 1은 블로킹/동기(Blocking-Sync) 방식이 됩니다.

시나리오 2에서 엄마는 심부름하는 아이들에게 별다른 제제를 하지 않았습니다. 이는 다른 작업과 관계없이 일을 수행할 수 있게 하는 논블로킹NonBlocking 방식입니다. 아이들에게 심부름을 한꺼번에 시켰는데, 이는 작업의 흐름이 순차적이지 않은 비동기적(Async) 방식입니다. 그래서 시나리오 2는 논블로킹/비동기(NonBlocking-Async) 방식이 됩니다.

이 중 Node.js는 어떤 방식을 택했을까요? 하나의 작업을 시작하고, 그 작업이 끝날 때까지 기다렸다가 다음 작업을 순차적으로 시작하는 동기적 방식을 이용한다면 웹 서버와 같이 많은 사람의 요청이 들어와 처리해야 하는 작업에는 적합하지 않을 것입니다. 위 예시에서 카트는 우리가 프로그램을 실행할 때의 '자원'이라고 생각해볼 수 있습니다. 즉 CPU라고 할 수 있는데, 하나의 CPU를 나누어 사용해 하나의 작업이 끝나고, 작업이 완료됐다는 응답이 올 때까지 기다리게 되면 그 시간 동안 자원을 낭비한다는 문제가 생깁니다.

그래서 Node.js는 응답을 기다리지 않고 바로 다음 작업을 실행하는 논블로킹/비동기 방식을 사용합니다.

싱글 스레드와 이벤트 루프

그리고 Node.js는 싱글 스레드Single Thread와 이벤트 루프Event Loop를 기반으로 합니다. 아~ 동기, 비동기, 블로킹, 논블로킹도 헷갈리는데 스레드, 이벤트 루프라는 개념까지 나왔습니다. 하지만 살펴보면 굉장히 쉬운 개념입니다.

일단, 스레드는 경량화된 프로세스입니다. 무슨 말이냐 하면, 컴퓨터가 갑자기 멈췄을 때 작업관리자라는 것을 켜서 각 프로그램을 하나씩 끄는 경험을 해본 적이 있을 것입니다. 바로 그 하나의 프로그램을 프로세스라고 합니다. 인터넷 서핑을 한다고 하면 하나의 브라우저를 실행한 것이 프로세스이며, 그 브라우저 내에서 이동, 검색 등 다른 작업을 수행하는 것을 스레드라고 합니다. 그러면 'Node.js가 싱글 스레드라면, 논블로킹/비동기 방식을 택하면서 어떻게 하나의 스레드를 가지고 빠르게 일을 처리할 수 있다는 거지?' 하는 생각이 들 겁니다. 비밀은 이벤트 루프에 있습니다.

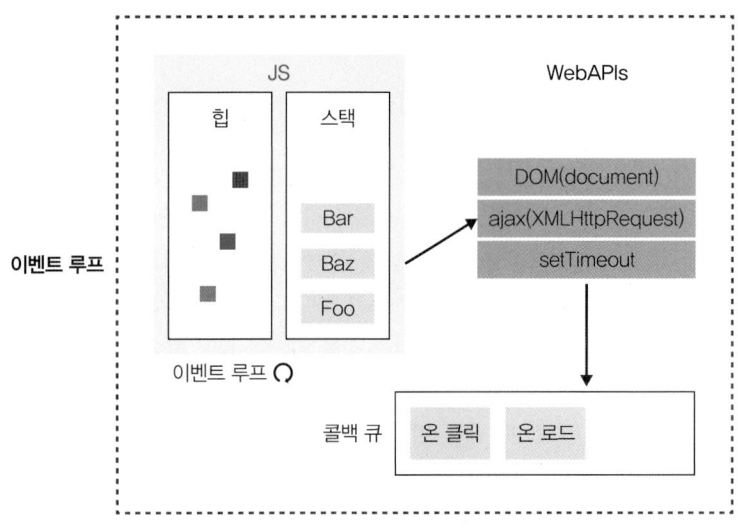

[그림 1-6] 콜 스택, 콜백 큐, 이벤트 루프

Node.js는 그 응답을 기다리는 대신, 작업이 종료되면 이벤트를 발생시키고 *콜백 큐(작업 큐)에 등록하는 방법을 택했습니다. 응답을 기다리는 대신 다른 작업을 먼저 수행하는 쪽을 택한 것입니다. 그러면 작업이 완료된 것을 어떻게 알 수 있을까요? 바로 이벤트 루프라는 것이 계속 감시를 하고 있기 때문에 가능합니다. 이벤트 루프는 지속적으로 *콜 스택이 비어 있는지 체크합니다. 콜 스택이 비었으면 콜백 큐의 작업을 콜 스택으로 밀어 넣습니다. 간단하게 콜 스택은 먼저 실행하는 작업이 있는 곳이고 콜백 큐는 나중에 실행할 작업이 있다고 생각하면 됩니다.

> **용어정리**
>
> **콜백 큐** 이벤트 발생 후 호출되어야 할 작업을 기다리는 자료구조입니다. 이벤트 큐라고도 합니다.
> **콜 스택** 함수의 호출을 기록하는 자료구조이며, 현재 실행 중인 작업이 끝났을 때 어느 실행 부분으로 돌아갈지 보관합니다.

Node.js의 동작 과정

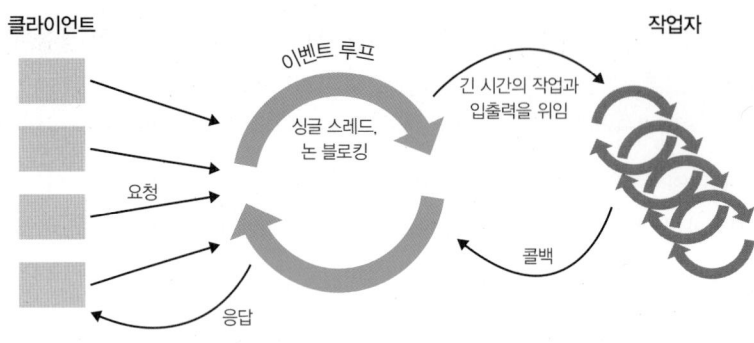

[그림 1-7] Node.js의 작업 처리 방식

Node.js가 스크립트 코드를 실행할 때 동작하는 과정을 정리해보면 다음과 같습니다.

1. '이벤트 루프'는 일종의 감시자라고 생각하면 됩니다. 어떤 이벤트가 있는지 계속 감시하고 있는 감시자이고 이벤트가 감지가 되면, 그 작업을 위해 작업 스레드를 생성합니다.
2. 작업 스레드는 일종의 작업공간 같은 것입니다. 이벤트를 처리하기 위해 이벤트 루프는 처리 작업을 작업 스레드에게 맡겨버리고 다른 이벤트가 없나 다시 감시하기 시작합니다.
3. 작업 스레드가 작업을 받을 때, 콜백 함수라는 것을 받는데 콜백 함수란, 작업이 끝나면 실행하는 함수입니다.
4. 작업 스레드는 작업을 마치면 이 콜백 함수를 실행하고 싶다고 최고 감시자인 이벤트 루프에게 응답을 보냅니다.
5. 응답을 받은 이벤트 루프는 콜백 함수의 결과를 클라이언트에 전송하여 우리가 볼 수 있는 결과로 바꾸어 줍니다.

Node.js의 비동기적 특징은 Node.js 내부에서 V8, libuv 등의 라이브러리를 자동으로 *바인딩 Binding하여 실행해 주기 때문에 정확하게 이해가 되지 않아도 코딩하는 데 큰 문제가 없습니다. 그렇지만, 이 원리를 알고 Node.js의 라이브러리와 함수를 사용한다면 훨씬 이해가 잘 될 것입니다. 이제, 공식 문서를 통해 Node.js의 비동기적인 특징이 프로그래밍을 하는 데 어떻게 영향을 끼치는지에 대해 살펴봅시다.

> **용어정리**
>
> 바인딩 Binding, 구체적인 속성 값을 할당하는 것을 말합니다.

Node.js 공식 문서

처음 어떤 언어나 프레임워크를 배울 때, 공식 홈페이지에 있는 문서를 자세히 보는 것이 좋습니다. 그 언어나 프레임워크의 특성을 잘 파악할 수 있도록 문서로 구성해 놓았기 때문입니다.

[그림 1-8] Node.js 공식 문서 ①

먼저 공식 홈페이지(https://nodejs.org/ko/)에서 [문서] 탭을 클릭해봅니다. 2021년 10월 기준, 16.10.0 버전이 가장 최신 기준이고 LST 버전은 14.18.0 버전입니다. 그리고 각각의 버전에 해당하는 API 문서를 공식 홈페이지에서 살펴볼 수 있습니다. 이를 살펴보면 어떤 함수가 어떤 인자를 받고, 어떤 값을 반환하는지 나와 있습니다. 이를 통해 원하는 함수의 레퍼런스를 얻으면 됩니다. 물론, 이 함수를 다 외울 필요는 없고 그때그때 모르는 함수가 나오면 공식 문서에서 찾아보면 됩니다.

용어정리

LTS Long Term Support, 장기간에 걸쳐 유지보수를 지원하는 버전으로, 안정적인 버전을 오랫동안 사용할 수 있습니다.

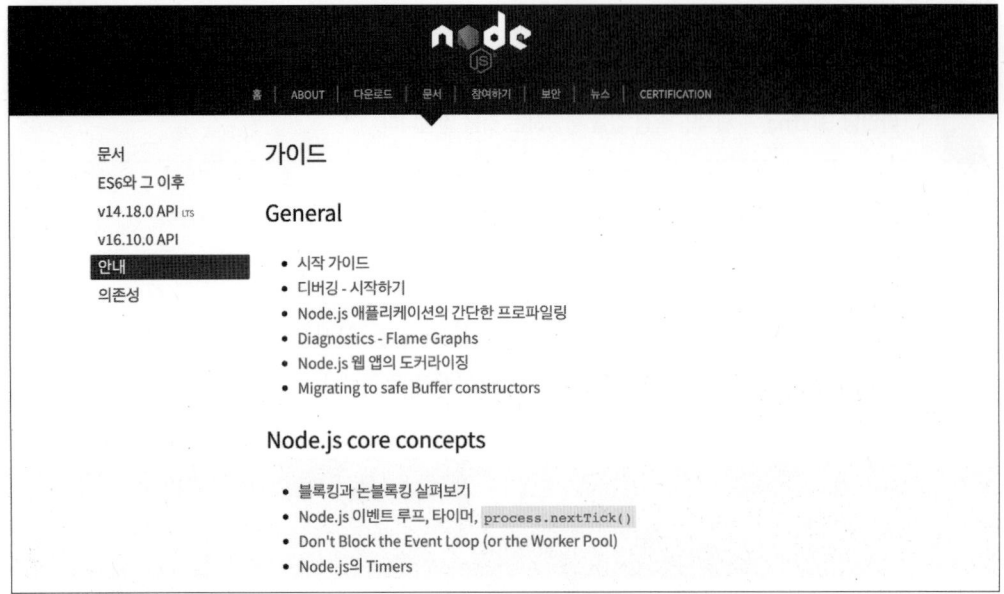

[그림 1-9] Node.js 공식 문서 ②

앞서 살펴보았던 블로킹, 논블로킹, 이벤트 루프 등 Node.js 특징에 관한 설명과 그 이해를 돕기 위한 문서를 살펴볼 수 있습니다. 흔히 Node.js는 효율적이지만 잘 쓰기가 어렵다는 말을 하곤 하는데, 논블로킹, 비동기, 이벤트 루프, 싱글 스레드 같은 개념이 잘 와 닿지 않아서라고 생각합니다. 당장 100% 이해되지 않더라도 문서를 하나씩 익히다 보면 뜬구름 잡는 것 같았던 개념도 어느새 내 코드에 스며든 것을 확인할 수 있을 것입니다.

1.2 실습을 위한 개발환경 구축

Node.js 설치

윈도우즈(Windows)

Node.js 설치는 별다른 설정이 필요 없어 간단한 편입니다. 먼저 공식 사이트(https://nodejs.org/ko/)에 접속합니다.

[그림 1-10] 공식 사이트에서 윈도우즈 버전 다운 받기

이 책에서 사용한 Node.js의 버전은 12.19.0 버전입니다. 따라서 이 책의 예제를 공부할 때는 되도록 Node.js 버전을 12.19.0 버전으로 사용하길 권고드립니다. 다만, 책의 예제에서 다루고 있는 함수들은 버전이 바뀌어도 크게 상관이 없기 때문에 Node.js나 다른 프로그램 경험이 있는 독자분이라면 원하는 버전을 사용해도 무방합니다.

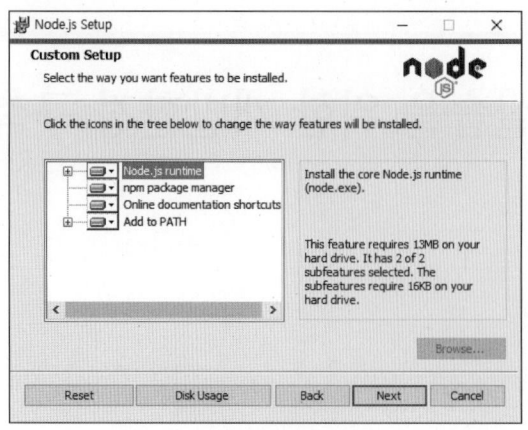

[그림 1-11] 설치 화면

별다른 설정 없이 약관에 동의하고 다음으로 넘겨주어 설치합니다.

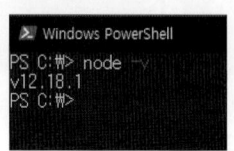

[그림 1-12] 설치 확인

설치가 완료되었으면 확인을 위해 명령창을 띄웁니다. 〈Win〉+〈R〉 키를 누르면 나오는 실행창에 powershell 또는 cmd를 입력하면 명령 프롬프트 창이 실행됩니다. 그리고 $ node -v 명령어를 입력하여 설치된 노드 버전을 확인합니다.

맥(Mac OS)

NVM으로 설치하기

맥이나 리눅스에서 Node.js를 설치할 때는 NVM을 이용하는 것이 좋습니다. NVM은 Node Version Manager의 약자로, Node.js의 버전을 관리해주는 도구입니다. 많은 개발자가 Node.js용 오픈소스 API를 만들어 놓았는데, 그것을 이용하기 위해서, 또 Node.js의 많은 개발도구를 이용하기 위해서 NPM_{Node Package Manager}을 이용합니다. 이렇게 많은 개발도구와 API를 사용하기 위해서는 버전 관리가 꼭 필요합니다. NVM은 다양한 버전의 Node.js를 편하게 설치하고 삭제할 수 있도록 해줍니다.

이를 위해서는 XCode가 설치되어 있어야 하는데, 설치하고 싶지 않거나 윈도우즈처럼 설치파일을 내려 받아 Node.js를 설치하고 싶다면 이 부분을 건너뛰고 '다운받아 설치하기' 부분을 보면 됩니다.

1. 먼저 터미널을 열고 다음 명령어를 실행해줍니다. nvm을 설치하는 명령어입니다.

```
$ curl -o- https://raw.githubusercontent.com/creationix/nvm/v0.33.1/install.sh
| bash
```

2. ~/.bash_profile에 nvm을 위한 스크립트를 추가하기 위해 파일을 엽니다.

```
$ vi ~/.bash_profile
```

위 코드가 있는지 확인하고 없다면 추가해줍니다. nvm 리포지토리를 ~/.nvm에 복사하는 과정입니다.

```
export NVM_DIR="$HOME/.nvm"
[ -s "$NVM_DIR/nvm.sh" ] && . "$NVM_DIR/nvm.sh" # This loads nvm
```

3. 재시작합니다.

```
$ source ~/.bash_profile
```

4. 설치를 확인합니다.

```
$ nvm ls
```

5. 노드를 설치합니다. 원하는 버전을 입력하거나 --lts를 통해 lts 버전을 받을 수도 있습니다.

```
$ nvm install 6.10.1 // 또는 nvm install --lts
```

6. 노드 설치를 확인합니다.

```
$ node -v
```

다른 버전의 Node.js를 설치하고 싶다면 nvm install로 원하는 버전을 추가로 설치해주면 됩니다. 그리고 원하는 버전을 골라서 사용할 때는, $ nvm use 6.10.1 // 원하는 버전 명령어를 이용하면 됩니다.

7. 기타 필요한 명령어는 다음과 같습니다.

```
$ nvm alias default 8.9.4   // 원하는 버전 고정
$ nvm alias default node    // 가장 최신 버전의 노드 사용 고정
$ nvm current               // 현재 사용 중인 버전 확인
$ nvm ls                    // 설치된 node.js 목록 확인
$ which node                // node.js가 설치된 경로 확인
$ nvm uninstall 8.9.4       // 필요 없는 버전 삭제
```

Homebrew로 설치하기

맥용 패키지 관리자인 Homebrew가 이미 설치되어 있다면 $brew install node 명령어만으로 node.js 설치가 가능합니다.

다운받아 설치하기

https://nodejs.org/ko/에 접속합니다.

[그림 1-13] 공식 사이트에서 맥 버전 다운 받기

이 책에서 사용한 Node.js의 버전은 12.19.0 버전입니다. 따라서 이 책의 예제를 공부할 때는 되도록 Node.js 버전을 12.19.0 버전으로 사용하길 권고드립니다. 다만, 책의 예제에서 다루고 있는 함수들은 버전이 바뀌어도 크게 상관이 없기 때문에 Node.js나 다른 프로그램 경험이 있는 독자분이라면 원하는 버전을 사용해도 무방합니다.

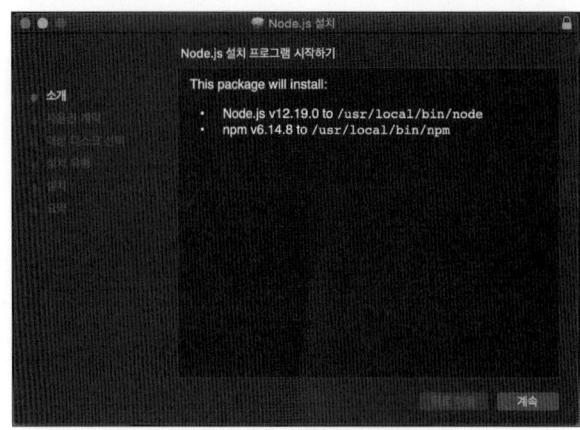

[그림 1-14] 설치 화면

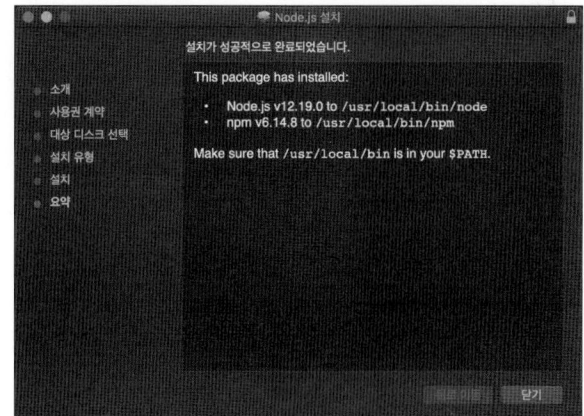

[그림 1-15] 설치 완료 화면

별다른 설정 없이 약관에 동의하고 다음으로 넘겨주어 설치합니다.

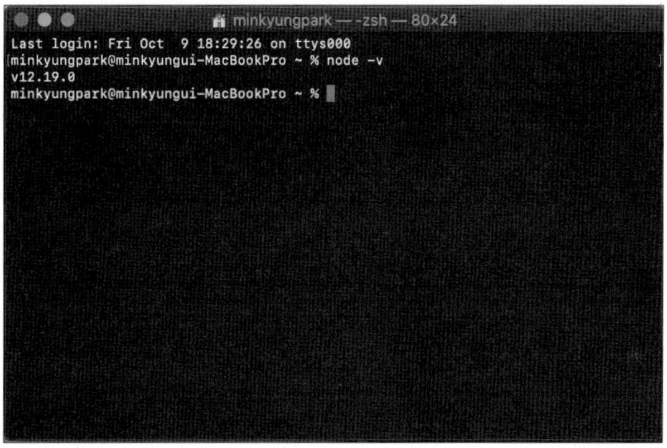

```
Last login: Fri Oct  9 18:29:26 on ttys000
[minkyungpark@minkyungui-MacBookPro ~ % node -v
v12.19.0
minkyungpark@minkyungui-MacBookPro ~ %
```

[그림 1-16] 설치 확인

설치가 완료되었으면 터미널을 열어 $ node -v를 입력하고 설치된 버전을 확인합니다.

리눅스(Linux)

우분투 기준 설치 방법입니다. 리눅스도 맥과 마찬가지로 NVM을 사용하는 것이 좋습니다. 앞선 '맥(Mac OS) – NVM으로 설치하기' 부분을 참고해주세요.

1. curl이 없다면 curl을 설치해주세요.

```
$ sudo apt-get install curl
```

2. 저장소를 추가해주세요.

```
$ curl -sL https://deb.nodesource.com/setup_12.x | sudo -E bash -
```

3. 설치 전, apt 업데이트를 진행해주세요.

```
$ sudo apt-get update
```

4. Node.js와 빌드 도구를 설치해 줍니다.

```
$ sudo apt-get install -y nodejs build-essential
```

5. 설치 및 버전을 확인합니다.

```
$ node -v
```

IDE(통합개발환경) 설치 – 비주얼 스튜디오 코드(Visual Studio Code, VS Code)

이미 사용하고 있는 에디터가 있다면 그대로 사용하면 됩니다. 만약 없다면, VS Code를 사용하는 것을 추천합니다. 비주얼 스튜디오Visual studio 등 다른 IDE에 비해 가볍고, 속도가 빠르고, 확장성도 좋기 때문입니다.

윈도우즈(Windows)

윈도우즈는 https://code.visualstudio.com/download에서 윈도우즈용 설치파일을 다운 받고 설치해주면 됩니다.

맥(Mac OS)

https://code.visualstudio.com/에서 맥용 설치파일을 다운받아 줍니다. 압축을 풀고, 설치를 하고 완료된 프로그램을 응용 프로그램 폴더로 옮겨 주기만 하면 됩니다.

리눅스(Linux)

1. curl이 없다면 curl을 설치해주세요.

```
$ sudo apt-get install curl
```

2. 마이크로소프트 GPG 키를 다운받아 /etc/apt/trusted.gpg.d/ 경로에 복사해줍니다.

```
$ sudo sh -c 'curl https://packages.microsoft.com/keys/microsoft.asc | gpg
--dearmor > /etc/apt/trusted.gpg.d/microsoft.gpg']
```

3. 비주얼 스튜디오 코드Visual Studio Code를 다운받기 위한 저장소를 추가해줍니다.

```
$ sudo sh -c 'echo "deb [arch=amd64] https://packages.microsoft.com/repos/
vscode stable main" > /etc/apt/sources.list.d/vscode.list'
```

4. 추가한 저장소로부터 패키지 목록을 가져옵니다.

```
$ sudo apt update
```

5. 비주얼 스튜디오 코드를 설치합니다.

```
$ sudo apt install code
```

6. 터미널 또는 데스크톱 환경에서 실행할 수 있습니다.

```
$ code
```

7. 실행했을 때 깃git이 없다는 오류가 날 수 있습니다. 다음처럼 깃을 설치해주면 해당 오류가 더이
상 보이지 않습니다.

```
$ sudo apt-get install git
```

● 이번에 우리가 얻은 것

이 장에서는 웹 개발의 꽃이라고 불리는 '웹 서버'와 '웹 환경'에 관해서 알아보았습니다.

우리가 앞으로 배울 'Node.js'라는 기술과 웹 서버의 관계가 무엇인지에 대해 밝히고, 우리가 왜 Node.js로 웹 서버를 만들어야 하는지에 대해서도 살펴보았습니다.

Node.js가 내부적으로 어떻게 동작하는지에 대해서도 살펴보았는데, 조금 추상적인 개념이지만 예시를 통해 구체적으로 이해하도록 노력해보았습니다. 그리고 우리가 만들 웹 서버를 위한 첫걸음, '환경 설정'을 진행했습니다. 그럼 여러분은 '이 기술을 배우겠다는 마음 가짐', 그리고 공부를 위한 '준비물 구비' 단계를 완료한 것입니다.

시작이 반이라는 이야기가 있습니다. 마음을 먹고 준비하기가 가장 힘든데, 여러분은 그 어려운 일을 해낸 것입니다!

● 이것만은 알고 갑시다

1. 웹 서버란, 요청을 처리하고 적절한 결과를 보내주는 프로그램입니다.

2. Node.js란, 자바스크립트 런타임을 의미하기도 하지만, Node.js만의 API를 의미하기도 합니다.

3. Node.js가 빠르지만 잘 사용하기 어렵다고 말하는 이유는 Node.js가 논블로킹/비동기 (NonBlocking - Async) 처리 방식을 채택했기 때문입니다.

4. 논블로킹/비동기는 작업의 흐름이 순차적이지 않고, 응답을 기다리지 않고, 바로 다음 작업을 실행해버리는 것을 말합니다. 웹 서버와 같이 수많은 요청이 들어와 처리해야 하는 작업을 블로킹/동기(Blocking - Sync) 방식으로 사용한다면 어떤 작업에 대한 완료 응답이 올 때까지 기다리면서 자원을 낭비합니다.

5. Node.js에는 싱글 스레드가 있습니다. 싱글 스레드가 있지만 비동기 방식으로 작업을 처리할 수 있는 이유는 이벤트 루프가 있기 때문입니다.

6. Node.js는 이벤트 루프 기반입니다. 이벤트 루프는 어떤 이벤트가 있는지 감시하는 감시자이고 이벤트가 감지하면 그 작업을 위해 작업 스레드를 생성해 그 이벤트 처리를 맡겨버립니다.

7. 맥과 리눅스를 사용한다면 NVM을 사용해 Node.js의 버전을 관리하는 것이 좋습니다.

8. 이 책의 예제는 깃허브에서 제공됩니다. 깃은 개발 문서들의 변경과 삭제 내역을 기록하는 코드 형상 관리 툴이며, 이 툴을 이용해 웹 저장소인 깃허브에 저장하고 확인할 수 있습니다.

정답은 https://github.com/MinkyungPark/roadbook-nodejs/tree/master/chapter01/solution에서 확인할 수 있습니다.

아래 열 가지 문제의 빈 칸을 채우면서 1장을 마무리해 봅시다.

1. 웹 서버란 클라이언트의 ___을 받아 처리하고, 적절한 ___을 보내주는 프로그램입니다.

2. Node.js는 자바스크립트 ___입니다.

3. Node.js는 응답을 기다리지 않고 바로 다음 작업을 실행하는 ___ / ___ 방식을 사용합니다.

4. 경량화된 프로세스를 ___라고 합니다.

5. Node.js는 ___ 스레드 기반입니다.

6. Node.js가 싱글 스레드이지만 논블로킹/비동기 방식을 택할 수 있는 이유는 ___ 때문입니다.

7. Node.js는 비동기 처리를 할 때, 응답을 기다리는 대신 작업이 종료되면 이벤트를 발생시키고 ___에 작업을 등록하는 방식을 택했습니다.

8. 이벤트 루프는 지속적으로 ___이 비었는지 확인합니다.

9. 작업이 끝나면 실행하는 함수를 ___라고 합니다.

10. Node.js의 API와 개발도구를 이용하기 위해서는 ___을 이용해야 합니다.

자바스크립트
리마인드

'웹'을 만들 때 필요한 '세 가지 언어!' 하면 어떤 것이 떠오릅니까?

정답은 HTML, CSS, 자바스크립트입니다.

HTML은 웹의 뼈대, CSS는 살, 자바스크립트는 뼈와 살을 움직이는 근육입니다.

2장은 "HTML, CSS까진 어떻게 하겠는데 자바스크립트는 복잡하고 기억이 안나요!" 하는 분을 위해 준비한 장입니다. 기본적인 자바스크립트에 관한 내용을 담고 있으니 자바스크립트에 대한 기본 지식이 튼튼하다고 생각하는 분은 건너뛰어도 됩니다. Node.js를 하려면 자바스크립트 공부를 선행해야 한다고 하지만, 변수, 객체, 함수가 무엇인지 아는 기초적인 프로그래밍 지식만 있어도 충분히 Node.js를 익힐 수 있다고 생각합니다. 그럼 꼭 알아야 하는 기본적인 자바스크립트를 위한 2장, 시작하겠습니다.

#자바스크립트기본 #Node를위한JS #HTML,CSS,JS

들어가기에 앞서

웹의 뼈대를 구성하는 HTML, 웹의 살을 구성하는 CSS, 그리고 뼈와 살을 움직이는 근육 같은 존재인 자바스크립트JavaScript, 이 세 가지가 어우러져야 비로소 우리가 사용하는 '웹'이 탄생하게 됩니다.

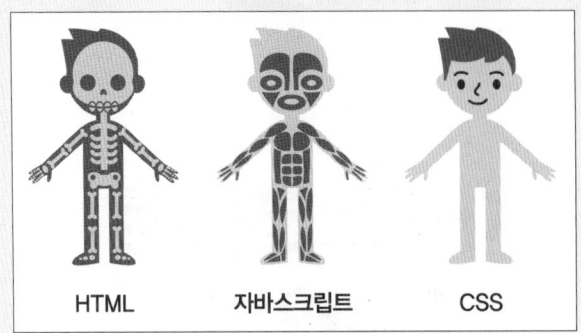

[그림 2-1] HTML, 자바스크립트, CSS

뼈와 살을 움직인다는 것은 어떤 것을 의미하는 말일까요?

✓ HTML 요소 조작(◉ 요소 등을 추가, 제거, 변경)
✓ CSS, HTML 요소에 스타일을 주어 예쁘게 꾸미기
✓ 사용자와의 상호작용
✓ 이벤트(◉ 버튼 클릭) 발생시 실행할 동작 생성 및 결정
✓ 웹 브라우저 제어
✓ 웹 서버와의 통신

바로 이런 것을 의미합니다! 웹에 여러 기능을 가능하게 하여 웹 페이지를 동적으로 만들 수 있게 해주는 것이 바로 자바스크립트입니다.

ECMAScript(=ES)

ECMAScript는 자바스크립트JavaScript, J스크립트JScript, 액션스크립트ActionScript가 따르는 표준을 말합니다. 스크립트 언어들이 표준을 지키고 않고 제멋대로 되는 것을 방지하기 위해 매년 6월마다 새로운 기능을 내놓거나 규칙을 개정하고 있습니다. 2021년 현재 ES2022가 가장 최신 버전입니다. 자바스크립트는 ES6(=ES2016) 버전 전후로 최신인지 구식인지를 판가름할 정도로 ES6는 자바스크립트가 혁신적이게 바뀌게 된 시점입니다. 이 책에서는 ES6 이상의 환경에서 코드를 돌릴 수 있도록 작성을 하되, async/await처럼 ES2017이상부터 사용할 수 있는 기능인 경우 따로 명시합니다.

코드를 실행하는 방법

이제부터 예제 코드를 하나씩 작성할 텐데, 간단한 코드는 브라우저 콘솔창에서 테스트해도 되고 프로젝트 폴더를 생성해, js 파일을 만들고 터미널에 `$ node` 파일경로/파일명`.js` 명령어를 통해 node로 js 파일을 실행해도 됩니다. 콘솔창을 실행하는 방법은 단축 키(윈도우즈는 〈F12〉, 맥은 〈option〉+〈command〉+〈i〉)를 눌러 실행해도 되고 브라우저에서 마우스 오른쪽 버튼을 누른 후, [검사] → [Console] 메뉴를 클릭해서 진입해도 됩니다.

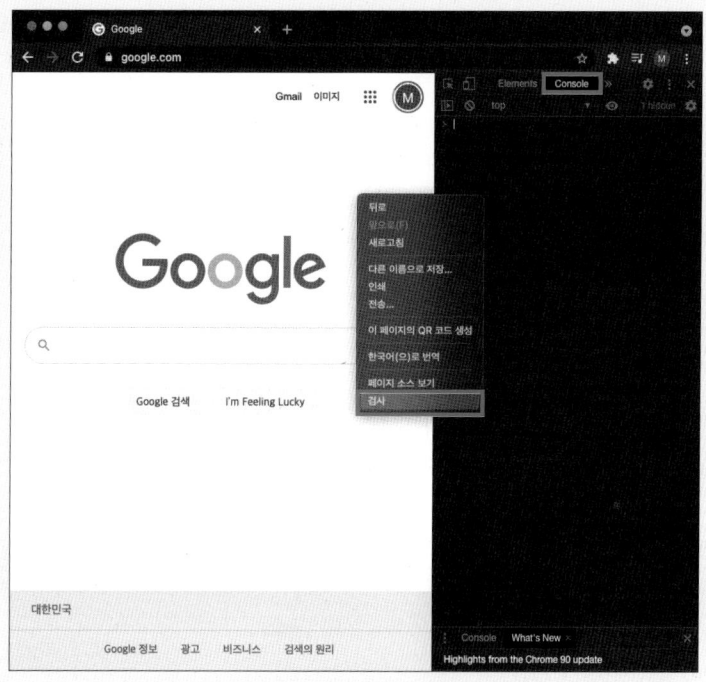

[그림 2-2] 코드 실행 방법

여기서 잠깐

콘솔 디버깅 시 주의할 점!

콘솔에서 테스트할 때, 〈Enter〉 키를 누르면 실행됩니다. 그러므로 실행하지 않고 다음 줄로 넘어갈 때는 〈Shift〉+〈Enter〉 키를 눌러주어야 합니다. 그리고 콘솔로 실행하면 실행한 데이터가 메모리에 남아있게 됩니다. 내가 이미 a라는 변수를 선언했으면 페이지를 새로고침하기 전까지는 a라는 변수가 메모리에 남아있어 다시 a라는 변수를 선언하면 이미 선언된 변수라는 오류가 납니다. 따라서 새로 코드를 돌리고 싶다면 페이지를 다시 로드해야 합니다. 간단히 새로고침(F5)를 해주거나, 콘솔창에 `location.reload();`를 입력하면 됩니다.

2.1 자바스크립트 기본 문법

변수, 호이스팅, 클로저

자바스크립트는 동적(dynamic) 언어이기 때문에, 변수 타입을 미리 선언할 필요가 없습니다. <u>타입은 프로그램이 처리되는 과정에서 자동으로 파악합니다.</u> 따라서 프로그램이 파악한 데이터 타입을 확인하려면 typeof(변수)를 통해 확인해야 합니다.

```
var puppy = "cute";
```

ES6 이전 자바스크립트에서는 변수를 선언할 때 var를 사용했었습니다.

```
const puppy = "cute";
let dog = "lovely";
```

하지만 ES6 이후로 var 대신, 되도록 const, let을 사용해야 하는데, 이유는 var의 변수 호이스팅(hoisting)과 function-level-scope로 인해 생기는 문제 때문입니다.

[함께해봐요 2-1] 변수 호이스팅 sample01.js

```
01  console.log(puppy);
02  var puppy = "cute";
03  console.log(puppy);
```

[실행결과] [함께해봐요 2-1]의 결과 sample01.js 결과

```
01  $ node chapter02/sample/sample01.js
02  undefined
03  cute
```

첫 번째 결과 값을 보면 puppy라는 변수를 아직 선언하지 않은 상태에서 호출했는데(1행), 오류가 나지 않고 undefined라는 값을 반환합니다. 이런 현상을 바로 '변수 호이스팅'이라고 합니다.

변수 호이스팅(Hoisting)은 변수의 선언과 초기화가 동시에 이루어져, 아직 값이 없음에도 오류가 나지 않는 현상을 말합니다. 참고로, Hoisting은 '끌어올리다'라는 뜻입니다.

자바스크립트의 데이터 타입에는 숫자, 문자, boolean, undefined, null이 있는데, null의 경우 변수의 값을 null로 지정해준 것이지만 위 예제에서는 결과 값이 undefined가 나왔습니다. 무슨 의미일까요? 이는 puppy라는 변수가 값을 가지고 있지 않지만 떡하니 메모리 공간은 차지하고 있다는 의미입니다. 내가 아직 할당하지 않은 변수가 제 맘대로 참조할 수 있게 되어 있는 것입니다.

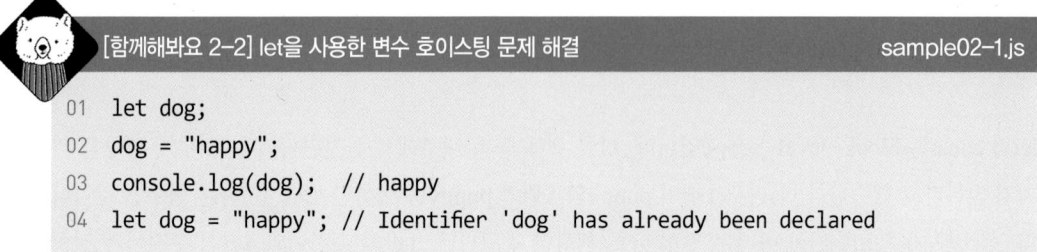

[함께해봐요 2-2] let을 사용한 변수 호이스팅 문제 해결   sample02-1.js

```
01  let dog;
02  dog = "happy";
03  console.log(dog);  // happy
04  let dog = "happy"; // Identifier 'dog' has already been declared
```

[함께해봐요 2-3] const를 사용한 변수 호이스팅 문제 해결   sample02-2.js

```
01  const puppy = "cute";
02  const puppy = "so cute"; // 'puppy' has already been declared
```

let과 const를 사용하면 변수를 중복으로 선언할 수 없어 변수 호이스팅 문제를 해결할 수 있습니다. 즉, 내가 값을 준 변수만이 제 역할을 할 수 있게 되므로 변수 호이스팅 문제로 실수할 일이 줄어드는 겁니다.

[함께해봐요 2-4] function-level-scope의 사용 ①   sample03.js

```
01  var puppy = "cute";
02  console.log(puppy); // cute
03  {
04      var puppy = "so cute";
05  }
06  console.log(puppy); // so cute
```

스코프scope란 '범위'라는 뜻으로 변수에 접근할 수 있는 범위를 말합니다. 그러므로 function-level-scope란 함수의 블록 범위 내에서 선언한 변수는 함수 내에서만 인정하고 함수 외부에서 선언한 변수는 모두 전역변수가 된다는 뜻입니다.

var는 function-level-scope를 따릅니다. 그러므로 전역변수에 원하지 않는 값을 덮어쓸 수 있는 문제점이 있습니다.

```
01  let puppy = "cute";
02  {
03      let puppy = "so cute";
04  }
05  console.log(puppy); // cute
```

let과 const는 block-level-scope입니다. 방금 전에 블록 내부에서 선언된 변수는 외부에 영향을 끼치지 않는다고 했습니다. 따라서 1행의 puppy와 5행의 puppy는 이름만 같을 뿐 다른 변수인 것입니다. 블록을 기준으로 위와 아래는 전혀 다른 세상인 것입니다. 1반의 수진이와 4반의 수진이가 전혀 다른 사람인 것처럼 말입니다.

```
01  const puppy = "cute";
02  puppy = "so cute!!"; // TypeError: Assignment to constant variable.
```

```
01  let dog;
02  console.log(dog); // undefined
03  dog = "so lovely";
04  console.log(dog); // so lovely
```

그리고 let과 const의 차이를 보면, let은 값을 재할당할 수 있어 값을 변경할 수 있고 const는 값을 재할당할 수 없어 값을 변경할 수 없습니다. 이 외의 나머지 기능은 비슷합니다.

```
01  function outer() {
02      var a = 'A';
03      var b = 'B';
04
```

```
05        function inner() {
06            var a = 'AA';
07            console.log(b);
08        }
09        return inner;
10    }
11
12    var outerFunc = outer();
13    outerFunc(); // B
```

그리고 클로저closure라는 개념은 내부 함수가 외부 함수의 스코프(범위)에 접근할 수 있는 것을 말합니다.

자바스크립트에서 스코프는 함수 단위로 생성되는데, 위 예제에서 inner() 함수의 스코프가 outer() 함수의 스코프를 참조하고 있고 outer()의 실행이 끝나고 소멸된 이후에도 inner() 함수가 outer() 함수의 스코프에 접근할 수 있는 것을 클로저라고 합니다.

객체와 배열

객체란, 개념적으로는 실생활에서 우리가 인식할 수 있는 하나의 카테고리, 덩어리라고 생각하면 됩니다. 예를 들어, '나라'라는 하나의 덩어리가 있다면 '나라'라는 객체가 가질 수 있는 특징으로는 이름, 크기, 인구 수 등이 있습니다.

자바스크립트에서 객체는 키(key)와 값(value)의 쌍으로 이루어진 프로퍼티property의 정렬되지 않은 집합을 의미합니다. 예를 들어 '나라'라는 객체를 생성한다고 하면 '나라'가 가질 수 있는 특징을 '프로퍼티'로 정의하고 이를 키-값 쌍으로 매핑하여 저장합니다.

[함께해봐요 2-9] 객체와 프로퍼티   sample07.js

```
01    const country = {
02        name: "Korea",
03        population: "5178579",
04        get_name: function() {
05            return this.name;
06        }
07    };
```

객체가 가진 특징, 정보를 프로퍼티라고 하고 위처럼 키: '값' 형태로 나타냅니다. 그리고 객체는 프로퍼티 말고도 행위를 가질 수 있습니다. 이는 객체 안에 '함수'를 넣어 만들 수 있는데, 위 예제의 get_name이 이에 해당합니다. get_name처럼 객체 안에 함수가 있는 경우, 이를 메서드_{Method}라고 합니다.

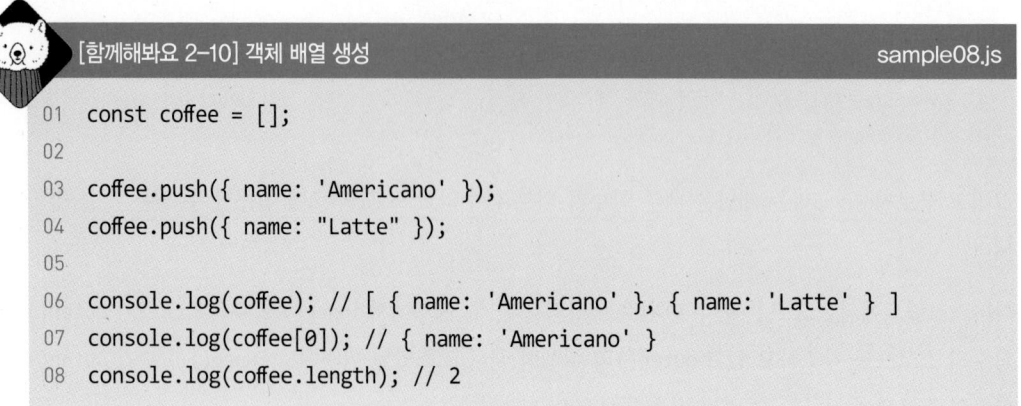

[함께해봐요 2-10] 객체 배열 생성   sample08.js

```
01  const coffee = [];
02
03  coffee.push({ name: 'Americano' });
04  coffee.push({ name: "Latte" });
05
06  console.log(coffee); // [ { name: 'Americano' }, { name: 'Latte' } ]
07  console.log(coffee[0]); // { name: 'Americano' }
08  console.log(coffee.length); // 2
```

배열은 [요소 1, 요소 2 …]를 통해서 생성할 수 있고 배열 안에는 숫자, 문자열, 객체 등 어떤 것이든 요소로 넣을 수 있습니다. 위 예제는 객체를 요소에 넣어 객체 배열을 생성한 것입니다. 요소를 추가하고 싶으면 .push() 내장 함수를 이용해 원하는 요소를 밀어 넣을 수 있습니다(3, 4행).

[함께해봐요 2-11] 구조 분해 할당   sample09.js

```
01  const animal = ['dog', 'cat'];
02
03  let [first, second] = animal;
04
05  console.log(first); // dog
06  console.log(second); // cat
```

그리고 자바스크립트에는 '구조 분해 할당'이라는 것이 있습니다. 자바스크립트에서는 객체와 배열을 많이 사용하게 됩니다. 이럴 때 위 예제처럼, 객체나 배열을 변수로 간편하게 '분해'해주는 문법이 바로 구조 분해 할당입니다.

배열과 객체를 많이 사용하는 자바스크립트의 특성상 배열과 관련해서 자주 사용하는 내장 함수들을 [표 2-1]에 정리해 보았습니다.

[표 2-1] 배열 내장 함수

함수	설명	함수	설명
forEach()	for문을 짧게 줄임	find()	찾은 값을 반환
indexOf()	원소의 인덱스를 반환	filter()	조건을 만족하는 배열 생성
findIndex()	배열의 요소가 객체, 배열일 때	splice()	인덱스로 특정 항목을 제거
shift()	첫 번째 원소 제거 및 반환	slice()	항목을 제거해 새 배열 생성
unshift()	맨 앞에 새 원소를 추가	pop()	마지막 원소 제거 및 반환
join()	배열 요소를 문자열로 합침	concat()	배열 합침
map()	배열 각 원소 반환	reduce()	누적 값을 계산

위 배열 내장 함수는 독자 여러분이 간단히 예시 프로그램을 만들어 테스트 해보기 바랍니다. 함수가 있을 때, 그것을 사용해 본 것과 안 해본 것과는 큰 차이가 있습니다.

함수

[함께해봐요 2-12] 함수의 선언   sample10.js

```
01  function add(a, b) {
02      return a + b;
03  }
04
05  console.log(add(1, 4)); // 5
```

함수를 만들려면 다른 언어와 비슷하게 function을 통해 선언하고, () 안에 파라미터를 지정하고, {} 문 안에 로직을 작성하고, return을 통해 반환 값(결과 값)을 저장할 수 있습니다.

[함께해봐요 2-13] 화살표 함수의 선언   sample11.js

```
01  const add = (a, b) => {
02      return a + b;
03  }
04
05  console.log(add(1, 4)); // 5
```

함수를 function 대신 화살표 함수_{Arrow Function}인 *=>를 통해 선언할 수 있습니다.

용어정리

=> ES6부터 도입된 화살표(Arrow) 함수로, 흔히 람다식이라고 합니다.

```
const add = (a, b) => a + b;
```

그리고 또 함수 내에 return 밖에 없다면 위 소스처럼 줄여 쓸 수 있습니다.

화살표 함수는 줄여 쓸 수 있다는 특징 외에도 중요한 특징이 있습니다. 바로 화살표 함수에는 ❶ 함수명, ❷ arguments, ❸ this, 이 세 가지가 없다는 점인데, 함수명이 없다는 것은 익명 함수로 동작한다는 뜻이고 arguments, this가 없다면 어떤 일이 생길까요?

```
const func = function () {
    console.log(arguments);
}

func(1, 2, 3, 4); // [Arguments] { '0': 1, '1': 2, '2': 3, '3': 4 }
```

보통 함수가 생성되면 자신의 스코프 안에 자기 자신을 가리키는 this와 파라미터가 담기는 arguments가 자동으로 생성됩니다.

```
const func = (...args) => {
    console.log(args);
}

func(1, 2, 3, 4); // [ 1, 2, 3, 4 ]
```

하지만 화살표 함수에는 arguments가 자동으로 생성되지 않기 때문에 arguments가 필요하다면 함수의 파라미터 부분에 ...args를 넣어 args라는 배열 안에 파라미터를 담을 수 있습니다. ...은 전개 연산자라고 하는데, "값이 몇 개가 될지 모르나 뒤에 오는 변수명에 값을 배열로 넣어라"라고 하는, ES6 이후 추가된 문법 중 하나입니다.

그리고 this가 없다는 것은 무엇을 의미할까요? 자바스크립트에서 this는 다른 언어와 조금 다르게 동작하기 때문에 헷갈리는 개념인데, 자바스크립트에서 this는 호출하는 방법에 의해 결정됩니다. 브라우저 콘솔에서 console.log(this);을 찍어보면 결과로 Window 객체가 나오게 됩니다. console.log(this);을 호출한 함수는 전역(Global)이고 브라우저에서 Global은 Window 객체를 의미하기 때문에 이와 같은 결과가 나옵니다.

```
01  var people = {
02      name: 'gildong',
03      say: function () {
04          console.log(this);
05      }
06  }
07
08  people.say();
09
10  var sayPeople = people.say;
11  sayPeople();
```

[실행결과] [함께해봐요 2-14]의 결과   sample12-1.js 결과

```
01  { name: 'gildong', say: [Function: say] }
02  Object [global] {
03    global: [Circular],
04    clearInterval: [Function: clearInterval],
05    clearTimeout: [Function: clearTimeout],
06    setInterval: [Function: setInterval],
07    setTimeout: [Function: setTimeout] {
08      [Symbol(nodejs.util.promisify.custom)]: [Function]
09    },
10    queueMicrotask: [Function: queueMicrotask],
11    clearImmediate: [Function: clearImmediate],
12    setImmediate: [Function: setImmediate] {
13      [Symbol(nodejs.util.promisify.custom)]: [Function]
14    }
15  }
```

people.say()에서는 people 객체가 say()를 호출했으므로(8행) this는 people 객체가 되고, sayPeople 변수에 people.say를 넣고 호출한 경우(11행)는 전역변수 즉, 전역(Global)이 호출한 주체가 되므로 this는 전역(Global) 객체가 됩니다.

```
01  var people = {
02      name: 'gildong',
03      say: function () {
04          console.log(this);
05      }
06  }
07
08  people.say();
09
10  var sayPeople = people.say.bind(people);
11  sayPeople();
```

[실행결과] [함께해봐요 2-15]의 결과   sample12-2.js 결과

```
01  { name: 'gildong', say: [Function: say] }
02  { name: 'gildong', say: [Function: say] }
```

this를 객체로 고정하고 싶다면 bind(this로 고정시킬 객체) 함수를 이용하면 됩니다(10행).

하지만 바로 이 this가 존재하지 않으니 화살표 함수에서는 bind를 사용해도 this를 주입할 수 없습니다. 때문에 생성자(new)를 사용해 화살표 함수로 만들어진 객체의 인스턴스를 생성할 수 없습니다. 만약 화살표 함수로 만들어진 객체에 this를 사용한다면 일반적인 인자나 변수와 동일하게 취급하게 되고 내부 스코프에 this가 없기 때문에 상위 함수의 this나 전역(Global) 객체의 this를 불러오게 됩니다.

프로토타입과 상속

'프로토타입Prototype'의 뜻은 '원형'인데, 자바스크립트로 객체 지향 프로그래밍을 할 수 있게 도와주는 것입니다. 자바스크립트에는 클래스가 없으므로 '프로토타입'을 통해 비슷하게 흉내냅니다. 때문에 자바스크립트는 객체 지향 언어라고 하지 않고 '프로토타입 기반 언어'라고 하는 것입니다.

```
01  function func() { };
02  console.log(func.prototype); // func {}
03
04  func.prototype.name = 'gildong';
05  console.log(func.prototype); // func { name: 'gildong' }
```

자바스크립트에서 기본 데이터 타입을 제외한 모든 것이 객체인데, 이 객체의 '원형'인 프로토타입을
이용해서 새로운 객체를 만들어내고 이렇게 생성된 객체는 또 다른 객체의 원형이 되어 새로운 객체
를 만들어낼 수 있습니다. prototype은 객체의 프로퍼티 중 용도가 약속되어 있는 특수한 프로퍼티이
고 이 역시도 객체입니다.

```
> function func() {};
< undefined
> console.log(func.prototype);
  ▼ {constructor: f} ⬤
    ▶ constructor: f func()
    ▼ __proto__:
      ▶ constructor: f Object()
      ▶ hasOwnProperty: f hasOwnProperty()
      ▶ isPrototypeOf: f isPrototypeOf()
      ▶ propertyIsEnumerable: f propertyIsEnumerable()
      ▶ toLocaleString: f toLocaleString()
      ▶ toString: f toString()
      ▶ valueOf: f valueOf()
      ▶ __defineGetter__: f __defineGetter__()
      ▶ __defineSetter__: f __defineSetter__()
      ▶ __lookupGetter__: f __lookupGetter__()
      ▶ __lookupSetter__: f __lookupSetter__()
      ▶ get __proto__: f __proto__()
      ▶ set __proto__: f __proto__()
```

[그림 2-3] __proto__ 객체 살펴보기

브라우저 콘솔에 function func() {};을 입력하고 func() 함수의 prototype을 콘솔에 찍어봅시다.
이렇게 나온 결과의 __proto__ 객체를 살펴보면 안에 여러 가지 프로퍼티가 기본으로 존재하는 것을
알 수 있습니다. func.hasOwnProperty()라는 프로퍼티도 내가 선언하지 않았지만 프로토타입 객체
(__proto__)에 기본으로 저장되어 있어 사용할 수 있게 되는 것입니다.

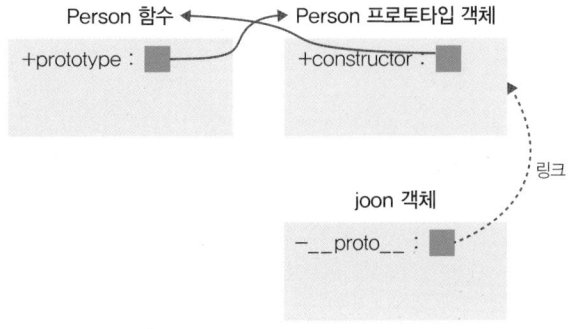

[그림 2-4] __proto__ 객체의 링크

객체 안에 __proto__ 라는 프로퍼티가 있고 이 프로퍼티를 만들어낸 원형인 '프로토타입 객체'를 참조하는 숨겨진 링크가 있는데 이 링크를 '프로토타입'이라고 정의합니다.

[함께해봐요 2-17] 프로토타입과 상속   sample14.js

```
01  const animal = {
02      leg: 4,
03      tail: 1,
04      say() {
05          console.log('I have 4 legs 1 tail');
06      }
07  }
08
09  const dog = {
10      sound: 'wang'
11  }
12
13  const cat = {
14      sound: 'yaong'
15  }
16
17  dog.__proto__ = animal;
18  cat.__proto__ = animal;
19
20  console.log(dog.leg); // 4
```

프로토타입이 중요한 이유는 '상속'을 가능하게 한다는 점입니다.

[함께해봐요 2-18] Prototype Chaining   sample15.js

```
01  const animal = {
02      leg: 4,
03      tail: 1,
04      say() {
05          console.log('I have 4 legs 1 tail');
06      }
07  }
08
```

```
09  const dog = {
10      sound: 'wang',
11      happy: true
12  }
13
14  dog.__proto__ = animal;
15
16  const cat = {
17      sound: 'yaong'
18  }
19
20  cat.__proto__ = dog;
21
22  console.log(cat.happy); // true
23  console.log(cat.leg);   // 4
```

이렇게 Prototype Chaining도 가능합니다. cat에 happy 프로퍼티가 없으므로 프로토타입인 dog 의 프로퍼티에서 찾고, cat에 leg 프로퍼티가 없고 프로토타입인 dog에도 없으니 dog의 프로퍼티인 animal에서 찾습니다.

[함께해봐요 2-19] 프로토타입을 클래스처럼 사용해보기   sample16.js

```
01  function Animal() { }
02
03  Animal.prototype.legs = 4;
04  Animal.prototype.tail = 1;
05
06  const dog = new Animal();
07  const cat = new Animal();
```

자바스크립트에서는 바로 이 프로토타입을 이용해, 클래스 대신 function과 new를 통해 클래스를 흉 내낼 수 있습니다. 그리고 객체.prototype.속성키 = 속성값을 통해 객체를 공유해서 사용할 수 있습니다(3~4행). 위 예제에서 dog와 cat은 Animal.prototype.legs, Animal.prototype.tail이라는 객체를 공유해서 사용하기 때문에 총 2공간만 메모리에 할당됩니다. 만약 prototype을 이용하지 않고 this. legs, this.tail과 같이 사용했다면 총 4공간이 할당되므로 prototype을 사용해 공간을 절약하는 것이 좋겠습니다.

2.2 자바스크립트의 비동기 처리

콜백 함수

콜백Callback은 말 그대로, 나중에 실행되는 코드를 의미합니다. A()라는 함수가 있을 때, 인자로 어떤 함수를 넣어주었다고 해봅시다. 자바스크립트에서 함수는 '*일급 객체'이기 때문에 인자로 함수를 넣어주는 것이 가능합니다. A 함수의 모든 명령을 실행한 후 마지막으로 넘겨 받은 인자 callback을 실행하는 메커니즘이 콜백이고, 여기서 인자로 들어가는 함수를 콜백 함수라고 합니다.

> **일급 객체** 다른 객체에 일반적으로 적용할 수 있는 연산을 모두 지원하는 객체를 말합니다. 일급 객체는 다른 함수의 인자(파라미터)로 넣을 수 있고, 반환 값으로 쓰일 수도 있고, 변수 안에 넣을 수도 있습니다.

[함께해봐요 2-20] 콜백 함수의 비동기 처리　　　　　　　　　　　sample17.js

```
01  setTimeout(() => { // 내장 함수 setTimeout(callback, delayTime)
02      console.log('todo: First work!');
03  }, 3000);
04
05  setTimeout(() => {
06      console.log('todo: Second work!');
07  }, 2000);
08
09  // 결과
10  // todo: Second work!
11  // todo: First work!
```

setTimeout() 함수는 자바스크립트 내장 함수로, 콜백 함수와 지체할 시간을 인자로 받아 인자로 받은 시간만큼 기다렸다가 콜백 함수를 실행하는 함수입니다. 자바스크립트는 이벤트 중심 언어이기 때문에 어떤 이벤트가 발생하고, 그에 대한 결과가 올 때까지 기다리지 않고 다음 이벤트를 계속 실행합니다. 위 예제처럼 First work! 로그를 찍는 함수를 먼저 호출했지만 이는 3초가 걸리고, Second work! 로그를 찍는 함수는 2초가 걸리기 때문에 Second work! 로그를 찍는 함수를 먼저 실행해버린 것입니다.

[함께해봐요 2-21] 콜백 함수의 동기 처리   sample18.js

```
01  setTimeout(() => {
02      setTimeout(() => {
03          console.log('todo: Second work!');
04      }, 2000);
05      console.log('todo: First work!');
06  }, 3000);
07
08  // 결과
09  // todo: First work!
10  // todo: Second work!
```

여기서 First work! 로그를 찍는 setTimeout() 함수와 Second work! 로그를 찍는 setTimeout() 함수는 순차적으로 처리되지 않기 때문에 '비동기' 작업이라고 합니다. First work! 로그를 찍는 함수의 작업이 끝난 뒤 Second work! 로그를 찍는 함수를 실행하고 싶으면 위 예제처럼 '콜백 함수'를 이용해 비동기 작업을 동기적으로 처리해주어야 합니다.

[함께해봐요 2-22] 사용자 정의 함수의 동기 처리   sample19.js

```
01  function fakeSetTimeout(callback) {
02      callback();
03  }
04
05  console.log(0);
06
07  fakeSetTimeout(function () {
08      console.log('Hello');
09  });
10
11  console.log(1);
```

fakeSetTimeout() 함수는 setTimeout() 함수처럼 내장 함수가 아닌 우리가 정의한 사용자 정의 함수입니다(1~3행). 인자로 콜백 함수를 받아 실행해주는 단순한 함수입니다. 위 예제는 동기적으로 실행될까요, 비동기적으로 실행될까요? 동기적 처리는 순차적으로 수행하기 때문에 위 코드가 동기적이라면, console.log(0)을 처리한 후 fakeSetTimeOut() 함수가 완료되어야만 console.log(1)이 실행됩니다. 자, 실행해보겠습니다.

0	VM54:5
Hello	VM54:8
1	VM54:11

[그림 2-5] [함께해봐요 2-22]의 실행결과

세 가지의 실행부가 있는데 ❶ "0"을 출력하는 코드, ❷ fakeSetTimeout()에서 콜백으로 "Hello"를 넘겨주는 코드, ❸ "1"을 출력하는 코드가 있습니다. 결과를 보면 0, Hello, 1 이렇게 순차적으로 출력된 것을 볼 수 있고 위 코드가 동기적으로 처리된 것을 확인할 수 있습니다.

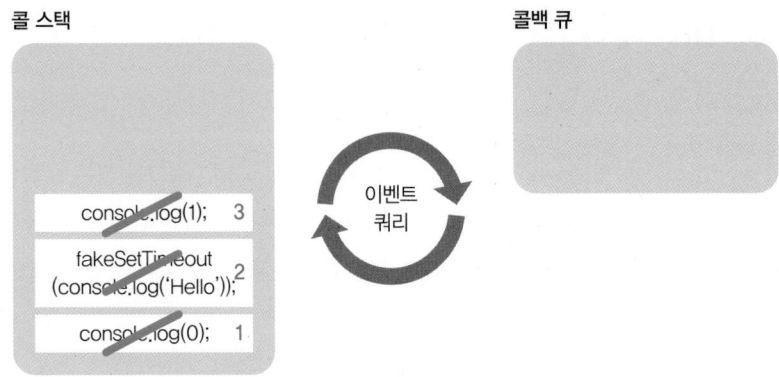

[그림 2-6] 동기적 처리에서 콜 스택과 콜백 큐

위 세 가지 실행부는 모두 동기적이기 때문에, 콜백 큐를 거치지 않고 모두 콜 스택을 거쳐 실행됩니다.

[함께해봐요 2-23] API의 비동기적 처리   sample20.js

```
01  console.log(0);
02
03  setTimeout(function () {
04      console.log('Hello');
05  }, 0);
06
07  console.log(1);
```

setTimeout() 함수는 웹 브라우저에서 제공하는 API입니다. 자바스크립트는 인터페이스만 제공할 뿐 동작은 외부에서 받아오게 됩니다. 그렇다면 위 예제는 어떻게 동작할까요?

0	VM117:1
1	VM117:7
‹ undefined	
Hello	VM117:4

[그림 2-7] [함께해봐요 2-23]의 실행결과

setTimeout() 함수는 인자로 콜백 함수와 얼만큼 delay할 건지를 넘겨주게 되는데, delay를 0초로 주었음에도 결과는 0, 1, Hello가 나왔습니다. 즉 setTimeout()에 인자로 넘겨준 console.log('Hello')가 비동기적으로 처리된다는 뜻입니다(4행).

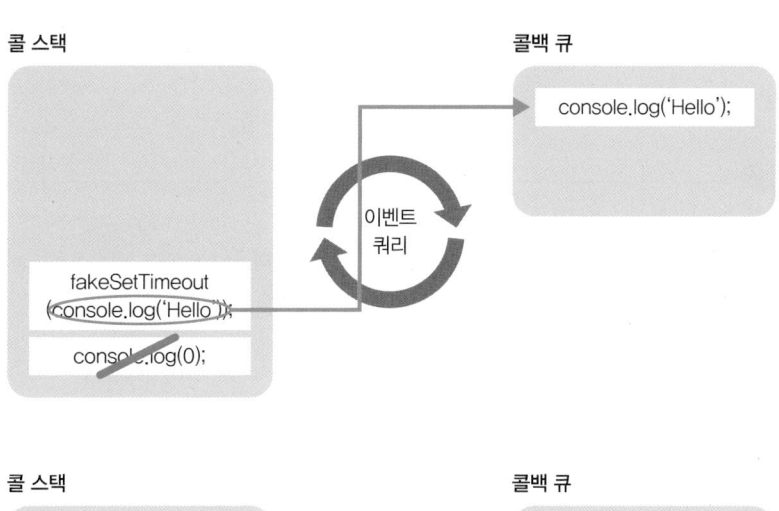

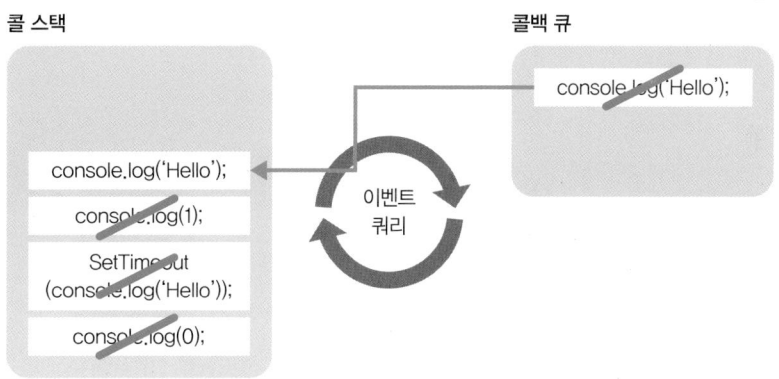

[그림 2-8] 비동기적 처리에서 콜 스택과 콜백 큐

[함께해봐요 2-22]의 동기적 작업은 모두 콜 스택으로 들어가 처리됩니다. 하지만 이와 다르게, [함께해봐요 2-23]은 0초 뒤 setTimeout()을 스택에 넣고 실행하는 것이 아닌 0초 뒤에 콜백 큐에 넣게 됩니다. 콜 스택에 있는 작업이 모두 끝난 후, 이벤트 루프가 콜백 큐에 있는 작업을 살펴보고 작업을 콜 스택에 올려 실행합니다.

정리하면, "콜백은 나중에 실행하라"고 인자로써 다른 함수에 넘겨주는 것입니다. 그러면 콜백을 받은 함수가 자신의 역할에 따라 (동기적 또는 비동기적으로) 콜백을 실행하게 됩니다.

[함께해봐요 2-22]의 fakeSetTimeout() 함수처럼 자바스크립트 내부에서 처리되는 연산이면 동기적으로 처리되고, [함께해봐요 2-23]의 setTimeout() 함수처럼 외부에서 처리되는 연산이면 비동기적으로 처리됩니다. 외부적으로 처리되는 함수는 서버에서 데이터 가져오기, 타이머 등의 외부 API 등이 있습니다.

바쁜 웹 환경에서 여러 작업을 빠르게 처리하기 위해 자바스크립트는 비동기 메커니즘을 사용하고 비동기 처리는 위 코드처럼 콜백 함수를 사용해서 관리합니다. 콜백 함수를 잘 사용하면 비동기 처리의 장점을 극대화할 수 있지만 잘못 사용하면 '*콜백 지옥'이라는 말처럼 콜백의 늪에 빠져 아무 처리도 하지 못하는 상태에 머무르게 될 수도 있습니다.

용어정리

콜백 지옥(callback hell)

비동기 처리 방식으로 코딩할 때 콜백 함수 안에 또 다른 콜백 함수를 계속 넣어 코딩을 하게 되는데, 이때 로직을 변경하기 어렵고 가독성이 떨어지는 코드 구조가 되는 것을 말합니다.

다음은 콜백 지옥의 예입니다.

```
step1(function (value1) {
    step2(function (value2) {
        step3(function (value3) {
            step4(function (value4) {
                step5(function (value5) {
                    step6(function (value6) {
                        // Do something with value6
                    });
                });
            });
        });
    });
});
```

Step1이 끝난 뒤에 step2, step3, step4, …. 이렇게 순차적으로 완료해야 하는 작업은 비동기 처리를 해주어 동기적인 작업처럼 바꿔줘야 합니다. 콜백을 중첩하고 중첩하고 중첩하는 모양으로요. 하지만 이렇게 되면 코드가 너무 난잡하고 보기가 힘듭니다. 이렇게 중첩이 많은 코드가 괜히 '지옥'이라는 말이 붙은게 아닌 것처럼 코드를 유지보수하고 로직을 파악하기 힘들 것입니다.

Promise

Promise는 코드의 중첩이 많아지는 콜백 지옥을 벗어날 수 있게 해주는 객체입니다. Promise는 단어 그대로 약속을 도와주는 기능을 하기 때문입니다. 무슨 말이냐고요? 이해를 돕기 위해 예를 들어보겠습니다.

새로 출시되는 아이폰을 구매하고 싶은데 출시 일, 출시 시간을 정확히 알려주지 않아 매일 매시간 아이폰이 출시되었는지 사이트에 접속하여 확인을 한다고 해봅시다. 아이폰이 출시되었는지 확인하며 시간과 에너지를 낭비하게 될 겁니다. 이 과정이 바로 어떤 작업에 대한 요청을 비유한 것입니다. 만약 아이폰이 출시되었다고 응답이 오면 바로 아이폰을 구매할 것입니다. 아이폰을 구매한 행동은 어떤 로직이 요청에 대한 응답을 받은 후 실행한 함수(작업)를 비유한 것입니다.

그런데 갑자기 애플에서 아이폰이 출시되면 문자를 보내주는 서비스를 제공한다고 합니다. 알림을 보내준다고 약속을 하는 것과 같은 역할을 하는 것이 바로 Promise입니다! 아이폰이 출시되면(응답이 오면) 문자를 보내주어(Promise) 바로 구매하도록(응답 후 실행할 함수) 해주는 문자 서비스! 정말 편리하지 않을까요? 이렇게 Promise는 보낸 요청에 대해 응답이 준비되었을 때 알림을 주는 알리미 역할을 합니다.

[함께해봐요 2-24] 일반 비동기 함수　　　　　　　　　　　　　　sample21-1.js

```
01  function work(sec, callback) {
02      setTimeout(() => {
03          callback(new Date().toISOString());
04      }, sec * 1000);
05  };
06
07  work(1, (result) => {
08      console.log('첫 번째 작업', result);
09  });
10
11  work(1, (result) => {
12      console.log('두 번째 작업', result);
13  });
14
15  work(1, (result) => {
16      console.log('세 번째 작업', result);
17  });
```

각 작업마다 1초의 시간이 걸리는 일이 있을 때, 첫 번째 → 두 번째 → 세 번째 작업 순으로 일을 하고 싶은데 위 예제처럼 코드를 짜면 어떻게 될까요?

[실행결과] [함께해봐요 2-24]의 결과

```
01  $ node chapter02/sample/sample21.js
02  첫 번째 작업 2021-02-03T13:36:07.360Z
03  두 번째 작업 2021-02-03T13:36:07.376Z
04  세 번째 작업 2021-02-03T13:36:07.376Z
```

결과는 1, 2, 3 작업 모두 같은 시간에 끝나버렸습니다. 1 → 2 → 3 순서대로 작업을 한다면 1번 작업이 끝난 후, 1초 뒤에 2번 작업이 끝나고, 또 1초 뒤 3번 작업이 끝나야 하는 데 말입니다.

[함께해봐요 2-25] 동기적 처리 ①   sample21-2.js

```
01  function work(sec, callback) {
02      setTimeout(() => {
03          callback(new Date().toISOString());
04      }, sec * 1000);
05  };
06
07  work(1, (result) => {
08      console.log('첫 번째 작업', result);
09
10      work(1, (result) => {
11          console.log('두 번째 작업', result);
12
13          work(1, (result) => {
14              console.log('세 번째 작업', result);
15          });
16      });
17  });
```

[실행결과] [함께해봐요 2-25]의 결과

```
01  $ node chapter02/sample/sample21-2.js
02  첫 번째 작업 2021-02-03T13:38:10.111Z
03  두 번째 작업 2021-02-03T13:38:11.124Z
04  세 번째 작업 2021-02-03T13:38:12.128Z
```

$1 \rightarrow 2 \rightarrow 3$ 순서대로 작업을 하고 싶다면 비동기적 처리를 위한 코드를 짜야 합니다. 위 예제처럼 콜백 함수 안에 콜백 함수를 넣으면 $1 \rightarrow 2 \rightarrow 3$ 순서대로 작업을 할 수 있게 됩니다.

[함께해봐요 2-26] 동기적 처리 ②   sample21-3.js

```javascript
01  function work(sec, callback) {
02      setTimeout(() => {
03          callback(new Date().toISOString());
04      }, sec * 1000);
05  };
06
07  work(1, (result) => {
08      console.log('첫 번째 작업', result);
09
10      work(1, (result) => {
11
12          work(1, (result) => {
13              console.log('세 번째 작업', result);
14          });
15
16          console.log('두 번째 작업', result);
17      });
18  });
```

이 예제의 결과는 어떻게 될까요? 우리가 눈으로 위에서 아래로 볼 때는 $1 \rightarrow 3 \rightarrow 2$이기 때문에 결과가 1, 3, 2 순서로 찍힐 것 같지만 비동기적으로 동작하기 때문에 결과는 [함께해봐요 2-25]와 동일합니다.

[실행결과] [함께해봐요 2-26]의 결과

```
01  $ node chapter02/sample/sample21-3.js
02  첫 번째 작업  2021-02-03T13:39:51.368Z
03  두 번째 작업  2021-02-03T13:39:52.382Z
04  세 번째 작업  2021-02-03T13:39:53.386Z
```

이렇게 되면 우리가 눈으로 코드를 보면서 로직을 바꿀 때 어떻게 해야 하는지, 결과가 어떻게 될지, 확인하기 어려워집니다. 이때 필요한 것이 바로 Promise 객체입니다.

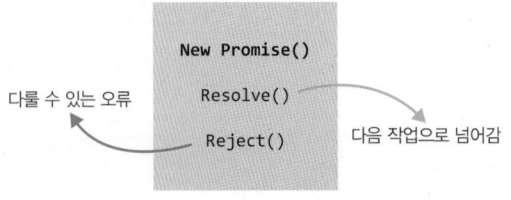

[그림 2-9] Promise 객체

Promise는 콜백 지옥을 탈출하게 해주는 자바스크립트 API입니다. 어떻게 사용하는지 예제를 통해 살펴봅시다.

[함께해봐요 2-27] Promise의 사용   sample22.js

```
01  function workP(sec) {
02      // Promise의 인스턴스를 반환하고
03      // then에서 반환한 것을 받는다.
04      return new Promise((resolve, reject) => {
05          // Promise 생성시 넘기는 callback = resolve, reject
06          // resolve 동작 완료시 호출, 오류 났을 경우 reject
07          setTimeout(() => {
08              resolve(new Date().toISOString());
09          }, sec * 1000);
10      });
11  }
12
13  workP(1).then((result) => {
14      console.log('첫 번째 작업', result);
15      return workP(1);
16  }).then((result) => {
17      console.log('두 번째 작업', result);
18  });
```

[실행결과] [함께해봐요 2-27]의 결과

```
01  $ node chapter02/sample/sample22.js
02  첫 번째 작업 2021-02-03T16:14:21.376Z
03  두 번째 작업 2021-02-03T16:14:22.392Z
```

60

workP()라는 함수는 new 키워드를 통해 Promise의*인스턴스를 생성하여 반환합니다(4행). Promise 를 생성할 때 resolve와 reject를 넘기게 되는데(4행), 여기서 resolve는 위에서 배운 콜백 함수와 비 슷한 것이라고 생각하면 됩니다. workP()의 요청이 성공하게 되는 경우 resolve 함수를 호출하고 실패할 경우 reject 함수를 호출하게 됩니다. 마지막 호출부에서 볼 수 있듯이 workP()를 호출하고 반환되는 Promise의 인스턴스를 넘겨 받아 resolve를 통해 받은 결과 값을 사용할 수 있게 됩니다 (15행).

용어정리
인스턴스 코드에 구현된 객체가 실제 메모리에 할당된 것을 의미합니다.

그리고 then()은 Chaining을 해서 사용할 수 있습니다. 이를 이용하여 callback을 순차적으로 지정 해 비동기 처리를 해주게 됩니다. 첫 번째 then()에서, 두 번째 then()에서 받고 싶은 결과 값을 반환 하고 두 번째 then()에서 이를 받습니다. 이렇게 되면 첫 번째 then()이 반드시 끝나고 무언가를 반 환해주어야 다음 then()에서 받은 결과로 무언가를 실행할 수 있으니 then()을 붙인 순서대로 처리 됩니다.

async/await

ES7.6부터 사용할 수 있는 문법으로 Promise의 단점을 보완해주는 패턴입니다. Promise와 전혀 다 른 개념은 아니고 Promise를 사용하여 구현하는 패턴이니, Promise에 대한 이해가 선행되어야 합 니다. Node.js는 8버전부터 async/await를 완벽하게 지원하기 시작했습니다. async/await는 비동 기 코드의 겉모습과 동작을 좀 더 동기코드와 유사하게 만들어 줍니다. 사실 콜백 함수를 사용하나, Promise만 사용하나, 내가 원하는 동기적 처리가 필요한 플로우는 모두 구현이 가능합니다. 그러면 왜 Callback, Promise로도 모자라 async/await까지 배울까요? 가장 큰 이유는 여전히 Promise도 가독성이 좋지 않다는 점입니다. 코드가 깔끔하고 가독성이 좋아야 눈으로 로직을 파악할 수 있고 디 버깅이 쉬워지는 것은 당연합니다.

```
const makeRequest = () =>
    getJSON()
    .then(data => {
        console.log(data);
        return "done";
    })

makeRequest();
```

위 코드는 Promise 패턴을 사용한 코드입니다. 그리고 아래 코드는 async/await 패턴으로 작성된 똑같은 코드입니다.

```
const makeRequest = async () => {
    console.log(await getJSON());
    return "done";
}

makeRequest();
```

async/await를 사용하면 new Promise로 Promise 객체를 선언하고 resolve, reject를 넘겨주는 부분을 숨기기 때문에 Promise를 사용하는 것보다 코드 양도 확 줄일 수 있습니다. 또, try/catch를 통해 오류를 다룰 수도 있고 중첩 현상도 해결할 수 있습니다.

[함께해봐요 2-28] Promise 객체와 async/await   sample23.js

```
01  function workP(sec) {
02      return new Promise((resolve, reject) => {
03          setTimeout(() => {
04              resolve(new Date().toISOString());
05          }, sec * 1000);
06      });
07  }
08
09  function justFunc() {
10      return 'just Function';
11  }
12
13  async function asyncFunc() {
14      return 'async Fucntion';
15  }
16
17  console.log(justFunc());
18  console.log(asyncFunc());
19  console.log(workP());
```

여기 세 가지의 함수가 있습니다.

- workP() : Promise로 구현된 함수(1~7행)
- justFunc() : 일반 함수(9~11행)
- asyncFunc() : async를 사용한 함수(13~15행)

이 세 함수의 정보를 로그에 찍어보면 다음과 같습니다.

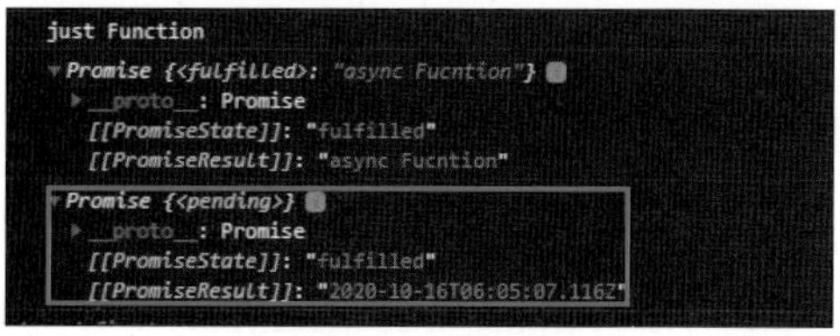

[그림 2-10] 세 함수의 정보 로그

일반 함수인 justFunc()은 반환으로 준 문자열 'jusf Function'이 그대로 반환되지만, asyncFunc()과 workP()는 둘 다 Promise 객체를 반환하는 것을 확인할 수 있습니다. async는 Promise 객체를 반환하기 때문입니다. Promise를 사용하기 때문에 Promise 패턴에서처럼 함수를 호출할 때 then()을 사용할 수 있습니다.

[함께해봐요 2-29] async/await의 사용   sample24.js

```
01  function workP(sec) {
02      return new Promise((resolve, reject) => {
03          setTimeout(() => {
04              resolve('workP function');
05          }, sec * 1000);
06      });
07  }
08
09  async function asyncFunc() {
10      const result_workP = await workP(3);
11      console.log(result_workP);
12      return 'async function';
13  }
14
15  asyncFunc().then((result) => {
16      console.log(result)
17  });
```

[실행결과] [함께해봐요 2-29]의 결과

```
01  $ node chapter02/sample/sample24.js
02  workP function
03  async function
```

await 사용법은 async 키워드를 붙인 함수 안에 lock을 걸어 놓고 싶은 부분에 await를 붙이기만 하면 됩니다. 위 코드에서는 workP() 함수를 호출하는 부분에 await를 붙였습니다(10행). 원래 workP() 함수는 setTimeout() 함수를 이용했기 때문에 비동기적으로 처리되지만 await를 붙여 workP(3) 함수가 완료되기 전까지 그 밑의 구문은 실행하지 않게 됩니다.

async/await를 이용하게 되면 비동기로 처리하고 싶은 함수에 async를 붙이고, 비동기 처리를 할 특정 부분에 await를 붙이기만 하면 되니, Promise보다 직관적이고 많이 사용하게 되는 패턴 중 하나입니다.

비동기 상황에서의 예외 처리

오류(Error) vs 예외(Exception)

프로그램을 실행할 때 오작동이나 비정상적으로 종료되는 원인을 '오류(Error)' 또는 '예외(Exception)'라고 합니다. '오류'는 메모리 부족, 스택 오버플로우 등이 발생하게 되면 복구하기 쉽지 않은 심각한 오류를 말하고, '예외'는 발생하더라도 수습할 수 있을 정도의 심각하지 않은 오류를 말합니다. 따라서 우리는 '예외 처리'를 통해 프로그램이 동작하지 않는 상황을 막을 수 있게 되는 것입니다.

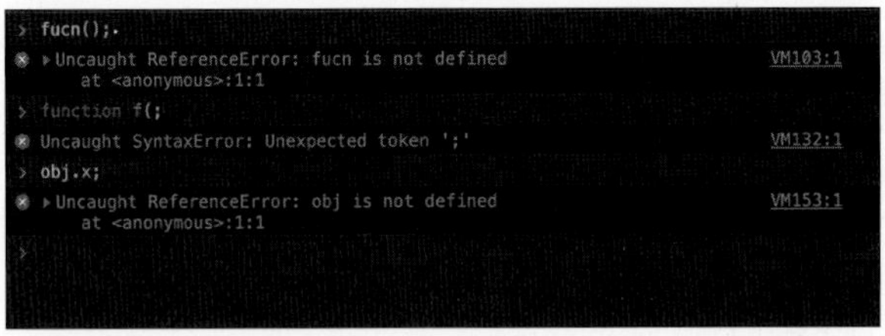

```
> fucn();
⊗ ▶Uncaught ReferenceError: fucn is not defined          VM103:1
       at <anonymous>:1:1
> function f(;
⊗ Uncaught SyntaxError: Unexpected token ';'             VM132:1
> obj.x;
⊗ ▶Uncaught ReferenceError: obj is not defined           VM153:1
       at <anonymous>:1:1
>
```

[그림 2-11] 오류 상황의 예

자바스크립트 문법에 어긋났거나 문법이 맞더라도 자바스크립트 내부에 정의되지 않는 코드나 함수를 참조하는 경우 예외가 발생합니다. 이때는 자바스크립트에서 자체적으로 오류를 발생하게 됩니다.

그리고 어떤 함수를 정의할 때 그 규칙에서 어긋나는 것에 대한 처리를 해줄 수 있는데, 이를 '예외 처리'라고 합니다.

[함께해봐요 2-30] 사용자 정의 오류   sample25.js

```
01  function sum(a, b) {
02      if (typeof a !== 'number' || typeof b !== 'number') {
03          throw 'type of arguments must be number type';
04      }
```

```
05      console.log(a + b);
06  }
07
08  sum(1, '4');
```

두 개의 숫자 인자를 받아 그 합을 출력하는 함수를 생성했다고 해봅시다. 우리가 원하는 규칙은 두 개의 인자 타입이 number여야 하고, 그렇지 않을 경우 throw를 통해 예외를 발생시켰습니다. 이때의 오류는 자바스크립트 내부에서 발생시키는 예외가 아닌, 우리가 직접 정의해준 오류입니다.

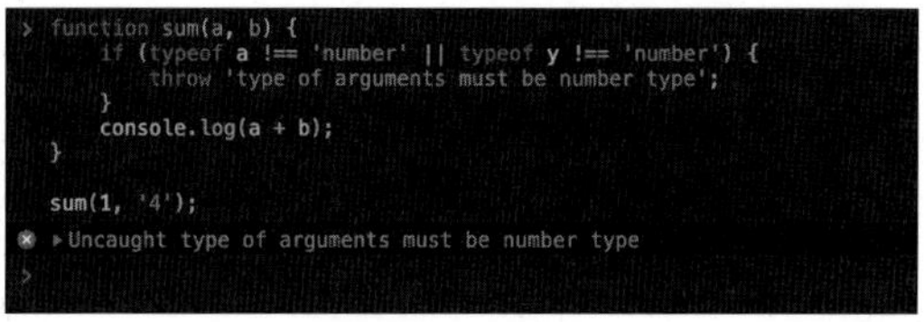

[그림 2-12] Uncaught

오류가 발생하면 앞에 붙는 'Uncaught'라는 키워드의 뜻은 "잡지 못했다" 정도로 해석할 수 있는데, 오류가 있는데 잡지 못했다. 즉, 예외 처리를 해주지 않았다는 뜻이 됩니다. 이렇게 발생한 오류에 대해 어떤 처리를 해줘야만 프로그램이 정지하지 않고 다음 코드로 넘어갈 수 있기 때문에 우리는 꼭 예외 상황을 정의하고 그에 대한 처리를 해주어야 합니다.

일반적인 예외 처리

[함께해봐요 2-31] 일반적인 예외 처리   sample26.js

```
01  // catch해 주지 않은 부분은 실행되지 않음
02  function f2() {
03      console.log('this is f2 start');
04      throw new Error('오류'); // Error 객체 - 해당하는 콜 스택 정보가 담겨 있습니다.
05      console.log('this is f2 end'); // 실행되지 않습니다.
06  }
07
08  function f1() {
09      console.log('this is f1 start');
10      try {
11          f2();
12      } catch (e) {
13          console.log(e);
14      }
```

```
15        console.log('this is f1 end');
16    }
17
18    f1();
```

f1 함수에서 f2를 호출하는데, f2 함수에서 오류가 발생했으면 오류가 발생한 지점 이후의 콜 스택에 쌓인 작업은 실행되지 않습니다(4~5행). 따라서 예외가 발생할 수 있는 부분을 try() 함수 내에 넣고, try() 내부에서 예외가 발생한다면, 그 예외를 어떻게 처리할 것인지 catch() 부분에 작성하여 catch 부분에서 처리를 해줍니다(12~14행). 그러면 콜 스택에 쌓인 작업이 오류가 발생해도 중단되지 않고 모두 실행됩니다. 그리고 오류를 throw를 통해 발생시킬 때, 'Error occur!'와 같이 string으로 작성하지 않고 new를 통해 Error 객체를 생성하고 그 안에 인자로 메시지를 작성해 줍니다(4행). 오류 객체로 오류를 발생시키면 해당하는 콜 스택 정보가 담겨 있기 때문에 어떤 파일의 몇 번째 줄에 오류가 발생했는지 확인할 수 있습니다.

비동기 상황에서의 예외 처리

일단 비동기 처리 코드(Promise, async/await)에서의 예외 처리는 일반적인 예외 처리와는 조금 다릅니다. 비동기 작업은 바로 콜 스택에 들어가는 것이 아니라 작업 큐에서 대기했다가 콜 스택이 비게 되면 콜 스택으로 들어와 실행하게 됩니다. 즉, 예외가 발생하는 시점과 try가 싸고 있는 시간이 일치하지 않게 됩니다. 따라서 try catch 구문으로 오류를 잡을 수 없습니다.

Case 1. Promise의 .catch( ) 이용하기

[함께해봐요 2-32] .catch( )의 이용   sample27.js

```
01    function wait(sec) {
02        return new Promise((resolve, reject) => {
03            setTimeout(() => {
04                reject('error!');
05            }, sec * 1000);
06        });
07    }
08
09    wait(3).catch(e => {
10        console.log('1st catch ', e);
11    });
12
```

```
13    /* chain은 같은 객체를 반환할 때만 가능함*/
14    wait(3).catch(e => {
15        console.log('1st catch ', e);
16    }) // wait 함수의 오류를 받음
17        .catch(e => {
18            console.log('1st catch ', e);
19        }); // 위 catch 구문의 상태를 받음. 오류를 잘 받았으므로 오류가 발생하지 않음
20
21    /* chain을 하고 싶을 땐 */
22    wait(3).catch(e => {
23        console.log('1st catch ', e);
24        throw e;
25    })
26        .catch(e => {
27            console.log('1st catch ', e);
28        });
```

Promise가 포함되어 있는 함수의 실행부 뒤에 .catch(e =>를 통해 오류를 잡아 주면 됩니다. 이때 주의할 점은 .catch 구문은 원래 Promise 구문의 .then()처럼 chaining을 할 수 없다는 점입니다. 첫 번째 catch 구문 이후의 catch 구문은 원래 함수의 결과를 받는 것이 아니라 이전 catch 구문의 실행 상태를 받기 때문입니다. chaining을 하려면 반환하는 객체가 같아야 합니다. 따라서 .catch() 구문을 chaining 해주고 싶다면, 해당 오류를 발생시켜 다음 catch 구문에서 잡도록 해주어야 합니다.

Case 2. Promise의 .then( ) 이용하기

[함께해봐요 2-33] .then( )의 이용   sample27.js

```
01    wait(3).then(() => {
02        console.log('Success');              // 성공했을 경우
03    }, e => {
04        console.log('Catch in Then ', e);    // 실패했을 경우
05    })
```

then을 이용해서 성공했을 경우(resolve), 실패했을 경우(reject)로 나누어 처리를 해줄 수도 있습니다.

Case 3. async/await의 예외 처리

[함께해봐요 2-34] async/await의 예외 처리 ①　　　　　　　　　　sample28-1.js

```
01  async function myAsyncFunc() {
02      return 'done';
03  }
04
05  const result = myAsyncFunc();
06  console.log(result); // Promise { <resolved>: "done" }
```

async/await가 Promise와 다른 것이 아니라 Promise를 이용하는 것이라는 것을 알고 있다면 어렵지 않습니다. async 함수의 반환 값은 Promise 객체의 인스턴스입니다. 따라서 함수에서 오류가 발생하지 않고 실행에 성공했을 경우 resolved 프로퍼티가 반환됩니다(6행).

[함께해봐요 2-35] async/await의 예외 처리 ②　　　　　　　　　　sample28-2.js

```
01  async function myAsyncFunc() {
02      throw 'myAsyncFunc Error!';
03  }
04
05  function myPromiseFunc() {
06      return new Promise((resolve, reject) => {
07          reject('myPromiseFunc Error!');
08      });
09  }
10
11  const result = myAsyncFunc().catch(e => { console.log(e) });
12  const result2 = myPromiseFunc().catch(e => { console.log(e) });
```

따라서 async 함수를 사용할 경우 Promise와 동일하게 예외 처리를 해주면 됩니다.

[함께해봐요 2-36] async/await의 예외 처리 ③　　　　　　　　　　sample28-3.js

```
01  function wait(sec) {
02      return new Promise((resolve, reject) => {
03          setTimeout(() => {
04              reject('throw Error!');
05          }, sec * 1000);
06      });
```

```
07    }
08
09    async function myAsyncFunc() {
10        console.log(new Date());
11        try {
12            await wait(2);   // Promise를 기다리는 중...
13        } catch (e) {
14            console.error(e);
15        }
16        console.log(new Date());
17    }
18
19    const result = myAsyncFunc();
```

그리고 await를 사용했을 경우 try catch 또는 .catch를 사용하면 됩니다. await 구문을 사용하게 되면 예외가 발생되는 시점이 try가 감싸고 있는 시간과 일치하기 때문입니다.

```
const result = await wait(2).catch(e => { console.error(e) });
```

단, await 구문에서 .catch를 사용할 때 주의사항이 있는데 위 예시에서 wait 함수가 resolve할때는 catch하지 않으므로 result에 wait의 resolve가 그대로 들어가게 됩니다. 따라서 wait 함수가 reject할 때 catch 구문에서는 아무것도 반환하지 않으므로 result는 undefined가 되어 버립니다.

[함께해봐요 2-37] async/await의 예외 처리 ④   sample28-4.js

```
01    async function myAsyncFunc() {
02        consolejljalk.log(new Date()); // Uncaught
03        const result = await wait(2).catch(e => {
04            console.error(e)
05        });
06        console.log(new Date());
07    }
08
09    try { myAsyncFunc(); } catch (e) { } // ==> X
10    myAsyncFunc().catch(e); // ==> O
```

그리고 우리가 의도적으로 발생시킨 예외 말고 오타나 문법 오류에 의해 발생한 오류가 있으면서도 Promise를 반환하는 함수에 대해서는 어떻게 처리해야 할까요. try catch 구문으로는 반환하는 Promise에 대한 오류만 잡기 때문에 .catch를 이용해주어야 합니다.

● 이번에 우리가 얻은 것

이 장에서는 웹을 만들 때 필요한 세 가지 HTML, CSS, 자바스크립트 중 근육을 담당하는 자바스크립트의 기본 개념에 대해 살펴보았습니다.

가장 기본적인 자바스크립트의 변수와 함수를 선언하고 사용하는 방법부터, 객체와 배열에 대한 것, 그리고 프로토타입과 클래스 등 자바스크립트를 사용하기 위해 반드시 알아야 하는 개념을 예제 코드와 함께 쭉 훑어보았습니다.

가장 헷갈리고 중요한 개념! 콜백 함수와 비동기 처리에 관한 여러 패턴 callback 함수, Promise, async/await에 대해서도 살펴보았습니다. 또 예외 처리를 하는 데 있어 일반적인 방법과 비동기 처리에서의 방법이 조금 차이가 있는데, 이에 관해서도 알아보았습니다.

기본 개념으로는 어려운 응용 문제를 해결할 때 어려움이 있을 수 있지만, 오히려 탄탄한 기본 개념은 어려운 응용 문제를 이해하는 바탕이 됩니다. 그러므로 자바스크립트가 아직 완벽하게 이해되지 않았다 해도 우리는 슬퍼할 필요가 없습니다. 우리의 목적은 '마스터'가 아닌 '완벽한 준비' 상태이기 때문입니다.

● 이것만은 알고 갑시다

1. 자바스크립트는 웹 페이지를 동적으로 만들어줍니다.

2. HTML의 요소들을 조작하거나, 웹 페이지의 스타일을 멋지게 꾸며주거나, 사용자가 입력하는 이벤트에 따른 인터랙션을 주는 등 자바스크립트는 웹 페이지를 다채롭고 생동감 있게 만들어주는 역할을 합니다.

3. 자바스크립트는 ECMA 표준을 따릅니다. ES6 이후 많은 것이 달라졌으며, ES6 이상 버전을 사용하는 것이 현대의 자바스크립트 핵심입니다.

4. 자바스크립트에서 변수를 선언할 때는 const, let을 사용하고 함수를 선언할 때는 function을 사용합니다. 그리고 객체를 선언할 때는 변수 = { key:value } 형태로 선언합니다.

5. 콜백 함수는 당장 실행하지 않고 나중에 실행하는 함수를 의미합니다.

6. 자바스크립트에서 함수는 일급 객체입니다. 일급 객체라는 것은 다른 객체들에 일반적으로
적용 가능한 연산을 모두 지원하는 객체를 말합니다.

7. 자바스크립트는 클래스 기반이 아닌 프로토타입 기반 언어이며 Class를 function과 new를
통해 흉내낼 뿐입니다. ES6 문법 이후부터는 Class를 사용할 수 있고 Class를 통한 상속도
받을 수 있게 되었습니다. 하지만 여전히 프로토타입 기반으로 동작하며 Class와 super를
통해 쉽고 직관적인 코드를 짤 수 있게 해줄 뿐입니다.

8. 자바스크립트는 이벤트 기반으로 동작하며 수많은 이벤트가 발생하는 웹 환경에서 이벤트
를 처리하기 위해 '비동기 처리'라는 메커니즘이 사용됩니다. 비동기 처리 시 콜백 함수를
사용해 관리하고 콜백 함수는 로직을 동기적으로 처리하고 싶을 때 콜백 지옥을 만들 수 있
습니다.

9. Promise는 콜백 지옥을 벗어날 수 있게 해주는 객체이며 이 Promise를 사용해 좀 더 직관
적이고 간결한 코드를 짤 수 있게 해주는 패턴으로는 async/await가 있습니다.

1. 아래의 order1, order2를 보고, name, price 객체 속성를 가진 객체 생성자 MakeOrder()를 만들어봅시다.

* solution2-1.js

```
1.  const order1 = new MakeOrder('오렌지 쥬스', '2500');
2.  const order2 = new MakeOrder('토마토 쥬스', '3000');
```

힌트!
객체 생성자를 통해 객체를 선언하는 방법에 대해 상기해봅시다.

2. 다음 코드의 실행 결과를 예측해보고 동기 방식인지 비동기 방식인지 생각해봅시다.

* solution1-1.js

```
1.  console.log('First Console');
2.
3.  function fakeSetTimeout(callback, delay) {
4.      callback();
5.  }
6.
7.  console.log('Second Console');
8.
9.  fakeSetTimeout(function() {
10.     console.log('Third Console');
11. }, 0);
12.
13. console.log('Fourth Console');
```

힌트!
동기는 순차적인 실행, 비동기는 비순치적인 실행이라는 것을 기억해봅시다.

나의 이해도를 측정하자

정답은 https://github.com/MinkyungPark/roadbook-nodejs/tree/master/chapter02/solution에서 확인할 수 있습니다.

3. 다음 코드의 실행 결과를 예측해보고 동기 방식인지 비동기 방식인지 생각해봅시다.

* solution1-2.js

```
1.  console.log('First Console');
2.
3.  setTimeout(function() {
4.      console.log('Second Console');
5.  }, 0);
6.
7.  console.log('Third Console');
```

힌트!

동기는 순차적인 실행, 비동기는 비순차적인 실행이라는 것을 기억해봅시다.

4. 다음은 동기식으로 동작하는 코드입니다. 여기서 work() 함수를 Promise 패턴으로 변경해 보고 아래 예제코드와 같은 결과를 출력하는 코드를 작성해봅시다.

```
1.  function work(sec, callback) {
2.      setTimeout(() => {
3.          callback(new Date().toISOString());
4.      }, sec*1000);
5.  };
6.
7.  work(1, (result) => {
8.      console.log('첫 번째 작업', result);
9.
10.     work(1, (result) => {
11.         console.log('두 번째 작업', result);
12.     });
13. });
```

수백 번 본들 한번 만들어봄만 하랴!
百見不如一打
백견불여일타

Node.js로
서버 만들기

## 3장

5줄로 만드는 서버

이 장부터는 본격적으로 서버를 만들어보고 Node.js를 사용해 볼 겁니다. 여러분은 언제 처음 '서버'라는 개념을 알게 되었습니까? 저는 어릴 적 인터넷 플래시 게임을 하다가 게임에 접속되지 않아서 이유를 알아보니 서버가 다운되어 서비스를 이용할 수 없었고, 그때 처음 '서버'라는 개념을 알게 되었습니다. 웹 서비스를 이용하면서 한번도 그 뒤편의 이야기는 생각해 보지 못했기 때문에 처음 '서버'라는 것을 알게 되었을 때 매우 신기했습니다. 웹 사이트에 접속하기만 하면 자동으로 서비스를 이용할 수 있는 줄 알았는데 '서버'라는 것이 뒤에서 조종사처럼 조종을 해주기 때문에 이 모든 것이 가능했다니…. 이날 이후로 '서버'란 것이 무척이나 대단하고 놀라운 컨트롤 타워 같은 이미지로 제 머릿속에 박혀 있었습니다. 또, 서버가 잘못되면 아예 서비스 전체가 다운되기 때문에 '서버를 만든다'는 것이 꽤나 어렵고 복잡한 작업처럼 보였습니다. 하지만 '서버'를 만드는 작업이 그렇게 어렵지만은 않습니다. 단 5줄만으로도 서버를 만들 수 있으니까 말입니다. 이제부터 그렇게 대단하지만은 않은 컨트롤 타워(서버)를 만드는 작업이 어떻게 되는지 살펴볼까요?

#서버만들기첫걸음 #5줄로서버만들기 #Node.js로서버짜기

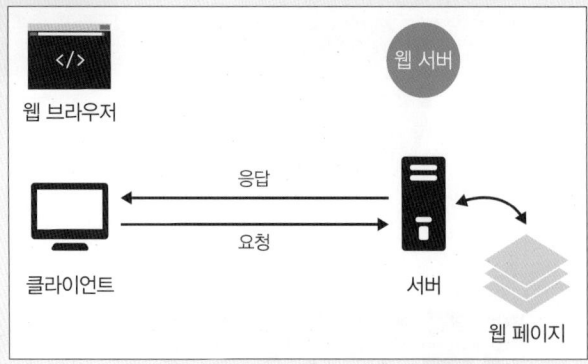

[그림 3-1] 클라이언트와 서버

1장에서 서버의 개념에 대해 언급한 것을 기억합니까? '서버'는 클라이언트(사용자)에서 보내는 요청을 처리하고 적절한 결과를 보내주는 컴퓨터(프로그램)라고 했습니다. 그리고 우리는 서버를 만들 수 있는 여러 방법 중 Node.js라는 기술을 택했고 Node.js가 제공하는 웹 서버 기능을 통해 나만의 서버를 만드는 법을 배워가고 있습니다. Node.js는 특히 내장 http 서버 라이브러리를 포함하고 있어 웹 서버에서 아파치 등 별도의 소프트웨어가 없어도 많은 서버 기능을 컨트롤 할 수 있습니다.

3.1 프로젝트의 시작

프로젝트 설정하기

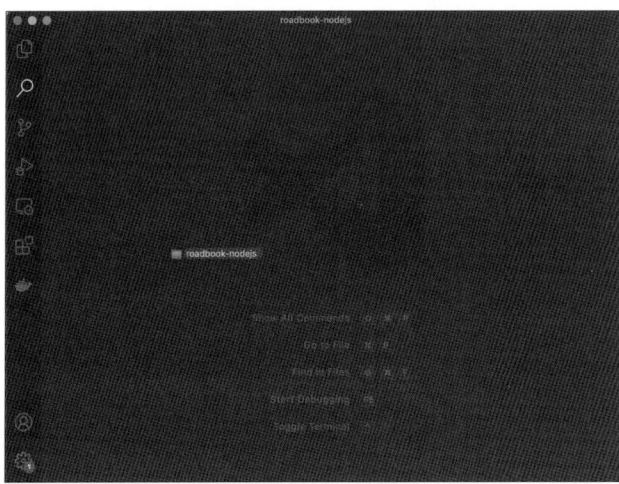

[그림 3-2] 프로젝트 설정 ①

일단 프로젝트 폴더를 하나 생성하고 비주얼 스튜디오 코드Visual Studio Code(이후 VS code)로 열어줍시다. 이 책에서는 Document 폴더 아래에 Project라는 이름의 폴더를 하나 생성해주었습니다. 이 Project 폴더 아래에 앞으로 생성할 프로젝트를 저장할 것입니다. 마지막으로 Document/Project/ 폴더 아래에 실습 코드를 작성할 roadbook-nodejs 폴더를 생성해주었습니다. 생성한 폴더는 VS code를 열고 해당 폴더를 드래그해서 끌어옵니다.

```
$ cd Documents/Project/roadbook-nodejs
$ code .
```

또한 터미널에서 cd 명령어로 생성한 폴더로 이동한 뒤, $ code . 명령어를 쳐주면 해당 폴더가 VS code에서 열립니다.

 여기서 잠깐

package.json 파일

이 책의 소스 코드에 사용되는 모든 패키지와 모듈 버전은 소스 코드 레포지토리인 https://github.com/MinkyungPark/roadbook-nodejs/에서 package.json 파일을 참고하면 됩니다. 버전이 다를 경우 예제대로 실행되지 않는 경우도 있을 수 있습니다.

그 다음 Node.js를 시작하기 위한 config(설정 파일)를 설정해주어야 하는데, npm 명령어를 이용하면 됩니다. 명령어 사용은 VS code 내의 터미널을 사용해도 되고, 내 컴퓨터의 터미널에서 cd 명령어로 해당 폴더로 이동하여 명령어를 사용해도 됩니다. 편의성을 위해 VS code 내의 터미널을 사용하는 방법을 추천합니다. 메뉴에서 [Terminal] → [New Terminal]을 클릭하여 열어줄 수 있습니다. 단축키는 윈도우즈에서는 ⟨ctrl⟩+⟨`⟩이고 맥은 ⟨control⟩+⟨shift⟩+⟨`⟩입니다.

```
npm init
```

*npm 명령어는 Node.js를 시작하기 위한 초기화(initial) 작업이자 package.json을 만드는 명령어입니다. 내가 만들 하나의 프로젝트에 들어 있는 여러 패키지 정보를 이 package.json이라는 파일이 관리해주므로 반드시 처음에 생성해야 합니다.

```
minkyungpark@minkyungui-MacBookPro roadbook-nodejs % npm init
This utility will walk you through creating a package.json file.
It only covers the most common items, and tries to guess sensible defaults.

See `npm help init` for definitive documentation on these fields
and exactly what they do.

Use `npm install <pkg>` afterwards to install a package and
save it as a dependency in the package.json file.

Press ^C at any time to quit.
package name: (roadbook_nodejs)
version: (1.0.0)
keywords:
license: (ISC)
About to write to /Users/minkyungpark/Documents/Project/roadbook-nodejs/package.json:

{
  "name": "roadbook_nodejs",
  "version": "1.0.0",
  "description": "roadbook nodejs examples",
  "main": "index.js",
  "scripts": {
    "test": "echo \"Error: no test specified\" && exit 1"
  },
  "repository": {
    "type": "git",
    "url": "git+https://github.com/MinkyungPark/roadbook_nodejs.git"
  },
  "author": "MinkyungPark",
  "license": "ISC",
  "bugs": {
    "url": "https://github.com/MinkyungPark/roadbook_nodejs/issues"
  },
  "homepage": "https://github.com/MinkyungPark/roadbook_nodejs#readme",
  "dependencies": {
    "ejs": "^3.1.5",
    "express": "^4.17.1",
    "nodemon": "^2.0.6"
  },
  "devDependencies": {}
}

Is this OK? (yes) yes
```

[그림 3-3] 프로젝트 설정 ②

npm init 명령어를 입력하면 package name을 입력하라는 표시가 보이게 됩니다. 저는 'roadbook-nodejs'라는 패키지명을 부여해줬습니다. 여러분도 원하는 패키지명을 입력하면 되는데, 주로 작업 폴더명과 동일하게 작성합니다. 나머지 옵션은 모두 생략 가능해서 〈Enter〉를 눌러 넘어가도 되지만 필요한 옵션이 있다면 적어줍시다. 특히 'entry point'는 실행 파일의 진입점 역할을 하는 파일을 지정해주는 역할을 하는데, 서버를 실행시킬 파일을 지정해주면 됩니다. 주로 index.js, app.js, server.js 등의 이름을 사용하며 기본값은 index.js입니다. 'test command' 옵션은 코드를 테스트할 때 입력할 명령어이며, 'keyword'는 npm에서 패키지를 찾게 해주는 옵션, 그리고 'license'는 원하는 라이선스를 지정해주는 옵션입니다. 추후 수정해도 되니 일단 name과 entry point 정도만 입력해주세요. 마지막으로 Is this OK?라는 질문에 yes라고 대답해주고 초기화를 끝냅니다.

> **용어정리**
>
> npm node pacakge manger의 약자로 15만 개가 넘는 라이브러리를 포함하고 있습니다. Node.js 설치 시 Node.js와 관련된 패키지를 관리해줍니다. 자바의 Maven, Gradle처럼 라이브러리 종속성(Dependency)를 관리해주는 역할을 합니다. '종속성'이 어려운 말 같지만 간단하게 말하면 어떤 라이브러리를 설치할 때 그 라이브러리를 위한 다른 기술입니다. 예를 들어 크롤링을 위한 라이브러리가 있다면 그 안에는 http 통신 기술 등이 필요한데, 보통 XML 파일로 관리가 되고 node.js는 json 파일로 관리됩니다. 따라서 종속성을 관리해준다는 말은 딸려오는 기술들을 관리해준다는 뜻입니다.

[그림 3-4] package.json

npm init을 완료하면 폴더 안에 package.json이라는 파일이 생성됩니다. 이는 npm을 통해 생성되는 node 관련 요소의 종속성을 관리하는 모듈입니다. 예를 들어 npm을 통해 express라는 모듈을 설치했다면 그에 관련한 정보가 package.json 파일에 저장됩니다.

그리고 VS code로 자바스크립트 파일을 디버깅하거나 실행하는 방법에는 여러 가지가 있는데, 현재열려 있는 파일의 실행 결과를 바로 콘솔에서 확인할 수 있게 설정해주겠습니다.

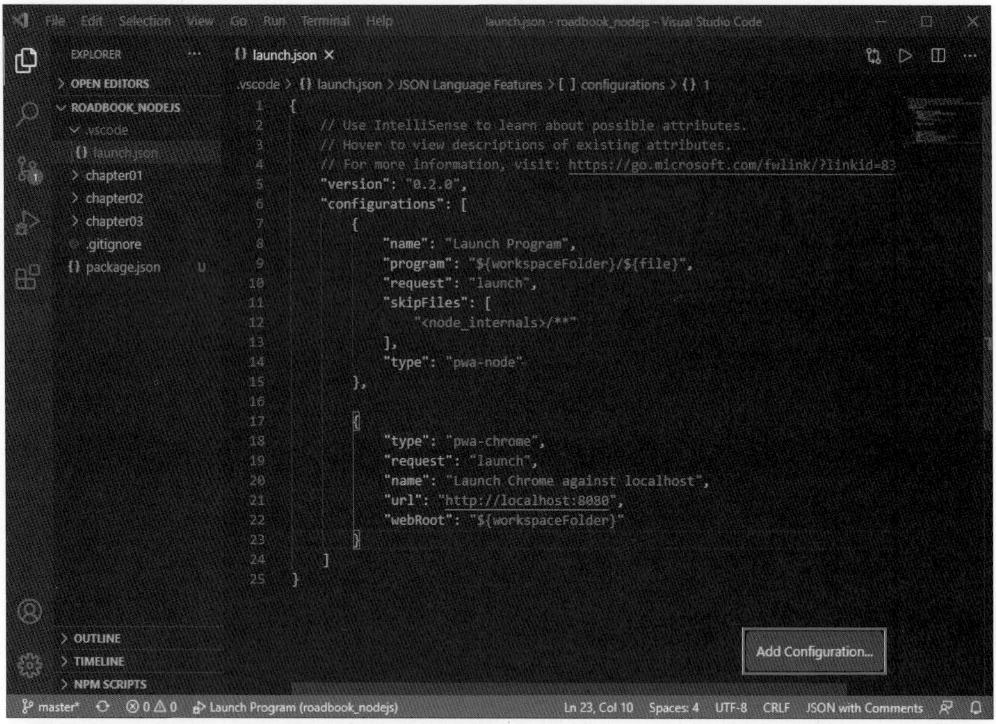

[그림 3-5] launch.json

launch.json 파일을 열고 [Add Configuration] → [{ } Node.js：Launch Program]을 클릭하면 해당 configuration 정보가 자동으로 입력됩니다.

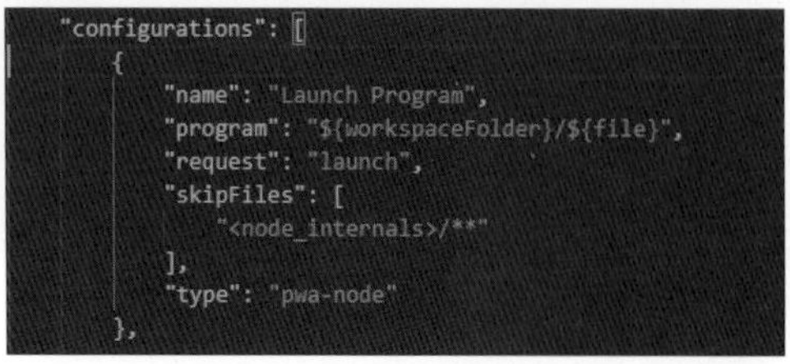

[그림 3-6] launch.json configuration 정보

'launch'라는 이름에서 알 수 있듯이 이 파일은 '시작한다'는 것을 의미합니다. 프로그램을 디버깅하거나 콘솔 화면에 결과 값을 바로 보게 하는 등의 고급 디버깅을 위한 여러 환경설정을 할 수 있는 파일입니다. 여기서 실행 구성에 필수 요소, 몇 가지만 설명해보면 다음과 같습니다.

- type : node, php, 파이썬 등 실행 구성에 사용할 디버거 유형
- request : 실행 구성의 요청 유형
- name : 디버그 드롭 다운에 나타나는 디버그 론치 이름

그 외의 속성은 참고 링크의 VS code debug를 참고해주세요. 우리가 따로 설정해 볼 부분은 'program' 값입니다. "program" 옵션을 "program": "${workspaceFolder}/${file}"로 변경하면 현재 열려 있는 파일의 현재 디렉터리/파일 경로에서 자동으로 실행하게 됩니다. Run(F5)만 눌러도 DEBUG CONSOLE에서 바로바로 결과 값을 볼 수 있으니 위처럼 설정해 놓는 것을 추천합니다.

> **👀 여기서 잠깐**
>
> **여기까지 우리는 무엇을 작업했을까?**
>
> 우리는 지금까지 서버를 만들기 위해 가장 기초적인 작업을 했습니다. 여러분이 작업할 폴더를 열었다는 것은 서버의 루트 디렉터리가 된다는 것을 의미합니다. 나중에서 아마존 웹 서비스나 톰캣 서버와 같은 실서버의 루트 디렉터리에 그대로 복사해서 넣으면 서비스가 가능합니다. 패키지, 의존성, npm 등 라이브러리를 관리할 수 있는 종속성 파일까지 정리하는 아주 기본적인 단계를 진행했습니다. 하지만 기본이 가장 쉽지만 가장 중요한 것! 꼭 정리하고 넘어갑시다.

NPM 명령어

우리는 npm 명령어를 통해 Node.js를 초기화할 수도 있고 다른 사람이 만든 패키지(밑에서 설명할 모듈)를 설치해서 사용할 수도 있습니다. 아래는 많이 사용하는 npm 명령어들을 정리해 놓은 것입니다. 자세한 내용은 참고 링크의 NPM CLI Document를 통해 살펴보면 됩니다. 패키지를 설치할 때 여러 옵션이 있는데 이 부분에 대해서는 뒷 장에서 설명하겠습니다.

```
$ npm [알고 싶은 명령어] help
$ npm init
$ npm install package@버전||github주소   // 모듈 설치
  -> options :
  [  ] 'dependencies' $HOME/node_modules/에 설치됨
  [-D] 'devDependencies'
  [-g] 'global package' /usr/local/lib/node_modules/에 설치됨
  [-O] 'optionalDependencies'
  [--force] 복사본이 있어도 다운
```

```
$ npm dedupe                    // 중복 패키지 정리
$ npm outdated                  // 패키지 버전 업데이트 확인
$ npm ls [패키지명]              // npm 설치 항목을 볼 때
$ npm version
$ npm start                     // default $ node server.js
$ npm stop, npm restart
$ npm test
$ npm run [scripts]
$ npm cache
$ npm cache clean + npm rebuild    // npm에 오류 발생 시 재설치해 보는 명령어
$ npm config [list]  // npm 설정 조회
$ npm set [name], npm get [name]  // npm 설정 조작
$ npm ls [패키지명]    // 패키지를 사용하고 있는지, 직접 npm하지 않은 종속성 모듈을 알고 싶을 때
```

3.2 Node.js의 모듈과 객체

모듈 시스템이란?

지금까지 비동기, 싱글 스레드, 이벤트 기반 등 Node.js의 여러 특징을 살펴봤습니다. 이제 여기서 한 가지 더, '모듈 시스템'이라는 Node.js의 특징을 알아보아야 합니다. 이는 Node.js로 프로그램을 짜면서 직접적으로 필요한 개념이니 꼭 익숙해져야 합니다.

모듈이란?

> "모듈(Module) : 프로그램 내부를 기능별 단위로 분할한 부분. 또는, 메모리 보드 등의 부품을 간단하게 떼서 교환이 쉽도록 설계되어 있을 때의 그 각 구성 요소(출처 : Oxford Languages)"

모듈은 부품 같은 역할을 하므로 여러 부품을 조립해서 하나의 프로그램을 만들게 됩니다. 어떤 프로그램을 만들지 몰라도 웹 서비스에서 필요한 공통 기능이 있습니다. 회원가입, 게시판 같은 기능이고, 이 기능을 미리 모듈로 만들어 놓으면 A 홈페이지를 만들 때도, B 웹 페이지를 만들 때도 사용할 수 있습니다. 이렇게 기능 단위로 분리하고 기능을 이루는 코드를 모아서 캡슐화해 놓은 것을 '모듈'이라고 합니다. 모듈은 애플리케이션을 구성하고 애플리케이션을 이루는 기본 단위가 됩니다. 모듈을 사용하는 모듈 시스템을 도입하면 미리 만들어진 모듈을 이리저리 조립해서 내가 원하는 다양한 형태의 웹을 구현할 수 있고 그렇게 되면 구현 시간이 훨씬 단축됩니다.

모듈은 사실 하나의 .js 파일이라고 생각하면 됩니다. 하나 또는 여러 개의 기능별로 .js 파일을 만들어 필요한 곳에 require해서 사용할 수 있습니다. 모듈 시스템은 객체 지향 프로그래밍에서 *캡슐화(Encapsulation)와 동일한 개념입니다. 모듈로 API를 묶어줘서 변수나 함수에 *name space를 보장해주고, 기능별로 코딩이 가능하고, 모듈로 묶어 놓은 코드의 재사용이 가능해지니 정말 편리합니다.

용어정리

> 캡슐화 객체의 속성(data fields)과 행위(메서드, methods)를 하나로 묶고, 실제 구현 내용 일부를 외부에 감추어 은닉합니다.
>
> name space 개체를 구분할 수 있는 범위를 말합니다.

Node.js는 모듈 시스템을 사용하며 우리는 '모듈'을 사용해 코드를 짜게 됩니다. 예를 들어 A.js라는 파일의 변수 A를 B.js 파일에서 사용하고 싶을 때 우리는 모듈 시스템을 사용해야 합니다. 일반적인 자바스크립트는 브라우저 엔진에서 복수의 자바스크립트 파일을 로드해도 하나의 파일로 합쳐져서 동일한 유효 범위를 갖게 됩니다. 하지만 Node.js는 *CommonJS를 따르고 있기 때문에 '모듈'을 사용해서 서로 다른 파일의 리소스(변수, 함수, 객체 등)를 주거니 받거니 해야 합니다.

> **용어정리**
>
> CommonJS 자바스크립트를 브라우저에서뿐만 아니라, 서버 측 애플리케이션이나 데스크톱 애플리케이션에서도 사용하려고 조직한 자발적 워킹 그룹입니다.

이제부터 예제를 통해 모듈 시스템이 어떤 것인지 살펴봅시다. 생성한 작업 폴더(ROADBOOK-NODEJS) 밑에 chapter03 폴더를 만들고 그 밑에 sample 폴더를 생성해준 뒤 A.js 파일과 B.js 파일을 생성합니다.

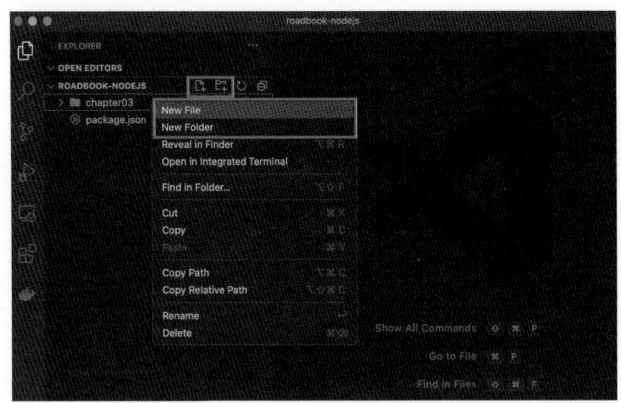

[그림 3-7] 새로운 폴더 및 파일 생성

VS Code에서 파일이나 폴더를 생성할 때는 원하는 위치에서 마우스 오른쪽 버튼을 눌러 [New File], [New Folder] 메뉴를 클릭하거나 상단에 있는 아이콘을 클릭해서 생성하면 됩니다. 파일을 생성하고 파일명에 .js를 붙이면 자동으로 파일의 확장자는 .js가 됩니다.

[함께해봐요 3-1] A.js 소스 코드   chapter03/sample/A.js

```
01  /* A.js */
02
03  const A = 'variable A from A.js';
04
05  module.exports = A;
```

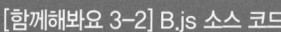

```
01  /* B.js */
02
03  const A = require('./A');
04
05  console.log(A + ' in B.js');
```

[실행결과] [함께해봐요 3-2]의 결과　　　　　　　　　　　　　　　　　　　B.js 결과

```
01  $ node chapter03/sample/B.js  // 실행 명령어
02  variable A from A.js in B.js  // 결과
```

소스 코드의 실행은 VS Code 내에서 터미널을 열어 위와 같이 입력해줍니다($ node 실행할 파일 위치).

만약 A.js 파일에서 module.exports를 통해 A 변수를 지정해주지 않았다면, B.js에는 위의 결과 같이 A.js에서 선언한 A 변수를 사용하지 못합니다.

모듈 시스템을 사용하는 중요한 이유 중 하나는 '전역변수' 문제 때문입니다. Node.js에서 하나의 모듈은 자신만의 스코프_Scope_(범위)를 가지기 때문에 전역변수 중복 문제가 발생하지 않습니다. A.js 파일에서 선언한 변수 A와 B.js 파일에서 선언한 변수 A는 서로 다른 변수가 됩니다. 따라서 자신의 스코프에서만 사용할 수 있었던 모듈의 기능을 다른 모듈에서 사용하려면 module.exports 또는 exports 객체를 통해 정의하고 외부에서 사용하고 싶다고 알려주어야 합니다. 그리고 다른 모듈의 기능을 불러올 때는 require를 통해 불러올 수 있습니다(3행).

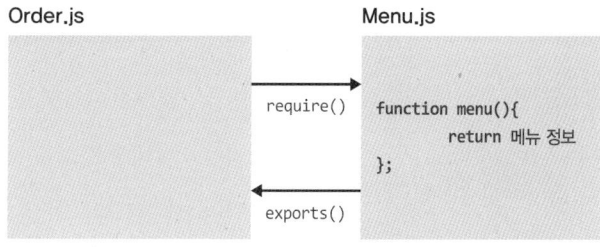

[그림 3-8] require, exports

예를 들어 메뉴 주문 시스템이 있다고 해봅시다. 시스템을 위해 주문 모듈과 메뉴 모듈로 분리하고 각각의 모듈 이름은 Order.js와 Menu.js라고 가정해봅시다. Order.js 모듈에서 Menu.js 모듈 안에 있는 Menu()라는 함수를 가져오고 싶다면 어느 모듈에 require()를 하고 어느 모듈에서 exports()를 해야 할까요? 답은 Order 모듈은 require()하여 Menu 모듈에 있는 menu()를 가져오고, Menu 모듈은 exports를 통해 menu() 프로퍼티를 외부에서도 사용할 수 있도록 해주면 됩니다.

- Require() : 모듈을 불러온다.
- Module.exports=프로퍼티 또는 exports.프로퍼티 : 모듈을 내보낸다.

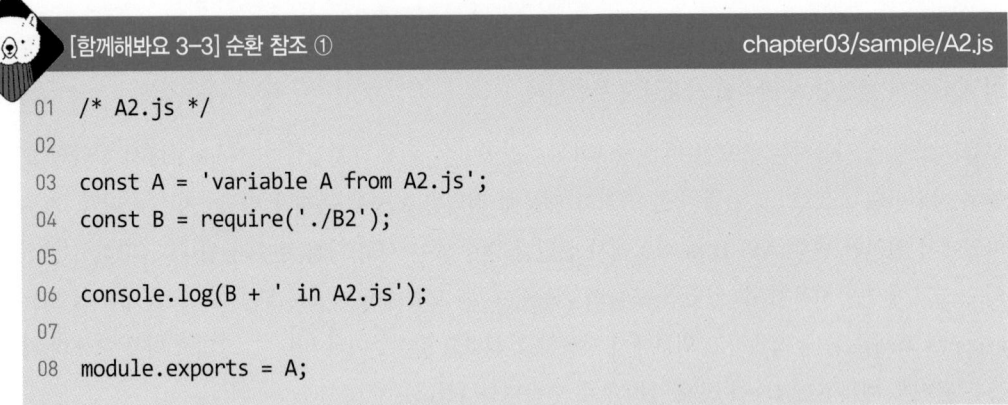

여기서 잠깐

CommonJS의 Modules 방식

Require()로 모듈을 불러오고 module.exports나 exports 객체로 모듈을 내보내는 방식은 CommonJS의 Modules 방식입니다. 이 외에도 Node.js를 포함한 자바스크립트에서는 여러 모듈 시스템이 있습니다. Node. js가 채택한 CommonJS 외에 많이 사용하는 방식은 ES6부터 정식으로 포함된 ESM, AMD, UMD(Require JS)이 있으며 관련 사항은 '참고 링크'를 참고해주세요.

그리고 A.js 모듈과 B.js 모듈이 서로 내부 요소를 참조하는 것도 가능한데, 이를 '순환 참조'라고 합니다. 자바스크립트 모듈 시스템에서는 순환 참조를 허용합니다.

[함께해봐요 3-3] 순환 참조 ①   chapter03/sample/A2.js

```
01  /* A2.js */
02
03  const A = 'variable A from A2.js';
04  const B = require('./B2');
05
06  console.log(B + ' in A2.js');
07
08  module.exports = A;
```

[함께해봐요 3-4] 순환 참조 ②   chapter03/sample/B2.js

```
01  /* B2.js */
02
03  const A = require('./A2');
04  const B = 'variable B from B2.js';
05
06  console.log(A + ' in B2.js');
07
08  module.exports = B;
```

```
01  $ node chapter03/sample/A2.js  // 실행 명령어
02  [object Object] in B2.js  // 결과
03  variable B from B2.js in A2.js
```

A2.js를 실행할 때, 아직 B2.js에서 B 변수를 내보내지 않았습니다. 즉 아직 B2.js에 있는 B 변수를
모듈 객체에 추가하지 않았다는 뜻이 됩니다. 평소 같으면 Undefined 객체가 반환되어야 할 코드입
니다. 물론 실행이 되어 좋긴 하지만 뭔가 찜찜하지 않나요? 위와 같은 코드가 가능한 이유는 자바스
크립트가 순환 참조를 허용하기 때문입니다.

[실행결과] [함께해봐요 3-4]의 결과　　　　　　　　　　　　　　　　　　　　　　B2.js 결과

```
01  $ node chapter03/sample/B2.js  // 실행 명령어
02  [object Object] in A2.js  // 결과
03  variable A from A2.js in B2.js
```

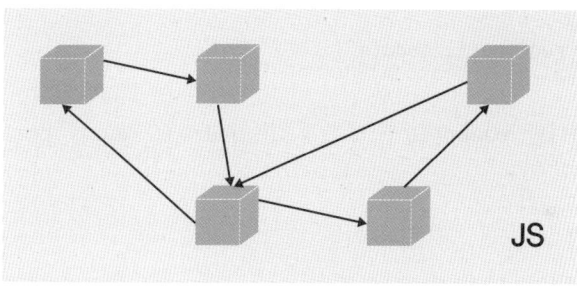

[그림 3-9] Module Dependency

하지만 순환 참조를 할 때 require()의 순서에 따라 오류가 발생할 수 있습니다. 실제로 순환 참조를
많이 사용하면 발생하는 여러 문제가 있습니다. 그러나 실행할 때 오류가 발생하는 것이 아니므로 순
환 참조에 관해 오류가 발생하더라도 알아차리기가 쉽지 않습니다. [그림 3-9]처럼 순환 참조를 하는
모듈이 여러 개일 때는 문제가 눈덩이처럼 커지게 될 것입니다.

모듈을 내보낼 때는 두 가지 방법을 사용합니다.

❶ module.exports=프로퍼티;
❷ exports.프로퍼티;

이 두 방식 중 ❶의 module.exports는 하나의 값(원시 타입, 함수, 객체)을 할당할 수 있고, ❷의
exports 객체를 사용하는 방법은 메서드, 프로퍼티를 여러 개 내보낼 수 있다는 차이가 있습니다.

구분	정의 방식	require( )의 호출 결과
exports	값 자체를 할당하는 것이 아닌, 외부로 보낼 요소를 exports 객체의 프로퍼티 또는 메서드로 추가합니다.	프로퍼티와 메서드가 담긴 exports 객체를 require()로 받게 됩니다.
module.exports	객체에 하나의 값(원시 타입, 함수, 객체)만 할당할 수 있습니다.	moudule.exports 객체에 할당된 값 자체를 require()를 통해 받습니다.

moudule.exports, export 모두 최종적으로 module.exports 객체를 반환하므로 사실상 이 둘은 동일한 객체를 가지고 있습니다. 그리고 require의 인자에는 파일 뿐 아니라 디렉터리를 지정할 수도 있습니다. 만약, 다음과 같은 구조의 디렉터리가 있다고 합시다.

```
project/
├── app.js
└── module/
     ├── index.js
     ├── calc.js
     └── print.js

const myModule = require('./module');
```

module/ 디렉터리 하나만 require해주면 내부에 있는 index.js, calc.js, print.js를 모두 사용할 수 있습니다.

모듈의 종류

지금까지 위에서 살펴본 require, exports를 통해 원하는 모듈을 개인적으로 만들어서 사용해도 되지만, Node.js는 기본적으로 제공하는 모듈의 수도 많을 뿐 아니라 npm을 통해 설치할 수 있는 확장 모듈도 매우 많기 때문에 이들을 활용하면 개발 시간을 훨씬 단축할 수 있게 됩니다. 기본 모듈은 따로 require을 해주지 않아도 사용할 수 있고, npm을 통해 설치할 수 있는 서드 파티 모듈Third Party Module, 즉 확장 모듈은 터미널에서 npm intall 모듈명 명령어를 통해 설치하여 require하여 사용할 수 있습니다.

- 기본(코어)모듈, 확장 모듈 : 기본적으로 포함되어 있다면 기본(코어) 모듈이고 아니라면 확장 모듈입니다.
- 일반 모듈, 네이티브 모듈 : 자바스크립트로 작성되었으면 일반 모듈이고 그 외의 언어로 작성되었으면 네이티브 모듈입니다.
- 지역 모듈, 전역 모듈 : 현재 웹을 사용하기 위해서만 만들어졌으면 지역 모듈이고 어디든 사용할 수 있게 확장했다면 전역 모듈입니다.

어떤 사람은 라면을 먹을 때 기본으로 제공된 상태로 먹는 것을 좋아하고 어떤 사람은 치즈, 김치, 고기, 떡 등 부가적인 재료를 추가해서 먹는 것을 좋아합니다. 기본 모듈이 전자를 비유한 것이고 확장 모듈이 후자를 얘기한 것입니다. 기본 모듈은 파일 입출력, 이벤트 관리, http 프로토콜 관리 등 Node.js의 비동기 처리를 위한 기본적인 기능을 제공합니다. 확장 모듈은 이렇게 제공되는 기본 기능보다 좀 더 편리한 기능을 제공하기 위해 존재합니다.

전역(Global) 객체

전역 객체는 어디에서나 사용할 수 있는 객체를 의미합니다. 클라이언트(사용자)가 사용하는 자바스크립트, 즉 프론트 측의 자바스크립트에서는 window, document가 전역 객체가 됩니다.

```
alert('hi');
```

[그림 3-10] alert() 함수의 실행결과

예를 들어 alert()라는 함수를 생각해봅시다. alert('메시지') 함수는 웹 페이지에서 경고창에 메시지를 띄우는 함수입니다. 이도 사실 window 객체의 메서드이며 window.alert()에서 window가 생략된 것입니다.

```
require('./module')
global.require('./module')
```

하지만 서버 측의 자바스크립트에서는 global이라는 전역 객체를 사용하고 있는데 우리가 지금까지 예제 코드에서 사용했던 require(), setTimeout(), console.log() 함수 등이 global 객체에 해당하며 앞의 global.이 생략된 것입니다.

자주 쓰이는 내장 모듈과 객체

Node.js에 포함되어 있는 기본 모듈 중 자주 사용되므로 꼭 알아야 하는 모듈과 객체를 정리해보겠습니다. require을 통해 해당 모듈을 불러오고, 모듈을 저장한 변수 뒤에 .를 붙인 뒤 해당 모듈의 함수를 사용하면 됩니다.

[표 3-2] 자주 사용하는 기본 모듈

종류	메서드
'global' : 전역 객체(Global Variable)	global.exports : 모듈을 내보낼 때 사용합니다. global.require : 모듈을 불러들일 때 사용합니다. global.module : node.js 모듈을 다룰 때 사용합니다. global.__filename : 현재 경로를 포함한 파일 이름입니다. global.__dirname : 현재 실행 중인 파일의 경로입니다.
'process' : 프로세스 객체(Process Object)	process.argv : 실행 파라미터를 출력합니다. process.execPath : 실행 파일 경로입니다. process.cwd : 현재 애플리케이션 경로입니다. process.version : node 버전입니다. process.memoryUsage : 현재 서버의 메모리 상태입니다. process.env : 여러 환경 설정 정보입니다.
'os' : 운영체제 모듈(OS Module)	os.type, os.platform : 운영체제를 확인합니다. os.arch : 서버의 아키텍처를 구분합니다. os.networkInterface : 서버의 지역 IP를 확인합니다.
'fs' : 파일 시스템 모듈(File System Module)	fs.readFile : 파일을 읽습니다. fs.exists : 파일을 확인합니다. fs.writeFile : 파일을 씁니다.
'util' : 유틸 모듈(Util Module)	util.format : 파라미터로 입력한 문자열을 조합합니다.
'url' : URI 모듈(URI Module)	url.parse : url을 객체화합니다. url.format : url을 직렬화합니다.

이 밖에 더 많은 모듈이 있지만 모든 것을 외워서 사용할 수는 없습니다. 어떻게 불러들이고 어떻게 사용하는지에 대해서만 잘 알고 있으면 됩니다. 필요에 따라 그때그때 API 문서를 참고하라고 API 문서를 '참고 링크'에 첨부해 두었습니다.

여기서 잠깐

여기까지 우리는 무엇을 작업했을까?

Node.js는 모듈 시스템을 기반으로 동작합니다. 따라서 우리는 지금까지 모듈이 무엇이고 어떤 종류의 모듈이 있으며 모듈을 어떻게 사용하는지에 대해 알아보았습니다. 그리고 Ndoe.js는 기본적으로 내장 모듈만을 가지고도 많은 기능을 사용할 수 있으므로 자주 쓰이는 내장 모듈에 대해서도 몇 가지 살펴보았습니다. module.exports와 require, 각각 어떤 역할을 하는지 꼭 기억하세요.

3.3 http 모듈로 서버 만들기

통신의 요청(request)과 응답(response)을 구현하려면 Node.js의 기본 모듈인 http 모듈을 사용해서 구현할 수도, 확장 모듈인 express를 사용해서 구현할 수도 있습니다. 이 두 가지를 통해 서버 통신을 구현해보면서 기본 모듈과 확장 모듈의 차이점을 살펴보고 어떤 것이 더 편리한지 한번 살펴볼까요?

5줄로 서버를 만들어보자

[함께해봐요 3-5] 5줄로 만드는 서버   chapter03/sample/simple_server.js

```
01  const http = require('http');
02
03  http.createServer((req, res) => {
04  })
05      .listen(8080, () => {
06          console.log('8080포트에서 서버 연결 중 ..')
07      });
```

웹 브라우저의 요청을 처리할 수 있게 해주는 http 모듈을 사용해서 이렇게 단 5줄(3행~7행)만으로 요청에 대한 이벤트 리스너가 등록된 서버가 만들어졌습니다. "이게 무슨 서버야?" 하는 분도 있을테지만 위 코드를 돌리면 정말 서버가 만들어진 것을 확인할 수 있습니다. 하지만 아직 위 서버를 실행하지 않고, 아무 것도 하지 않은 상태에서 localhost:8080/이라는 주소를 웹 브라우저에 입력해 봅시다.

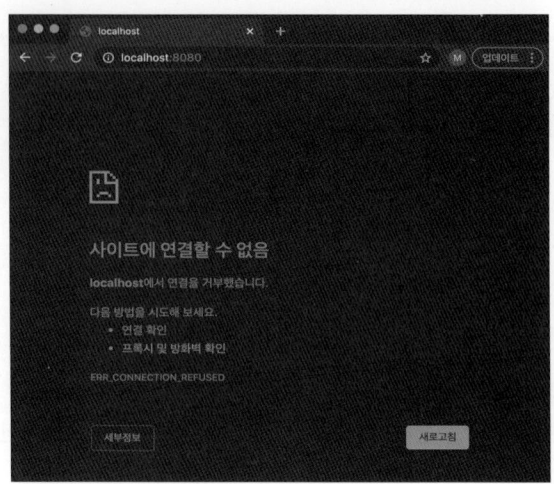

[그림 3-11] localhost:8080/

localhost는 컴퓨터 네트워크에서 사용하는 *루프백 *호스트명(도메인명)으로, 자신의 컴퓨터를 의미합니다. 뒤의 :8080에서 8080은 내 컴퓨터의 포트번호를 의미합니다. 내 IP 주소를 알아보면 192.168.25.XX와 같이 0.0.0.0~255.255.255.255까지의 숫자 조합으로 이루어져 있을 것입니다. 여기서 localhost는 127.0.0.1로, 호스트 즉 내 컴퓨터에 할당된 IP 주소를 의미합니다. 내 컴퓨터에서만 접속할 수 있는 IP 주소가 됩니다.

용어정리

루프백 인터넷에서 자신의 컴퓨터 위치를 식별할 수 있는 위치라는 뜻으로 특수 목적의 IP 주소입니다.
호스트명 네트워크에 연결된 장치들에게 부여되는 고유한 이름입니다.

이렇게 아무것도 하지 않은 상태에서 내 호스트의 8080포트로 접속하면 "사이트에 연결할 수 없음"이라는 메시지와 함께 아무것도 뜨지 않게 됩니다. 자 이제 simple_server.js를 실행한 상태에서 localhost:8080으로 접속하면 어떻게 되는지 보겠습니다.

[실행결과] [함께해봐요 3-5]의 결과   simple_server.js 결과

```
01   $ node chapter03/sample/simple_server.js   // 실행 명령어
02   8080포트에서 서버 연결 중 ..   // 결과
```

터미널에는 console.log로 찍은 메시지가 나오면 성공입니다! 이제 브라우저를 열어 localhost:8080/에 접속해주세요.

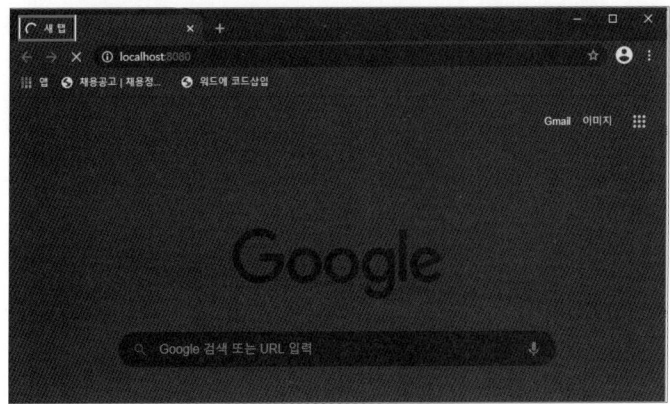
[그림 3-12] localhost:8080 결과

아까와 다르게 무언가 로딩되고 있습니다. 서버는 실행되고 있으나 아직 이벤트 리스너에 request도 response도 등록해주지 않았기 때문에 계속 로딩되는 것입니다.

> **여기서 잠깐**
>
> 서버를 종료하려면 $ node chapter03/sample/simple_server.js를 입력했던 터미널(명령창)로 돌아가서 〈ctrl〉+〈c〉를 입력하면 됩니다.

여러분이 roadbook.co.kr/이라는 사이트에 접속하고 싶다고 상상해보세요. '나'는 웹 브라우저를 통해 요청을 보내는 클라이언트이고 나의 요청은 '웹 페이지를 띄워줘'가 됩니다. 그리고 roadbook 홈페이지의 서버는 roadbook 회사 내부에 있는 컴퓨터에서 실행되고 있고 이를 위해 8080포트를 열어놨다고 해봅시다. roadbook.co.kr/이라는 도메인과 roadbook 회사의 서버 컴퓨터에 8080포트를 바인딩하는 어떤 작용을 한 뒤 roadbook의 서버 컴퓨터가 roadbook 홈페이지의 html과 여러 리소스를 보내주게 됩니다. 그래서 서버를 정식으로 배포하기 전에 우리는 localhost와 포트번호를 사용해서 테스트 서버를 만든다고 말합니다.

> **여기서 잠깐**
>
> 포트번호는 0~65535번까지 사용할 수 있고 종류는 아래와 같습니다.
>
> - Well-known ports : 0~1023번까지이며 이미 사용되고 있는 포트이기 때문에 따로 사용할 수 없습니다.
> - Registered ports : 1024~49151번까지이며 벤더가 할당 받아 사용하는 포트입니다.
> - Dynamic ports : 49152~65535번까지이며 주로 시스템에서 쓰입니다.
>
> 서버를 위해서는 주로 80포트 혹은 8080포트를 이용합니다.

```
01  const http = require('http');
02
03  http.createServer((req, res) => {
04      res.writeHead(200, { 'Content-Type': 'text/html; charset=utf-8' });
05      res.write('<h1>Node.js로 서버 만들기</h1>');
06      res.end('<p>3장 http모듈 공부 중입니다.</p>')
07  })
08      .listen(8080, () => {
09          console.log('8080포트에서 서버 연결 중 ..');
10      });
```

자, 이제 나의 가상 클라이언트가 웹 페이지를 요청했다고 가정하고 보여줄 응답을 넣어 줍니다. 이제 코드를 한 줄씩 살펴보겠습니다.

.createServer() 함수는 말 그대로 서버를 만드는 함수입니다(3행). 이 함수 안에 인자로 콜백 함수를 넣고 이 콜백 함수에는 요청에 대한 응답, 즉 어떤 이벤트를 받았을 때 실행해야 하는 작업을 작성해주면 됩니다. 이 콜백 함수의 파라미터에 두 가지 객체를 넣는데, 하나는 요청에 관한 정보를 담는 request를 줄여 주로 req라고 표기하고, 다른 하나는 응답에 관한 정보를 담고 response를 줄여 주로 res라고 표기합니다.

res.writeHead()는 응답에 대한 정보(헤더)를 기록하는 함수이고(4행) 파라미터로 *요청 코드(여기서는 성공을 알리는 200)와 콘텐츠의 타입을 넣어줍니다. res.write()에는 파라미터로 클라이언트에 보낼 데이터를 넣어주면 됩니다(5행). 여기서는 '<h1>Node.js로 서버 만들기</h1>'을 보내주었습니다.

res.end()는 응답을 종료하는 메서드이고(6행), 여기에 넣은 파라미터까지 전달하고, 응답을 종료합니다.

마지막으로, createServer() 함수 뒤에 .listen()을 붙여 클라이언트와 연결할 포트번호와 서버가 연결되면 실행할 콜백 함수를 넣습니다(8행).

[그림 3-13] localhost:8080 결과

여기서 잠깐

http 상태 코드(요청 코드)

http 요청이 성공적으로 완료되었는지, 실패했는지 알려주는 기능을 합니다. 3자리 숫자로 이루어져 있고 첫 번째 자리는 1~5까지이며 숫자별로 알려주는 상태가 다릅니다.

- 100번대 : 정보 / 서버가 요청을 받았고 클라이언트는 작업을 계속 진행해도 된다는 의미입니다.
- 200번대 : 성공 / 요청을 성공적으로 받았고 수용했다는 코드입니다.
- 300번대 : 리다이렉션 / 요청을 완료하기 위해서 추가적인 작업이 필요하다는 의미입니다.
- 400번대 : 클라이언트 서버 오류를 의미합니다.
- 500번대 : 서버 오류를 의미합니다.

그리고 주로 사용하는 코드는 다음과 같습니다.

- 200 : 요청이 성공했습니다.
- 204 : 요청은 성공했으나 제공할 내용이 없습니다.
- 304 : 이전 요청과 동일합니다.
- 400 : 클라이언트 요청 오류입니다.
- 401 : 요청을 위한 권한을 요구합니다.
- 403 : 요청이 서버에 의해 거부되었습니다.
- 404 : 요청한 URL을 찾을 수 없습니다.
- 500 : 서버에 오류가 발생하여 응답이 불가능합니다.

```
01  const http = require('http');
02
03  const server = http.createServer((req, res) => {
04      res.writeHead(200, { 'Content-Type': 'text/html; charset=utf-8' });
05      res.write('<h1>Node.js로 서버 만들기</h1>');
06      res.end('<p>3장 http 모듈 공부 중입니다.</p>')
07  })
08      .listen(8080);
09
10  /* Listening Event Listener */
11  server.on('listening', () => {
12      console.log('8080포트에서 서버 연결 중 ..');
13  });
14
15  /* Error Event Listener */
16  server.on('error', () => {
17      console.error(error);
18  });
```

listen() 메서드에 콜백을 넣는 대신 listening 이벤트 리스너를 붙여 사용할 수도 있고, 오류를 핸들링해주는 이벤트 리스너를 붙여줄 수도 있습니다. 그리고 또 하나, 오류 처리를 할 때 주의할 점은 오류가 발생해도 꼭 응답 콜백 함수를 작성해주어야 한다는 점입니다. 만약 오류가 발생한 후 실행할 응답이 없다면 서버는 응답이 오길 계속 기다리게 되고 결국에는 timeout 오류를 발생합니다.

그리고 위의 res.end() 함수는 요청에 대한 응답을 보내주는 함수인데(6행), 비슷한 것으로는 res. sendFile, res.send, res.json이 있습니다. 하나의 요청에 한 개의 응답만 보내주어야 합니다.

```
01  <!DOCTYPE html>
02  <html lang="en">
03    <head>
04      <meta charset="UTF-8" />
05      <meta name="viewport" content="width=device-width, initial-scale=1.0" />
06      <title>Document</title>
07    </head>
```

```
08    <body>
09        <h1>Node.js로 서버 만들기</h1>
10        <p>3장 http 모듈 공부 중입니다.</p>
11    </body>
12 </html>
```

[함께해봐요 3-9] 파일을 보내는 응답 코드   chapter03/sample/fs_test.js

```
01 const http = require('http');
02 const fs = require('fs').promises;
03
04 http.createServer(async (req, res) => {
05     try {
06         const f = await fs.readFile('./fs_test.html');
07         res.writeHead(200, { 'Content-Type': 'text.html; charset=utf-8' });
           // 200이면 요청 성공
08         res.end(f);  // 요청 종료
09     } catch (err) {  // 오류 처리
10         console.error(err);     // 요청에 실패했을 경우 오류 출력
11         res.writeHead(500, { 'Content-Type': 'text.html; charset=utf-8' });
           // 500이면 서버에 오류 발생
12         res.end(err.message);   // 오류 메시지와 함께 요청 종료
13     }
14 })
15     .listen(8080, () => {
16         console.log('8080포트에서 서버 연결 중 ..')
17     });
```

실제로는 [함께해봐요 3-6]처럼 응답 콜백에 html 요소를 직접 넣어주는 것이 아니라 html 파일을 따로 만들어 파일시스템(fs) 모듈로 읽어 전송합니다. 결과는 [함께해봐요 3-6]과 동일합니다. readFile()의 파라미터는 순서대로 파일 위치, 텍스트 타입, 콜백 함수이고(6행) 여기서 data는 내가 전송하게 되는 데이터로서, res.write()를 통해 내가 보낸 데이터를 웹 브라우저에 써주게 됩니다.

요청 객체(req), 응답 객체(res)

express를 사용해 서버를 만들 때 가장 기본이 되는 것은 req 객체와 res 객체, 그리고 객체의 여러 메서드를 사용하는 것입니다. res, req 객체 안에 여러 메서드가 있지만 그 중에서 자주 사용하는 핵심적인 몇 가지만 추려서 정리해 보았습니다.

[표 3-3] 대표적인 req, res 메서드

종류	메서드	설명
req	req.body	POST 방식으로 들어오는 요청 정보 파라미터를 가집니다.
	req.query	GET 방식으로 들어오는 요청 쿼리 스트링 파라미터를 가집니다.
	req.params	개발자가 붙인 라우터 파라미터 정보를 가집니다.
	req.headers	HTTP 헤더 정보를 가집니다.
	req.route	현재 라우트에 대한 정보를 가집니다.
	req.cookies	클라이언트가 전달한 쿠키 값을 가집니다.
	req.accepts	인자에 타입을 넣고 클라이언트가 해당 타입을 받을 수 있는지 확인합니다.
	req.ip	클라이언트의 ip 주소 값을 가집니다.
	req.path	클라이언트가 요청한 경로를 가집니다.
	req.host	요청 호스트 이름을 반환합니다.
	req.xhr Ajax	요청 시 true를 반환합니다.
	req.protocol	현재 요청의 프로토콜(http, https 등)입니다.
	req.secure	현재 요청이 보안된 요청이면 true를 반환합니다.
	req.url	url 경로와 쿼리스트링을 반환합니다.
res	res.send	클라이언트에게 응답을 보냅니다.
	res.sendFile	인자로 넣은 경로의 파일을 클라이언트에 전송합니다.
	res.json	클라이언트에게 json 형태의 응답을 보냅니다.
	res.render	템플릿 엔진을 사용하여 뷰를 렌더링합니다.
	res.locals	뷰를 렌더링하는 기본 문맥을 포함합니다.
	res.end	인자로 넣은 응답을 마지막으로 보내고 응답을 종료합니다.
	res.status	HTTP 응답 코드를 설정합니다.
	res.set	응답 헤더를 설정합니다.
	res.cookie	클라이언트에 저장될 쿠키를 설정합니다.
	res.redirect	인자로 넣은 URL으로 redirect합니다(기본 응답 값은 302입니다).
	res.type	헤더의 Content-Type를 설정합니다.

```javascript
01  const http = require('http');
02
03  http.createServer((req, res) => {
04      console.log(req);
05      console.log(res);
06  })
07      .listen(8080, () => {
08          console.log('8080포트에서 서버 연결')
09      });
```

위와 같이 createSerever()의 파라미터로 보낸 request와 response를 콘솔로 찍어 request와
response의 세부 내용을 확인할 수 있습니다.

```
8080포트에서 서버 연결
<ref *2> IncomingMessage {
  _readableState: ReadableState {
    objectMode: false,
    highWaterMark: 16384,
    buffer: BufferList { head: null, tail: null, length: 0 },
    length: 0,
    pipes: [],
    flowing: null,
    ended: false,
    endEmitted: false,
    reading: false,
    sync: true,
    needReadable: false,
    emittedReadable: false,
    readableListening: false,
    resumeScheduled: false,
    errorEmitted: false,
    emitClose: true,
    autoDestroy: false,
    destroyed: false,
    errored: null,
    closed: false,
    closeEmitted: false,
    defaultEncoding: 'utf8',
    awaitDrainWriters: null,
    multiAwaitDrain: false,
    readingMore: true,
    decoder: null,
    encoding: null,
    [Symbol(kPaused)]: null
  },
  _events: [Object: null prototype] { end: [Function: clearRequestTimeout] },
  _eventsCount: 1,
  _maxListeners: undefined,
  socket: <ref *1> Socket {
    connecting: false,
    _hadError: false,
    _parent: null,
    _host: null,
    _readableState: ReadableState {
      objectMode: false,
      highWaterMark: 16384,
      buffer: BufferList { head: null, tail: null, length: 0 },
      length: 0,
      pipes: [],
      flowing: true,
      ended: false,
      endEmitted: false,
      reading: true,
```

[그림 3-14] [함께해봐요 3-10]의 실행결과

분명히 서버와 연결만 하고 response는 아직 만들지 않은 빈 코드인데, 엄청나게 많은 양의 request가 들어온 것을 볼 수 있습니다. 이 많은 양의 request 중 우리가 확인해야 할 것은 url과 method 데이터이고 이 두 가지의 데이터를 실제로 사용할 수 있습니다. 이 부분만 확인해보려면 console.log(req.url);와 console(req.method);를 통해 확인하면 됩니다.

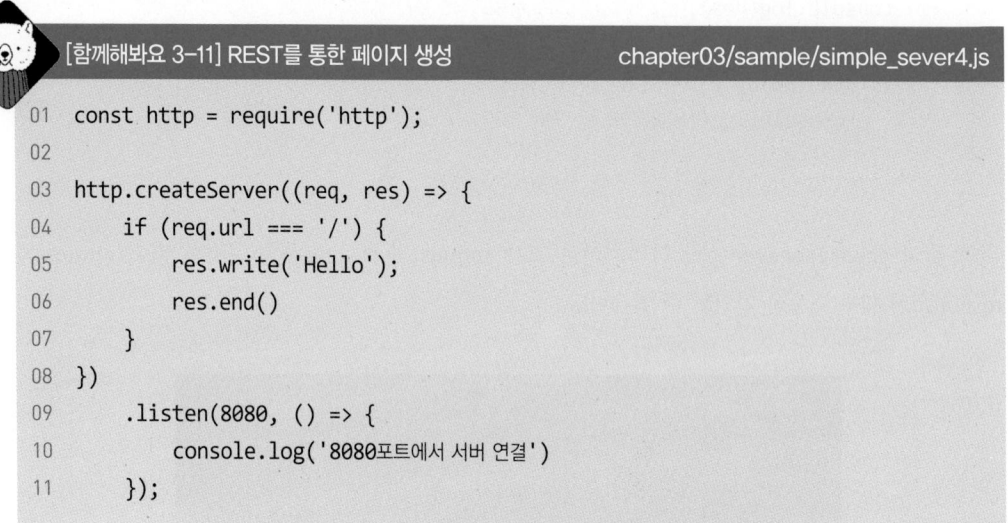

[함께해봐요 3-11] REST를 통한 페이지 생성   chapter03/sample/simple_sever4.js

```javascript
01  const http = require('http');
02
03  http.createServer((req, res) => {
04      if (req.url === '/') {
05          res.write('Hello');
06          res.end()
07      }
08  })
09      .listen(8080, () => {
10          console.log('8080포트에서 서버 연결')
11      });
```

req.url이 '/'라는 뜻은(4행), 우리가 localhost:8080 뒤의 주소가 /라는 뜻입니다. 즉, 기본 페이지라는 뜻이 됩니다. 여러 url을 설정해주고 req.url이 기본 페이지일 때 기본 index.html을 띄우고, req.url이 회원가입 페이지일 때 signUp.html을 띄우는 식으로 req.url을 이용하여 여러 페이지를 생성할 수 있게 됩니다. 이렇게 요청을 보낼 때, 주소를 통해 내용을 표시하는 것을 'REST REpresentational State Transfer'이라고 합니다.

예를 들어 내가 만든 웹의 도메인 주소가 www.myServer.com/이라고 해봅시다. www.myServer.com/user로 접속하면 사용자 정보에 관련된 자원을 요청하는 것이라고 파악할 수 있을 것이고 www.myServer.com/post라고 하면 무언가 게시하는 자원을 요청하는 것이라고 파악할 수 있습니다. 이렇게 뒤에 붙는 주소에 따라 요청을 정의할 수 있도록 주소체계를 구조화하여 만든 웹 서버를 '"RESTful'하다"라고 합니다(4장에서 자세히 다룹니다). 이는 '라우팅'을 통해 구현할 수 있는데, express 모듈을 이용해서 서버 만드는 법을 배울 때 알아보겠습니다.

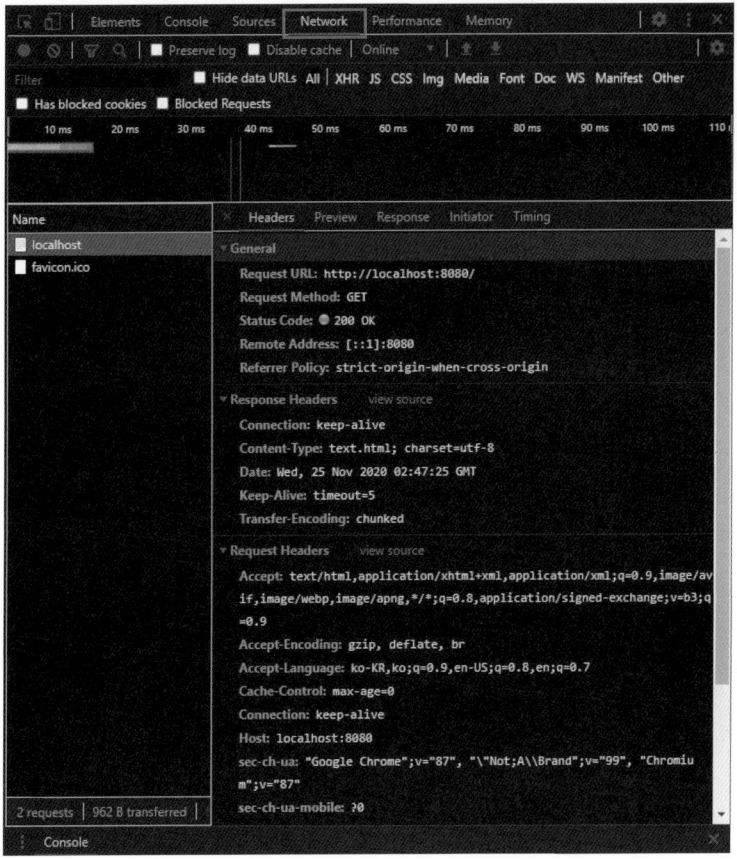

[그림 3-15] 웹 브라우저에서 요청 확인하기

서버를 실행한 후 크롬 브라우저에서 개발자 도구를 실행해 [Network]를 클릭해 봅시다. 개발자 도구를 여는 단축키는 윈도우즈 〈F12〉, 맥 〈option〉+〈command〉+〈i〉입니다. 그리고 일단 한번 새로고침을 하면 요청이 오는 url이 보이는데 우리는 현재 localhost/ 밖에 만들지 않았으므로 이를 클릭해줍니다. 그렇게 되면 Header, Preview, Response, Initiator, Timing에 관한 정보를 볼 수 있고, 온갖 네트워크 통신에 관한 내용을 개발자 도구를 통해 확인할 수 있습니다.

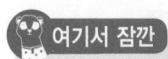 여기서 잠깐

http, https, http2

https 모듈은 웹 서버에 *SSL 암호를 추가해서 메서드로 데이터를 주고받을 때 이를 암호화할 수 있습니다. 따라서 실제로 웹 서버를 구현하고 실제 서비스에 이용하려면 http 모듈 대신 https 모듈을 이용해야 합니다. https에 암호화를 적용하기 위해서는 인증기관에서 인증서를 발급받아야 하며 이와 관련해서는 '참고 링크'에 링크를 남겨놓겠습니다. http2는 https가 필수적으로 사용되어야 하며 SSL 암호화와 더불어 추가적으로 최신 http 프로토콜인 http/2를 사용합니다.

SSL(Secure Socket Layer)

웹 서버와 브라우저 사이의 보안을 위해 만들어졌습니다.

🔒 안전함 | https://ᴠ

[그림 3-16] https SSL이 적용된 사이트에서 보이는 모습

ⓘ 안전하지 않음 | m

[그림 3-17] https SSL이 적용되지 않은 사이트에서 보이는 모습

⚠ 안전하지 않음 | ~~https://~~(

[그림 3-18] https SSL이 적용되었지만 인증서가 보장되지 않았을 때 보이는 모습
(인증서를 사설 인증(CA)에서 발급받았을 경우 등)

3.4 express 모듈을 사용해 서버 만들기

express란?

http와 fs 모듈을 사용해서 서버를 일일이 구현할 수도 있지만 서버의 규모가 커진다면 공통적으로 반복되는 코드가 많아지게 됩니다. 이는 점차 코딩을 지루하고 코드를 더 복잡하게 만드는 요인이 됩니다. express 프레임워크는 이를 미리 해결해줄 수 있는 고마운 존재입니다. 자바의 스프링Spring, 파이썬Python의 Django와 같은 웹 *프레임워크로, Request와 response를 완전하게 통제할 수 있고 가볍고, 빠르고, 무료라는 장점까지 더해져 아직도 인기가 많은 프레임워크 중 하나입니다. 프레임워크라고 하지만 Node.js의 서드 파티 모듈Third Party Module, 즉 다른 사람이나 회사에서 만든 패키지입니다. 그렇지만 설치는 npm을 통해서 아주 간단하게 할 수 있습니다. Node.js의 http와 connect 컴포넌트를 기반으로 동작하는데, 여기서 connect 컴포넌트를 '미들웨어'라고 합니다. 이에 관해서는 뒤에서 설명하겠습니다.

> **여기서 잠깐**
>
> 프레임워크(Framework)
> "소프트웨어의 구체적인 부분에 해당하는 설계와 구현을 재사용이 가능하게끔 일련의 협업화된 형태로 클래스들을 제공하는 것" 랄프 존슨(Ralph Johnson)의 이 말처럼 프레임워크는 한마디로 미리 필요한 작업을 만들어 놓은 것이라고 생각하면 됩니다. 웹을 만드는 회사들은 대부분 프레임워크를 사용해 웹을 제작합니다.
>
> - 자바스크립트의 클라이언트 측(프론트엔드) 프레임워크 : React.js, Angular.js, Vue.js
> - 자바스크립트의 서버 측(백엔드) 프레임워크 : node.js의 express

express 설치와 사용

터미널을 열어 express를 설치해 주세요.

```
$ npm install express
```

$ npm install 명령어는 짧게 $ npm i로 줄여 쓸 수 있습니다. 그리고 이렇게 npm install을 통해 외부 모듈을 설치할 때에는 몇 가지 옵션을 사용할 수 있습니다.

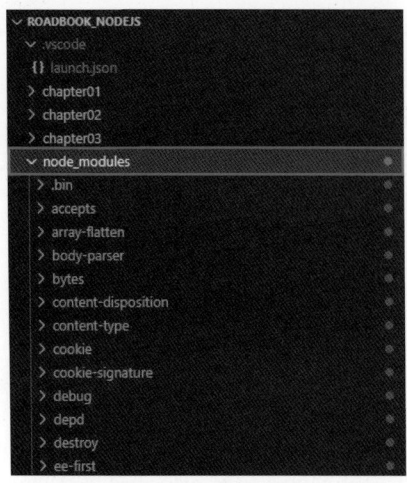

[그림 3-19] node_modules

설치를 완료하면 작업 디렉터리에 node_modules/라는 폴더가 생성된 것을 확인할 수 있습니다. express에 필요한(의존하는) 여러 모듈이 노드 서버로부터 다운받아진 것이고 이 파일은 용량이 매우 크므로 깃을 사용하고 있다면 .gitignore 파일에 node_modules/ 디렉터리를 추가해 커밋하지 않게 해주는 것이 좋습니다.

[표 3-4] npm install의 주요 옵션 내용

옵션	설명
npm install 패키지명	• 일반적인 설치로 현재 프로젝트 폴더 안의 node_modules/에 설치됩니다. • package.json의 'dependencies'에 기록됩니다.
npm install −D 패키지명	• 개발 모드에서만 사용할 모듈을 설치할 때 사용하는 옵션입니다. • package.json의 'devDependencies'에 기록됩니다.
npm install −g 패키지명	• 전역 설치 시 사용하는 명령어이며 현재 프로젝트 외의 모든 프로젝트에서 사용하고 싶을 때 사용합니다. • 내 컴퓨터의 node_modules/ 파일에 패키지가 설치되고, package.json에는 기록되지 않습니다.
npm install −O 패키지명	• package.json의 'optionalDependencies'에 기록됩니다.
npm install −−force 패키지명	• 복사본이 있는 경우에도 강제로 설치합니다.

−g 설치는 되도록이면 지양하는 것이 좋습니다. 전역으로 설치할 경우 package.json에 기록이 남지 않기 때문에 다른 사람이 서버를 관리하게 되면 어떤 모듈을 사용했는지 파악하기 힘들기 때문입니다. package.json에 기록이 남아있다면 프로젝트 파일을 받은 뒤 npm install 명령어만 사용하면 package.json에 기록된 모듈이 한꺼번에 다운됩니다. 전역 설치를 하면 터미널에서 바로 해당 명령어

를 사용할 수 있습니다. 우리가 npm 명령어를 사용할 수 있는 이유도 npm 패키지가 전역으로 설치되어 있기 때문입니다. 전역으로 설치하지 않고 명령어를 사용하는 방법도 있습니다. 바로 npx 명령어를 사용하면 됩니다. nodemon 패키지를 설치해보면서 어떻게 사용할 수 있는지 알아보겠습니다.

파일을 수정할 때마다 서버를 종료하고 재실행해야만 변경사항이 반영됩니다. nodemon을 사용하면 파일들을 감시하고 있다가 node.js 소스 수정 시 자동으로 서버를 재시작해주기 때문에 코드를 수정할 때마다 서버를 종료하고 재시작하는 과정이 필요하지 않습니다.

```
npm install -D nodemon
```

nodemon은 개발 모드에서 필요한 모듈이고 실제 배포할 때에는 필요하지 않은 모듈이므로 -D 옵션을 사용합니다. npm install을 이용해 패키지를 설치할 때는 package.json 파일이 있는 위치에서 명령어를 실행해주어야 합니다.

```
{
  "name": "roadbook-nodejs",
  "version": "1.0.0",
  "description": "",
  "main": "index.js",
  "scripts": {
    "test": "echo \"Error: no test specified\" && exit 1",
    "start:dev": "nodemon index.js"
  },
```

이제 $ node 파일명 대신 $ npx nodemon 파일명 명령어를 사용하면 중간에 파일을 수정하더라도 변경사항이 반영됩니다. 또 다른 방법으로는 package.json의 'scripts' 옵션에서 npm 명령어를 저장하는 방법입니다. 'test'라는 키워드가 기본으로 저장되어 있는데, 'npm run' 또는 'npm' 뒤에 이렇게 작성한 키를 붙여 프로그램을 실행할 수 있습니다. 실제로 npm run test 명령어를 입력해보세요. "echo \"Error: no test specified\" && exit 1"이 실행되는 것을 확인할 수 있습니다.

"scripts" 키워드 안에 먼저 콤마(,)를 붙인 뒤 "start:dev" : "nodemon index.js"을 추가해주면 npm run start:dev 명령어를 터미널에 쳤을 경우 nodemon을 사용해서 index.js 파일을 실행하게 됩니다.

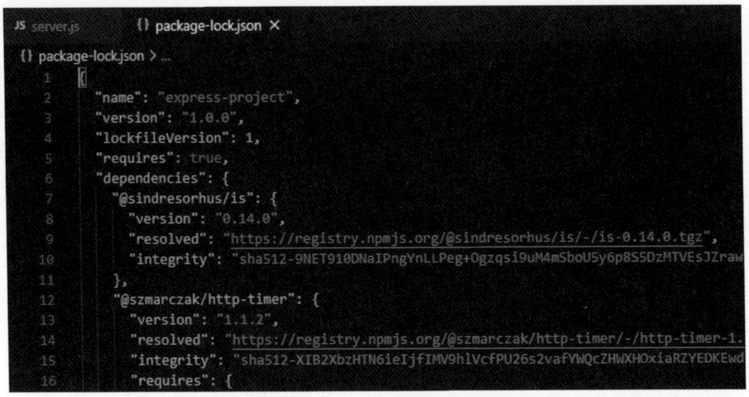

[그림 3-20] package-lock.json

생성된 package-lock.json이라는 파일에는 모듈의 정확한 버전과 의존 관계가 기록되어 있습니다. npm을 통해 패키지를 설치할 때마다 자동으로 package.json, pacakage-lock.json에 반영됩니다. 만들게 될 애플리케이션마다 필요한 모듈과 의존성이 다릅니다. 그리고 패키지의 버전 표기법은 *SemVer 표기법을 사용합니다.

🐻 **여기서 잠깐**

SemVer 표기법
버전이 표기될 때 1.0.1과 같이 세 자리수로 표기합니다. 첫 번째 자리는 중요한 버전의 업데이트, 두 번째 자리는 버그 수정 등의 일반적인 버전의 업데이트, 세 번째 자리는 작은 수정사항을 반영하기 위한 업데이트를 의미합니다. 따라서 package-lock.json에 버전을 명시할 때 되도록 ^를 사용해서 첫 번째 버전까지만 고정해 놓는 것이 좋습니다.

- ^0.0.0은 첫 번째 자리 버전까지 고정합니다.
- ~0.0.0은 두 번째 자리 버전까지 고정합니다.
- 0.0.0은 모든 버전을 고정합니다.

🐻 **[함께해봐요 3-12] express 사용법 ①**　　　　　　chapter03/express/express_study1.js

```
01  const express = require('express');
02  const app = express()
03
04  app.get('/', (req, res) => {
05      res.send('Hello World!');
06  });
07
08  app.listen(8080, () =>
09      console.log('8080포트에서 서버 실행중'));
```

106

위 코드는 가장 기본적인 express 사용법입니다. require()를 통해 모듈을 불러오는 것까진 동일합니다(1행). http 모듈의 res 객체의 메서드 write() 대신, express의 res 객체의 send() 메서드를 통해 웹에 문자열 데이터('Hello World!')를 전달했습니다(5행). send() 함수 하나로 응답을 보내고, 종료하는 기능까지 가능합니다. http 모듈을 사용했던 것보다 훨씬 짧은 코드로 서버를 생성할 수 있고, 기존 http 모듈을 상속받았기 때문에 http 모듈의 기능도 모두 사용할 수는 있으나 되도록 express 전용 객체를 사용하는 것이 좋습니다.

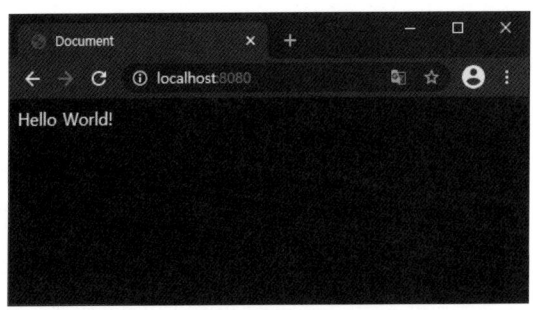

[그림 3-21] localhost:8080 결과

[함께해봐요 3-13] express로 웹 페이지 만들기   chapter03/express/index.html

```html
01  <!DOCTYPE html>
02  <html lang="ko">
03    <head>
04      <meta charset="UTF-8" />
05      <meta name="viewport" content="width=device-width, initial-scale=1.0" />
06      <title>express로 웹 만들기</title>
07    </head>
08    <body>
09      <h2>express로 웹 만들기</h2>
10      <p>메인 페이지 입니다.</p>
11    </body>
12  </html>
```

[함께해봐요 3-14] express 사용법 ②   chapter03/express/express_study2.js

```javascript
01  const express = require('express');
02
03  const app = express();
04  app.set('port', process.env.PORT || 8080);
05
```

```
06  app.get('/', (req, res) => {
07      res.sendFile(__dirname + '/index.html');
08  });
09
10  app.listen(app.get('port'), () => {
11      console.log(app.get('port'), '번 포트에서 서버 실행 중 ..')
12  });
```

전체 파일 내용을 새로 작성하지 않고 바뀐 부분만 수정해도 됩니다. nodemon으로 서버를 실행했다면 변동 사항도 자동으로 반영됩니다. html 파일을 보낼때 fs 모듈에서의 .readFile() 대신 sendFile()을 사용할 수 있습니다(7행). http 모듈을 사용해서 응답을 보내줄 때, writeHeader를 통해 Content-type과 Charset 정보까지 보내줘야 했지만 express의 res 객체의 sendFile 메서드를 사용하면 자동으로 자질구레한 정보를 클라이언트에 보내줍니다. 또 요청 주소를 여러 개 더 추가할 때 http 모듈에서는 if else를 사용해서 요청 주소를 분리해줘야 했지만 express를 사용하면 app.get 등의 메서드로 깔끔하게 주소를 분리할 수 있는 등의 장점이 있습니다(10행).

위 코드는 가장 기본 틀이 되는 코드입니다. 하나씩 보겠습니다. 먼저, express를 require()를 통해 불러오고(1행) app 변수에 할당했습니다(3행). 그런 다음 app.set('port', 포트번호)을 통해 서버가 실행될 포트를 지정합니다(4행). process.env.PORT는 process.env 객체에 기본 포트번호가 있다면 해당 포트를 사용한다는 뜻이고, 그렇지 않으면 8080포트를 사용하라고 지정해줍니다. 이처럼 app.set(키, 값)은 키, 값 파라미터를 이용하여 키에 값을 저장하도록 설정할 수 있는 함수입니다(10행). 그리고 그 데이터를 app.get(키) 함수를 통해 가져옵니다. app.get(주소, 라우터)은 주소에 대한 GET 요청이 올 때 어떤 응답을 할지 적어줍니다(6행). 여기서는 index.html 파일을 불러오라고 해주었습니다. Index.html 파일은 여러분이 원하는 것으로 생성하면 됩니다. app.listen()을 통해 포트를 연결하고 서버를 실행합니다(10행).

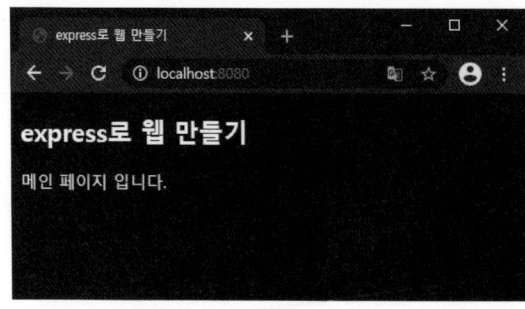

[그림 3-22] localhost:8080 결과

localhost:8080/ 페이지 요청에 대한 응답인 index.html 파일이 띄워진 것을 확인할 수 있습니다.

http 요청 메서드 – GET, POST, PUT, PATCH, DELETE

app.get, app.post 등을 이해하기 앞서 프로토콜 메서드와 라우팅에 대해 짚고 넘어가겠습니다. http 요청 메서드는 클라이언트(사용자)가 웹 서버에게 자신의 목적을 알리는 수단을 의미합니다. http 메서드 클라이언트에서 이런저런 방식으로 요청이 들어와도 하나의 규격화된 방식으로 서버와 소통하며 응답을 보내줄 수 있기 때문에 필요합니다. 사용자가 웹 브라우저의 주소창에 주소를 치는 것도 하나의 요청인데, 이는 'GET' 방식에 해당합니다. 'GET'이라는 글자 그대로 무언가를 '겟'하고 싶다는 것을 알리는 의미가 됩니다. 이와 마찬가지로 'POST'는 어떤 내용을 서버로 전송하고 싶다는 뜻이 됩니다. 이를 express에서는 get과 post 함수로 표현합니다.

http 요청 메서드 종류와 내용

- GET : 리소스를 얻을 때 사용합니다.
- HEAD : 문서의 정보를 얻을 때 사용합니다.
- POST : 리소스를 전송할 때 사용합니다.
- PUT : 내용 전체를 갱신할 때 사용합니다.
- PATCH : 내용을 부분적으로 갱신할 때 사용합니다.
- DELETE : 파일을 삭제할 때 사용합니다.

> 🦉 **여기서 잠깐**
>
> **여기까지 우리는 무엇을 작업했을까?**
> 여기까지 Node.js의 기본 내장 모듈인 http로 서버를 구현하는 방법과 내장되어 있지 않아 별도의 설치가 필요한 서드 파티 모듈인 express로 서버를 구현하는 방법. 이 두 가지 방법에 대해 살펴보았습니다. 두 방법의 차이를 알 겁니다. 사실 Node.js로 서버를 만든다고 하면 대부분 express를 사용합니다. 그만큼 편리하고 다양한 기능을 제공하기 때문입니다. 이제 이 장에서 다루는 마지막 내용이자 express 모듈의 핵심인 '미들웨어'에 대해 살펴보겠습니다.

3.5 express와 미들웨어

미들웨어란?

미들웨어Middleware는 그 이름에서 알 수 있듯이 중간단계 역할을 하는 존재입니다. 우리가 얕은 강을 건너려고 할 때 주춧돌이 있으면 그것을 딛고 물에 젖지 않게 건널 수 있습니다. 하지만 주춧돌이 없다면 강을 건널 순 있지만 물에 젖는 수고를 겪어야 할 것입니다.

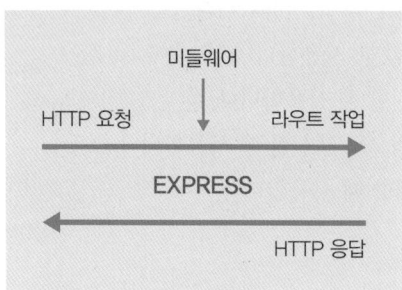

[그림 3-23] 미들웨어의 역할

미들웨어는 주춧돌처럼 중간 작업을 해주는 역할을 합니다. 즉, 요청과 응답 사이에 express 자체에 있는 기능 외에 추가적인 기능을 넣어줄 수 있습니다. express 자체 미들웨어를 사용해도 되고 다른 사람이 만들어 놓은 미들웨어를 npm을 통해 다운받아 사용해도 됩니다. express 사용법에서 핵심은 '미들웨어'에 있다고 할 정도로 미들웨어는 express에서 중요한 역할을 합니다. 미들웨어에는 인증 수행, 예외처리, 세션처리, 라우터 등 많은 종류가 있습니다.

```
app.use()
```

미들웨어는 `app.use()` 메서드를 통해 사용합니다. `app.set()`과의 차이점은 `app.set()`은 전역으로 사용된다는 점입니다.

```
01  const express = require('express');
02  const app = express();
03
04  app.get('/', function (req, res) {
05      res.send('Hello World!');
06  });
07
08  const myLogger = function (req, res) {
09      console.log('LOGGED');
10  };
11
12  app.use(myLogger);
13
14  app.listen(8080);
```

위 코드는 서버가 요청을 받을 때마다 'LOGGED'라는 메시지를 콘솔에 출력하는 것입니다.
myLogger라는 미들웨어를 만들어 주었고(8행), app.use()를 사용해 미들웨어를 붙여주었습니다(12
행). 이렇게 되면 요청이 들어올 때마다 myLogger를 반드시 거치게 됩니다. 여기서 요청은 '/' 주소
를 get했을 때, 즉 localhost:8080/에 접속했을 때를 말합니다. 한번 localhost:8080/에 여러 번 접속
해 보세요.

```
C:\Projects\express-project>node test.js
 _
```

[그림 3-24] [함께해봐요 3-15]의 결과

접속하는 횟수만큼 콘솔 화면에 'LOGGED'라는 메시지가 떠야 하는데 뜨지 않습니다. 이유는 무엇
일까요?

```
01  const express = require('express');
02  const app = express();
03
04  app.get('/', function (req, res, next) {
05      res.send('Hello World!');
06      next();
07  });
```

```
08
09  const myLogger = function (req, res, next) {
10      console.log('LOGGED');
11      next();
12  };
13
14  app.use(myLogger);
15
16  app.listen(8080);
```

4행과 9행의 함수 파라미터에 next를 추가해주고 6행과 11행에 next 함수를 호출해주었습니다.

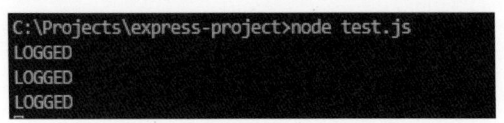

[그림 3-25] [함께해봐요 3-16]의 결과

그랬더니 원하는 대로 localhost:8080/에 접속하는 요청이 오면 콘솔에 'LOGGED'를 출력하는 myLogger가 실행된 것을 확인할 수 있습니다. 미들웨어는 위에서 아래로 실행되기 때문에 순서가 중요합니다. 먼저 app.get('/')이 수행되고 res.send()가 끝나고 응답을 종료해버리기 때문에 myLogger까지 도달하지 않습니다. next()는 다음 미들웨어로 넘어가는 역할을 하기 때문에 순서를 잘 배치를 해주고 next()를 통해 흐름을 잘 제어해주어야 합니다.

next()는 다음 미들웨어로 가는 역할을 하지만 몇 가지 인자를 넣어 다른 기능을 하게 할 수도 있습니다.

[표 3-5] next()의 종류 및 내용

종류	내용
next()	다음 미들웨어로 가는 역할을 합니다.
next(error)	오류 처리 미들웨어로 가는 역할을 합니다
next('route')	많이 사용하지는 않지만 next()로 같은 라우터에서 분기처리를 할 때 사용합니다.

```
01  const express = require('express');
02  const app = express();
03
04  app.use(function (err, req, res, next) {
05      console.error(err.stack);
06      res.status(500).send('Something broke!');
07  });
08
09  app.listen(3000);
```

그리고 오류 처리를 위한 미들웨어 함수는 총 네 개의 파라미터 erro, req, res, next를 가집니다. 오류는 오류 처리 미들웨어에서 따로 다루어야 합니다.

```
onst express = require('express');
const app = express();

app.set('port', process.env.PORT || 3000);

app.use(~...)   // 공통 미들웨어 morgan, cookie-parser, express.json,
                // express.urlencoded, session .. 등

app.get(~...)   // 라우터

app.get((req, res, next) => res.status(404)...)   // 404 처리 미들웨어
// 단 res.status 상태 코드의 400 500번 대를 너무 자세히 보여주면 해킹의 위협이 있음

app.use((err, req, res, next) => ...)   // 오류 처리 미들웨어

app.listen(app.get('port'));
```

보통 express로 서버를 만들 때 다음과 같은 순서로 구조를 짜게 됩니다.

❶ express를 불러옵니다.
❷ 포트를 설정해줍니다.
❸ 공통적으로 사용하는 미들웨어를 장착해줍니다.
❹ 라우터를 구성합니다.
❺ 404 처리 미들웨어를 구성합니다.
❻ 오류 처리 미들웨어를 구성합니다.
❼ 생성된 서버가 포트를 리스닝합니다.

자주 사용하는 미들웨어

express.static

html 파일을 서버에서 보내 웹에 띄우는 것까지 살펴봤는데 서버에서 응답을 할 때 html 파일만 필요할까요? favicon, image file, css 등 다양한 종류의 파일이 필요할 것입니다. 예를 들어 이미지 파일을 html 내에 띄우고 싶어서 html 파일에 이미지를 삽입하면 어떻게 될까요? 실제 브라우저에선 이미지가 보이지 않게 됩니다. 이유는 html 파일은 이미지 파일이 어떤 것인지 모르기 때문입니다. C:// 부터 시작하는 이미지 파일의 경로를 모두 쓴다 하더라도 Node.js 자체를 서버에 올리기 때문에 서버에 맞게 설정을 해주어야 합니다. 따라서 css, js 등 *static 파일은 static끼리 모아 따로 폴더를 지정해 놓는 것이 좋습니다.

> **용어정리**
>
> static 파일(정적 파일) 이미지, css, 스크립트 파일과 같이 그 내용이 고정되어 있어, 응답을 할 때 별도의 처리 없이 파일 내용 그대로를 보여주면 되는 파일을 말합니다.

[함께해봐요 3-18] static 미들웨어 사용 ① chapter03/express/express-study6.js

```
01  const express = require('express');
02
03  const app = express();
04  app.set('port', process.env.PORT || 8080);
05
06  app.use(express.static(__dirname + '/public'));
07
08  app.get('/', (req, res) => {
09      res.sendFile(__dirname + '/index2.html');
10  });
11
12  app.listen(app.get('port'), () => {
13      console.log(app.get('port'), '번 포트에서 서버 실행 중 ..')
14  });
```

static은 express 안에 기본적으로 포함되어 있기 때문에 별도의 설치 없이 꺼내서 사용만 해주면 됩니다. static() 안에 static 폴더로 지정해 줄 파일의 경로를 입력합니다. 저는 public이라는 폴더를 하나 생성해서 static 폴더로 지정해 주었습니다. static 폴더를 따로 지정해주면 지정한 파일이 바로 클라이언트로 가는 것이 아닌 static 미들웨어를 거친 후 도착하게 됩니다. 이렇게 지정했으면 이제부터 static 파일들을 불러 html에 띄울 수 있습니다.

```
01  <!DOCTYPE html>
02  <html lang="ko">
03    <head>
04      <meta charset="UTF-8" />
05      <meta name="viewport" content="width=device-width, initial-scale=1.0" />
06      <title>express로 웹 만들기</title>
07    </head>
08    <body>
09      <h2>express로 웹 만들기</h2>
10      <p>메인 페이지입니다.</p>
11      <img src="./sample.png" />
12    </body>
13  </html>
```

웹 페이지에 띄우고 싶은 이미지 파일을 public 폴더에 저장한 후 index2.html에 이미지를 추가합니다. 그리고 웹 브라우저에 접속해 결과를 확인해봅시다.

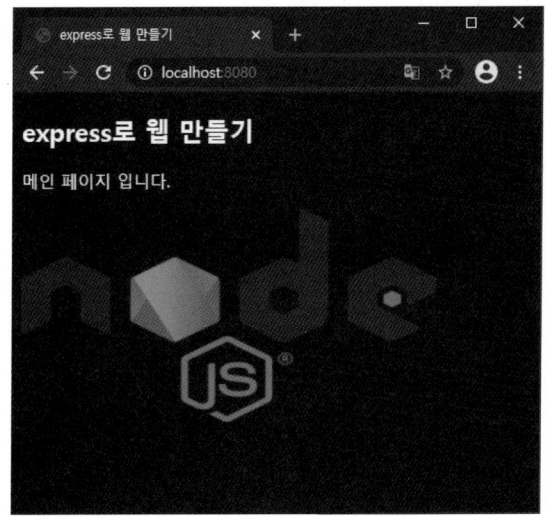

[그림 3-26] localhost:8080 결과

그러면 이렇게 html 파일 내에 public/이라는 경로를 따로 명시해주지 않아도 자동으로 서버에서 static 폴더에서 해당 파일을 찾은 후 띄워주게 됩니다. 경로를 다 볼 수 없으니 보안에도 도움이 됩니다.

router

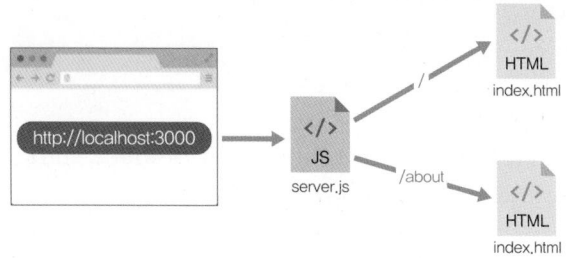

[그림 3-27] router

router도 일종의 미들웨어이며, 클라이언트로부터 요청(request)이 왔을 때 서버에서 어떤 응답(resonse)을 보내주어야 할지 결정해줍니다. router는 URI 스키마 같은 존재로 "localhost:8080/ 요청이 들어왔으면 index.html을 보내!" "localhost:8080/join.html이라는 요청이 들어왔으면 join.html을 보내!"라고 알려주는 역할을 합니다. express에서 router는 'app.get', 'app.post', 'app.use' 등처럼 express 모듈을 담은 변수 뒤에 http 메서드가 붙은 것인데, 이를 이용해 요청이 들어오는 경로와 응답을 만들 수 있습니다.

[표 3-6] HTTP 요청 메서드의 종류와 내용

종류	주소	응답
GET	/	Index.html 파일을 송신합니다.
GET	/join	Join.html 파일을 송신합니다.
POST	/user	사용자를 등록합니다.
PUT	/user/user_id	user_id를 가진 사용자의 정보를 수정합니다.
DELETE	/user/user_id	user_id를 가진 사용자의 정보를 삭제합니다.

```
app.use('/경로', 미들웨어);
app.get('/경로', 미들웨어);
app.post('/경로', 미들웨어);
app.put('/경로', 미들웨어);
app.delete('/경로', 미들웨어);
```

첫 번째 파라미터로 넣어준 경로로 요청이 들어오면 두 번째 파라미터의 미들웨어를 실행합니다. 첫 번째 파라미터의 경로는 서버 자원을 가리키는 URI 문자열인데, 회원가입 경로이면 /join.html처럼 만들어 줍니다. 그리고 로그인 경로이면 /login.html처럼 만들어주면 됩니다. 두 번째 파라미터는 라우팅 로직 함수를 콜백 형태로 구현한 것이고 해당 주소의 요청을 받으면 미들웨어가 어떤 작업을 수행하게 됩니다.

```
app.get("/user/:id", function (req, res) {
    res.send("user id: " + req.params.id);
});
```

위와 같은 코드가 있고 어떤 요청이 들어왔다면 어떤 응답을 하게 될까요? 하나의 클라이언트에서 GET 메서드로 /user/1이라는 URI 요청이 들어왔다고 생각해봅시다. 이 요청에 대한 응답으로 req.params.id에 접근하여 얻은 고객의 아이디를 문자열로 보내게 됩니다.

자, 이제 미들웨어를 이용해서 예제를 하나 만들어 보겠습니다. localhost:8080/에 접속할 때와 localhost:8080/user/roadbook으로 접속했을 때 다른 html 화면을 띄워주는 겁니다. 일단 답을 보지 말고 따라해봅시다.

[함께해봐요 3-20] 미들웨어를 이용한 예제 ①　　　chapter03/express/express_study7.js

```
01  const express = require('express');
02
03  const app = express();
04  app.set('port', process.env.PORT || 8080);
05
06  app.use(express.static(__dirname + '/public'));
07
08  app.get('/', (req, res) => {
09      const output = `
10          <h2>express로 웹 만들기</h2><br>
11          <p>메인 페이지 입니다.</p><br>
12          <img src="./sample.png" width="400px" height="200px"/>
13          `
14      res.send(output);
15  });
16
17  app.get('/user/:id', (req, res) => {
18      res.send(req.params.id + "님의 개인 페이지 입니다.");
19  });
20
21  app.listen(app.get('port'), () => {
22      console.log(app.get('port'), '번 포트에서 서버 실행 중 ..')
23  });
```

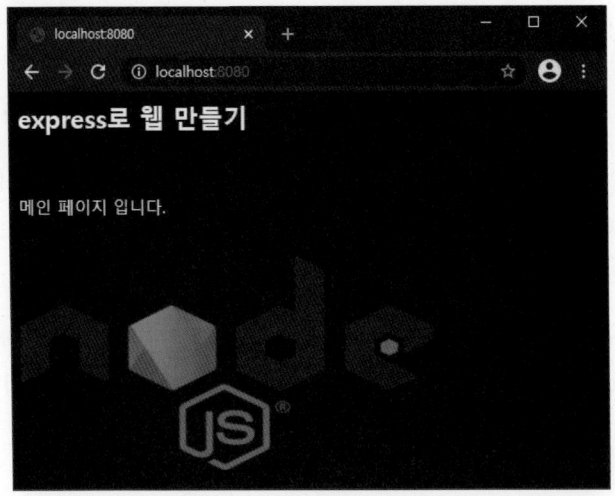

[그림 3-28] ocalhost:8080 결과

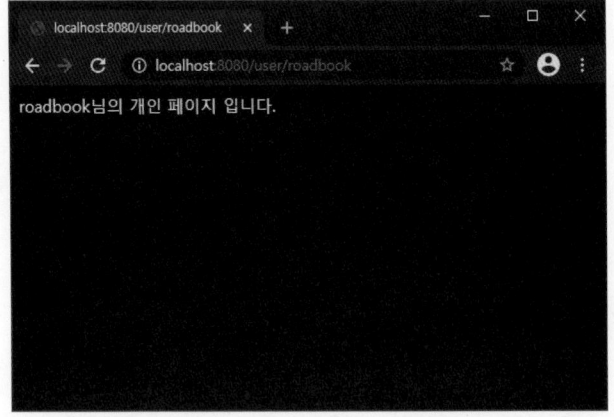

[그림 3-29] localhost:8080/user/roadbook 결과

여기서 잠깐

응답을 위한 함수

app.get, app.use는 요청을 위한 함수이고 응답을 위한 함수도 몇 가지 있는데, 지금까지 send()와 sendFile()을 이용해서 직접 html 요소를 넣기도 하고 html 파일을 통째로 보내주기도 했습니다. 그 외에도 render(), json() 등도 있습니다.

- `res.send()` : 문자열로 응답합니다.
- `res.json()` : json 객체로 응답합니다.
- `res.render()` : Jade, Pug와 같은 템플릿을 렌더링하여 응답합니다.
- `res.sendFile()` : 파일로 응답합니다.

morgan

morgan은 Logger API입니다. morgan은 request와 response를 깔끔하게 포매팅해주어 콘솔에 로그를 찍는 역할을 합니다. 호출된 router가 어떤 상태이고, 어떤 결과 값인지를 보여줍니다. 그리고 이렇게 찍힌 로그를 콘솔로만 확인해도 되지만 json 형태로 dump 파일에 기록하게 해주는 winston 이라는 모듈도 있습니다.

```
const logger = require('morgan');

...

app.use(logger('combined'));
// [:remote-addr - :remote-user [:date[clf]] ":method :url HTTP/:http-version"
:status :res[content-length] ":referrer" ":user-agent"]
app.use(logger('common'));
// [:remote-addr - :remote-user [:date[clf]] ":method :url HTTP/:http-version"
:status :res[content-length]]
app.use(logger('dev'));
// [:method :url :status :response-time ms - :res[content-length]]
app.use(logger('short'));
// [:remote-addr :remote-user :method :url HTTP/:http-version :status
:res[content-length] - :response-time ms]
app.use(logger('tiny'));
// [:method :url :status :res[content-length]  :response-time ms]
```

morgan에는 인자로 여러 옵션을 넣어줄 수 있고 옵션마다 보여주는 정보도 다릅니다. 주로 개발 시에는 'dev' 옵션을 사용하는데, 요청 메서드, url, 상태, 응답시간 등을 보여주고 배포 시에는 'combined' 옵션을 사용해 사용자의 주소, 브라우저 등 더 세부적인 정보를 로깅할 수 있습니다.

express.json, express.urlencoded

클라이언트에서 post, put 요청 시 들어온 정보를 가진 req.body에 접근하기 위해 필요한 미들웨어입니다. 요청 정보가 url에 들어온 것이 아니라 request body에 들어있는데, 이 값을 읽을 수 있는 구문으로 파싱하고 req.body로 옮겨주는 역할을 하는 것이 express.json, express.urlencoded입니다.

```
app.use(express.json());
app.use(express.urlencoded({ extended: true }));
```

원래는 body-parser라는 미들웨어를 npm install을 통해 다운받아 장착해주었어야 했는데, 이제는 express에 내장되어 express.json, expres.urlencoded라는 이름으로 사용할 수 있습니다.

express.json은 req.body가 json 형태일 때, express.urlencoded는 폼에 대한 요청일 때 사용합니다. express.urlencoded의 extended 옵션은 false로 설정하면 node.js에 내장된 queryString을 사용하고 true로 설정하면 npm의 qs 모듈을 사용합니다. 둘다 url 쿼리 스트링을 파싱해주지만 qs는 보안이 추가적으로 필요할 때 사용합니다. 그리고 req.body가 이미지, 동영상 등의 multipart 형식의 데이터라면 multer 등 다른 미들웨어를 추가적으로 설치해서 처리해주어야 합니다.

cookie-parser

cookie-parser를 알아보기 전에 쿠키cookie와 세션session에 대해 알아보겠습니다. 우리가 클라이언트에게서 요청을 받을 때, 사용자의 정보에 관해서는 IP 주소와 브라우저의 정보 정도만 알 수 있습니다. 따라서 그 정보만을 가지고 사용자를 식별하기는 힘들기 때문에 로그인을 구현하는 것이고, 그 로그인을 구현할 때 쿠키와 세션이 사용됩니다.

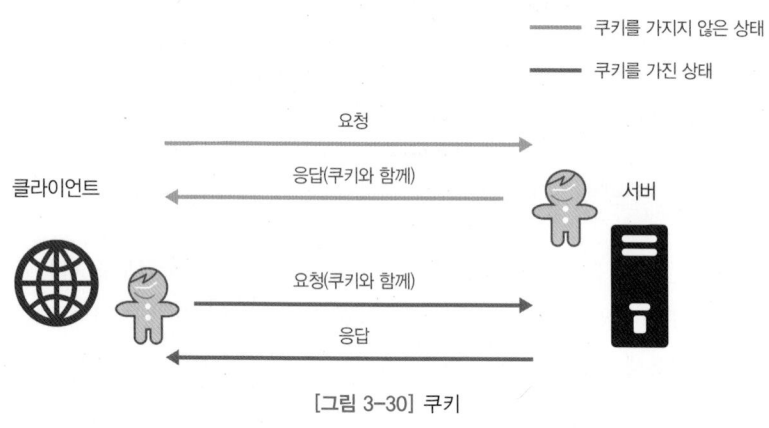

[그림 3-30] 쿠키

클라이언트가 요청을 보낼 때마다 키-쌍(name=gildong)으로 이루어진 쿠키를 보내고 서버에서는 클라이언트가 보낸 쿠키를 읽어 사용자가 누군지 식별하게 되는 것입니다. 우리가 보안이 필요한 건문에 들어갈 때 출입증이 있어야만 게이트를 통과할 수 있는 것처럼 쿠키는 그 출입증 같은 역할을 하는 존재입니다.

```
res.writeHead({'Set-Cookie': 'name=gildong'});
```

처음에 한 번만 서버에서 res.writeHead() 메서드를 통해 'Set-cookie'에 값을 넣어줍니다. 그러면 브라우저에 키-쌍으로 이루어진 쿠키가 헤더에 저장됩니다. 이렇게 한번 설정되고 난 후에는 브라우저에서 자동으로 쿠키를 매번 요청할 때마다 서버에게 보냅니다.

[함께해봐요 3-21] 쿠키 전달   chapter03/sample/cookie.js

```
01  const http = require('http');
02
03  http.createServer((req, res) => {
04      res.writeHead(200, { 'Set-cookie': 'name=roadbook' });
05      console.log(req.headers.cookie);
06      res.end('Cookie --> Header');
07  })
08      .listen(8080, () => {
09          console.log('8080포트에서 서버 연결 중 ..');
10      });
```

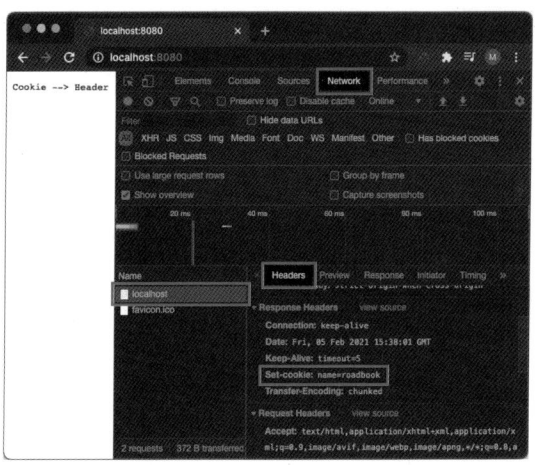

[그림 3-31] Response Headers

localhost:8080으로 접속하고, 개발자 도구 [Network] 탭을 열고 [새로고침]을 한 뒤, [localhost]를 누르고 [Headers] 탭을 클릭하면 클라이언트에 Response Header에 해당 쿠키가 잘 전달된 것을 확인할 수 있습니다.

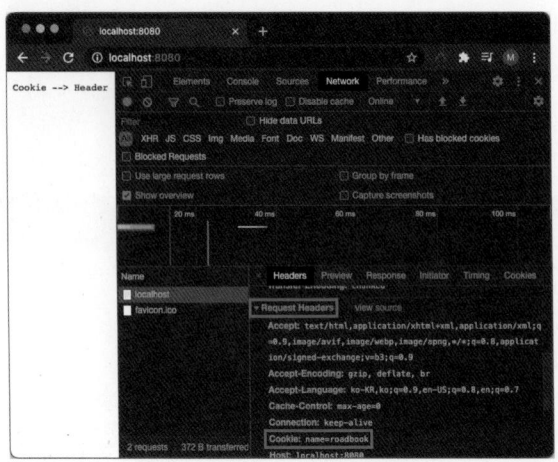

[그림 3-32] Request Headers

마찬가지로 요청 헤더에도 들어가서 브라우저를 끄기 전까지 요청을 보낼 때마다 해당 쿠키 값도 같이 보내주게 됩니다. 브라우저를 끄기 전까지만 쿠키가 살아있는 이유는 쿠키의 expire를 지정해주지 않았기 때문에 기본 값으로 브라우저를 끄게 되면 쿠키 값이 없어집니다. 이렇게 쿠키 값을 통해 쿠키가 있을 때는 사용자 관련 화면을, 없을 때는 로그인 화면을 보내주는 식으로 로그인을 구현할 수 있게 됩니다.

```
$ node chapter03/cookie.js
8080포트에서 서버 연결 중 ..
name=roadbook
```

클라이언트가 쿠키와 함께 요청을 보내면 req.headers.cookie를 통해 쿠키 값에 접근을 할 수 있게 됩니다. req.headers.cookie에 저장된 값은 문자열인데, 이를 자바스크립트에서 사용하기 위해서는 객체로 *파싱하는 과정이 필요합니다. Cookie-parser없이 파싱하려면 따로 조금 복잡한 함수를 만들어주어야 합니다.

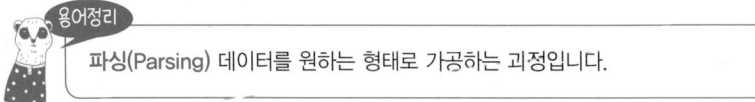

용어정리

파싱(Parsing) 데이터를 원하는 형태로 가공하는 과정입니다.

Cookie-parser를 사용하면 따로 파싱하는 함수를 만들어줄 필요 없이 express의 req 객체에 cookies 속성이 부여되므로 res.cookies.쿠키명을 통해 쿠키 값에 접근을 할 수 있게 됩니다.

express-session

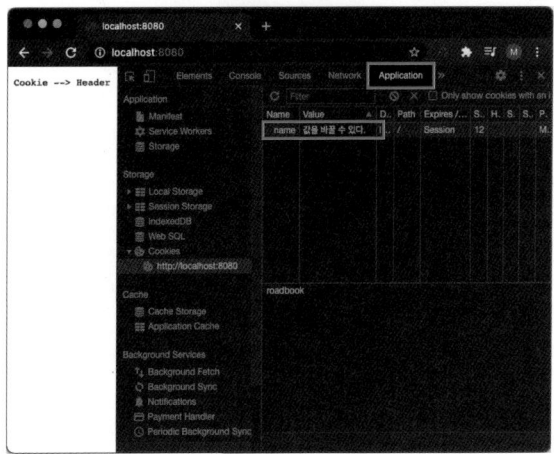

[그림 3-33] 개발자도구 [Application] 탭

쿠키만 사용하게 되면 개발자도구 [Application] 탭의 Cookies에서 쿠키 값을 확인할 수도 있고 값을 바꿀 수도 있게 됩니다. 따라서 실제 정보는 서버에만 저장해두고 브라우저에는 암호화된 키 값만 보내고 그 키 값으로 실제 값에 접근할 수 있도록 하는 것을 세션Session이라고 합니다.

[함께해봐요 3-22] 세션을 통한 키 값 생성   chapter03/sample/cookie-session.js

```
01  const http = require('http');
02
03  const session = {};
04  const sessKey = new Date();
05  session[sessKey] = { name: 'roadbook' };
06
07  http.createServer((req, res) => {
08      res.writeHead(200, { 'Set-cookie': `session=${sessKey}` });
09      res.end('Session-Cookie --> Header');
10  })
11      .listen(8080, () => {
12          console.log('8080포트에서 서버 연결 중 ..');
13      });
```

세션 저장용 객체 하나를 session이라는 변수에 생성하고, 키 값을 sessKey라는 변수에 생성합니다(5행). 여기서는 일단 날짜로 해주었는데, express-session 미들웨어를 이용하면 임의의 키 값을 생성할 수 있게 됩니다. session 객체에 sessKey라는 키 값을 지정해주고 값을 { name='roadbook' }으로 할당합니다. 그리고 앞서와 같이 쿠키 값을 바로 보내주는 것이 아니라 세션 값으로 생성한 키 값을 넣어줍니다.

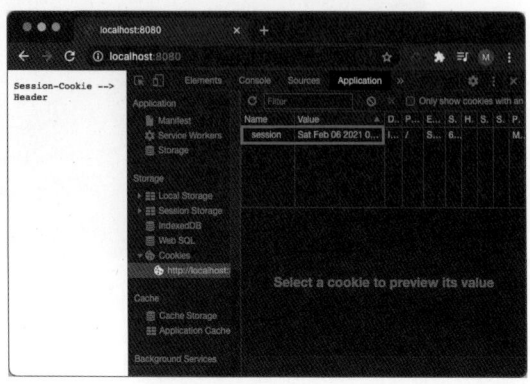

[그림 3-34] localhost:8080 결과

그렇게 되면 쿠키 값이 바로 뜨는 것이 아니라 세션 값이 보여지게 됩니다. 이 세션도 마찬가지로 express-session이 없다면 cookies.session 값을 이용해서 세션을 다루어야 하지만 express-session을 이용한다면 req 객체에 session 속성이 부여되어 req.session을 통해 접근할 수 있게 됩니다.

미들웨어 통합 테스트

이제 그러면 지금까지 살펴본 자주 사용하는 미들웨어를 한데 모아 서버를 생성해 보겠습니다.

```
npm install morgan cookie-parser express-session
```

설치가 필요한 모듈들을 설치해 주세요. 위와 같이 하면 한 번에 여러 모듈을 설치할 수 있습니다.

[함께해봐요 3-23] 미들웨어 통합 테스트　　　chapter03/express/express_study8.js

```
01  const express = require('express');
02  const morgan = require('morgan');
03  const cookieParser = require('cookie-parser');
04  const session = require('express-session');
05  const app = express();
```

```
06
07  /* 포트 설정 */
08  app.set('port', process.env.PORT || 8080);
09
10  /* 공통 미들웨어 */
11  app.use(express.static(__dirname + '/public'));
12  app.use(morgan('dev'));
13  app.use(cookieParser('secret@1234'));   // 암호화된 쿠키를 사용하기 위한 임의의 문자 전송
14  app.use(session({
15      secret: 'secret@1234',      // 암호화
16      resave: false,              // 새로운 요청 시 세션에 변동 사항이 없어도 다시 저장할지 설정
17      saveUninitialized: true,    // 세션에 저장할 내용이 없어도 저장할지 설정
18      cookie: {
        // 세션 쿠키 옵션들 설정 httpOnly, expires, domain, path, secure, sameSite
19          httpOnly: true,       // 로그인 구현 시 필수 적용, 자바스크립트로 접근 할 수 없게 하는 기능
20      },
21      // name: 'connect.sid' // 세션 쿠키의 Name 지정 default가 connect.sid
22  }));
23  app.use(express.json());
24  app.use(express.urlencoded({ extended: true }));
25
26  /* 라우팅 설정 */
27  app.get('/', (req, res) => {
28      if (req.session.name) {
29          const output = `
30                  <h2>로그인한 사용자님</h2><br>
31                  <p>${req.session.name}님 안녕하세요.</p><br>
32          `
33          res.send(output);
34      } else {
35          const output = `
36                  <h2>로그인하지 않은 사용자입니다.</h2><br>
37                  <p>로그인 해주세요.</p><br>
38          `
39          res.send(output);
40      }
41  });
42
43  app.get('/login', (req, res) => {   // 실제 구현 시 post
44      console.log(req.session);
45      // 쿠키를 사용할 경우 쿠키에 값 설정
46      // res.cookie(name, value, options)
```

```
47        // 세션 쿠키를 사용할 경우
48        req.session.name = '로드북';
49        res.end('Login Ok')
50   });
51
52   app.get('/logout', (req, res) => {
53        res.clearCookie('connect.sid');   // 세션 쿠키 삭제
54        res.end('Logout Ok');
55   });
56
57   /* 서버와 포트 연결.. */
58   app.listen(app.get('port'), () => {
59        console.log(app.get('port'), '번 포트에서 서버 실행 중 ..')
60   });
```

[실행결과] [함께해봐요 3-23]의 결과   express_study8.js 결과

```
01   GET / 304 4.734 ms - -
02   GET /login 200 1.976 ms - -
03   GET /logout 200 0.992 ms - -
```

이제 위 코드를 실행해보면 콘솔에 위와 같은 메시지가 뜹니다. 이는 morgan을 장착해주었기 때문에 (2행) 요청 메서드, url, 상태코드, 응답 속도 등의 로그가 표시된 것입니다.

그리고 cookie-parser와 express-session도 장착했습니다(3~4행). /login 페이지로 접속 시 쿠키 세션을 사용해 req.session.name이라는 값을 넣어주었고(48행) 브라우저를 닫을 때까지 req.session.name 값은 유효합니다.

안전하게 쿠키를 전송하기 위해서 쿠키를 서명해야 하기 때문에 secret 값이 필요합니다. cookie-parser의 인자 값과 쿠키 세션의 값을 동일하게 설정해줍니다(13, 15행).

express-session을 사용하지 않고 세션을 구현하면 따로 const session = {};과 같이 세션 정보를 저장할 공간을 따로 마련해주었어야 합니다. 하지만 express-session을 사용해서 req.session을 가지게 되면, req.session은 방금 요청을 보낸 사람의 고유한 저장 공간 같은 곳으로 사용할 수 있게 됩니다. req.session.name = '로드북'이란 값을 넣어주었다면 요청을 보낸 사람의 req.session.name만 '로드북'이라는 값을 가지게 되는 것입니다.

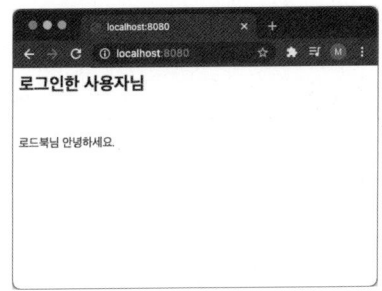

[그림 3-35] localhost:8080/login 후 localhost:8080 결과

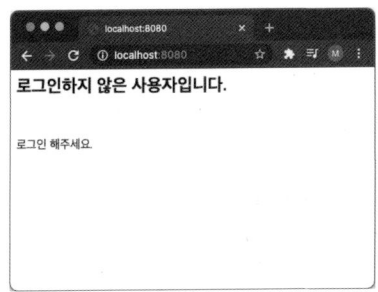

[그림 3-36] localhost:8080/logout 후 localhost:8080 결과

/ 페이지로 접속했을 때 req.session.name 값이 있으면 즉, /login 페이지로 먼저 접속해 req. session.name 값이 생성되어 있을 경우에는 "로그인한 사용자님"이라는 제목을 출력하고, req. session.name 값이 없다면 "로그인하지 않은 사용자입니다."라는 제목을 출력해줍니다.

여기까지 살펴보았을 때 뭔가 이상한 점이 있지 않습니까? 미들웨어 첫 부분에서 미들웨어는 next() 를 넣어주어야 다음 미들웨어로 간다고 했는데 방금 우리가 배운 자주 사용하는 미들웨어(morgan, cookie-parser 등)에서는 next()가 보이지 않습니다. 이들은 모두 next()가 내부에 내장되어 있기 때문에 자동으로 다음 미들웨어로 넘어가게 됩니다. 단 static의 경우 next()가 없기 때문에 static을 거쳐야 하는 router라면 공통 미들웨어의 순서를 잘 설정해주어야 합니다.

morgan, cookie-parser, express-session 등 자주 사용하는 미들웨어에 대하여 간략하게 알아보았 는데, 더 많은 옵션과 기능이 있습니다. 책에 나온 내용만 숙지하기보다는, npm 공식 문서에서 필요 한 모듈을 검색해서 자세히 살펴보는 습관을 가지는 것이 좋습니다.

서버를 통해 응답이 들어오면 html 파일을 보내거나 정적 파일을 띄우는 것까지 미들웨어 함수를 통 해 익혀봤는데, 아직 한두 개의 응답을 처리하는 것까지만 배웠고 이는 단지 5줄로 처리가 가능한 것 을 보았습니다. 사실 서비스가 가능한 서버를 만들려면 5줄로는 턱도 없긴 합니다. 하지만 이를 이용 해 수백, 수천 개의 요청과 응답이 오가는 웹 페이지도 만들 수 있다는 것에 의의를 두면 좋겠습니다!

● **이번에 우리가 얻은 것**

이 장에서는 Node.js를 사용해 본격적으로 서버를 만들어 보았습니다. 그 전에 Node.js의 핵심인 '모듈 시스템'에 대해서 살펴보았습니다.

Node.js로 만든 애플리케이션들은 모듈 시스템의 '조합의 조합의 조합'이라고 해도 과언이 아닙니다. 모듈은 프로그램 내부를 기능별 단위로 분할한 것인데 사실상 하나의 js 파일이라고 생각하면 되고 이 js 파일을 여러 개 붙여 하나의 애플리케이션을 만들 수 있습니다.

Node.js에서 모듈은 기본적으로 설치 시 제공되는 기본 모듈(코어 모듈)부터 따로 설치해야 사용할 수 있는 확장 모듈까지 다양한데, 이는 npm이라는 Node Package Manager로부터 다운받을 수 있습니다.

사실 Node.js 프로그램을 할 때 기본 모듈만으로 앱을 만드는 사람은 극히 드뭅니다. express처럼 이미 웹 서버를 만들기 위한 장비가 준비된 프레임워크가 있다면 이를 사용해서 쉽고 빠르게 내가 원하는 앱을 만드는 데 집중하는 것이 좋습니다.

npm에는 15만 개가 넘는 모듈이 있고 내가 만들려고 하는 모듈은 사실 이미 존재할 가능성이 매우 많습니다. 그리고 우리는 express의 핵심이라고 할 수 있는 미들웨어에 대해 알아보았는데, 미들웨어의 개념부터 자주 사용하는 미들웨어들까지 쭉 살펴봤습니다.

● **이것만은 알고 갑시다**

1. Node.js는 모듈 시스템을 사용합니다.

2. 모듈은 부품과 같은 역할을 하고 여러 모듈을 조립해서 하나의 앱을 만들 수 있습니다.

3. 모듈을 내보낼 때는 exports, 불러올 때는 require, 꼭 기억해야 합니다.

4. 모듈의 종류에는 기본 모듈, 확장 모듈, 일반 모듈, 네이티브 모듈, 지역 모듈, 전역 모듈이 있습니다.

5. Node.js는 global 객체를 통해 전역 객체를 사용하고 exports, require, module 등은 global 객체에 포함되어 있습니다.

6. 기본 모듈에서 자주 쓰이는 모듈에는 global, process, os, util, fs, url 등이 있습니다.

7. http 모듈을 사용해서 request와 response를 구현할 수 있습니다.

6. `http.createServer()`로 서버를 만드는 데 필요한 인자로는 request, response, 콜백 함수가 있습니다.

7. express 모듈은 http와 fs 모듈을 사용하여 구현을 더 간단하게 만들어주는 Node.js의 백엔드 프레임워크입니다.

8. express 모듈은 connect 컴포넌트 기반으로 동작하며 connect 컴포넌트는 '미들웨어'를 뜻합니다. '미들웨어'는 기본적인 서비스 외에 다른 부가적인 서비스를 이용할 수 있게 해주는 소프트웨어입니다.

9. http 요청 메서드에는 GET, POST, PUT, PATCH, DELETE 등이 있습니다.

10. express에서 미들웨어는 `app.use()` 함수를 통해 사용합니다.

11. static 파일이란 정적 파일을 의미하며 css, script, 이미지 등과 같이 내용이 고정되어 응답할 때 별도의 처리가 필요 없는 파일을 말합니다.

12. express에서 라우터는 일종의 미들웨어이고 요청 uri에 따라 어떤 응답을 보내주어야 하는지 결정합니다.

13. 자주 사용하는 미들웨어로는 static, morgan, cookie-parser, express-session 등이 있습니다.

1. a.js, b.js 파일이 있고 index.js를 실행했을 때의 실행 순서를 예측해보세요.

* a.js

```
1.  console.log('a.js 진입..!');
2.
3.  const b = require('./b');
4.
5.  module.exports = {
6.      call: () => {
7.          console.log('a.js에서 b 호출 : ', b);
8.      }
9.  };
```

* b.js

```
1.  console.log('b.js 진입..!');
2.
3.  const a = require('./a');
4.
5.  module.exports = {
6.      call: () => {
7.          console.log('b.js에서 a 호출 : ', a);
8.      }
9.  };
```

* index.js

```
1.  const a = require('./a');
2.  const b = require('./b');
3.
4.  a.call();
5.  b.call();
```

정답은 https://github.com/MinkyungPark/roadbook-nodejs/tree/master/chapter03/solution에서 확인할 수 있습니다.

> **힌트!**
>
> 순환 의존성에 대해 떠올려봅시다.

2. 다음은 URL에 따라 브라우저에 표시되는 화면이 다른 코드입니다. ___안에 들어갈 코드를 생각해보세요.

* solution3-2.js

```
1.  const express = require('express');
2.
3.  const app = express();
4.  app.___('port', process.env.PORT || 8080);
5.
6.  app.___(express.static(__dirname + '/public'));
7.
8.  app.___('/', (req, res) => {
9.      res.send('메인 페이지 입니다.');
10. });
11.
12. app.___('/user/:id', (req, res) => {
13.     res.send(req.params.id + "님의 개인 페이지 입니다.");
14. });
15.
16. app.listen(app.get('port'));
```

> **힌트!**
>
> express에서 미들웨어 함수에 대해 떠올려봅시다.

수백 번들 본들 한번 만들어봄만 하라!
百見不如一打
백견불여일타

Node.js로
서버 만들기

## 4장

통신을
구현해보자

우리는 지금까지 Node.js의 API를 이용해서 서버를 만들고 있었습니다. 그런데 여기서 잠깐, API를 사용한다는 의미가 어떤 것인지 알고 있습니까? API를 사용한다는 것은 다른 누군가가 만든 애플리케이션의 특정 기능을 내 서버에 가져오는 것을 말합니다. 우리가 라이브러리를 가져다 쓰는 것, npm에서 서드 파티 모듈을 설치해서 사용하는 것 등도 다른 사람이 만든 기능을 가져와서 사용하는 것이니까 API를 사용한다고 생각할 수 있습니다. 예전에는 사용할 수 있는 API의 수가 그다지 많지 않았다고 합니다. 만약 내 서버에 '실시간 주가 정보'가 필요한데, 그것에 해당하는 API가 없다면 주식 관련 웹 페이지에서 크롤링 도구를 사용해 직접 긁어 와야 했습니다. 하지만 API가 대중화되면서 주가, 날씨, 도서, 교통량 등 내가 웹에 뿌려주고 싶은 내용의 거의 대부분이 API로 존재합니다. 어쩐지 개발이 좀 더 쉬워질 것 같은 예감이 듭니다. 이 장에서는 다른 사람이 만든 API를 가져와 내 서버에 넣어 보기도 하고, 내 서버에 API를 올려 다른 사람이 이용할 수 있도록 하는 방법을 배워보겠습니다.

#API#RESTAPI#RESTful

들어가기에 앞서

통신을 구현해보자

'API is everywhere' 컴퓨터 세상에서 API는 어디에나 있습니다. 우리가 휴대폰으로 날씨를 확인할 때 날씨에 대한 정보는 어디서 가져올까요? 안드로이드와 IOS가 직접 날씨를 관측해서 정보를 주는 것은 아닐 겁니다. 이는 기상청 서버에서 날씨 API를 가져왔기 때문에 가능한 것입니다.

우리가 컴퓨터를 사용할 때 컴퓨터 시스템에 대한 깊은 지식이 없어도 명령어를 통해, 또는 제어판에 접속해 여러 설정을 하곤 합니다. 시스템 속성을 바꾸기 위해 우리가 직접 시스템 프로그래밍을 할 필요가 없습니다. 디스플레이의 밝기를 조정하고 싶으면 디스플레이 설정 아이콘의 밝기 조절 버튼만 눌러주면 되는 것처럼 마우스 클릭만으로 시스템 속성을 조정할 수가 있습니다. 모두 윈도우즈에서 API를 제공하기 때문에 가능한 일입니다. 'mkdir'이라는 명령어를 입력하면 '새 디렉터리 생성'이라는 기능을 해주는 것처럼 "어떤 함수를 넣으면 어떤 기능을 수행해준다"를 알면 API로 프로그램을 짤 수 있게 되는 것입니다.

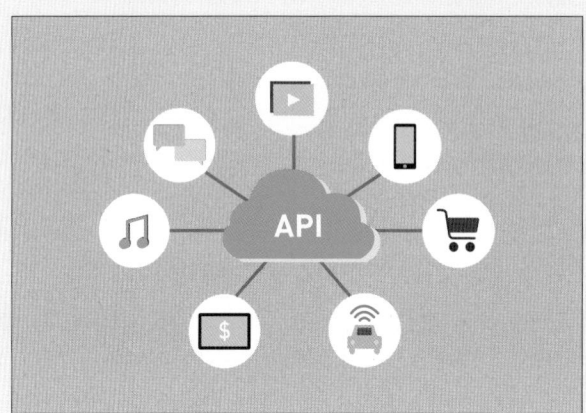

[그림 4-1] API is everywhere

API는 일종의 형식이자 약속입니다. 우리가 소포를 보낼 때 송장에 채워야하는 형식을 생각해보세요. 보내는 사람의 이름, 주소, 전화번호, 그리고 받는 사람의 이름, 주소, 전화번호를 입력해야 비로소 어떤 사람이 다른 사람에게 택배를 보낼 수 있게 됩니다. '사람과 사람'사이에 '택배'를 보내는 것처럼 '응용 프로그램'끼리 '정보'를 보내려면 택배의 송장처럼 이를 위한 형식과 수단이 필요한 것이고 이 형식이 바로 'API'입니다.

4.1 API

API란?

"API: Application Programming Interface"

API는 'Application Programming Interface'의 약자입니다. 인터페이스는 '서로 다른 두 가지 사이에 소통을 할 수 있게 해주는 접점'을 의미합니다. 여기서 '서로 다른 두 가지'는 사람과 사람, 장치와 사람, 시스템과 장치 등이 될 수 있습니다.

대표적인 예로 키보드와 마우스가 있습니다. 사람들이 컴퓨터를 이용할 때 컴퓨터의 기능을 사용할 수 있도록 제어장치를 마련한 것이 키보드와 마우스이고 우리는 키보드와 마우스를 이용해 컴퓨터를 켜거나 끌 수도, 인터넷에 접속할 수도 있습니다. 우리가 메모장이라는 응용 프로그램을 사용하고 키보드를 통해 메모를 입력하면 키보드는 응용 프로그램과 사람 사이의 인터페이스가 됩니다. 또, 우리가 스마트폰을 이용할 때는 스마트폰을 제어할 수 있는 버튼, 스크롤바 등이 스마트폰과 사람 사이의 인터페이스가 됩니다.

인터페이스의 의미를 이해했다면 API의 의미에 대해 생각해봅시다. Application Programming Interface라는 단어를 풀어서 생각해보면 응용 프로그램 사이의 인터페이스라고 해석해볼 수 있습니다. 즉, API는 응용 프로그램 사이의 소통 방법을 의미합니다.

Open API 활용 ① – request

API로 다른 서비스와 소통을 할 수 있다고 하지만, API를 사용해보지 않은 분은 어떤 의미인지 잘 와닿지 않을 수 있습니다. 실제로 기업들은 어떤 형태로 서비스 API를 제공하고 있고, 내가 어떻게 가져와서 사용할 수 있는지 살펴보겠습니다.

내 node 서버가 클라이언트가 되어 서버에 요청을 보내는 경우, http 통신이 필요합니다. http 통신은, 클라이언트의 요청(request)이 있을 때만 서버가 응답(response)을 보내 요청한 데이터를 전송하고 곧바로 연결을 종료하는 방식입니다. 우리가 이전까지 app.get(), app.post() 등의 express 메서드를 통해 내 서버의 get 요청과 post 요청을 구현해 보았는데, 다른 서비스 API 요청을 위해서는

request, axios 등의 http 통신 라이브러리가 필요합니다. 먼저 request를 통해 네이버 오픈 API의 데이터를 가져오는 작업을 해보겠습니다.

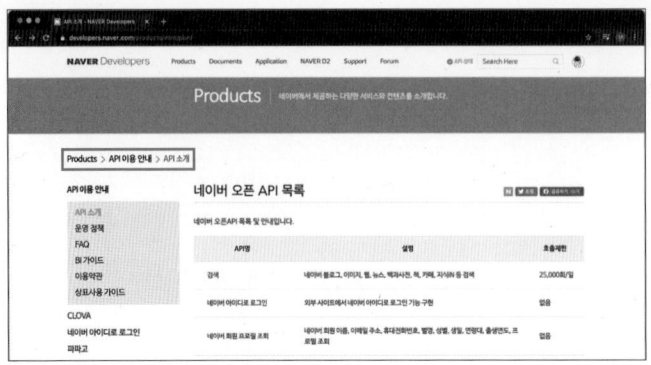

[그림 4-2] 네이버 오픈 API 소개

먼저 네이버 개발자센터(https://developers.naver.com/main/)에 접속해주세요. 그리고 좌측 상단 메뉴바에서 [Products] → [API 이용 안내] → [API 소개]에 접속해봅시다. 그러면 네이버에서 제공하는 오픈 API 목록을 확인할 수 있는데, 검색, 네이버 아이디로 로그인, Papago 번역, 데이터랩 등 네이버에서 제공하는 여러 기능 중 일부를 이렇게 오픈 API 형태로 제공하고 있습니다. 네이버의 검색 기능을 내 웹 서버에 적용할 수도 있고 네이버의 번역 서비스를 내 웹 서비스에 넣어볼 수도 있습니다. API 목록에서 가장 오른쪽에 '호출제한'이라는 정보가 있는데 아무리 네이버라고 해도 이용자가 너무 많은 양의 정보를 요청하면 네이버 서버 트래픽에 과부하가 걸릴 수 있기 때문에 하룻동안 호출할 수 있는 API 횟수를 제한하고 있는 것입니다.

네이버 검색 API 신청하기(2020년 12월 30일 기준)

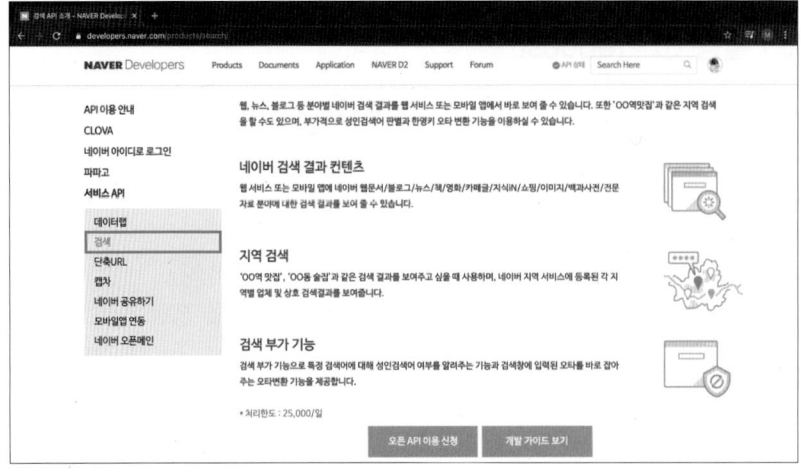

[그림 4-3] 검색 API

[Products] → [서비스 API] → [검색]에 접속해봅시다. 검색 API에 대한 설명과 어떤 데이터를 제공하는지 나와 있는데, 가장 하단에 '오픈 API 이용 신청'과 '개발 가이드 보기' 메뉴가 있습니다.

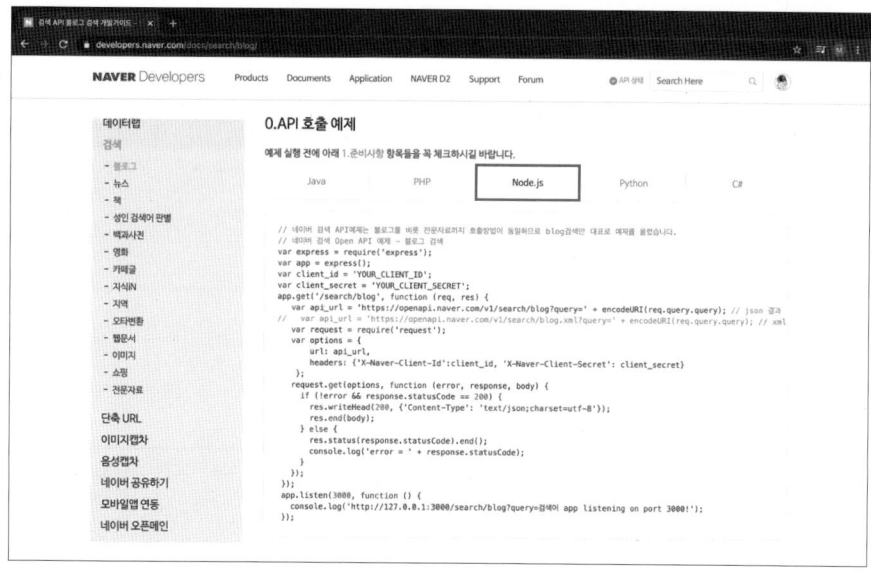

[그림 4-4] API 호출 예제

[개발 가이드 보기]를 클릭하면 여러 언어마다 개별 가이드가 나오는데 우리는 [Node.js] 탭을 클릭합니다. 블로그, 뉴스, 책, 카페 등의 검색 데이터를 가져올 수 있고, 호출 예제 코드를 볼 수 있습니다.

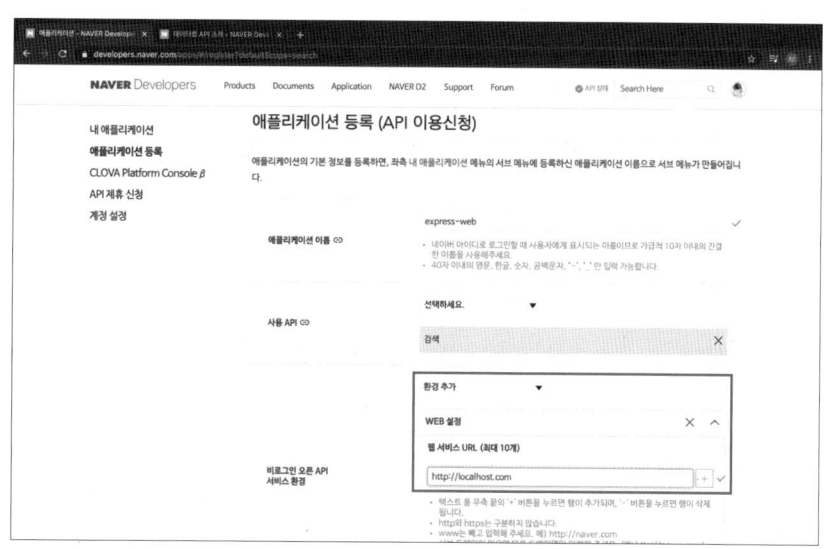

[그림 4-5] 애플리케이션 등록(API 이용신청)

'애플리케이션 등록(API 이용신청)'을 클릭해서 이용신청을 해줍니다. 애플리케이션 이름을 정하고, 비로그인 오픈 API 서비스 환경은 'WEB 설정'으로 클릭해준 뒤 웹 서비스 URL은 http://localhost.com으로 해줍니다. 나중에 도메인을 따로 만들고 다시 등록해줄 수 있기 때문에 일단 임시로 지정해준 것입니다.

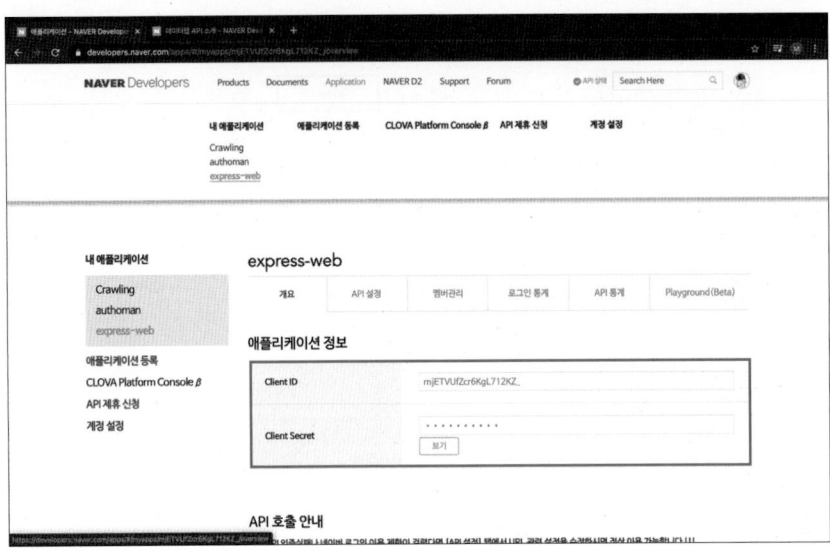

[그림 4-6] 애플리케이션 등록

이렇게 발급받은 'Client ID'와 'Client Secret' 키를 어딘가(일단 메모장 같은 곳)에 복사해줍시다.

API 호출하기

```
npm install request
```

위 명령어로 request 모듈을 설치해줍니다.

[함께해봐요 4-1] request 모듈로 네이버 API 사용해보기   chapter04/sample/naver_request.js

```
01  const morgan = require('morgan');
02  const request = require('request');
03  const express = require('express');
04  const app = express();
05
06  /* 포트 설정 */
07  app.set('port', process.env.PORT || 8080);
08
```

```
09    /* 공통 미들웨어 */
10    app.use(morgan('dev'));
11    app.use(express.json());
12    app.use(express.urlencoded({ extended: true }));
13
14    /* 라우팅 설정 */
15    app.get('/naver/news', (req, res) => {
16        const client_id = '발급받은 client id';
17        const client_secret = '발급받은 client secret';
18        const api_url = 'https://openapi.naver.com/v1/search/news?query='
                        + encodeURI('코스피'); //encodeURI(req.query.query);
19        const option = {
20        };
21        const options = {
22            url: api_url,
23            qs: option,
24            headers: { 'X-Naver-Client-Id': client_id,
                      'X-Naver-Client-Secret': client_secret },
25        };
26
27        request.get(options, (error, response, body) => {
28            if (!error && response.statusCode == 200) {
29                let newsItem = JSON.parse(body).items;
                  // items - title, link, description, pubDate
30
31                const newsJson = {
32                    title: [],
33                    link: [],
34                    description: [],
35                    pubDate: []
36                }
37
38                for (let i = 0; i < newsItem.length; i++) {
39                    newsJson.title.push(newsItem[i].title.replace
                                        (/(<([^>]+)>)|&quot;/ig, ""));
40                    newsJson.link.push(newsItem[i].link);
41                    newsJson.description.push(newsItem[i].description.replace
                                        (/(<([^>]+)>)|&quot;/ig, ""));
42                    newsJson.pubDate.push(newsItem[i].pubDate);
43                }
44                res.json(newsJson);
45            } else {
```

```
46              res.status(response.statusCode).end();
47              console.log('error = ' + response.statusCode);
48          }
49      });
50  });
51
52  /* 서버와 포트 연결.. */
53  app.listen(app.get('port'), () => {
54      console.log(app.get('port'), '번 포트에서 서버 실행 중 ..')
55  });
```

먼저 설치한 request 모듈을 임포트해줍니다(2행). 그리고 '/naver/news' 라우터를 설정하여 해당 url
로 뉴스 api에 대한 응답을 보내도록 설정해주었습니다(15행). '네이버 검색 API 신청하기'에서 발급
받은 client id와 secret key를 변수에 넣어줍니다(16~17행). api_url은 네이버에서 열어준 api 호출
url입니다(22행). 우리는 검색어를 통해 관련 뉴스를 받아오기 위해 /news?query=url을 사용했는데
(18행), 네이버는 뉴스 외에도 블로그, 책, 백과사전, 영화, 이미지 등의 검색 기능도 제공합니다. /
news? 부분을 /blog?, /book? 등으로 url을 변경해주기만 하면 됩니다(18행).

위 api_url은 JSON 형태로 결과를 받아오는데 만약 XML 형태로 결과를 받고 싶다면, api_url을
https://openapi.naver.com/v1/search/news.xml?query=로 바꿔주기만 하면 됩니다. option은 요
청 변수를 넣어주는 공간입니다(21~25행). 이는 우리가 지정하는 것이 아니고 네이버 API에서 제공
하는 가이드에 맞게 작성해주어야 합니다. 아래 표를 참고하여 원하는 대로 옵션을 조정하면 됩니다.

[표 4-1] 네이버 API의 요청 변수 정보

변수 정보	타입	필수 여부	기본값	설명
query	String	Y	없음	검색을 원하는 문자열로 UTF-8 인코딩
display	Integer	N	10(기본 값),100(최대)	검색 결과 출력 건수 지정
start	Integer	N	1(기본 값), 1000(최대)	검색 시작 위치로 최대 1000까지 가능
sort	string	N	sim(기본 값), date	정렬 옵션 : sim (유사도순), date (날짜순)

응답을 받기 위해 request 모듈의 get() 함수를 사용했고(27행) 오류가 없고(!error), statusCode가
200(정상)이라면 결과를 받아오고(28~44행), 오류가 있다면 오류를 콘솔에 출력해줍니다(45~48
행). 우리가 요청한 '코스피' 검색어의 뉴스 결과는 body라는 객체에 들어 있고 이는 JSON 형태로 이
미 데이터를 제공해줍니다(29행). newItem이라는 변수에 받아온 정보를 객체 형태로 넣어줍니다. 우

리가 보고 싶은 정보는 title, link, description, pubDate라고 할 때 해당 정보만 뽑아서 newJson이라는 새로운 변수에 넣어주었습니다. `.replace()` 함수는 문자열을 치환해주는 역할을 하는데 (치환할 문자열, 치환 후 문자열)을 파라미터에 담아주면 되고 여기서는 `<b>` 태그 같은 html 태그와 `&quot` 같은 html 문자를 지워주기 위해 사용했습니다. 첫 번째 파라미터의 `/(/<([^>]+)/ig`가 이해되지 않는다면 '참고 링크'의 정규 표현식 표현법에 대한 내용을 참고해주세요.

[그림 4-7] localhost:8080/naver/news 실행결과

하지만 request 모듈에는 문제점이 있습니다. request는 http 클라이언트 라이브러리 중 가장 오래된 모듈이며 request는 *deprecated된 상태입니다.

용어정리

deprecated 해당 기술이 새로운 기능이나 유지 보수 업데이트를 멈추었으며 나중에는 쓰이지 않게 될 것이라는 의미입니다.

dedicated '전용'이라는 뜻을 가지고 있고, 한 가지 목적으로만 쓰이는 것을 말합니다. 예를 들어 dedicated tablespace라는 용어가 있다면 데이터 이관 시에만 사용될 전용 테이블 스페이스라는 것을 의미합니다.

여기서 잠깐

JSON – JavaScript Object Notation

XML과 JSON은 데이터 형식 중 하나이며 프로그래밍 언어에 구애 받지 않고 JSON 데이터를 파싱, 가공할 수 있기 때문에 널리 사용되고 있습니다. JSON의 형식은 { key : value }와 같습니다. key와 value에는 문자열, 숫자, 배열, 불리언, 객체를 포함할 수 있습니다. value에 배열이 들어갈 경우 [val, val2 ..]와 같이 [ ] 를 사용해 포함해주면 됩니다. 그리고 아래 코드처럼 value에 객체가 들어갈 수 있습니다.

```
1.{
2.    "companyName": "ABC Company",
3.    "location": "Seoul",
4.    "establishment": 2016,
5.    "active": true,
6.    "members": [
7.        {
8.            "name": "Park Minkyung",
9.            "age": 29,
10.            "skills": [
11.                "Node.js",
12.                "Python"
13.            ]
14.        },
15.        {
16.            "name": "Park Hyungjeong",
17.            "age": 30,
18.            "skills": [
19.                "HTML",
20.                "CSS",
21.                "JavaScript"
22.            ]
23.        },
24.        {
25.            "name": "Kim Youngsuk",
26.            "age": 25,
27.            "skills": [
28.                "IOS",
29.                "Android",
30.            ]
31.        }
32.    ]
33. }
```

142

각각의 요소에 접근하는 방법은 점/괄호 표현법을 통해 접근하면 됩니다. 위 코드에서 companyName 값에 접근한다고 해봅시다. 위 JSON을 const companInfo라는 변수에 넣었다고 가정하면, companyInfo.companyName 그리고 companyInfo['companName']와 같이 value 값을 가져옵니다. 하위 계층의 데이터에 접근할 때는 프로퍼티명 그리고 배열 인덱스의 체인을 통하면 됩니다. 위 코드에서 members의 첫 번째 객체인 skills 중 두 번째 값에 접근한다고 하면 companyInfo['members'][0]['skills'][1]과 같이 하면 됩니다.

자바스크립트에서 제공하는 JSON 전역 객체의 메서드는 다음과 같습니다.

- `JSON.parse()` : string 객체를 json 객체로 변환합니다.
- `JSON.stringify` : json 객체를 string 객체로 변환합니다.

 **여기서 잠깐**

자바스크립트의 세미콜론(;)

파이썬을 사용해본 경험이 있다면 파이썬처럼 들여쓰기를 통해 구문을 구분하는 언어가 얼마나 편한지 알겁니다. 자바스크립트나 자바는 세미콜론(;)을 통해 구문을 구분하는데, 이게 쓰다 보면 굉장히 귀찮을 때가 있습니다. 하지만 이따금씩 자바스크립트 코드에서 세미콜론을 생략한 코드를 종종 볼 수 있고 이쯤에서 의문이 들기 시작합니다. '세미콜론, 꼭 써야할까?' 자바스크립트는 인터프리터 과정에서 자동으로 구문을 구분할 곳에 세미콜론을 붙여주기 때문에 굳이 붙여주지 않아도 됩니다. 하지만 혹시 모르는 예외 상황을 대비하거나 코드의 가독성을 위해 세미콜론을 붙여주는 것이 좋습니다.

Open API 활용 ② - axios

request 모듈로 http 통신을 하는 코드는 비동기적으로 작업이 이루어집니다. 때문에 비동기 처리를 따로 해주어야 하는데, 이런 이유로 request 모듈보다는 axios 모듈을 많이 사용합니다. axios는 Promise를 반환하고, async/await까지 사용할 수 있습니다. axios는 그 외에도 여러 장점이 있는데, 구형 브라우저를 지원하고, 요청을 중단시킬 수도 있고, 응답 시간 초과를 설정하는 방법도 있습니다. 또 *CSRF 보호 기능이 내장되어 있으며 JSON 형식으로 자동 변환이 가능합니다.

용어정리

CSRF(Cross Site Request Forgery) 웹의 취약점 중 하나로 사용자가 자신의 의지와는 무관하게 공격자가 의도한 행위(수정, 삭제, 등록 등)를 특정 웹에 요청하게 만드는 공격입니다.

공공데이터 API 신청하기

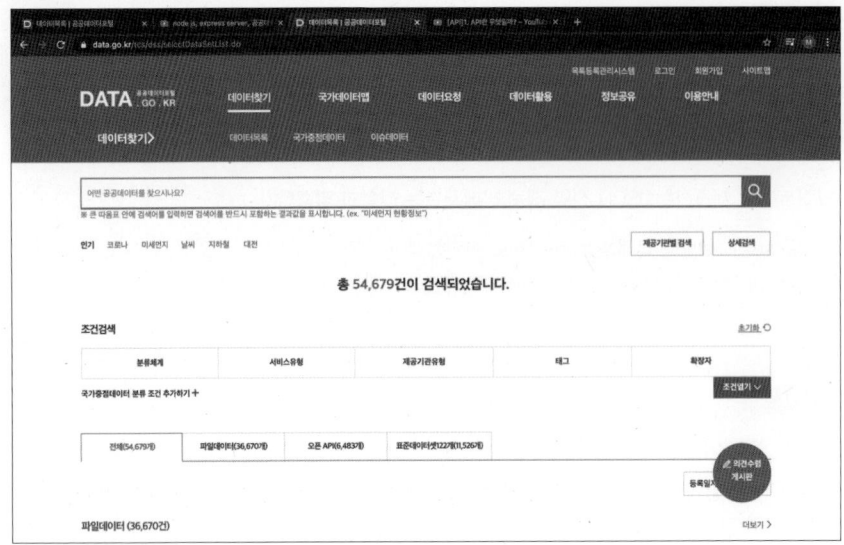

[그림 4-8] 공공 데이터 포털

여러 사기업에서 사용할 수 있는 API 말고도 여러 유용한 데이터를 쉽게 구할 수 있는 곳 중 하나가 바로 '공공데이터포털(https://data.go.kr/)'입니다. 행정안전부에서 운영하고 있으며, 데이터의 종류도 많아서 공공데이터를 쉽게 사용할 수 있습니다. 상단 메뉴에서 [데이터찾기] → [데이터목록]을 클릭해보면 파일데이터에는 34,670개의 활용할 수 있는 데이터가 있고, 오픈 API에는 6,483개의 데이터를 활용할 수 있다고 뜹니다(2020년 12월 30일 기준). 파일데이터는 데이터를 엑셀, 텍스트 등의 형태로 직접 받을 수 있는 형태이고 오픈 API는 위에서 사용해보았던 네이버 API와 마찬가지로 API 형태로 데이터를 호출해서 사용할 수 있는 데이터입니다.

[그림 4-9] 한국환경공단_에어코리아_대기오염정보

먼저 회원가입 후 로그인을 해줍니다. 그 다음, 우리의 웹 사이드에 실시간 날씨정보와 미세먼지 정보를 넣어보려고 합니다. 검색창에 '한국환경공단 대기오염정보'라고 검색하고 데이터 형태는 '오픈 API'를 클릭하면 XML과 JSON 형태로 제공하는 '한국환경공단_에어코리아_대기오염정보'가 나옵니다. 검색이 되지 않을 때에는 https://www.data.go.kr/data/15073861/openapi.do로 접속해주세요.

[그림 4-10] API 활용 신청

오른쪽 상단에 '활용신청' 메뉴를 누릅니다. 따로 수정할 내용은 없고 '*활용목적' 작성란에 '웹사이트 개발'을 입력하고 [활용신청] 버튼을 눌러 활용 신청을 완료합니다. 신청이 완료되면 보통 1~2시간 후 사용이 가능하지만 일부는 하루가 지나야만 사용할 수 있는 API도 있습니다.

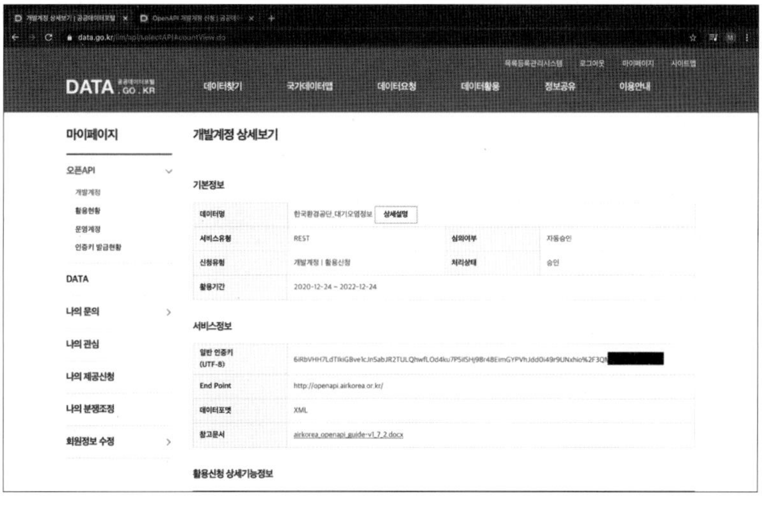

[그림 4-11] 오픈 API 개발 계정 확인하기

제 경우는 바로 활성화가 완료되어 [마이페이지] → [오픈 API] → [개발 계정]에서 신청한 '한국환경공단_에어코리아_대기오염정보'의 인증키를 확인할 수 있었습니다. 이 키(일반 인증키)를 복사해놓습니다.

[표 4-2] REST(URI)

REST(URI)

http://apis.data.go.kr/B552584/ArpltnInforInqireSvc/getMsrstnAcctoRltmMesureDnsty?serviceKey=발급받은서비스키

항목명(영문)	항목명(국문)	항목크기	항목구분	샘플데이터	항목설명
serviceKey	서비스 키	–	1	인증 키 (URL Encode)	서비스 키
returnType	데이터 표출 방식	4	0	xml	데이터 표출 방식 xml 또는 json
numOfRows	한 페이지 결과 수	4	0	100	한 페이지 결과 수
pageNo	페이지 번호	4	0	1	페이지 번호
stationName	측정소 이름	30	1	종로구	측정소 이름
dataTerm	데이터 기간	10	1	DAILY	요청 데이터 기간 (1일 : DAILY, 1개월 : MONTH, 3개월 : 3MONTH)
ver	오퍼레이션 버전	4	0	1.0	버전별 상세 결과 아래쪽 참고

요청을 보낼 주소와 파라미터 정보는 모두 활용 가이드에 나와 있고 이를 참고해서 코드를 작성하면 됩니다(2020년 12월 30일 기준). 요청을 보낼 url을 만들어주고 request의 get() 함수를 이용해서 요청을 보낸 뒤, 결과를 받아 클라이언트에 보내주는 과정은 앞선 '네이버 API'를 사용한 방법과 동일합니다.

API 호출하기

```
npm install axios
```

위 명령어로 axios 모듈을 설치해 줍니다. axios로 요청을 보내는 형태는 여러 가지가 있는데 크게 세 가지 Case에 대해서만 소개하겠습니다.

Case 1. axios(url, [, config])

```
// GET 요청 전송  (기본 메서드)
axios('/user/12345');
```

axios() 함수에 인자로 url과 기타 옵션을 넣어 요청을 보낼 수 있습니다.

Case 2. axios(config)

```
// POST 요청 전송
axios({
    method: 'post',        // 요청 메서드
    url: '/user/12345',  // 요청을 보낼 url
    data: {
      firstName: 'Fred',
      lastName: 'Flintstone'
    }
  });
```

또는 config 관련 옵션을 객체로 넣어 요청을 보낼 수도 있습니다.

Case 3. axios.method(url[, data[, config]])

```
axios.get(url[, config])            // GET
axios.post(url[, data[, config]])   // POST
axios.put(url[, data[, config]])    // PUT
axios.patch(url[, data[, config]])  // PATCH
axios.delete(url[, config])         // DELETE

axios.request(config)
axios.head(url[, config])
axios.options(url[, config])
```

이렇게 편의를 위해 지원되는 모든 메서드에 별칭이 제공됩니다. 별칭 메서드를 사용하면 Case 1이
나 Case 2의 method: 'put'처럼 옵션을 주지 않아도 됩니다.

```
01  const morgan = require('morgan');
02  const axios = require('axios');
03  const express = require('express');
04  const app = express();
05
06  /* 포트 설정 */
07  app.set('port', process.env.PORT || 8080);
08
09  /* 공통 미들웨어 */
10  app.use(morgan('dev'));
11  app.use(express.json());
12  app.use(express.urlencoded({ extended: true }));
13
14  /* 라우팅 설정 */
15  app.get('/airkorea', async (req, res) => {
16      const serviceKey = "일반인증키(Encoding)";
17      const airUrl = "http://apis.data.go.kr/B552584/ArpltnInforInqireSvc/
                      getMsrstnAcctoRltmMesureDnsty?";
18
19      let parmas = encodeURI('serviceKey') + '=' + serviceKey;
20      parmas += '&' + encodeURI('numOfRows') + '=' + encodeURI('1');
21      parmas += '&' + encodeURI('pageNo') + '=' + encodeURI('1');
22      parmas += '&' + encodeURI('dataTerm') + '=' + encodeURI('DAILY');
23      parmas += '&' + encodeURI('ver') + '=' + encodeURI('1.3');
24      parmas += '&' + encodeURI('stationName') + '=' + encodeURI('마포구');
25      parmas += '&' + encodeURI('returnType') + '=' + encodeURI('json')
26
27      const url = airUrl + parmas;
28
29      try {
30          const result = await axios.get(url);
31          res.json(result.data); // .data
32      } catch (error) {
33          console.log(error);
34      }
35  });
36
37  /* 서버와 포트 연결.. */
38  app.listen(app.get('port'), () => {
39      console.log(app.get('port'), '번 포트에서 서버 실행 중 ..')
40  });
```

[표 4-2]에 있는 URI와 파라미터를 조합해서 url을 생성합니다. [함께해봐요 4-1]에서는 api 요청에 관련한 옵션을 options라는 객체에 넣고 request.get() 함수의 인자로 보내주었는데, 이 예제에서는 옵션, 파라미터 등을 한꺼번에 url로 보냈습니다(16~27행). url과 serviceKey, 지역, 페이지 수 등의 옵션을 지정한 parameters를 연결해 하나의 url로 만들어 axios.get() 메서드를 통해 요청을 보냅니다(30행). 여기서 중요한 점은 axios로 받은 결과는 꼭 뒤에 .data를 붙여주어야 한다는 점입니다(31행).

이렇게 보낸 요청은 우리가 앞서 배웠듯이 바로 콜 스택으로 들어가서 실행되는 것이 아니고 일단 작업큐에 들어가고 자바스크립트 내부에서 일어나는 작업이 모두 끝나고 실행됩니다. async/await 처리를 해주지 않으면 axios로 보낸 요청에 대한 응답이 오기도 전에 res.json() 부분이 실행되어 빈 object가 /airkorea 주소로 뿌려지게 됩니다.

하지만 우리는 이 요청을 받은 후 화면에 /airkorea 주소로 보내주는 작업을 순서대로 진행해야 합니다. 따라서 axios 처리가 있는 부분의 함수를 async로 감싸주고 axios 처리 부분을 await를 걸어주었습니다(30행). 그렇게 되면 axios에 대한 응답이 온 뒤 res.json() 부분이 될 겁니다. 그리고 try catch 구문으로 axios 요청에서 오류가 생기면 처리할 수 있도록 감싸주었습니다(29~34행).

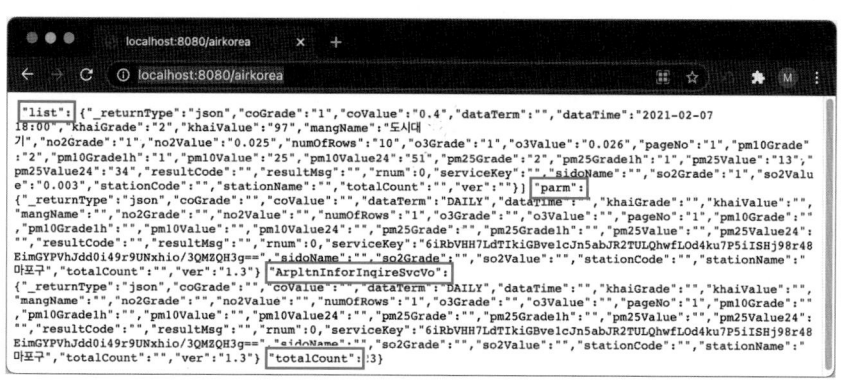

[그림 4-12] localhost:8080/airkorea 결과

이제 생성한 라우터 /airkorea에 접속해보면 대기 오염과 관련한 json 데이터가 표시됩니다. 이 json 형태를 파악해서 우리가 원하는 정보만 뽑는 작업을 해주어야 합니다. 일단 결과 json 객체를 살펴보면 "list", "parm", "ArpltnInfoInqireSvcVo", "totalCount"라는 키가 있습니다. 그리고 리스트 또는 객체, 문자열 등의 값을 담고 있습니다. 여기서 지역, 시간대, pm10 수치, pm25 수치 정도만 뽑아보겠습니다.

```
01  const morgan = require('morgan');
02  const axios = require('axios');
03  const express = require('express');
04  const app = express();
05
06  /* 포트 설정 */
07  app.set('port', process.env.PORT || 8080);
08
09  /* 공통 미들웨어 */
10  app.use(morgan('dev'));
11  app.use(express.json());
12  app.use(express.urlencoded({ extended: true }));
13
14  /* 라우팅 설정 */
15  app.get('/airkorea/detail', async (req, res) => {
16      const serviceKey = "";
17      const airUrl = "http://apis.data.go.kr/B552584/ArpltnInforInqireSvc/
                       getMsrstnAcctoRltmMesureDnsty?";
18
19      let parmas = encodeURI('serviceKey') + '=' + serviceKey;
20      parmas += '&' + encodeURI('numOfRows') + '=' + encodeURI('1');
21      parmas += '&' + encodeURI('pageNo') + '=' + encodeURI('1');
22      parmas += '&' + encodeURI('dataTerm') + '=' + encodeURI('DAILY');
23      parmas += '&' + encodeURI('ver') + '=' + encodeURI('1.3');
24      parmas += '&' + encodeURI('stationName') + '=' + encodeURI('마포구');
25      parmas += '&' + encodeURI('returnType') + '=' + encodeURI('json')
26
27      const url = airUrl + parmas;
28
29      try {
30          const result = await axios.get(url);
31          const airItem = {
32              location: '마포구', // locaition을 직접 명시
33              "time": result.data.list[0]['dataTime'],  // 시간대
34              "pm10": result.data.list[0]['pm10Value'], // pm10 수치
35              "pm25": result.data.list[0]['pm25Value']  // pm25 수치
36          }
```

```
37          const badAir = [];
38          // pm10은 미세먼지 수치
39          if (airItem.pm10 <= 30) {
40              badAir.push("좋음☺☺");
41          } else if (pm10 > 30 && pm10 <= 80) {
42              badAir.push("보통☺☺");
43          } else {
44              badAir.push("나쁨☹☹");
45          }
46
47          //pm25는 초미세먼지 수치
48          if (airItem.pm25 <= 15) {
49              badAir.push("좋음☺☺");
50          } else if (pm25 > 15 && pm10 <= 35) {
51              badAir.push("보통☺☺");
52          } else {
53              badAir.push("나쁨☹☹");
54          }
55
56          res.send('관측 지역: ${airItem.location} / 관측 시간: ${airItem.time} <br>
57          미세먼지 ${badAir[0]} 초미세먼지 ${badAir[1]} 입니다.');
58      } catch (error) {
59          console.log(error);
60      }
61 });
62
63 /* 서버와 포트 연결.. */
64 app.listen(app.get('port'), () => {
65     console.log(app.get('port'), '번 포트에서 서버 실행 중 ..')
66 });
```

응답으로 받은 결과에서 '지역 정보'가 담긴 위치는 data → ArpltnInfoInqireSvcVo → stationName 입니다. 이를 json 데이터를 표현하는 점/괄호법을 사용하면 result.data.ArpltnInfoInqireSvcV o["stationName"]처럼 표현할 수 있습니다(32행). 이 결과를 'location'이라는 변수에 넣어줍니다. 마찬가지로 미세먼지 수치인 pm10, 초 미세먼지 수치인 pm25, 시간대를 나타내는 dateTime 값도 점/괄호법을 이용해 추출해내고 변수에 넣어 줍니다(33~35행). location, time, pm10, pm25 변수를 airItem이라는 객체 변수에 넣고(31~36행), 값에 따라 결과를 보여주는 로직을 만들었습니다 (39~57행). 이렇게 API로 받아온 응답을 클라이언트가 원하는 요청만 보여주도록 가공해 사용할 수 있습니다.

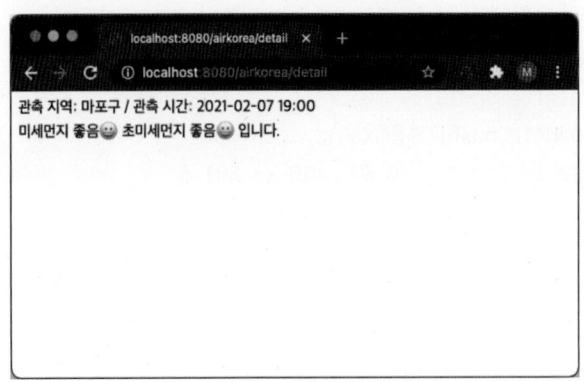

[그림 4-13] localhost:8080/airkorea/detail 결과

dotenv 사용하기

API 통신을 하기 위해서는 해당 서비스에서 발급 받은 api key가 필요합니다. 우리가 로그인할 때 아이디를 입력하는 것과 비슷하게 인증된 사용자라는 것을 식별하기 위해서입니다. 이러한 service key를 코드 내에 삽입하게 되면 보안 문제가 있기 때문에 이런 키 등과 같이 노출되면 안 되는 정보, 그리고 환경변수는 파일을 따로 분리하는 것이 좋습니다. dotenv라는 모듈을 사용하게 되면 .env 파일에 있는 키-값으로 이루어진 변수를 process.env 객체로 생성해주는 역할을 합니다.

```
npm install dotenv
```

이 명령어로 dotenv 모듈을 설치합니다.

```
PORT = 8080
airServiceKey = "공공데이터포탈 Service Key"
naverClientKey = "Naver API Client Key"
naverSecret = "Naver API Secret"
```

그리고 .env 파일을 생성합니다(위 내용은 .env 파일에 있는 내용입니다). 여기서는 package.json 등이 있는 root 디렉터리에 생성했습니다. 그리고 포트번호, API 서비스에서 발급받은 키를 키-값 형태로 넣어주었습니다.

```javascript
01  const path = require('path');
02  const dotenv = require('dotenv');
03  dotenv.config({ path: path.resolve(__dirname, "../../.env") });
04  const morgan = require('morgan');
05  const axios = require('axios');
06  const express = require('express');
07  const app = express();
08
09  /* 포트 설정 */
10  app.set('port', process.env.PORT);
11
12  /* 공통 미들웨어 */
13  app.use(morgan('dev'));
14  app.use(express.json());
15  app.use(express.urlencoded({ extended: true }));
16
17  /* 라우팅 설정 */
18  app.get('/airkorea, async (req, res) => {
19      const serviceKey = "자신의서비스키"
20
21  .....생략
```

airkorea_axios.js([함께해봐요 4-2]) 파일에서 가장 상단에 dotenv 모듈을 불러옵니다(2행). 그리고 .env 파일이 있는 위치를 인자로 넣어주기 위해 path 모듈도 함께 불러주었습니다(1행). path 모듈은 파일과 디렉터리 경로 작업을 위한 기능을 제공합니다. dotenv의 config() 메서드를 통해 .env 파일의 위치를 알려줍니다(3행). 이렇게 설정하면 .env에 들어있는 키-값의 데이터를 process.env.키 형태로 접근할 수 있게 됩니다(19행). airkorea_axios.js 파일에서 serviceKey 변수에 직접 키를 입력하지 말고 process.env.serviceKey만 입력하면 실제 값이 .env를 통해 해당 변수에 할당됩니다 (19행).

4.2 캐싱 구현하기

다른 API를 사용해서, 또는 웹 파싱을 통해 정보를 얻어오고 이를 내 사이트에 표시하고 싶을 때에는 앞선 예제처럼 구현하면 안 됩니다. 왜 안 될까요? 사용자가 많지 않다고 해도 사용자 한 명이 계속해서 요청을 보낸다면 하루 API 호출 횟수를 초과할 수도 있고 데이터를 파싱하는 부분에서도 시간을 많이 쓰기 때문에 쾌적한 서버를 구축하기 위해서는 캐싱 시스템을 꼭 구축해야 합니다. 그래서 이번에는 캐싱 시스템을 구축하기 위해서 Redis라는 것을 사용해보겠습니다.

Redis란?

Redis_{Remote Dictionary Server}는 우리가 6장에서 배우게 되는 NoSQL 중 하나이고 데이터를 키-값 형태로 저장하는 데이터 관리 시스템입니다. 모든 데이터를 메모리에 저장하고 조회하기 때문에 데이터를 읽고 쓰는 것이 관계형 데이터베이스(RDBMS)보다 빠릅니다. Redis는 특히 리스트, 배열 같은 데이터를 처리하는 데 굉장히 유용합니다. 쿠키와 세션을 보통 Redis에 저장합니다.

설치하기

윈도우즈

https://github.com/MicrosoftArchive/redis/releases에 접속해서 .mis 설치 파일을 다운받아 설치를 해줍니다. 참고로 Redis는 공식적으로 윈도우즈를 지원하지 않습니다.

[그림 4-14] 설치 경로의 옵션 선택

설치 경로를 지정해주고 'Add the Redis installation folder to the PATH environment variable' 옵션을 선택해주어야 자동으로 환경변수를 추가해줍니다. 이후 [Next] 버튼을 눌러 설치를 완료해줍니다.

맥

```
$ brew install redis
```

맥의 경우 패키지 관리자인 Homebrew를 통해 설치해줍니다. Homebrew를 아직 설치하지 않았다면 $ /bin/bash -c "$(curl -fsSL https://raw.githubusercontent.com/Homebrew/install/HEAD/install.sh)" 명령어로 설치해주면 됩니다.

리눅스

```
$ sudo apt-get install redis-server
```

리눅스는 apt-get 명령어로 설치해줍니다.

Redis 실행하기

터미널에서 명령어를 통해 Redis 데이터베이스에 키-값을 저장할 수 있는데, 윈도우즈에서는 설치된 Redis 파일 안에 redis-cli 프로그램을 실행하여 명령어를 사용하면 됩니다.

리눅스의 경우는 $ redis-server 명령어로 서버를 시작합니다. 종료는 〈ctrl〉+〈c〉로 빠져나올 수 있습니다. 제 경우 실습을 맥으로 진행했는데 터미널을 두 개 열어 하나는 $ redis-server 명령어로 서버를 켜두고 다른 하나는 $ redis-cli로 명령창에 접속했습니다. 또는 백그라운드로 서버를 켜 놓을 수 있는데, $ brew services start redis를 입력한 후, 명령어 앞에 $ redis-cli만 붙여주면 redis-cli에 접속해서 명령어를 친 것과 똑같은 효과가 있습니다. 종료는 $ brew services stop redis입니다.

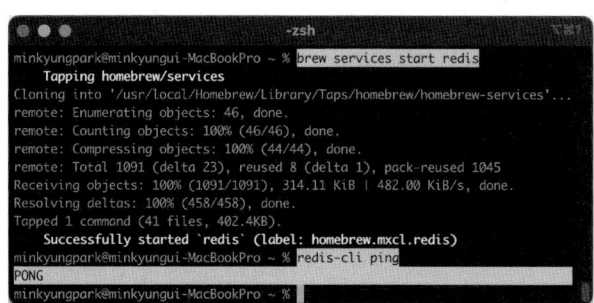

[그림 4-15] redis 실행

현재 서비스가 켜져 있는지 확인하는 명령어는 $ ping이며 켜져 있다면 PONG하고 응답을 보내줍니다.

```
$ npm install redis
```

이제 우리의 Node.js 프로젝트로 돌아와서, 설치된 Redis와 Node.js 프로젝트를 연결해주기위해 npm에서 Redis 패키지를 설치해줍니다. Redis와 Node.js 프로젝트가 실제로 연결되는지 확인해봅시다. 먼저 Redis에 key-value 하나를 저장해봅시다.

[그림 4-16] Redis와 Node.js 프로젝트 연결

```
$ set [key] [value]
```

set 명령어를 통해 myKey라는 키에 myVal이라고 값을 저장해주었습니다.

```
$ get [key]
```

get 명령어는 key 값을 통해 value 값을 가져오는 명령어입니다. 이렇게 되면 우리는 Redis 서버에 'myKey':'myVal'이라는 데이터를 하나 저장해준 셈이 됩니다.

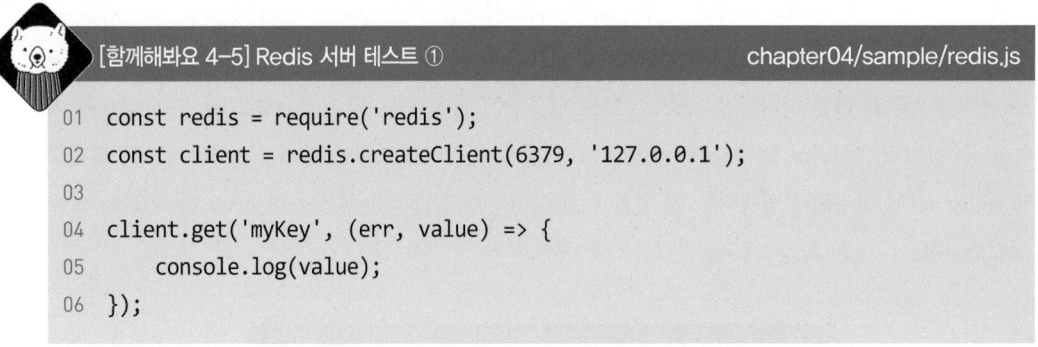

[함께해봐요 4-5] Redis 서버 테스트 ①　　　　　　　　　　chapter04/sample/redis.js

```
01  const redis = require('redis');
02  const client = redis.createClient(6379, '127.0.0.1');
03
04  client.get('myKey', (err, value) => {
05      console.log(value);
06  });
```

Redis 모듈도 마찬가지로 require를 통해 불러오고 client 변수에 redis 서버를 담아줍니다(1행). createClient 인자는 Redis 서버를 연결할 포트와 도메인이고, 기본 값은 6379포트와 내 지역 서버입

주의 redis module이 버전 4.0 이상이 되면 책에 있는 3.x 버전대 코드와 달라지는 것들이 많습니다. 따라서 4장 sample 코드에서 redis.js redis2.js redis.3.js 파일은 redis module이 버전 4.0 이상일 때 코드를 저자의 깃허브에 올려두었습니다. 그리고 [연습문제 4-1]도 redis v3과 v4 버전으로 나누어 솔루션 코드를 깃허브에 업데이트했습니다. Redis v3, v4의 업데이트 내용과 migration 방법은 아래의 링그를 참고해주세요.

• https://www.npmjs.com/package/redis　　　• https://github.com/redis/node-redis/blob/master/docs/v3-to-v4.md

니다(2행). 이 값을 변경하고 싶으면 redis.conf 파일에서 변경해주면 됩니다. Redis client 값을 얻어오기 위해 get 함수를 사용하면 됩니다(4행). 첫 번째 인자는 얻고 싶은 값의 키이고, 두 번째 인자는 콜백 함수인데, 이 콜백 함수의 두 번째 인자에 내가 원하는 값이 들어오게 됩니다(4행). 변수명은 어떤 것을 써도 상관없습니다.

[실행결과] [함께해봐요 4-5]의 결과   redis.js의 결과

```
01   $ node chapter04/sample/redis.js
02   myVal
```

콘솔에 찍힌 'myKey'라는 키 값의 value 값을 확인해보면 우리가 명령창에서 생성한 myVal이라는 값이 나오는 것을 확인할 수 있습니다. 우리가 myVal이라는 데이터를 생성한 적이 없으니 이는 내 지역의 Redis 서버로부터 온 것일 테고 이렇게 Redis 서버의 데이터를 node 서버에 연결하여 가져올 수 있다는 것을 확인할 수 있습니다.

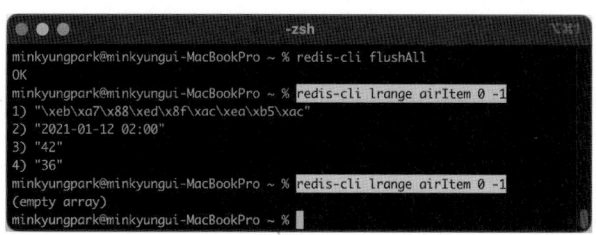

[그림 4-17] Redis 서버의 데이터를 가져온 결과

Redis의 자료구조에는 키 – 문자열/키 – 해시/키 – 리스트/키 – 셋/키 – 정렬셋 등이 있는데, 자료구조마다 명령어가 조금씩 다릅니다.

[표 4-3] redis의 자료구조

자료구조	명령어	설명
Key-String	get key	key의 value를 가져옵니다.
	set key value	key에 value를 저장합니다.
	del key	key를 삭제합니다.
Key-List	lpush key value	list의 왼쪽으로 value를 넣습니다.
	rpush key value	list의 오른쪽으로 value를 넣습니다.
	lrange key s_idx e_idx	list의 s_idx ~ e_idx까지 값을 반환합니다.
	lpop key	가장 왼쪽의 value를 빼냅니다.
	rpop key	가장 오른쪽의 value를 빼냅니다.

자료구조	명령어	설명
Key-Hash	hset key field value	key에 field-value 쌍을 저장합니다.
	hget key field	key에서 field의 value를 반환합니다.
	hdel key field	key에서 field를 삭제합니다.
	hlen key	field의 개수를 반환합니다.
	hgetAll key	field와 value 모두를 반환합니다.
	hkeys key	모든 field를 반환합니다.
	hvals key	모든 value를 반환합니다.

[함께해봐요 4-6] Redis 서버 테스트 ②   chapter04/sample/redis2.js

```
01  const redis = require('redis');
02  const client = redis.createClient(6379, '127.0.0.1');
03
04  client.rpush('myKey', 0);
05  client.rpush('myKey', 1);
06  client.rpush('myKey', 2);
```

Redis에 myKey: [1,2,3]이라는 데이터를 저장하고 싶다고 해봅시다. 그러면 node.js에서는 위와 같이 할 수 있습니다. rpush() 함수를 이용하면 Redis 모듈로 redis의 명령어를 통해서 데이터를 저장해야 했던 것을 자바스크립트 코드로 작성할 수 있습니다. 이제 이를 이용해서 캐시를 구현해보겠습니다.

[함께해봐요 4-7] [함께해봐요 4-3]에 캐시 적용하기   chapter04/sample/redis3.js

```
01  const path = require('path');
02  const dotenv = require('dotenv');
03  dotenv.config({ path: path.resolve(__dirname, "../../.env") });
    const morgan = require('morgan');
04  const axios = require('axios');
05
06  /* express app generate */
07  const express = require('express');
08  const app = express();
09
10  /* redis connect */
11  const redis = require('redis');
```

158

```
12   const client = redis.createClient(6379, '127.0.0.1');
13   client.on('error', (err) => {
14       console.log('Redis Error : ' + err);
15   });
16
17   /* 포트 설정 */
18   app.set('port', process.env.PORT);
19
20   /* 공통 미들웨어 */
21   app.use(morgan('dev'));
22   app.use(express.json());
23   app.use(express.urlencoded({ extended: true }));
24
25   /* 라우팅 설정 */
26   app.get('/airkorea', async (req, res) => {
27       await client.lrange('airItems', 0, -1, async (err, cachedItems) => {
28           if (err) throw err;
29           if (cachedItems.length) {  // data in cache
30               res.send(' 데이터가 캐시에 있습니다. <br>
31               관측 지역: ${cachedItems[0]} / 관측 시간: ${cachedItems[1]} <br>
32               미세먼지 ${cachedItems[2]} 초미세먼지 ${cachedItems[3]} 입니다.');
33
34           } else { // data not in cache
35               const serviceKey = process.env.airServiceKey;
36               const airUrl = "http://apis.data.go.kr/B552584/ArpltnInforInqireSvc/
                               getMsrstnAcctoRltmMesureDnsty?";
37
38               let parmas = encodeURI('serviceKey') + '=' + serviceKey;
39               parmas += '&' + encodeURI('numOfRows') + '=' + encodeURI('1');
40               parmas += '&' + encodeURI('pageNo') + '=' + encodeURI('1');
41               parmas += '&' + encodeURI('dataTerm') + '=' + encodeURI('DAILY');
42               parmas += '&' + encodeURI('ver') + '=' + encodeURI('1.3');
43               parmas += '&' + encodeURI('stationName') + '=' + encodeURI('마포구');
44               parmas += '&' + encodeURI('returnType') + '='
                       + encodeURI('json')
45
46               const url = airUrl + parmas;
47
48               try {
49                   const result = await axios.get(url);
50                   const airItem = {
51                       "location": result.data.ArpltnInforInqireSvcVo
                           ["stationName"],  // 지역
```

```javascript
                    "time": result.data.list[0]['dataTime'],    // 시간대
                    "pm10": result.data.list[0]['pm10Value'],    // pm10 수치
                    "pm25": result.data.list[0]['pm25Value']    // pm25 수치
                }
                const badAir = [];
                // pm10은 미세먼지 수치
                if (airItem.pm10 <= 30) {
                    badAir.push("좋음☺☺");
                } else if (pm10 > 30 && pm10 <= 80) {
                    badAir.push("보통☹☺");
                } else {
                    badAir.push("나쁨☹☹");
                }

                //pm25는 초미세먼지 수치
                if (airItem.pm25 <= 15) {
                    badAir.push("좋음☺☺");
                } else if (pm25 > 15 && pm10 <= 35) {
                    badAir.push("보통☹☺");
                } else {
                    badAir.push("나쁨☹☹");
                }

                const airItems = [airItem.location, airItem.time,
                                  badAir[0], badAir[1]];
                airItems.forEach((val) => {
                    client.rpush('airItems', val);   // redis에 저장
                });
                client.expire('airItems', 60 * 60);

                res.send('캐시된 데이터가 없습니다.');
            } catch (error) {
                console.log(error);
            }
        }
    })
});

/* 서버와 포트 연결.. */
app.listen(app.get('port'), () => {
    console.log(app.get('port'), '번 포트에서 서버 실행 중 ..')
});
```

Redis의 `lrange()` 함수를 통해 airItems라는 키 값이 Redis에 저장되어 있으면(27행) 해당 데이터를 캐시에서 불러와 `res.send()`를 통해 전송하고(30~32행), 만약 캐시된 데이터가 없다면 API 요청을 통해 원하는 정보를 얻어와 airItems를 생성하고 redis의 `rpush()` 함수를 통해 데이터를 저장합니다 (76~78행).

`lrange()`의 첫 번째 인자는 찾을 데이터의 키 값, 여기서는 'airItems'이고 두 번째, 세 번째 인자는 가져올 배열의 인덱스입니다. 0부터 −1까지라고 하면 배열의 전체 인덱스를 말합니다. 마지막 인자는 콜백 함수로, 오류가 생기면 err에, 반환을 찾는 데이터가 있다면 그 데이터를 cachedItems에 반환합니다(28~29행). 그리고 Redis의 `expire()` 함수를 통해 데이터의 유효 시간을 정해줍니다(79행). 60*60은 60분이라는 뜻이고 이렇게 저장된 캐시는 약 60분 뒤에 소멸됩니다. 이와 같은 방식으로 네이버 뉴스 API로 뉴스를 가져왔던 함수도 구현해주면 됩니다.

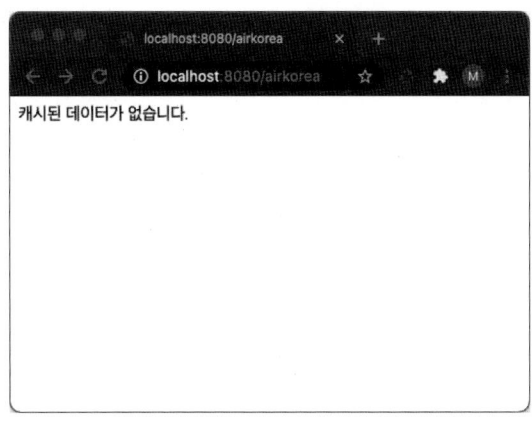

[그림 4-18] localhost:8080/airkorea 처음 접속

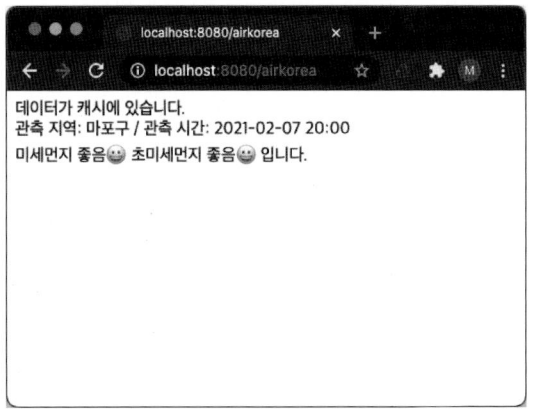

[그림 4-19] localhost:8080/airkorea 두 번째 접속

4.3 API 서버를 직접 만드는 방법

REST API

REST, RESTful, RESTful API 등의 용어는 어디선가 한 번쯤 들어본 적이 있을 겁니다. 클라이언트에서 서버에게 요청을 보낼 때 API를 REST 형식으로 만들어 주는 경우가 아직까지는 대세입니다.

GET	/movies	Get list of movies
GET	/movies/:id	Find a movie by its ID
POST	/movies	Create a new existing movie
PUT	/movies	Update an existing movie
DELETE	/movies	Delete an existing movie

REST

[그림 4-20] REST API

요청된 주소만 보고도 어떤 내용에 관한 요청인지를 예상할 수 있게 하는 형식을 'REST'라고 하는데, 'REpresentatinal State Transfer'의 약자입니다. '/movies'라는 요청의 주소만으로 '영화의 리스트를 보내달라는 요청이구나!'를 알 수 있게 라우팅을 짜는 것이 기본이 됩니다. 웹 페이지의 어떤 메뉴에 접속했을 때 'https://(주소)/movies/3/film?idx=2' 등으로 도메인 주소가 바뀌는 것을 본 적이 있습니까? 이처럼 자원을 구조와 함께 나타내는 형태를 'URI'라고 합니다. RESTful하게 API를 만들면 'URI'와 'http 요청 메서드(GET, POST, DELETE, PUT(PATCH))'를 보고도 '아~ 이게 게시물을 올려달라는 요청이구나, 회원 정보를 가져오라는 요청이구나'라는 것을 파악할 수 있습니다.

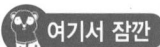 **여기서 잠깐**

http 요청 메서드

http 요청 메서드에는 POST, GET, PUT, PATCH, DELETE가 있고 이 메서드는 목적에 따라 구분해서 사용합니다.

- POST : 데이터를 추가합니다(CREATE).
- GET : 데이터를 읽거나 조회합니다(READ).
- PUT : 데이터를 변경합니다(UPDATE).
- PATCH : (PUT이 데이터를 통째로 변경한다면) 데이터를 일부만 바꿉니다.
- DELETE : 데이터를 삭제합니다.

하지만 POST로 보냈다고 꼭 데이터 추가에 관련한 요청이 되는 것은 아닙니다. POST로 데이터를 읽든, 바꾸든, 삭제하든 모든 기능에 대한 요청이 될 수도 있습니다. 하지만 https://(주소)/movies/3/film/이라는 요청이 들어왔을 때 영화를 추가하라는 것인지 조회하라는 것인지 알 수가 없습니다. 그러므로 URI 뒤에 /create, /read, /update, /delete 등의 목적을 명시해야 해주어야 합니다. 이런 것을 지양하기 위해 REST 규칙 중에 URI는 명사로 이루어져야 한다는 것이 있습니다. 그러므로 처음부터 목적에 맞는 요청 메서드를 보내는 것이 좋습니다.

로드북 출판사의 데이터베이스에 출판된 책의 정보가 다음과 같이 저장되어 있다고 합시다.

CATEGORY

Idx	Seriese_name
1	"사람과 프로그래머 "
2	"백견불여일타 "

BOOKS

Idx	Category	Book_name	year
1	2	"Node.js로 서버 만들기 "	2021
2	2	"Vue.js 입문"	2020
3	2	"머신러닝 데이터 전처리 입문"	2020
4	2	"딥러닝 입문 "	2020
5	2	"C# 입문"	2019

[그림 4-21] 로드북 출판사의 책 정보 데이터베이스

CATEGORY 테이블에는 시리즈의 이름이 저장되어 있고, BOOKS 테이블에는 카테고리 번호, 책 이름, 출판 정보가 저장되어 있다고 가정해봅시다. 이때, GET/ https://roadbooks-api.co.kr/category/는 어떤 요청을 의미하게 만들면 좋을까요?

```
{
    "results" : [
        {"idx" : 1, "series" : "사람과 프로그래머"},
        {"idx" : 2, "series" : "백견불여일타"}
    ]
}
```

GET/ https://roadbooks-api.co.kr/category/의 의미는 "CATEGORY 테이블의 데이터를 조회하라"라는 의미로 구현해주면 직관적일 겁니다. 그렇게 되면 결과는 위처럼 CATEGORY 테이블의 데이터가 됩니다.

하나만 더 예를 들어보겠습니다. GET/ https://roadbooks-api.co.kr/category/2/books/3/는 어떤 요청을 의미할까요?

```
{
    "results" : [
        {"category" : 2, "idx": 3, "name": "머신러닝 데이터 전처리 입문", "year": 2020},
    ]
}
```

CATEGORY의 인덱스가 2인, 즉 '백견불여일타' 시리즈의 책 중 인덱스가 3인 데이터를 조회하라는 요청이 됩니다.

마지막으로 하나만 더, GET/ https://roadbooks-api.co.kr/category/2/books?year=2020이라는 요청 결과로는 어떤 응답을 보내주는 것이 좋을까요?

```
{
    "results" : [
        {"category" : 2, "idx": 2, "name": "Vue.js 입문", "year": 2020},
        {"category" : 2, "idx": 3, "name": "머신러닝 데이터 전처리 입문", "year": 2020},
        {"category" : 2, "idx": 4, "name": "딥러닝 입문", "year": 2020},
    ]
}
```

카테고리 번호가 2이면서 출판년도가 2020년인 책의 정보를 가져오게 됩니다.

이 정보를 다른 사용자가 자신의 서비스에 사용할 수 있도록 RESTful한 API를 만들려고 하면 다음과 같이 URI를 구성할 수 있을 겁니다.

[표 4-4] REST API 예시

http 메서드	URI	요청 내용
GET/	/category/2/books	카테고리 번호가 2인 책의 정보를 조회합니다.
POST/	/category/2/books	새로 들어온 책의 정보를 등록합니다.
PUT/	/category/2/books/4	책 번호가 4인 책의 정보를 변경합니다.
DELTE/	/category/2/books/4	책 번호가 4인 책의 정보를 삭제합니다.

API 서버 만들기

'4.1 API'에서 특정 서비스에서 제공하는 API를 사용해보았습니다. 이번에는 반대 입장이 되어보겠습니다. 우리 서버에 API 서버를 얹어 내가 만든 정보를 다른 사람이 API를 통해 이용할 수 있게 해보는 겁니다. API 서버를 따로 만들면, 다른 사람이 내 서버의 정보를 사용할 수 있게 하는 이점 뿐아니라 내 웹의 모바일 서버로 운영할 수도 있습니다. API 서버는 웹 사이트의 프론트엔드 부분과 분리되어 운영되기 때문입니다. 또 내 서버의 코드를 공개하지 않고, 데이터베이스에 접근할 수 있는 권한도 주지 않고 결과 값만 전달해주기 때문에 API로 데이터를 제공하는 것이 보안에도 좋습니다.

API 서버를 만들 때, 아주 일부의 기능만 제공할 수도 있고 인증된 사용자에게만 일정 횟수 내에서만 API를 사용하도록 만들 수도 있습니다. 이전까지 다른 서버가 제공해주는 API를 사용해보았는데, 어떤 식으로 API가 동작하는지 감이 잡히지 않았나요? 이번엔 직접 내 API 서버를 만들어보겠습니다. 생각보다 굉장히 간단하게 만들 수 있습니다.

[함께해봐요 4-8] 내 API 서버 만들기   chapter04/sample/colon_path.js

```
01  const express = require('express');
02  const app = express();
03
04  app.get('/:type', (req, res) => {
05      let { type } = req.params;
06      res.send(type);
07  });
08
09  app.listen(8080);
```

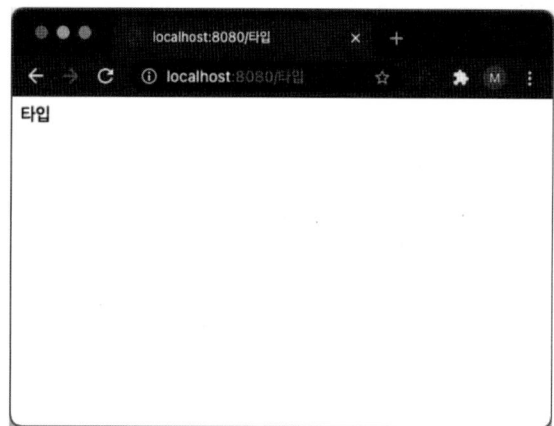

[그림 4-22] colon_path.js 결과

예제를 살펴보기 전에 라우트 파라미터에 대해 알아보겠습니다. '/:type'처럼, URI의 콜론(:) 뒤에 오는 path는 어떤 것이든 올 수 있습니다(4행). 그렇게 들어온 변수는 req.params에 저장되는 라우트 파라미터입니다(5행). 만약 URL 요청이 '/타입'이라는 주소가 들어왔으면 req.params.type에는 "타입"이라는 문자열이 저장됩니다(5행).

[함께해봐요 4-9] 간단한 게시판 API 서버 만들기   chapter04/sample/board_api.js

```
01  const morgan = require('morgan');
02
03  /* express app generate */
04  const express = require('express');
05  const app = express();
06
07  /* 포트 설정 */
08  app.set('port', process.env.PORT || 8080);
09
10  /* 공통 미들웨어 */
11  app.use(morgan('dev'));
12  app.use(express.json());
13  app.use(express.urlencoded({ extended: true }));
14
15  /* 테스트를 위한 게시글 데이터 */
16  let boardList = [];
17  let numOfBoard = 0;
18
19  /* 라우팅 설정 */
20  app.get('/', (req, res) => {
21      res.send('This is api.js');
22  });
23
24  /* 게시글 API */
25  app.get('/board', (req, res) => {
26      res.send(boardList);
27  });
28
29  app.post('/board', (req, res) => {
30      const board = {
31          "id": ++numOfBoard,
32          "user_id": req.body.user_id,
```

```javascript
33        "date": new Date(),
34        "title": req.body.title,
35        "content": req.body.content
36    };
37    boardList.push(board);
38
39    res.redirect('/board');
40 });
41
42 app.put('/board/:id', (req, res) => {
43    // req.params.id 값 찾아 리스트에서 삭제
44    const findItem = boardList.find((item) => {
45        return item.id == +req.params.id
46    });
47
48    const idx = boardList.indexOf(findItem);
49    boardList.splice(idx, 1);
50
51    // 리스트에 새로운 요소 추가
52    const board = {
53        "id": +req.params.id,
54        "user_id": req.params.user_id,
55        "date": new Date(),
56        "title": req.body.title,
57        "content": req.body.content
58    };
59    boardList.push(board);
60
61    res.redirect('/board');
62 });
63
64 app.delete('/board/:id', (req, res) => {
65    // req.params.id 값 찾아 리스트에서 삭제
66    const findItem = boardList.find((item) => {
67        return item.id == +req.params.id
68    });
69    const idx = boardList.indexOf(findItem);
70    boardList.splice(idx, 1);
71
72    res.redirect('/board');
73 });
74
```

```
75    /* 서버와 포트 연결.. */
76    app.listen(app.get('port'), () => {
77        console.log(app.get('port'), '번 포트에서 서버 실행 중 ..')
78    });
```

위 코드는 아주 간단한 게시판 API를 만드는 예제입니다. 테스트를 위한 게시글 데이터를 "boardList"라는 전역변수에 리스트 형태로 저장합니다(16행). "numOfBoard" 변수는 게시글이 하나씩 추가될 때마다 늘어날 index를 위한 변수입니다(17행).

아직 우리가 데이터베이스를 공부하지 않았기 때문에 전역변수를 이용하는데, 이는 당연한 얘기지만 서버를 껐다 켜면 사라집니다. 위 전역변수가 데이터베이스에 있는 정보라고 상상하며 예제를 살펴봅시다.

먼저 GET 메서드로 "/board" 요청이 들어오면(25행) boardList에 저장된 값을 보여줍니다(26행). POST 메서드로 "/board" 요청이 들어오면 게시글을 등록하는 API가 됩니다(29행). "board" 객체에 req.body로부터 받아온 id, date, title, conentent 값을 저장합니다(30~36행). 그리고 이를 전역변수 boardList에 push해 줍니다(37행).

PUT 메서드로 "/board/:id" 요청이 들어오면(42행), :id 값은 req.params.id에 저장됩니다(45행). boardList 요소 중 id 값이 req.params.id와 같은 요소가 있다면 이를 findItem에 저장하고 해당 요소를 splice() 함수로 제거해 줍니다(48~49행). splice()는 첫 번째 인자부터 두 번째 인자까지의 인덱스만 남기고 나머지 요소를 없애는 함수입니다. 그리고 req.params.id를, id로 한 새로운 게시글 데이터를 생성하고 boardList에 넣어줍니다(52~59행).

DELETE 메서드로 "/board/:id" 요청이 들어오면(64행) :id 값과 동일한 boardList의 요소를 삭제합니다(66~70행).

이제 이를 테스트해야 하는데, curl 명령어를 사용하거나, Postman 같은 API 테스트 자동화 도구를 이용해야 합니다.

Curl 명령어 이용하기

curl은 명령창에서 서버와 통신을 할 수 있게 해주는 명령어 툴입니다. 대부분의 프로토콜을 지원하므로 url을 가지고 할 수 있는 것을 대부분 할 수 있습니다. http 프로토콜로 웹 페이지의 소스를 가져온다거나 파일을 다운받을 수도 있습니다. cmd에서 curl [request url]을 입력하면 됩니다(결과 값에서 한글이 깨진다면 chcp 65001 명령어로 명령창의 인코딩 형식을 utf-8로 변경해주면 됩니다).

$ node 경로/board_api.js 명령어로 서버를 실행하고, 터미널에서 다음과 같이 curl 명령어를 통해 결과를 확인해봅시다.

```
$ curl -d '{"user_id":"happy", "title":"안녕하세요.", "content":"API 서버 공부중입니
다"}' -H "Content-Type: application/json" -X POST http://localhost:8080/board
$ curl localhost:8080/board
```

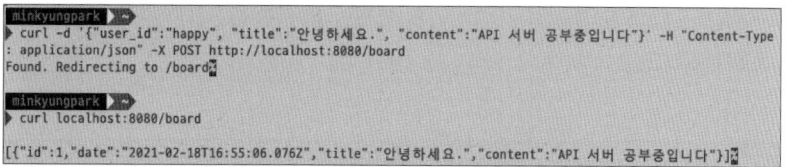

[그림 4-23] curl 명령어를 통한 결과 확인

Postman 이용하기

Postman은 개발한 API를 테스트하고 테스트 결과를 공유하여 API 개발의 생산성을 높여주는 플랫폼입니다. 설치하여 사용하는 프로그램으로 https://www.postman.com/에 접속해서 다운받을 수 있고 자세한 사용 방법은 '참고 링크'에 첨부해 두었습니다. Postman 외에도 Swagger, Insomnia 같은 도구도 있습니다. 이 중 하나만 골라서 설치해주면 됩니다.

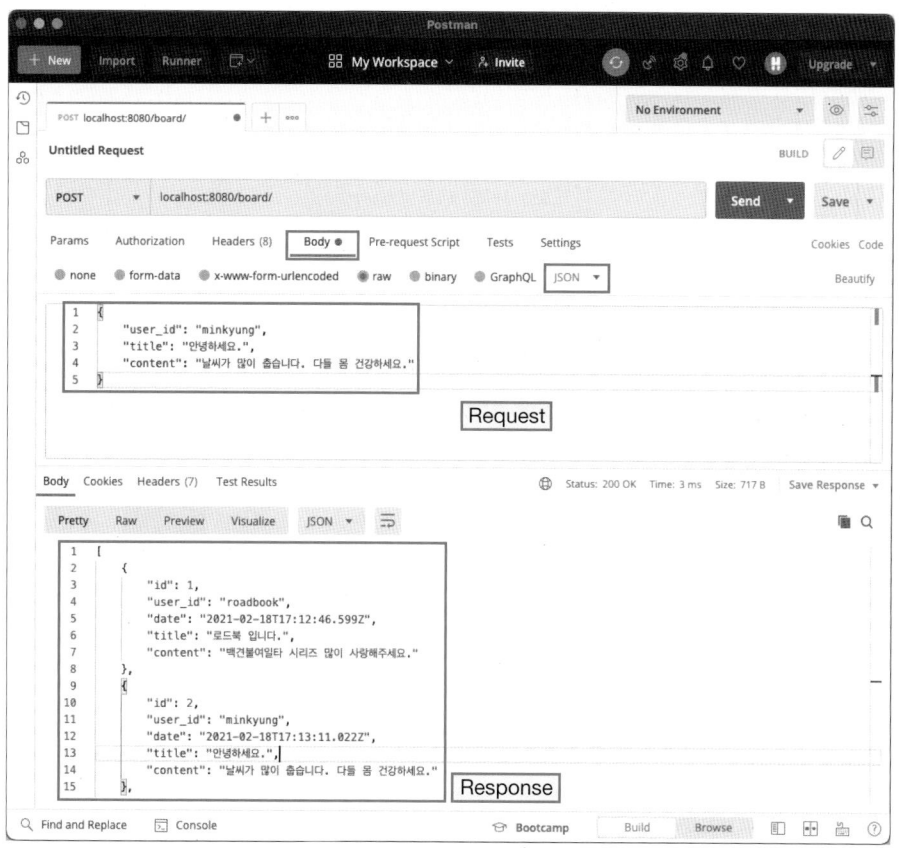

[그림 4-24] Postman

Postman에서 요청 메서드를 선택하고, 요청 주소를 입력하여 테스트할 수 있습니다. 요청 데이터를 params로 보낼지, body로 보낼지의 여부도 선택할 수 있고 raw, binary, json 등의 타입도 선택할 수 있습니다.

먼저 POST/board 요청을 보내 게시글 데이터를 입력합니다. Body 부분을 바꾸어서 게시글 데이터를 세 개 이상 생성해봅시다.

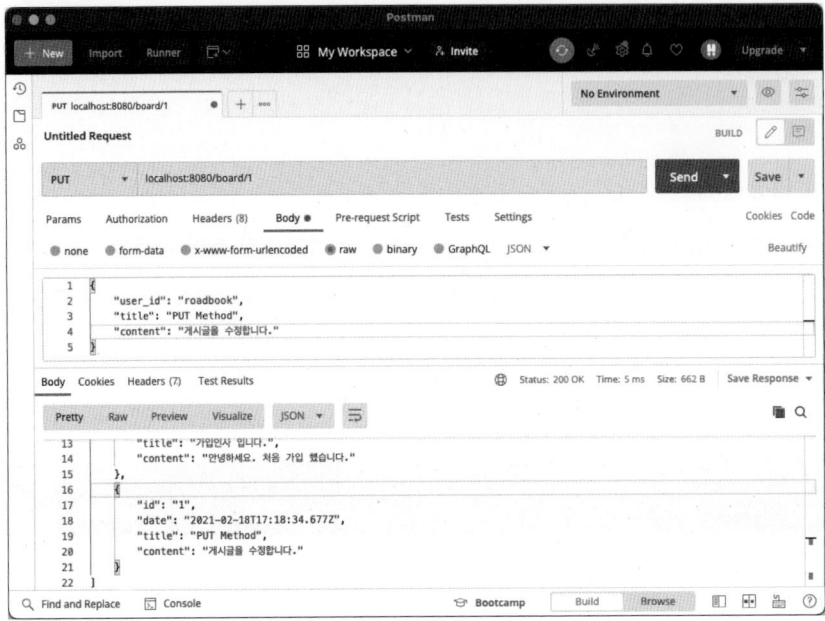

[그림 4-25] PUT /board/1

PUT /board/1 요청도 테스트해 봅니다.

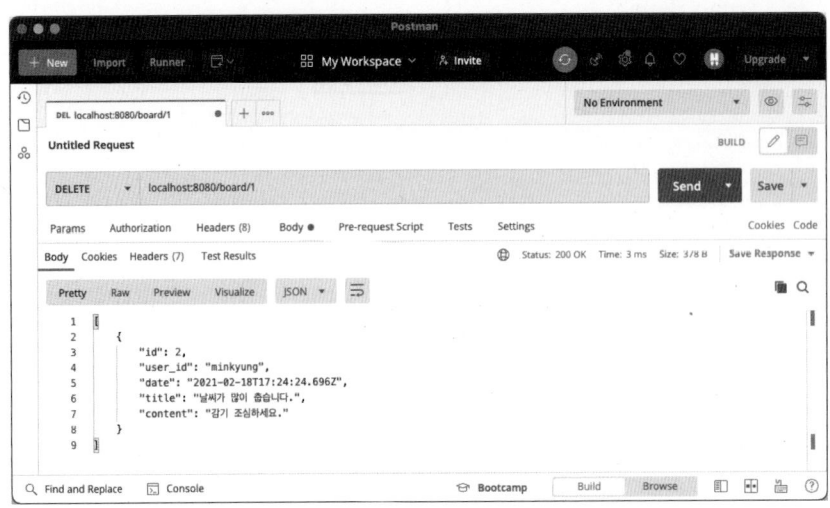

[그림 4-26] DELETE /board/1

마지막으로 삭제 요청까지 테스트해 봅니다.

uuid-apikey 이용하기

그리고 uuid-apikey라는 것을 생성해서 게시글 검색 API를 만들어 보겠습니다.

```
npm install uuid-apikey
```

먼저 uuid-apikey를 생성하겠습니다. 우리가 API를 이용할 때 키를 발급받아 서비스에 접근했던 것처럼, 사용자마다 고유의 키를 발급해주고 등록된 키로 접근하는 사용자에게만 API를 허용하게 해주어야 합니다. 사용자의 키를 데이터베이스에 넣고 관리하는 과정이 필요하지만 아직 데이터베이스를 배우지 않았으므로 uuid-apikey라는 모듈을 이용해 메모리에 임시로 담아줍니다.

[함께해봐요 4-10] uuid-apikey 모듈 사용 　　　　　　　　 chapter04/sample/uuid_apikey.js

```
01  const uuidAPIkey = require('uuid-apikey');
02
03  console.log(uuidAPIkey.create());
```

npm의 uuid-apikey 모듈은 실무에서 적용하기에는 조금 무리가 있는 방법이긴 하지만, 보안이 중요하지 않거나 트래픽이 많지 않은 서버의 경우에 uuid-apikey 모듈을 이용해서 아주 간단한 방법으로 api key 인증을 구현할 수도 있다는 점을 알아두면 좋겠습니다.

[실행결과] [함께해봐요 4-10]의 결과 　　　　　　　　　　　　 uuid_apikey.js의 결과

```
01  $ node chapter04/sample/uuid_apikey.js
02  {
03    apiKey: '3CCHAAM-C0ZMC86-QB498ZA-QRDE88V',
04    uuid: '1b19152a-603f-4620-bac8-947dbe1ae423'
05  }
```

uuid_apikey의 create() 함수는 api 키를 하나 발급해주는 함수인데, 이를 통해 하나의 api 키를 생성할 수 있습니다. 이를 일단 복사해둡시다.

용어정리

UUID(Universally Unique Identifier) UUID는 범용 고유 식별자로 네트워크에서 고유성이 보장되는 id를 만들기 위한 표준 규약입니다. 128비트 숫자로 이루어져 있으며 32자리의 16진수로 표현됩니다. 8-4-4-4-12형식으로 이루어져 있습니다.

예) f8a9d8dd-d536-4305-9106-c14bcb2e8c5f

```
01  const morgan = require('morgan');
02  const url = require('url');
03  const uuidAPIkey = require('uuid-apikey');
04
05  /* express app generate */
06  const express = require('express');
07  const app = express();
08
09  /* 포트 설정 */
10  app.set('port', process.env.PORT || 8080);
11
12  /* 공통 미들웨어 */
13  app.use(morgan('dev'));
14  app.use(express.json());
15  app.use(express.urlencoded({ extended: true }));
16
17  /* 테스트를 위한 API키 */
18  const key = {
19      apiKey: '3CCHAAM-C0ZMC86-QB498ZA-QRDE88V',
20      uuid: '1b19152a-603f-4620-bac8-947dbe1ae423'
21  };
22
23  /* 테스트를 위한 게시글 데이터 */
24  let boardList = [];
25  let numOfBoard = 0;
26
27  /* 라우팅 설정 */
28  ...... 중략 ...
29
30  /* 게시글 검색 API using uuid-key */
31  app.get('/board/:apikey/:type', (req, res) => {
32      let { type, apikey } = req.params;
33      const queryData = url.parse(req.url, true).query;
34
35      if (uuidAPIkey.isAPIKey(apikey) && uuidAPIkey.check(apikey, key.uuid)) {
36          if (type === 'search') {   // 키워드로 게시글 검색
37              const keyword = queryData.keyword;
38              const result = boardList.filter((e) => {
39                  return e.title.includes(keyword)
40              })
41              res.send(result);
```

```
42              }
43              else if (type === 'user') {   // 닉네임으로 게시글 검색
44                  const user_id = queryData.user_id;
45                  const result = boardList.filter((e) => {
46                      return e.user_id === user_id;
47                  });
48                  res.send(result);
49              }
50              else {
51                  res.send('Wrong URL')
52              }
53          } else {
54              res.send('Wrong API Key');
55          }
56  });
57
58  /* 서버와 포트 연결.. */
59  app.listen(app.get('port'), () => {
60      console.log(app.get('port'), '번 포트에서 서버 실행 중 ..')
61  });
```

[함께해봐요 4-9]의 uuid-apikey 모듈과 좀전에 발급받은 api 키를 담은 전역변수 "key(18~21행)", 그리고 게시글 검색 라우터 GET /board/:apikey/:type을 추가한 예제입니다(31행).

:apikey/ 부분에 들어온 값으로 api key를 검사합니다. uuid-apikey 모듈의 함수 중 .idAPIKey() 와 .check() 함수를 통해 url로 들어온 키가 유효한지 확인합니다(35행). 먼저 .isAPIKey(apikey) 함수를 살펴보겠습니다. 일단 들어온 apikey가 서버에서 발급한 적이 있는 키인지 확인합니다. check(apikey, key.uuid) 함수는 key와 uuid가 짝이 맞는지 확인합니다. 둘 중 하나라도 false라면 'Wrong API Key'라는 문자열을 응답으로 보내줍니다(54행).

그리고 :type/에는 어떤 정보를 이용해서 게시글을 검색할지 담아줍니다. 만약 :type 부분에 search/ 가 들어왔다면 키워드로 게시글을 검색하고, user/가 들어왔다면 닉네임으로 게시글을 검색하고, date/가 들어왔다면 날짜로 게시글을 검색하는 분기 처리를 해주었습니다(36~39행).

요청 주소 뒤에 ?key=value 형식으로 url 쿼리스트링을 보내줄 수 있는데 이런 url을 파싱하기 위해 url 모듈을 불러왔습니다(2행). url 모듈의 parse() 함수로 요청 쿼리스트링을 queryData 변수에 넣어줍니다(33행). 키워드로 게시글을 검색하는 로직은 /api/board/search?keyword=날씨, 이런 식으로 키워드에 대한 게시글을 결과로 보내주는 응답을 처리하는 로직을 가지고 있습니다(36~42행). 쿼리스트링 keyword의 값이 boardList의 title 값에 포함되어 있는지 includes() 함수로 확인하고(39행), 포함되어 있다면 해당 오브젝트를 result에 넣어 응답으로 보내줍니다(41행).

/api/board/user?user_id=minkyung이라는 url 요청이 들어왔다고 해봅시다. boardList의 user_id
와 쿼리스트링의 user_id가 일치하면 해당 오브젝트를 응답으로 보내줍니다.

그리고 /search, /user, /date 외에 다른 주소가 들어오면 "Wrong URL"이라는 문자열을 출력합니다
(51행).

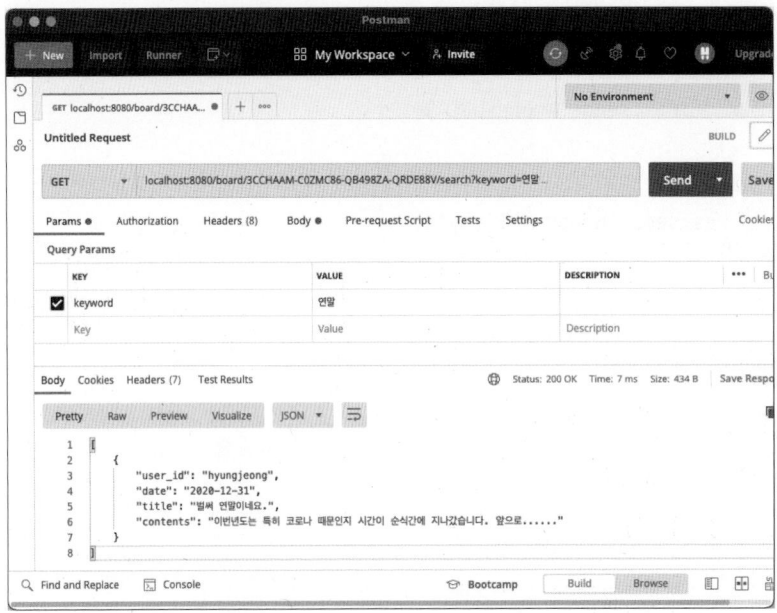

[그림 4-27] localhost:8080/board/발급받은api키/search?keyword=연말

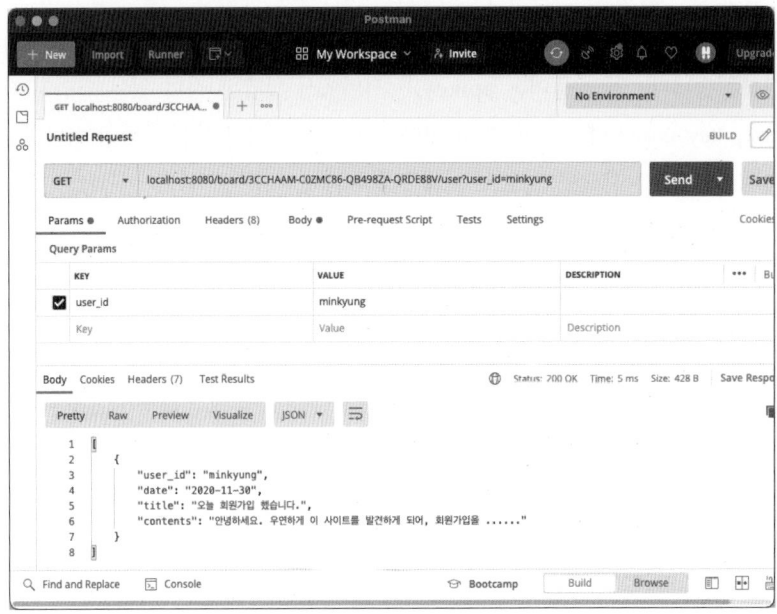

[그림 4-28] localhost:8080/board/발급받은api키/user?user_id=minkyung

이를 응용해서 데이터의 날짜로 데이터를 검색하는 등 다양한 API를 제공하는 API 서버를 만들 수 있습니다.

API 서버 테스트 : CORS

지금까지는 서버에서 서버로 API를 테스트 해보았는데, 이제는 클라이언트가 API 서버를 이용하는 것과 같은 테스트를 해보겠습니다. 이를 위해서 8080포트에 바인딩된 board_api2.js 서버를 실행한 후 서버를 끄지 말아주세요.

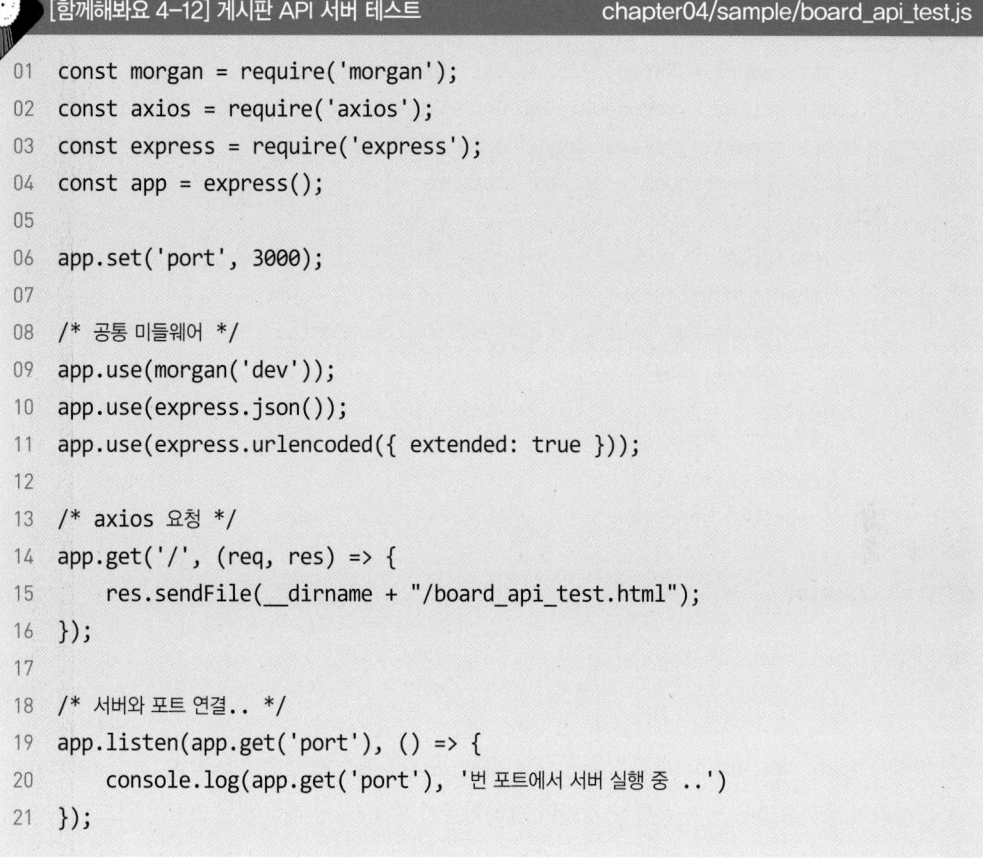

[함께해봐요 4-12] 게시판 API 서버 테스트   chapter04/sample/board_api_test.js

```
01  const morgan = require('morgan');
02  const axios = require('axios');
03  const express = require('express');
04  const app = express();
05
06  app.set('port', 3000);
07
08  /* 공통 미들웨어 */
09  app.use(morgan('dev'));
10  app.use(express.json());
11  app.use(express.urlencoded({ extended: true }));
12
13  /* axios 요청 */
14  app.get('/', (req, res) => {
15      res.sendFile(__dirname + "/board_api_test.html");
16  });
17
18  /* 서버와 포트 연결.. */
19  app.listen(app.get('port'), () => {
20      console.log(app.get('port'), '번 포트에서 서버 실행 중 ..')
21  });
```

먼저 board_api_test.js 서버 파일을 작성해 줍니다. 8080포트에서 돌아가고 있는 서버 외에 다른 포트를 바인딩해주세요. 여기서는 3000번 포트에 해당 서버를 실행했고(6행) '/' 요청에 board_api_test.html 파일을 보내주는 간단한 서버 코드로 작성했습니다(14~16행).

```
01  <!DOCTYPE html>
02  <html lang="en">
03    <head>
04      <meta charset="UTF-8" />
05      <meta http-equiv="X-UA-Compatible" content="IE=edge" />
06      <meta name="viewport" content="width=device-width, initial-scale=1.0" />
07      <title>Board API TEST</title>
08    </head>
09    <body>
10      <div id="result"></div>
11      <script src="https://unpkg.com/axios/dist/axios.min.js"></script>
12      <script>
13        const reqUrl = "http://localhost:8080/board/";
14        const apiKey = encodeURI("3CCHAAM-C0ZMC86-QB498ZA-QRDE88V/");
15        const params = "search?keyword=로드북";
16        const url = reqUrl + apiKey + params;
17        axios
18          .get(url)
19          .then((result) => {
20            document.querySelector("#result").textContent = JSON.stringify(
21              result.data
22            );
23          })
24          .catch((err) => {
25            console.error(err);
26          });
27      </script>
28    </body>
29  </html>
```

같은 위치에 board_api_test.html 파일을 생성합니다. 우리가 테스트 해본 '/board/:apiKey/:type'
요청을 클라이언트(브라우저)가 수행한 것처럼 만들어주기 위해 html 파일에 스크립트 코드로 작성합
니다. '로드북'이라는 키워드를 검색한 결과 데이터(15행)를 axios로 요청해 결과를 받아와서(17~23
행) <div id="result"> 위치에 보여줍니다(10행).

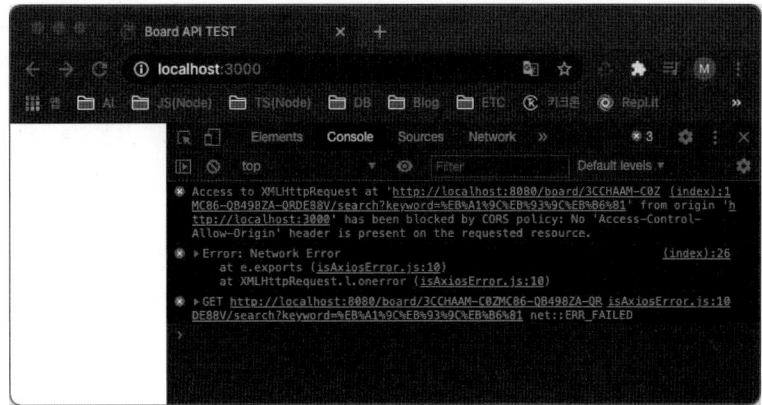

[그림 4-29] localhost:3000/ 실행 결과

그리고 8080포트를 실행한 터미널을 끄지 말고 새로운 터미널을 하나 더 열어 $ npx nodemon chapter04/sample/board_api_test.js 명령어로 board_api_test.js 파일을 실행합니다.

그러면 다음과 같은 오류 메시지를 볼 수 있는데, 이 오류가 바로 악명 높은 CORS 오류입니다.

[실행결과] [함께해봐요 4-13]의 결과   board_api_test.html의 결과

```
Access to XMLHttpRequest at 'http://localhost:8080/board/
3CCHAAM-C0ZMC86-QB498ZA-QRDE88V/search?keyword=%EB%A1%9C%EB%93%9C%EB%B6%81'
from origin 'http://localhost:3000' has been blocked by CORS policy:
No 'Access-Control-Allow-Origin' header is present on the requested resource.
```

CORS란?

CORS란, Cross-Origin-Resource-Sharing의 약자이며 서버에서 서버로 요청을 보낼 때는 상관이 없지만 브라우저에서 서버로 요청을 보낼 때, 도메인 이름이 서로 다른 사이트 간에 공유를 설정하지 않고 위 예제의 axios 요청과 같은 *XMLHttpRequest나 *Fetch API를 호출하면 생기는 오류입니다. 위 예제처럼 동일한 도메인이지만 포트번호만 달라도 도메인이 다른 것으로 간주하여 CORS 오류가 발생합니다.

> **용어정리**
>
> Ajax 비동기식으로 서버와 통신하는 자바스크립트 라이브러리입니다.
>
> XMLHttpRequest http를 통해 쉽게 데이터를 주고받을 수 있는 오브젝트를 제공하며 Ajax 통신도 XMLHttpRequest 규격을 따릅니다.
>
> Fetch API 네트워크 요청/응답에 대한 오브젝트를 제공하며 Ajax를 구현하는 기술 중 하나입니다.

그렇다면, CORS 오류는 왜 생길까요? 내 서버에 아무나 접근해서 나쁜 행위를 하는 것을 막기 위해 서입니다. 악의적인 의도로 내 서버에 접근해 세션을 탈취하거나 보안에 위협을 가하는 행위를 할 수 있기 때문에 기본적으로 SOP_{Same Origin Policy} 보안 모델을 따르게 됩니다. SOP는 같은 출처에 대한 http 요청만 허락한다는 뜻입니다.

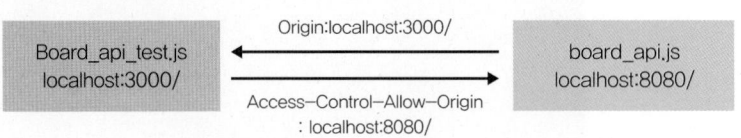

[그림 4-30] Access-Control-Allow-Origin

이를 해결하기 위해서는 API를 제공하는 API 서버 쪽에서, API 요청을 보낸 Origin에 Acess-Control-Allow-Origin을 Response Header에 넣어주어야 합니다.

```
app.get('/board/:apikey/:type', (req, res) => {
    ... 중략
    res.setHeader('Access-Control-Allow-Origin', 'localhost:3000');
res.setHeader('Access-Control-Allow-Credentials', true);
    ... 중략
});
```

API 서버인 board_api2.js 폴더로 돌아가 해당 라우터에는 setHeader() 함수로, 클라이언트의 Response Header에는 'Access-Control-Allow-Origin'을 직접 추가해서 구현할 수 있습니다.

setHeader()의 두 번째 인자는 Access-Control-Allow-Origin을 줄 클라이언트 주소입니다. 만약 '*'를 인자로 넣어주면 모든 주소에 이를 적용한다는 뜻이 됩니다. 그리고 'Access-Control-Allow-Credentials'는 CORS로 인해 쿠키가 전달되지 않는 것을 막아줍니다.

```
$ npm install cors
```

하지만 setHeader()를 통해 직접 Access-Control-Allow-Origin을 응답 헤더에 넣어주는 것보다 npm의 cors 모듈을 이용하면 확장성이 더 좋습니다. cors 모듈을 npm install을 통해 설치합니다.

[함께해봐요 4-14] cors 모듈 설치   chapter04/sample/board_api3.js

```
01  const morgan = require('morgan');
02  const url = require('url');
03  const uuidAPIkey = require('uuid-apikey');
04  const cors = require('cors');  // cors 임포트
```

```
05
06  /* express app generate */
07  const express = require('express');
08  const app = express();
09
10  /* 포트 설정 */
11  app.set('port', process.env.PORT || 8080);
12
13  /* 공통 미들웨어 */
14  app.use(morgan('dev'));
15  app.use(express.json());
16  app.use(express.urlencoded({ extended: true }));
17  app.use(cors());  // 모든 라우터에 cors 적용
18
19  ... 중략
```

board_api2.js 파일([함께해봐요 4-11])에 cors를 불러오는 부분(4행)과, cors를 모든 라우터가 지나 갈 수 있게 등록해주는 부분만 추가하면 됩니다(17행). app.use(cors())로 모든 라우터가 지나갈 수 있게 하지 않고 특정 라우터에만 적용할 수도 있습니다.

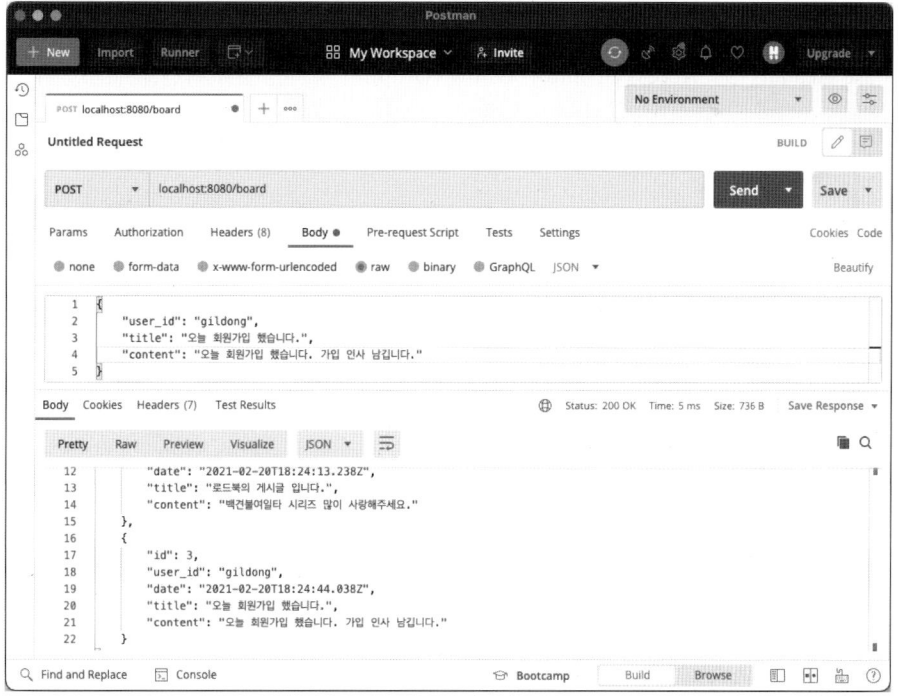

[그림 4-31] POST /board

그리고 `$ node chapter04/sample/board_api3.js` 명령어로 서버를 실행한 후 POST /board 요청으로 게시글 데이터 몇 개를 작성합니다.

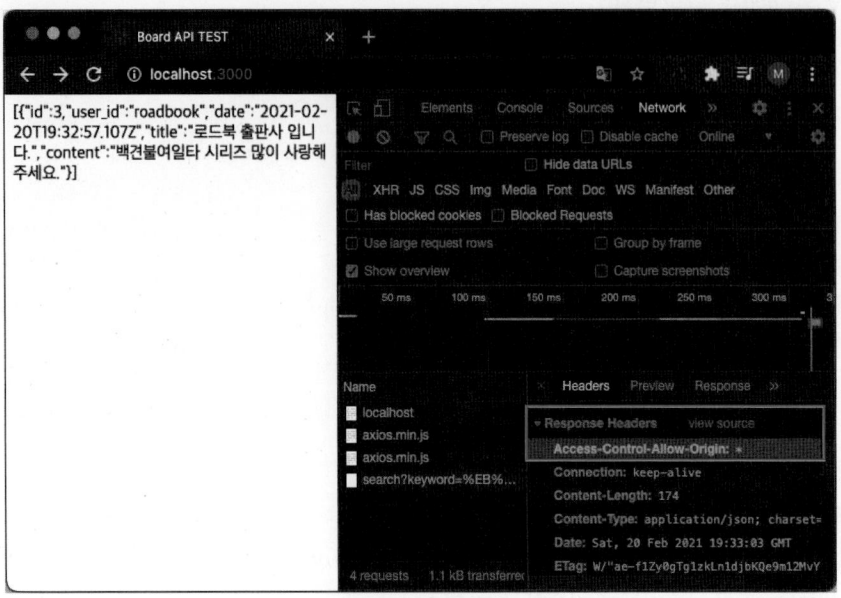

[그림 4-32] localhost:3000/

cors를 적용해준 뒤 다시 localhost:3000/으로 접속해보면 axios로 요청한 데이터도 잘 출력되고 Response Headers에도 Access-Control-Allow-Origin이 넣어진 것을 확인할 수 있습니다. 이렇게 되면 CORS 오류는 더이상 발생하지 않습니다.

4.4 웹 파싱

크롤링, 스크래핑, 파싱

API가 없거나 제한이 있는 웹 페이지에 내가 원하는 정보를 긁어올 때 사용하는 기법들로 크롤링, 스크래핑, 파싱이 있습니다. 눈에 보이는 웹 페이지 프론트 측의 정보를 수집할 수 있는 기법들이지만, 내가 긁어오려는 정보가 있는 웹 사이트에서 이를 원하지 않을 수도 있습니다. 만약 정보 수집이 허락되지 않은 웹 사이트의 내용을 크롤링하여 사용하면 법적 조치를 받게 될 수도 있습니다.

- 크롤링(Crawling) : 자동화된 방법으로 웹을 탐색하는 작업을 말하며 여러 개의 인터넷 사이트의 페이지(문서, html)를 수집해서 분류하는 것입니다.
- 파싱(Parsing) : 어떤 페이지(문서, html)에서 내가 원하는 데이터를 특정 패턴이나 순서로 추출하여 정보를 가공하는 작업을 말합니다.
- 스크래핑(Scraping) : http를 통해 웹 사이트의 내용을 긁어와 원하는 형태로 가공하는 모든 작업을 말하며 크롤링과 파싱도 일종의 스크래핑입니다.

어떤 웹 페이지에 내가 원하는 정보를 얻기 위해 일단 웹 페이지 통째로 문서를 긁어오는 작업을 '크롤링'이라고 합니다. 반면 눈으로 하든, 파싱 라이브러리를 이용하든 구문 분석을 통해 내가 필요한 정보가 있는 곳의 구문과 패턴을 파악하고 이 패턴을 위주로 데이터를 추출해내는 것을 '파싱'이라고 합니다.

Node.js에서 크롤링 및 파싱을 하려면 axios 모듈과 chreerio 모듈이 필요합니다. cheerio는 axios의 결과로 받은 데이터에서 DOM Selector를 사용해서 필요한 데이터만 추출하는 데 사용할 수 있습니다.

```
npm install cheerio
```

axios는 앞서 설치했으니 cheerio만 설치해주면 됩니다.

[표 4-5] cheerio 함수

함수명	설명
load()	html 문자열을 cheerio 객체로 반환합니다.
children()	html selector를 파라미터로 받은 뒤 cheerio 객체에서 선택된 html 문자열에 해당하는 모든 태그를 반환합니다.
each()	콜백 함수를 파라미터로 받아 태그들이 담긴 배열을 순회하면서 콜백 함수를 실행합니다.
find()	html selector를 문자열로 받아 해당 태그를 반환합니다.

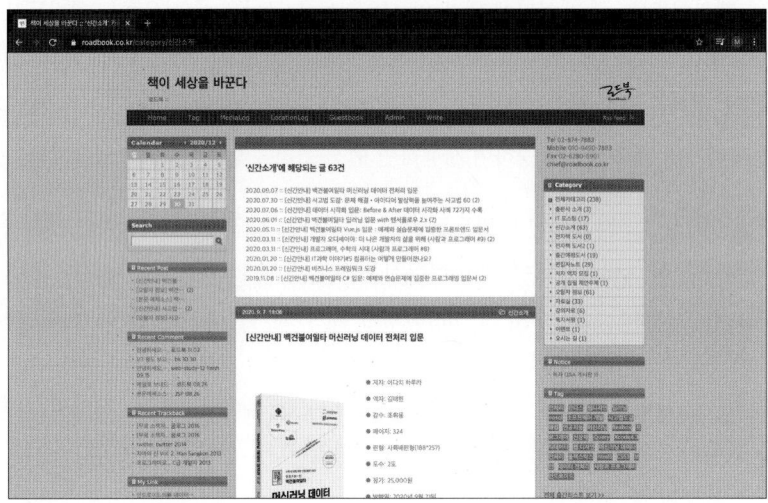

[그림 4-33] 로드북 홈페이지

대부분 대형 사이트는 크롤링이 금지되어 있고, 특히 크롤링한 데이터를 영리적 목적으로 사용할 경우 꼭 크롤링이 허락된 페이지인지 확인해보거나 문의해야 합니다. 우리가 파싱해볼 페이지는 로드북 홈페이지입니다. https://roadbook.co.kr/category/신간안내 코너에 접속해서 가운데 '신간소개'에 해당하는 글의 목록을 크롤링해보겠습니다.

[그림 4-34] 해당 리스트의 html 구조 확인

먼저 해당 리스트의 html 구조가 어떻게 생겼는지 확인을 하는 것이 먼저인데, 해당 페이지에서 개발자 도구를 이용해 확인합니다. Id가 "searchList"인 <div> 태그 밑에, <ol> 태그 밑에, <li> 태그 밑에 <a> 태그 안에 들어있는 텍스트를 가져오면 될 것 같아 보입니다.

```
div#searchList > ol > li > a
```

[함께해봐요 4-15] 웹 페이지 크롤링　　　　　　　　chapter04/sample/crawling.js

```javascript
01  const axios = require("axios");
02  const cheerio = require("cheerio");
03
04  const getHtml = async () => {
05      try {
06          return await axios.get("https://roadbook.co.kr/category/
                                    %EC%8B%A0%EA%B0%84%EC%86%8C%EA%B0%9C");
07      } catch (error) {
08          console.error(error);
09      }
10  };
11
12  getHtml()
13      .then(html => {
14          let ulList = [];
15          const $ = cheerio.load(html.data);
16          const $bodyList = $("div#searchList ol").children("li");
17
18          $bodyList.each(function (i, elem) {
19              ulList[i] = {
20                  bookList: $(this).find('a').text(),
21                  url: $(this).find('a').attr('href'),
22              };
23          });
24
25          const data = ulList.filter(n => n.bookList);
26          return data;
27      })
28      .then(res => console.log(res));
```

먼저 axios, cheerio 모듈을 불러온 뒤(1~2행), axios 모듈의 get() 함수를 이용해 로드북 홈페이지의 신간안내 페이지의 html을 가져옵니다(5행). 그렇게 받은 데이터를 cheerio를 이용하여 원하는 형태로 만들어 줄 수 있습니다. 여기서도 html 데이터를 먼저 가져온 뒤, cheerio로 데이터를 가공해야 하기 때문에 async/await(4~6행)와 promis의 .then()을 사용했습니다(13행).

받은 html 데이터를 cheerio 객체로 변환하고 $ 변수 안에 넣어줍니다(15행). 그리고 내가 원하는 부분을 $bodyList 변수 안에 담아주었습니다(16행). div#searchList 즉, id가 searchList인 div 태그를 의미하고 그 밑에 <ol> 태그까지 지정해준 뒤 children() 함수를 이용해 <ol> 태그 밑에 있는 <li> 태그까지 지정해주었습니다(16행).

each() 함수는 배열을 순회하며 콜백 함수를 실행하는 함수인데, 위에서 만든 $bodyList의 각각의 요소를 돌며 ulList에 넣어주는 역할을 합니다(18~22행). find() 함수를 통해 <a> 태그까지 지정해준 뒤 text() 함수를 이용해 <a> 태그 안에 텍스트만 뽑습니다(20행). attr() 함수는 해당 속성 안에 들어있는 텍스트를 뽑는 함수입니다(21행). 마지막으로 만들어준 ulList를 콘솔에 출력해봅니다(28행).

[실행결과] [함께해봐요 4-15]의 결과   crawling.js의 결과

```
01    [
02            {
03                bookList: '[신간안내] 백견불여일타 머신러닝 데이터 전처리 입문',
04                url: '/244?category=263206'
05            },
06            {
07                bookList: '[신간안내] 사고법 도감: 문제 해결•아이디어 발상력을 높여주는 사고법 60',
08                url: '/241?category=263206'
09            },
10            {
11                bookList: '[신간안내] 데이터 시각화 입문: Before & After
                               데이터 시각화 사례 7두 가지 수록',
12                url: '/238?category=263206'
13            },
14            {
15                bookList: '[신간안내] 백견불여일타 딥러닝 입문 with 텐서플로우 2.x',
16                url: '/235?category=263206'
17            },
18            {
19                bookList: '[신간안내] 백견불여일타 Vue.js 입문
                               : 예제와 실습문제에 집중한 프론트엔드 입문서',
20                url: '/231?category=263206'
21            },
```

```
22      {
23        bookList: '[신간안내] 개발자 오디세이아: 더 나은 개발자의 삶을 위해 (사람과 프로그래머 #9)',
24        url: '/228?category=263206'
25      },
26      {
27        bookList: '[신간안내] 프로그래머, 수학의 시대 (사람과 프로그래머 #8)',
28        url: '/226?category=263206'
29      },
30      {
31        bookList: '[신간안내] IT과학 이야기#5 컴퓨터는 어떻게 만들어졌나요?',
32        url: '/223?category=263206'
33      },
34      { bookList: '[신간안내] 비즈니스 프레임워크 도감', url: '/221?category=263206' },
35      {
36        bookList: '[신간안내] 백견불여일타 C# 입문: 예제와 연습문제에 집중한 프로그래밍 입문서',
37        url: '/218?category=263206'
38      }
39    ]
```

● **이번에 우리가 얻은 것**

이 장에서는 다른 사람이 만든 API를 가져와서 내 서버에 불러오는 법, 직접 내 서버에 API를 올려 API 서버를 만드는 방법까지 알아보았습니다. 응용 프로그램끼리 대화를 하는 것 마냥 서로 데이터를 주고받을 수 있고 이를 위해 필요한 형식과 수단이 API입니다. API를 도대체 어떻게 사용하는지 눈으로 확인하기 위해 네이버에서 제공하는 오픈 API를 이용해서 네이버의 실시간 뉴스 데이터를 가져와서 내 클라이언트에게 보내주기도 했고, 공공 데이터 포털의 REST API를 이용해 미세 먼지 정보를 가져와 우리의 메인 화면을 꾸며주기도 했답니다.

이렇게 다른 사람이 만든 유용한 API를 사용해보니 API를 직접 만들어보고 싶다고 생각이 들지 않았습니까? 그래서 내 서버에 있는 정보를 다른 사람에게 제공할 수 있는 API를 만들어보는 방법도 살짝 배워보았는데, 이를 위해 REST라는 개념이 필요했습니다. 요청한 주소만 보고도 어떤 요청인지, 요청을 보낸 사람이 어떤 데이터를 원하는지 알 수 있게 만든 형식을 의미했습니다.

오픈 API를 통해 정보를 제공하고 있는데 갑자기 사용자가 10,000명이 넘게 들어와서 이를 이용했다고 생각해봅시다. 그렇다면 API 요청 횟수를 초과하게 될 수도 있고 한 번에 많은 요청이 몰려 서버에 부하가 올 수도 있습니다. 그래서 Redis를 이용해 정보를 캐시에 저장해놓고 그것을 보내주기만 하면 되는 간단한 캐시 기능도 구현해보았습니다.

다음 장에서 다룰 데이터베이스를 배우기 전의 워밍업이라고 생각해보고 배운 것을 바탕으로 나만의 기능도 만들어보는 연습을 해봅시다.

● 이것만은 알고 갑시다

1. API는 응용 프로그램끼리 정보를 주고 받기 위한 형식이자 약속입니다.

2. 데이터의 형식 중에 XML과 JSON이 많이 사용되고 특히 JSON을 많이 사용하는데 {키:값} 형태의 데이터 구조를 말합니다.

3. REST API란 요청한 주소만 보고도 어떤 요청인지 예상 가능하게 하는 형식을 말합니다. URI와 http 요청 메서드를 통해 RESTful API를 설계할 수 있습니다.

4. http 요청 메서드에는 GET, POST, DELETE, PUT, PATCH가 있고 목적(데이터 추가, 삭제, 조회, 수정)에 따라 구분해서 사용합니다.

5. 웹 페이지에서 정보를 긁어오는 기법으로 웹 크롤링, 스크래핑, 파싱이 있습니다. 웹 페이지 문서를 통째로 긁어오는 것을 '크롤링'이라고 하며 구문 분석을 통해 내가 필요한 정보로 바꾸는 것을 '파싱'이라고 합니다.

6. 웹 파싱을 위한 Node.js 모듈로는 axios와 cheerio가 있습니다.

7. 불필요한 요청을 줄이기 위해 데이터베이스에 정보를 미리 저장해 놓고 불러오는 것을 '캐싱'이라고 합니다.

8. Redis는 NoSQL 기법 중 하나이며 데이터를 키-값 쌍으로 저장하는 데이터 관리 시스템입니다.

9. Redis의 자료구조로는 키-문자열, 키-리스트, 키-해시 등이 있고 자료구조마다 데이터를 저장하고 불러오고 삭제하는 명령어가 다릅니다.

나의 이해도를 측정하자

1. redis3.js를 참고해서 naver_request.js에 Redis를 이용한 캐싱 시스템을 추가해봅시다.

* redis3.js

```javascript
const path = require('path');
const dotenv = require('dotenv');
dotenv.config({ path: path.resolve(__dirname, "../../.env") }); const morgan
= require('morgan');
const axios = require('axios');

/* express app generate */
const express = require('express');
const app = express();

/* redis connect */
const redis = require('redis');
const client = redis.createClient(6379, '127.0.0.1');
client.on('error', (err) => {
    console.log('Redis Error : ' + err);
});

/* 포트 설정 */
app.set('port', process.env.PORT);

/* 공통 미들웨어 */
app.use(morgan('dev'));
app.use(express.json());
app.use(express.urlencoded({ extended: true }));

/* 리우팅 설정 */
app.get('/airkorea', async (req, res) => {
    await client.lrange('airItems', 0, -1, async (err, cachedItems) => {
        if (err) throw err;
        if (cachedItems.length) { // data in cache
            res.send(' 데이터가 캐시에 있습니다. <br>
            관측 지역: ${cachedItems[0]} / 관측 시간: ${cachedItems[1]} <br>
            미세먼지 ${cachedItems[2]} 초미세먼지 ${cachedItems[3]} 입니다.');
```

```
        } else {  // data not in cache
            const serviceKey = process.env.airServiceKey;
            const airUrl = "http://openapi.airkorea.or.kr/openapi/services/
rest/ArpltnInforInqireSvc/getMsrstnAcctoRltmMesureDnsty?";

            let parmas = encodeURI('ServiceKey') + '=' + serviceKey;
            parmas += '&' + encodeURI('numOfRows') + '=' + encodeURI('1');
            parmas += '&' + encodeURI('pageNo') + '=' + encodeURI('1');
            parmas += '&' + encodeURI('dataTerm') + '=' +
encodeURI('DAILY');
            parmas += '&' + encodeURI('ver') + '=' + encodeURI('1.3');
            parmas += '&' + encodeURI('stationName') + '=' + encodeURI('마포
구');
            parmas += '&' + encodeURI('_returnType') + '=' +
encodeURI('json')

            const url = airUrl + parmas;

            try {
                const result = await axios.get(url);
                const airItem = {
                    "location": result.data.ArpltnInforInqireSvcVo
                                ["stationName"],  // 지역
                    "time": result.data.list[0]['dataTime'],   // 시간대
                    "pm10": result.data.list[0]['pm10Value'],  // pm10 수치
                    "pm25": result.data.list[0]['pm25Value']   // pm25 수치
                }
                const badAir = [];
                // pm10은 미세먼지 수치
                if (airItem.pm10 <= 30) {
                    badAir.push("좋음☺☺");
                } else if (pm10 > 30 && pm10 <= 80) {
                    badAir.push("보통☺☺");
                } else {
                    badAir.push("나쁨☹☹");
                }
```

```javascript
        //pm25는 초미세먼지 수치
        if (airItem.pm25 <= 15) {
            badAir.push("좋음☺☺");
        } else if (pm25 > 15 && pm10 <= 35) {
            badAir.push("보통☺☺");
        } else {
            badAir.push("나쁨☹☹");
        }

        const airItems = [airItem.location, airItem.time,
badAir[0],
                            badAir[1]];
        airItems.forEach((val) => {
            client.rpush('airItems', val);  // redis에 저장
        });
        client.expire('airItems', 60 * 60);

        res.send('캐시된 데이터가 없습니다.');
        } catch (error) {
            console.log(error);
        }
    }
  })
});

/* 서버와 포트 연결.. */
app.listen(app.get('port'), () => {
    console.log(app.get('port'), '번 포트에서 서버 실행 중 ..')
});
```

힌트!
Redis 모듈을 사용해 데이터를 저장하고 불러오는 방법을 떠올려봅시다.

정답은 https://github.com/MinkyungPark/roadbook-nodejs/tree/master/chapter04/solution에서 확인할 수 있습니다.

2. REST API는 URI와 http 요청 메서드를 통해 어떤 요청인지 추측할 수 있게 하는 방법을 말합니다. 다음 URL은 어떤 요청을 의미하는지 해석해봅시다.

1.   /api/board/apiKey/search?keyword=오늘날씨

힌트!
REST API를 어떤식으로 설계했는지 떠올려봅시다.

수백 번 본들 한번 만들어볼만 하라!
百見不如一打
백견불여일타

Node.js로
서버 만들기

5장

Node.js와
데이터베이스

지금까지 구현한 예제에서 데이터를 별도의 데이터베이스에 두지 않고 변수 객체에 저장했습니다.
그렇다면 요청과 응답에서 사용한 데이터는 모두 어디에 있는 걸까요? 객체들은 프로그램이 돌아가
는 동안 메모리의 한 공간을 차지하면서 필요할 때마다 꺼내 쓰기도 하고 새로 생성된 데이터를 저
장하기도 했는데, 이들은 모두 서버가 종료되면 메모리와 함께 소멸되어 버립니다. 따라서 데이터를
영구적으로 유지하기 위한 프로그램을 만들려면 데이터베이스는 필수로 구현해야 합니다. 데이터베
이스에는 크게 두 종류가 있습니다. 관계형 데이터베이스와 관계형 데이터베이스가 아닌 비관계형
데이터베이스입니다. 이 두 가지 옵션 중 관계형 데이터베이스로는 MySQL, 비관계형 데이터베이스
로는 MongoDB로 데이터베이스를 구현해보면서 데이터베이스에 대해 알아봅니다.

#데이터베이스#RDBMS#NoSQL

"여러 사람이 공유하여 사용할 목적으로 체계화해 통합, 관리하는 데이터의 집합이다."

데이터베이스에 대한 정의를 내리면 위와 같습니다. 데이터를 영구적으로 보관하기 위해서뿐만 아니라 많은 종류의 그리고 많은 양의 데이터를 관리하기 위해 사용한다는 뜻이 됩니다. 그리고 데이터 간의 관계를 표현하기 위해서도 데이터베이스는 중요합니다. 학생들의 정보, 학생들의 수강신청 정보, 각 과목의 정보 등이 담긴 자료가 있다고 해봅시다. 우리는 이러한 정보를 보고 각 정보의 연관 관계를 쉽게 파악할 수 있습니다. 예를 들어, 수강신청 정보를 가지고 A 학생이 듣는 B라는 과목의 담당 교수의 이름을 알려면 과목 정보 자료를 보면 알 수 있는 것처럼 말입니다. 하지만 컴퓨터는 이러한 관계를 알지 못합니다. 따라서 이러한 관계를 풀어 데이터베이스로 표현해 컴퓨터가 이해할 수 있도록 해주어야 합니다.

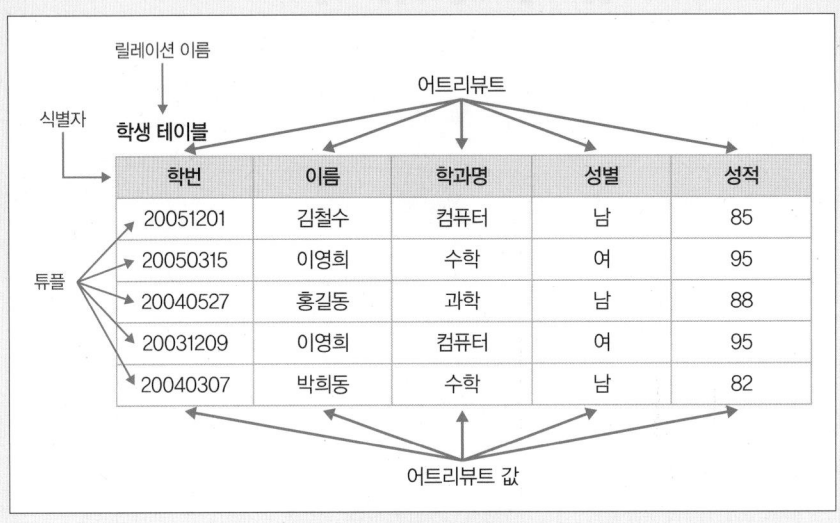

[그림 5-1] 학생 릴레이션

우리가 자바스크립트에서 하나의 큰 카테고리를 객체로 만들고 그 객체의 특성을 프로퍼티로 만들어 객체 안에 넣었던 것처럼, 데이터베이스의 테이블도 이와 비슷하게 만들 수 있습니다.

하나의 객체를 릴레이션(테이블)으로 만들고 그 개체를 잘 나타낼 수 있는 여러 속성을 만듭니다. 여기서는 '학생'이라는 현실 세계의 사물을 하나의 릴레이션으로 만들고 학생들이 가지고 있는 여러 속성들, 예를 들어, 학번, 이름, 학과명 등을 속성으로 지정했습니다. 이를 '어트리뷰트'라고 하는데, 테이블의 '열=컬럼=필드'에 해당합니다.

각 어트리뷰트의 값을 '튜플'이라고 하며 테이블의 '행=로우=레코드'에 해당합니다. 객체의 인스턴스를 만드는 것과 비슷합니다.

그리고 각 릴레이션(테이블)은 '기본 키'가 될 식별자를 지정해주어야 합니다. 이 식별자는 각 레코드를 식별해주는 역할을 해야 합니다. 학생을 식별할 수 있는 속성에는 어떤 것이 있을까요? 이름으로 지정한다면 컴퓨터학과의 이연희와 수학과의 이연희를 구분할 수 있을까요? 우리가 주민번호를 통해 개개인을 구별하는 것처럼 '[그림 5-1] 학생 릴레이션'에서는 학번을 통해 각 레코드를 식별해 줄 수 있어야 합니다.

그리고 외래 키를 이용해 릴레이션 간의 관계를 맺게 됩니다. 예를 들어, '학생' 테이블이 있고 해당 학생들이 수강한 '과목'이라는 테이블이 있으면, 과목의 학번 컬럼을 외래 키로 지정하고 해당 컬럼을 이용해 학생 테이블에 접근해서 학생에 대한 정보를 얻을 수 있게 하는 식으로 관계를 구성합니다.

5.1 SQL과 NoSQL

SQL

SQL은 'Structured Query Language'의 약자로 말 그대로는 '구조화한 쿼리 언어'입니다. 'Query'는 '물어보다'라는 뜻이고 앞에 'Structured'가 붙었으니 구조화해서 물어보는 프로그래밍 언어라는 뜻이 됩니다. 여기서 구조화해서 물어본다는 것은 데이터를 수정, 삭제, 갱신, 조회할 때 정해진 규칙으로 명세한다는 뜻입니다. 또, SQL은 어떤 데이터가 있고 그 값만을 가지고 데이터를 구조화하는 것이 아니라 각 데이터 간의 관계를 규정하고 스키마라는 구조를 통해 데이터를 정형화합니다. "학생 테이블의 학번 속성은 숫자로만 이루어져야 하고, 중복될 수 없으며, 숫자의 최대 길이는 12를 넘지 않아야 한다" 등의 규칙을 정해 놓고 그 규칙에 따라 데이터를 입력하고 수정하고 삭제하는 방식입니다.

이러한 SQL의 종류에는 MySQL, 오라클, MSSQL, PostgreSQL 등이 있습니다.

NoSQL

NoSQL은 기본적으로 SQL이 아닌(No) 데이터베이스 즉, 관계형 데이터베이스가 아닌 모든 것을 말합니다. SQL에서 중요한 관계나 스키마가 따로 없습니다. SQL에서 정해진 스키마를 따르지 않는 데이터를 추가할 수 없었다면 NoSQL은 따로 정해진 규칙이 없이 데이터를 추가하고 수정하고 삭제할 수 있습니다. NoSQL은 데이터를 Key-Value나 Column, Document, Graph 등의 형태로 저장합니다. Key-Value로 저장하는 종류에는 Redis, Cash, Dynamodb 등이 있고 Document로 저장하는 종류로는 MongoDB, Couchbase 등이 있습니다.

이러한 SQL과 NoSQL은 장단점이 달라 상호 보완적입니다. 따라서 데이터 유형에 따라 SQL을 사용할지 NoSQL을 사용해야 할지를 결정해야 합니다. 하지만 대부분의 경우 하나의 서비스에서 사용하는 데이터가 SQL이나 NoSQL 중 하나만 필요한 경우는 거의 없고, 필요에 따라 SQL과 NoSQL을 동시에 사용하는 것이 좋습니다.

[표 5-1] 데이터 유형에 따른 SQL 종류

종류	주로 사용하는 데이터 유형
SQL	• 서로 관계가 있는 데이터 구조를 만들고 싶을 경우에 사용합니다. • 각 관계에 대한 데이터가 자주 수정되는 경우에 사용합니다. • 서비스에 명확한 스키마가 중요할 경우에 사용합니다.
NoSQL	• 데이터의 형태를 정확히 규명할 수 없는 경우에 사용합니다. • 읽기(Read)가 변경(Update)보다 많은 데이터일 경우에 사용합니다. • 데이터의 양이 많아 수평으로 확장해야 하는 경우에 사용합니다.

여기서 잠깐

데이터의 수직 확장과 수평 확장

- 수직 확장 열과 행을 가진 테이블이 있을 때 행(레코드)이 많아지는 경우를 말하며 데이터의 개수가 늘어나는 것을 뜻합니다.
- 수평 확장 열과 행을 가진 테이블이 있을 때 열(속성)이 많아지는 경우를 말하며 SQL의 경우 열(속성)은 처음부터 정해져 있으므로 각 데이터의 속성이 1개일지 100개일지 알 수 없을 때는 NoSQL을 이용해야 합니다.

5.2 SQL : MySQL

개발환경 설정

MySQL과 워크벤치 설치

윈도우즈

먼저 MySQL 다운로드 사이트인 https://dev.MySQL.com/downloads/installer/에 접속합니다.

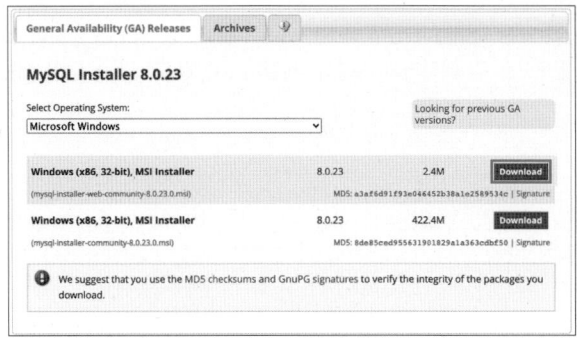

[그림 5-2] MySQL 설치 ①

먼저 최소한의 용량만을 사용하는 인스톨러를 다운받습니다. 추후 용량이 더 필요하다면 추가하면 되므로 일단 작은 용량의 인스톨러의 [download] 버튼을 클릭합니다.

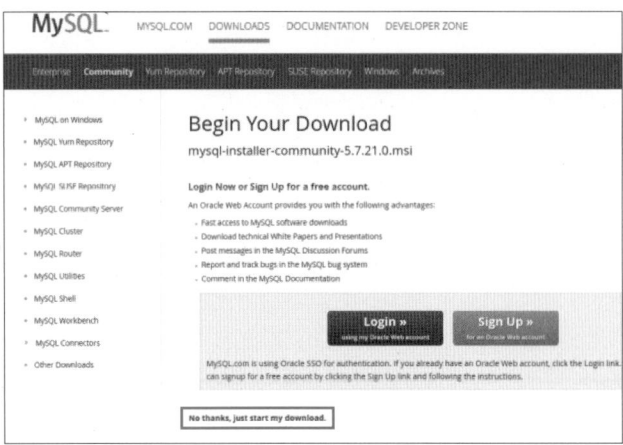

[그림 5-3] MySQL 설치 ②

로그인하지 않고 설치하려면 [No thanks, just start my download] 버튼을 클릭합니다.

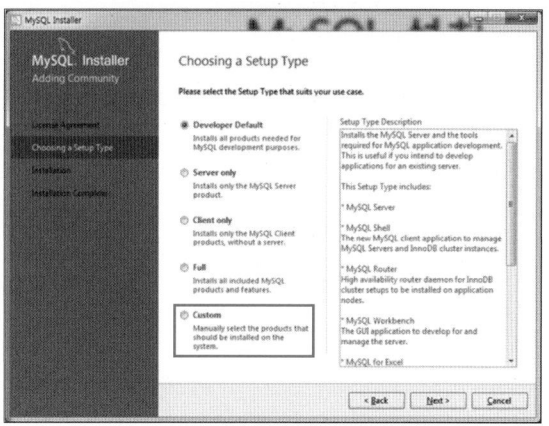

[그림 5-4] MySQL 설치 ③

'License Agreement'는 동의 후 [Next] 버튼을 누르면 Setup 타입을 선택할 수 있는데 'Custom'을 선택합니다.

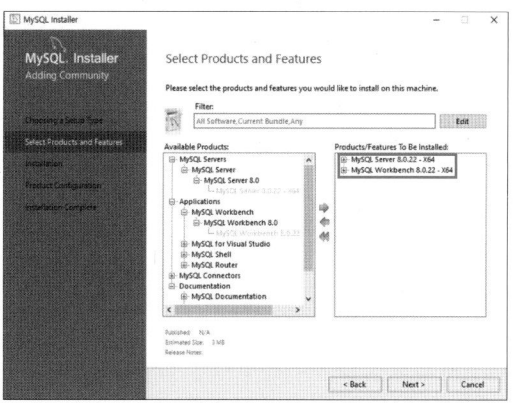

[그림 5-5] MySQL 설치 ④

그런 후 MySQL Server와 Workbench만 선택하여 설치합니다. 필요한 기능이 있다면 더 추가해도 무방합니다. 쭉 [Next] 버튼을 누르면 Check Requirements 단계에서 MySQL 설치를 위한 MS Visual C++ 2015와 같은 필수 파일이 있는지 체크하는데, 이 패키지가 설치되 있지 않다면 [Execute] 버튼을 눌러 설치합니다. 나머지는 따로 건드릴 필요가 없고 username과 root 암호만 설정해주면 설치가 완료됩니다.

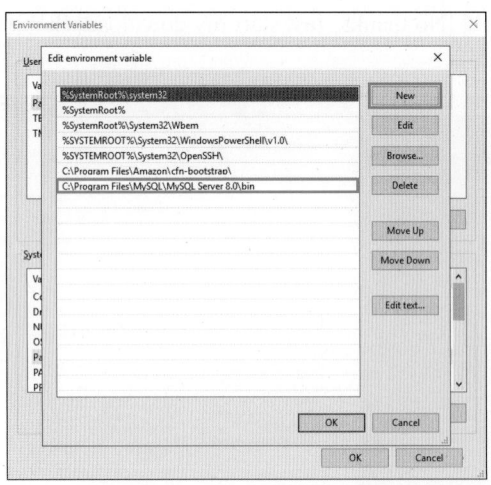

[그림 5-6] MySQL 환경변수 등록

MySQL 설치 확인을 위해서, MySQL 서버가 설치된 폴더의 bin 폴더까지의 경로를 환경변수의 path에 등록해주거나, cd 명령어로 bin 폴더까지 이동 후 명령어를 입력해주면 됩니다.

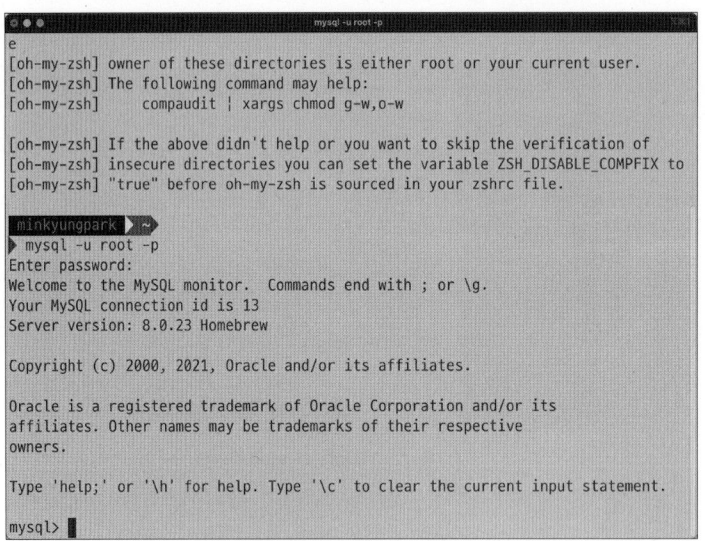

[그림 5-7] 설치 확인

$ mysql -u root -p 명령어를 통해 MySQL에 접속하고, 설치할 때 등록했던 root 비밀번호를 입력하면 MySQL 프롬프트로 접근할 수 있게 됩니다. 여기서 -u는 user를 뜻하는데 -u 뒤에 사용자 이름을 적어주면 됩니다. 여기서는 root를 사용합니다. -p는 명시한 사용자가 비밀번호가 있으니 입력해서 접속하겠다고 해주는 옵션입니다. 여기서 쿼리문을 직접 입력해 데이터베이스와 테이블을 만들어도 되고 워크벤치를 사용해도 됩니다. 다음은 워크벤치를 맥과 리눅스에서 어떻게 설치하는지 살펴보겠습니다.

맥

```
$ usr/bin/ruby -e "$(curl —fsSL https://raw.githubusercontent.com/Homebrew/
install/master/install)"
```

Homebrew가 없다면 먼저 설치합니다.

```
$ brew install mysql
```

Homebrew의 brew 명령어를 통해 MySQL을 설치하면 됩니다. 만약 사양 문제로 설치가 잘 되지 않는다면 버전을 낮춰서 설치해보는 것도 좋은 방법입니다.

```
$ brew install mysqlworkbench
```

워크벤치도 brew를 통해 설치해줍니다. 또는 https://dev.MySQL.com/downloads/workbench/에서 설치 파일을 다운받아 설치할 수도 있습니다.

```
$ mysql_secure_installation
```

Homebrew로 설치했다면 위의 명령어로 root 비밀번호를 설정해 줍니다.

> **여기서 잠깐**
>
> 맥에서 MySQL에 접속하여 명령어를 이용해 데이터베이스를 조작하는 방법은 brew로 설치했을 경우와 홈페이지에서 dmg 설치 파일을 통해 설치한 경우가 좀 다릅니다. 워크벤치를 통해 데이터베이스를 조작할 경우 그냥 넘어가도 되지만 명령창을 통해 데이터베이스를 생성하고 싶은 경우 '참고 링크'에서 명령어들을 확인해주세요.

리눅스

```
$ sudo apt-get update
$ sudo apt-get install -y mysql-server
```

위 명령어를 통해 MySQL–server를 설치합니다.

```
$ sudo apt-get install mysql-workbench
```

위 명령어를 통해 MySQL–workbench까지 설치할 수 있습니다.

```
$ mysql_secure_installation
```

root 비밀번호를 설정해 줍니다.

데이터베이스 생성하기

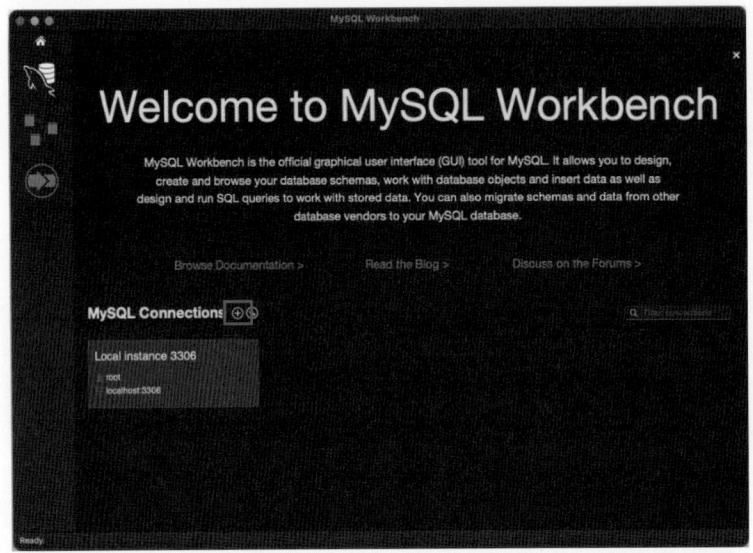

[그림 5-8] 새로운 커넥션 생성

MySQL을 사용해서 데이터베이스를 생성하는 방법에는 두 가지가 있는데, 하나는 명령 프롬프트를 이용하는 방법이고 다른 하나는 워크벤치workbench를 이용하는 방법이 있습니다. 워크벤치는 우리가 코딩하기 위해 VS code를 받아 사용하는 것처럼 보기 좋은 환경을 위한 일종의 개발환경입니다. 데이터베이스와 테이블을 만들 때 시각적인 정보를 제공해주어 좀 더 직관적으로 데이터베이스를 만들 수 있습니다.

첫 화면에서 MySQL Connections 옆에 + 버튼을 누르면 새로운 커넥션을 생성할 수 있습니다. 커넥션은 우리가 프로젝트 폴더를 생성하는 것과 같은 것이라고 생각하면 됩니다.

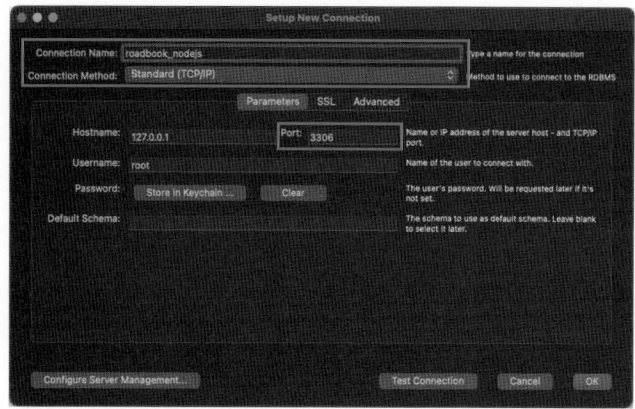

[그림 5-9] 커넥션 이름 설정

커넥션 이름을 설정해주고 나머지는 기본 값으로 두어도 무방합니다. MySQL이 TCP/IP 소켓 바인딩에 사용될 포트번호는 기본 3306이며 이 포트를 이용해 노드 프로젝트에 연결할 수 있게 됩니다.

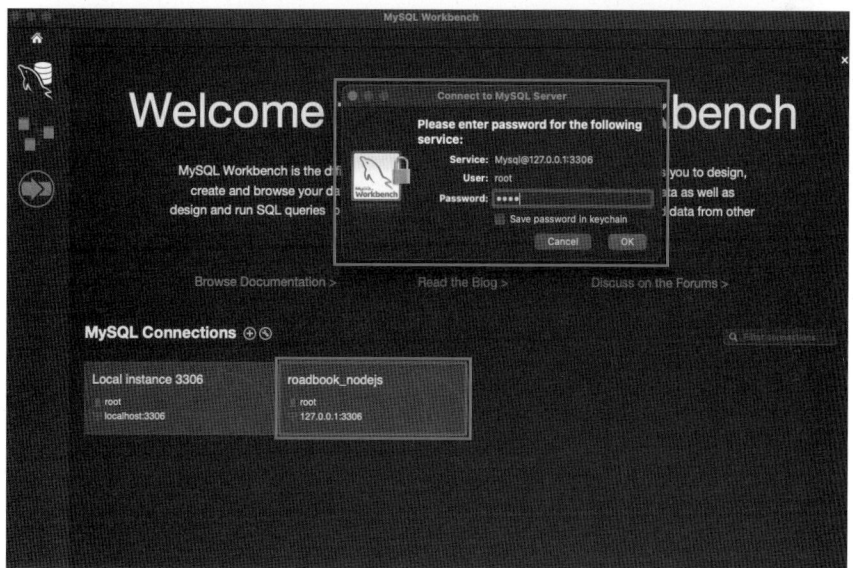

[그림 5-10] MySQL 서버 접속

생성한 커넥션을 클릭하고, 설정한 비밀번호를 입력하여 접속합니다.

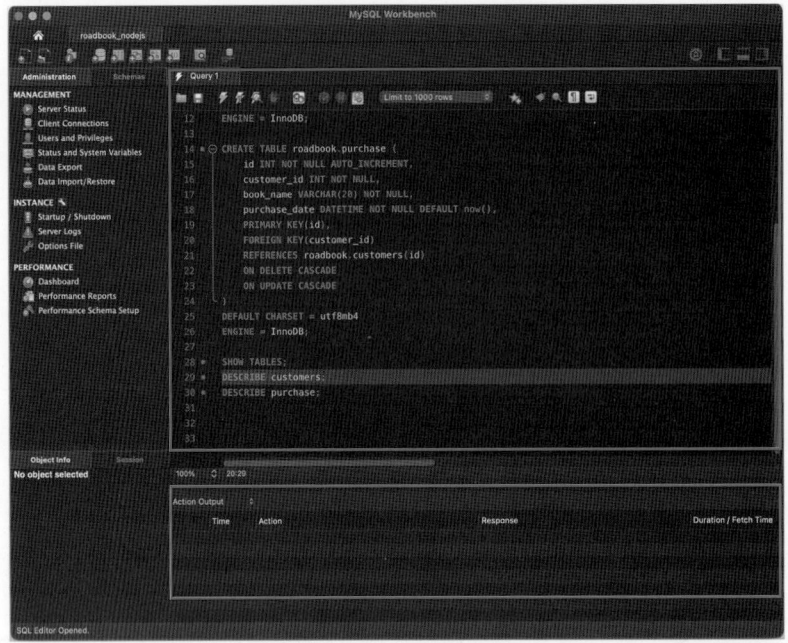

[그림 5-11] 워크벤치 작동 창

접속하면 위와 같은 화면이 생기고, 상단의 별색 박스 부분(이하 '쿼리 박스')에 쿼리 명령어를 작성하면 화면 아래 박스에 결과가 표시됩니다.

쿼리 기본 사용법

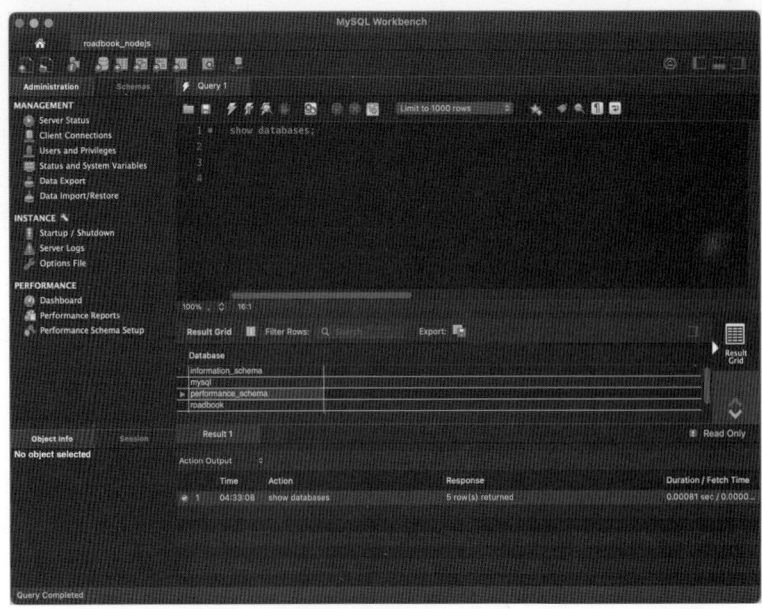

[그림 5-12] 쿼리문 작성

쿼리 박스에 show databases;이라는 쿼리문을 작성하고 해당 행에 커서를 두고 윈도우즈의 경우 ⟨control⟩+⟨enter⟩, 맥의 경우 ⟨command⟩+⟨enter⟩를 눌러 쿼리를 실행합니다. 그냥 ⟨enter⟩만 눌렀을 경우 다음 줄로 넘어가게 됩니다. 여러 줄을 한 번에 수행하거나 원하는 부분만 수정하고자 하면 해당 부분을 드래그하여 ⟨control(command)⟩+⟨enter⟩를 누르면 선택한 영역의 쿼리문만 실행됩니다.

또한 MySQL은 대소문자를 구별하지 않고, 한 쿼리당 콜론(;)을 붙여 구분합니다. 이 책에서는 워크벤치를 이용한 쿼리문을 다루겠습니다.

쿼리문 작성하기

```
> CREATE SCHEMA `roadbook` default CHARACTER SET UTF8;
> USE roadbook;
> SHOW DATABASE;
```

먼저 CREARTE SCHEMA 쿼리문으로 데이터베이스를 생성합니다. MySQL에서는 데이터베이스와 스키마는 같은 의미로 사용됩니다. 그래서 첫 번째 쿼리문을 CERATE DATABASE로 바꾸어도 동일한 결과를 냅니다. default CHARACTER SET UTF8 옵션을 지정해서 한글을 사용할 수 있게 했습니다. 하나의 데이터베이스 안에는 연관된 테이블을 생성합니다. 예를 들어 saleservice라는 데이터베이스를 만들었으면 그 안에 고객, 상품, 배송, 판매 등 관련 정보를 담은 테이블을 생성하면 됩니다.

데이터베이스에서 데이터베이스명, 테이블명, 컬럼명 등 모든 이름에는 소문자를 사용하고, 공백 대신 _를, 조작어는 대문자를 사용하는 것이 좋습니다.

USE DATABASE로 해당 데이터베이스를 지금부터 사용한다고 알려주고, SHOW DATABASE 쿼리문을 통해 모든 데이터베이스를 조회할 수 있습니다. 여기서 우리가 생성한 roadbook이라는 데이터베이스말고도 다른 데이터베이스가 보이는데, 이는 MySQL 시스템을 위한 데이터베이스입니다. 따라서 모르고 삭제하는 일이 없도록 주의합시다. 이 중 하나만 살펴보자면, MySQL 데이터베이스는 db, host, user 등의 기본 테이블을 가지고 있고, 이 테이블들은 MySQL의 권한과 관련이 있습니다.

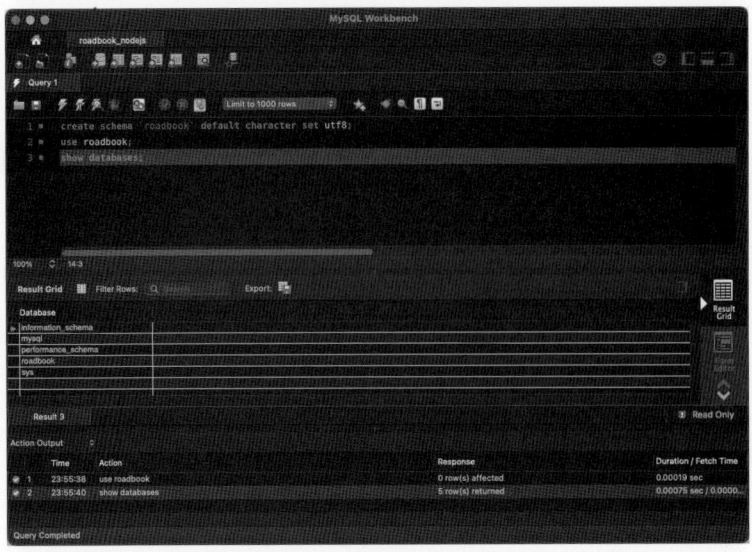

[그림 5-13] 데이터베이스 구조

테이블 생성하기

```
> CREATE TABLE roadbook.customers (
    id INT NOT NULL AUTO_INCREMENT,
    name VARCHAR(20) NOT NULL,
    age INT UNSIGNED NOT NULL,
    sex VARCHAR(10) NOT NULL,
    joined_date DATETIME NOT NULL DEFAULT now(),
    PRIMARY KEY(id)
)
DEFAULT CHARSET = utf8mb4
ENGINE = InnoDB;

> CREATE TABLE roadbook.purchase (
    id INT NOT NULL AUTO_INCREMENT,
    customer_id INT NOT NULL,
    book_name VARCHAR(20) NOT NULL,
    purchase_date DATETIME NOT NULL DEFAULT now(),
    PRIMARY KEY(id),
    FOREIGN KEY(customer_id)
    REFERENCES roadbook.customers(id)
    ON DELETE CASCADE
    ON UPDATE CASCADE
)
```

```
DEFAULT CHARSET = utf8mb4
ENGINE = InnoDB;
```

구매자의 정보를 담을 customers 테이블과 구매 정보를 담은 purchase 테이블을 생성했습니다. 여기서 테이블명을 roadbook.customers라고 해주었는데 이는 roadbook 데이터베이스 안에 customers 라는 테이블이 있다는 뜻입니다. 이미 use roadbook;을 통해 roadbook 데이터베이스를 사용하고 있으니 roadbook. 부분을 생략해서 CREATE TABLE customers~라고 써도 무방합니다.

테이블을 생성할 때 컬럼의 특징에 따라 NULL을 허용할지, 데이터 타입은 어떤 것으로 할지, 기본 키는 어떤 컬럼으로 지정할지, 두 테이블 간 관계는 어떻게 설정할지 등을 지정해줍니다. 예를 들어 id라는 컬럼은 INT 타입으로 설정하며 NULL을 허용하지 않고 하나의 레코드가 생성되면 자동으로 인덱스 값이 증가하도록 만들었습니다(id INT NOT NULL AUTO_INCREMENT).

고객 테이블(customers)의 id와 구매 테이블(purchase)의 customer_id를 연결해 관계를 설정했습니다(FOREIGN KEY(customer_id)). 이때 REFERENCES를 이용하고 ON DELETE와 ON UPDATE 옵션은 참조하고 있는 테이블의 컬럼이 삭제되거나, 변경될 때, 어떻게 할 것인지 설정하는 옵션입니다. CASCADE로 설정했으면 고객이 탈퇴했을 경우, 해당 고객의 구매 기록까지 삭제한다는 뜻이 됩니다.

```
> SHOW TABLES;
```

생성된 테이블 목록을 확인해 봅시다.

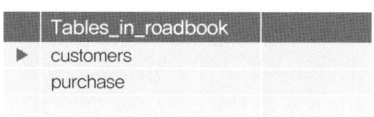

Tables_in_roadbook
▶ customers
purchase

[그림 5-14] 생성된 테이블 목록

```
> DESCRIBE customers; # DESC customers;
```

DESC 또는 DESCRIBE 명령어로 테이블의 구조를 조회할 수 있습니다.

	Field	Type	Null	Key	Default	Extra
▶	id	int	NO	PRI	null	auto_increment
	name	varchar(20)	NO		null	
	age	varchar(20)	NO		null	
	sex	varchar(10)	NO		null	
	joined_date	datetime	NO	NO	CURRENT_TIMESTAMP	DEFAULT_GENERATED

[그림 5-15] Customers 테이블 구조 조회

```
> DESCRIBE purchase; # DESC purchase;
```

Field	Type	Null	Key	Default	Extra
id	int	NO	PRI	null	auto_increment
customer_id	int	NO	MUL	null	
book_name	varchar(20)	NO		null	
purchase_date	datetime	NO		CURRENT_TIMESTAMP	DEFAULT_GENERATED

[그림 5-16] purchase 테이블 구조 조회

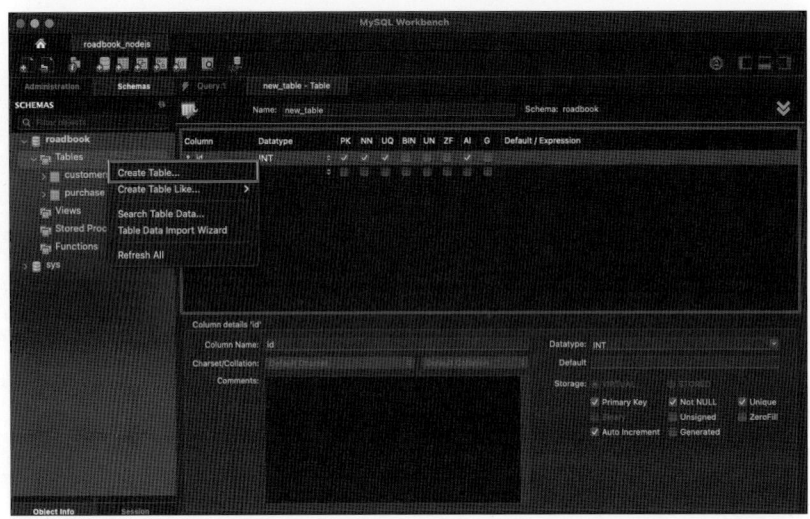

[그림 5-17] MySQL 워크벤치에서의 테이블 생성

쿼리문은 꽤나 엄격해서 쿼리문을 사용할 때 쉼표(,) 하나라도 빠지면 쿼리문이 실행되지 않습니다. 그러므로 위 그림처럼 워크벤치에서 Create Table을 통해 직관적으로 테이블을 생성하는 방법도 사용할 수 있습니다. 하지만, 노드나 다른 프로그램과 SQL을 연동할 때는 쿼리문에 익숙해져 있는 것이 필요하므로 되도록이면 직접 쿼리문을 작성하는 것을 추천합니다.

CRUD 작업

데이터를 생성하고(Create), 조회하고(Read), 수정하고(Update), 삭제하는(Delete) 것이 데이터베이스에서 가장 많이 하는 작업이며 이를 줄여 CRUD라고 합니다. 간단하게 이 작업들을 살펴봅시다.

Create. 〉INSERT INTO 테이블명(컬럼명) VALUES(넣을 값);

```
> INSERT INTO roadbook.customers(name, age, sex) VALUES('홍길동', 30, '남');
> INSERT INTO roadbook.customers(name, age, sex) VALUES('이수진', 23, '여');
> INSERT INTO roadbook.customers(name, age, sex) VALUES('박민철', 21, '남');
> INSERT INTO roadbook.customers(name, age, sex) VALUES('이세라', 35, '여');
```

```
> INSERT INTO roadbook.customers(name, age, sex) VALUES('김유미', 46, '여');

> SELECT * FROM customers;
```

빈 테이블 안에 INSERT INTO를 통해 레코드를 추가해 줍니다. 컬럼명과 값 순서를 일치해줘야 합니다. SELECT * FROM customers는 customers의 모든 값을 조회하겠다는 쿼리문입니다.

	id	name	age	sex	joined_date
▶	1	홍길동	30	남	2021-02-16 02:49:32
	2	이수진	23	여	2021-02-16 02:51:21
	3	박민철	21	남	2021-02-16 02:51:23
	4	이세라	35	여	2021-02-16 02:51:24
	5	김유미	46	여	2021-02-16 02:51:25
	NULL	NULL	NULL	NULL	NULL

[그림 5-18] 사용자의 구매 기록을 저장한 테이블 ①

	id	customer_id	book_name	purchase_date
▶	1	1	엔지니어를 위한 문장의 기술	2021-02-16 02:55:52
	2	2	개발자를 위한 글쓰기 가이드	2021-02-16 02:55:53
	3	3	엔지니어를 위한 문장의 기술	2021-02-16 02:55:54
	4	3	백견불여일타 딥러닝 입문	2021-02-16 02:55:55
	5	4	엔지니어를 위한 문장의 기술	2021-02-16 02:55:56
	NULL	NULL	NULL	NULL

[그림 5-19] 사용자의 구매 기록을 저장한 테이블 ②

위 그림은 사용자의 구매 기록을 저장한 테이블입니다. customers 테이블을 생성한 쿼리문을 참고해서 purchase 테이블에도 값을 추가해봅시다.

READ. 〉 SELECT 조회할 컬럼들 FROM 테이블명;

```
> SELECT name, age FROM customers;
```

SELECT * FROM 테이블명은 모든 컬럼을 조회하는 쿼리문이고, 아래처럼 원하는 컬럼만 뽑아서 조회할 수 있습니다.

	name	age
▶	홍길동	30
	이수진	23
	박민철	21
	이세라	35
	김유미	46

[그림 5-20] 원하는 컬럼 조회

```
> SELECT name FROM customers WHERE age > 99;
```

또, 뒤에 WHERE절을 붙여 원하는 조건의 컬럼만 조회도 가능합니다.

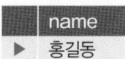

[그림 5-21] 원하는 조건의 컬럼 조회

Update. 〉 UPDATE 테이블명 SET 바꿀 컬럼 = 값 WHERE 조건 컬럼 = 값;

> UPDATE roadbook.customers SET age = 100 WHERE id = 1;

고객 테이블에서 id가 2인 레코드의 age 값을 100으로 변경합니다.

	id	name	age	sex	joined_date
▶	1	홍길동	100	남	2021-02-16 02:49:32

[그림 5-22] age 값을 100으로 변경

Delete. 〉 DELETE FROM 테이블명 WHERE 조건 컬럼 = 값;

> DELETE FROM customers WHERE id = 1;
> SELECT * FROM customers;

조건을 사용하지 않으면 테이블 데이터 전체를 삭제해서 빈 테이블이 됩니다.

	id	name	age	sex	joined_date
▶	2	이수진	23	여	2021-02-16 02:51:21
	3	박민철	21	남	2021-02-16 02:51:23
	4	이세라	35	여	2021-02-16 02:51:24
	5	김유미	46	여	2021-02-16 02:51:25
	NULL	NULL	NULL	NULL	NULL

[그림 5-23] 테이블 전체 삭제

정리

MySQL 하나만 해도 많은 양의 쿼리문과 옵션, 데이터 타입, 개념 등이 있는데, 여기서 다루기에는 너무나 많은 양입니다. 데이터베이스는 네트워크와 더불어 서버 개발자가 되려면 꼭 익숙해져야 하는 부분이므로 따로 공부해두는 것이 좋습니다.

[표 5-2] 쿼리 정리

쿼리	설명
CREATE SCHEMA [DB name] CHARACTER SET [character set];	스키마(데이터베이스)를 생성합니다.
USE [DB name];	스키마(데이터베이스)를 사용합니다.
DROP DATABASE [DB name];	스키마(데이터베이스)를 삭제합니다.
CREATE TABLE [table name] ([column1 name][data type], …);	테이블을 생성합니다.
DROP TABLE [table name];	테이블을 삭제합니다.
ALTER TABLE [table name] ADD [column name][data type];	테이블에 열을 추가합니다.
INSERT INTO [table name] VALUES (value1, value2, ..);	테이블에 행을 추가합니다.
SELECT * FROM [table name];	테이블의 모든 레코드를 조회합니다.
SELECT (column1, column2..) FROM [table name];	테이블의 일부 레코드를 조회합니다.
UPDATE [table name] SET [column] = [value] WHERE [condition];	테이블 행의 값을 수정합니다.
DELETE FROM [table name] WHERE [codition];	테이블 행의 값을 삭제합니다.

[표 5-3] 데이터 타입 정리

데이터 타입	설명
CHAR(n)	고정 길이 문자열을 표현합니다(최대 255바이트).
VARCHAR(n)	가변 길이 문자열을 표현합니다(최대 65535바이트).
TEXT(n)	긴 문자열을 표현합니다(최대 65535바이트).
INT(n)	정수형을 표현합니다(8바이트).
FLOAT(n, 소수)	부동 소수형을 표현합니다(4바이트).
DOUBLE(n, 소수)	부동 소수형을 표현합니다(8바이트).
DATE(n)	날짜(년도, 월, 일)를 표현합니다(3바이트).
DATETIME(n)	날짜와 시간을 함께 표현합니다(8바이트).
TIME(n)	시간(시, 분, 초)을 표현합니다(3바이트).
TIMESTAMP(n)	시간과 날짜를 표현합니다(8바이트).
YEAR(n)	년도를 표현합니다(1바이트).

[표 5-4] 제약조건 정리

제약조건	설명
NOT NULL	필드에 NULL 값을 가질 수 없습니다.
UNIQUE	필드 값이 고유해야 합니다.
PRIMARY KEY	기본 키를 지정합니다.
FOREIGN KEY	외래 키를 지정합니다.
DEFFAULT	값이 들어오지 않았을 때 기본 값을 지정합니다.
REFERENCES 참조할 테이블명 (참조할 컬럼명)	관계를 맺을 테이블과 컬럼을 지정합니다. ON DELETE, ON UPDATE 옵션들 • RESTRICT : 참조하는 테이블의 컬럼이 삭제되도 유지 • CASCASE : 참조하는 테이블의 컬럼이 삭제되면 함께 삭제 • SET NULL : 참조하는 테이블의 컬럼이 삭제되면 null로 변경 • NO ACTION : 참조하는 테이블의 컬럼이 삭제되도 무시 • SET DEFAULT : 참조하는 테이블의 컬럼이 삭제되면 지정 값으로 대체

ORM : Sequelize

ORM이란

서버에 데이터베이스를 연동하고 싶으면 많은 양의 쿼리문을 모두 알아야 하지만, 사실 꼭 그렇지만은 않습니다. 쿼리문을 한 줄도 사용하지 않으면서 데이터베이스를 이용할 수 있는 방법이 있습니다. 바로 ORM_{Object-Relational Mapping}이 있기 때문입니다. ORM은 말 그대로 객체와 관계를 매핑해주는 역할을 합니다. 앞서 데이터베이스의 릴레이션이 자바스크립트의 객체와 비슷하다고 했습니다. 하지만 우리가 객체를 생성하는 것과 데이터베이스에서 테이블을 생성하는 것은 조금 이질감이 있는 것이 사실입니다. ORM을 사용하면 SQL이 아닌 클래스나 메서드를 통해 데이터베이스 CRUD 작업을 할 수 있게 되고 개발자는 객체 모델을 만들어 비즈니스 로직을 요리조리 만드는 데 집중할 수 있게 됩니다. 단 서비스가 커질수록 실제 SQL 쿼리문이 필요하므로 ORM만을 이용해서 서비스를 만드는 게 습관이 되면 좋지 않습니다.

sequelize

sequelize는 ORM 중 Node.js에서 가장 인기가 있고, MySQL뿐만 아니라 MariaDB, SQLite, MSSQL, Postgres도 지원합니다. sequelize는 데이터를 객체 형태로 변환하는 것뿐만 아니라 promise 패턴을 사용할 수 있도록 해주어 비동기 처리도 then이나 async/await로 할 수 있게 해줍니다.

```
$ npm install sequelize sequelize-cli mysql2
```

sequelize와 sequelize 명령어를 사용할 수 있게 해주는 sequelize-cli와 MySQL 드라이버 역할을 하는 MySQL2 모듈을 작업 폴더 최상위에 설치합니다.

```
$ cd chapter05/sequelize   // 자신의 프로젝트 폴더
$ npx sequelize init
```

프로젝트 폴더에 seqeulize 명령어를 통해 sequlize를 초기화합니다. 이 책에서는 chapter05/ sequelize/ 경로에서 명령어를 실행했습니다. 초기화를 하게 되면 chapter05/sequelize/ 경로에 config/, migrations/, models/, seeders/ 폴더가 생성됩니다.

- config/ : DB root password, database(schema), host 등의 데이터베이스 연동 정보를 저장하는 폴더입니다.
- migrations/ : 데이터베이스를 옮기거나 합치는 마이그레이션에 필요한 데이터가 저장되는 폴더입니다.
- models/ : 데이터베이스 모델을 저장하는 폴더입니다.
- seeders/ : 테스트에 필요한 데이터를 정의하는 폴더입니다.

[함께해봐요 5-1] 데이터베이스 정보 저장   chapter05/sequelize/config/config.json

```
01  {
02    "development": {           // 개발모드
03      "username": "root",      // 데이터베이스사용자
04      "password": 1234,        // 설정한 암호
05      "database": "roadbook",  // 사용할 데이터베이스(Schema)
06      "host": "127.0.0.1",     // DB host
07      "dialect": "mysql"       // DBMS
08    },
09    "test": {  // 테스트모드
10      "username": "root",
11      "password": null,
12      "database": "database_test",
13      "host": "127.0.0.1",
14      "dialect": "mysql"
15    },
16    "production": {  // 프로덕션모드
17      "username": "root",
18      "password": null,
19      "database": "database_production",
```

```
20        "host": "127.0.0.1",
21        "dialect": "mysql"
22      }
23    }
```

자동으로 생성된 config.json 파일을 자신의 데이터베이스 정보에 맞게 수정해줍니다. 개발모드, 테스트모드, 운용모드마다 다르게 설정이 가능하고 DBMS도 설정을 다르게 할 수 있습니다.

[함께해봐요 5-2] customer 객체를 ORM로 작성하기   chapter05/sequelize/models/customer.js

```
01  module.exports = (sequelize, DataTypes) => {
02      const newCustomer = sequelize.define("new_customer", {   // 테이블 이름
03          name: {   // 컬럼 생성
04              type: DataTypes.STRING(20),   // 데이터 타입 정의
05              allowNull: false  // Null 허용 여부 정의
06          },
07          age: {
08              type: DataTypes.INTEGER,
09              allowNull: false
10          },
11          sex: {
12              type: DataTypes.STRING(10),
13              allowNull: false
14          },
15          joined_date: {
16              type: 'TIMESTAMP',
17              defaultValue: sequelize.literal('CURRENT_TIMESTAMP'),
18              allowNull: false
19          },
20      }, {
21          timestamps: false
22      });
23      return newCustomer;
24  };
```

앞서 생성한 customers 테이블을 sequelize ORM으로 작성한 예시입니다. 쿼리문과 자바스크립트 객체를 매핑한다는 것이 살짝 어렵게 느껴질 수 있지만 아주 단순합니다. 우리가 앞서 만들었던 테이블은 ORM의 Model로 생성하고 이 모델의 각 인스턴스는 데이터베이스의 각 행(레코드)으로 (위 예제와 같이) 나타낼 수 있습니다. 각 열에 대한 옵션을 정의하는 방식도 쿼리문과 크게 다를 것이 없어

서 쓱 보기만 해도 어떤 쿼리문과 매핑되는지 알 수 있을 것입니다. 예를 들어 allowNull 옵션은 쿼리 문으로 테이블을 생성할 때 열에 대한 옵션으로 NOT NULL을 준 것과 동일합니다.

열에 대한 옵션은 다음과 같습니다.

- type : INTEGER, FLOAT, VARCHAR 등의 데이터 타입을 정의합니다(4, 8, 12, 16행).
- allowNull : Null 허용 여부를 정의합니다(NOT NULL)(5, 9, 13, 18행).
- autoincrement : 자동으로 숫자가 증가하는 열로 지정할지에 대한 여부를 정의합니다 (AUTO INCREMENT).
- defaultValue : 기본 값을 지정합니다(DEFAULT something)(17행).
- comment : 열에 대한 설명을 지정합니다.
- freezeTableName : sequelize는 모델명을 단수(예 customer), 테이블명을 복수(예 customers)로 만듭니다. customer라는 모델을 만들었으면 customers라는 테이블을 만들어 모델을 매핑하는데, 복수로 만들지 않아도 되는 모델이 있는 경우 해당 옵션을 true로 지정합니다.
- timestamps : createdAt, updatedAt 열을 추가할지의 여부를 지정합니다(21행).

그런데 뭔가 허전합니다. 바로 기본 키가 되는 id 컬럼이 없다는 것입니다. id 컬럼은 보통 모델을 생성할 때 INTEGER 타입에 allowNull, primaryKey, autoincrement 옵션을 주는 것이 일반적이므로 sequelize에서는 적지 않아도 자동으로 생성됩니다.

[함께해봐요 5-3] purchase 모델 생성　　　　　　　　chapter05/sequlieze/models/purchase.js

```
01  module.exports = (sequelize, DataTypes) => {
02    const newPurchase = sequelize.define("new_purchase", {
03      customer_id: {
04        type: DataTypes.INTEGER,
05        allowNull: false,
06      },
07      book_name: {
08        type: DataTypes.STRING(20),
09        allowNull: false
10      },
11      purchase_date: {
12        type: 'TIMESTAMP',
13        defaultValue: sequelize.literal('CURRENT_TIMESTAMP'),
14        allowNull: false
15      },
16    }, {
```

```
17            freezeTableName: true,
18            timestamps: false
19        });
20        return newPurchase;
21    };
```

purchase 모델도 마찬가지로 생성할 수 있습니다. purchase의 경우 복수형으로 만들고 싶지 않아서 freezeTableName 옵션을 주었지만(18행), 따로 설정하지 않아도 무방하며 false로 설정할 경우 데이터베이스에 테이블명이 new_purchases로 생성됩니다.

```
01  const Sequelize = require('sequelize');
02
03  const env = process.env.NODE_ENV || 'development';
04  const config = require(__dirname + '/../config/config.json')[env];
05  const db = {};
06
07  let sequelize;
08  if (config.use_env_variable) {
09    sequelize = new Sequelize(process.env[config.use_env_variable], config);
10  } else {
11    sequelize = new Sequelize(config.database, config.username,
                                config.password, config);
12  }
13
14  db.sequelize = sequelize;
15  db.Sequelize = Sequelize;
16
17  db.newCustomer = require('./customer')(sequelize, Sequelize);
18  db.newPurchase = require('./purchase')(sequelize, Sequelize);
19
20  db.newCustomer.hasMany(db.newPurchase, { foreignKey: 'customer_id',
                                            sourceKey: 'id' });
21  db.newPurchase.belongsTo(db.newCustomer, { foreignKey: 'customer_id',
                                              sourceKey: 'id' });
22
23  module.exports = db;
```

자동으로 생성된 models/index.js 파일 안에는 sequelize를 초기화하기 위한 내용이 담겨져 있습니다. 여기서 필요한 부분만 남기고 지우겠습니다. 개발모드인지 테스트모드인지 등을 담는 env 변수(3행)와 연결할 데이터베이스 정보가 담긴 config.json을 불러오는 config 변수 등을 설정(4행)해주고 sequelize를 생성합니다. 그리고 각 model 파일에 직접적으로 관계를 지정해줄 수 있지만, 여기서는 index.js 파일에서 해당 모델을 불러와서 관계를 설정해주었습니다(17~21행).

쿼리문으로 REFERENCES 테이블(컬럼)을 통해 관계를 설정해 주었던 작업과 동일합니다. 이렇게 관계를 설정할 때 두 테이블이 1:1 관계인지 1:N 관계인지 N:M 관계인지 따져보아야 하는데, customers와 purchase 테이블의 경우는 하나의 고객이 여러 번의 구매 기록이 있는 것이 가능하므로 1:N 관계로 설정해야 하며 hasMany를 통해 관계를 맺어주면 됩니다(20행). 1:1은 belongsTo, N:M 은 belongsToMany을 사용하면 됩니다(21행). 그리고 MySQL은 외래 키(foreign key)가 되는 키가 참조하는 테이블의 기본 키이어야 합니다.

[함께해봐요 5-5] 테이블 관계 생성   chapter05/sequelize/app.js

```
01  const { sequelize } = require('./models/index.js');
02
03  const driver = () => {
04      sequelize.sync().then(() => {
05          console.log('초기화 완료');
06      }).catch((err) => {
07          console.error('초기화 실패');
08          console.error(err);
09      });
10  };
11  driver();
```

마지막으로 models/index.js을 불러와(1행) sequelize.sync() 함수를 통해 테이블을 생성합니다(4행). 앞서 sequelize는 Promise를 반환한다고 한 것을 기억합니까? 그래서 then을 이용해 초기화를 해주었습니다. async/await으로 바꿔보는 작업은 직접 한번 해보길 바랍니다.

app.js([함께해봐요 5-5])에서 model/index.js를 불러오고 models/에 있는 entity 정보를 읽고, sequelize에 적재합니다(1행). 그런 다음, sync() 함수를 통해 접근한 데이터베이스에 테이블과 테이블 간의 관계를 생성하게 됩니다(2행).

```
~/Documents/Project/roadbook-nodejs/chapter05/sequelize   // 폴더 위치
$ node app.js
Executing (default): CREATE TABLE IF NOT EXISTS 'new_customers' ('id' INTEGER
NOT NULL auto_increment , 'name' VARCHAR(20) NOT NULL, 'age' INTEGER NOT NULL,
'sex' VARCHAR(10) NOT NULL, 'joined_date' TIMESTAMP NOT NULL DEFAULT CURRENT_
TIMESTAMP, PRIMARY KEY ('id')) ENGINE=InnoDB;
Executing (default): SHOW INDEX FROM 'new_customers' FROM 'roadbook'
Executing (default): CREATE TABLE IF NOT EXISTS `new_purchase` (`id` INTEGER
NOT NULL auto_increment , 'customer_id' INTEGER NOT NULL, 'book_name'
VARCHAR(20) NOT NULL, 'purchase_date' TIMESTAMP NOT NULL DEFAULT CURRENT_
TIMESTAMP, PRIMARY KEY ('id'), FOREIGN KEY ('customer_id') REFERENCES 'new_
customers' ('id') ON DELETE CASCADE ON UPDATE CASCADE) ENGINE=InnoDB;
Executing (default): SHOW INDEX FROM 'new_purchase' FROM 'roadbook'
초기화 완료
```

app.js와 models/ 폴더가 있는 위치에서 $ node 경로/app.js 명령어를 통해 데이터베이스에 테이블
을 생성해봅시다.

```
$ mysql -uroot -p
mysql > use roadbook;
```

이제 터미널을 켜서 MySQL에 진짜로 테이블이 생성되었는지 확인해 봅시다. $ mysql -uroot -p
로 mysql 명령어를 실행하고, use 데이터베이스명 명령어로 config.json 파일에서 지정해준 데이터베이
스(스키마)에 접속합니다.

```
mysql > show tables;
```

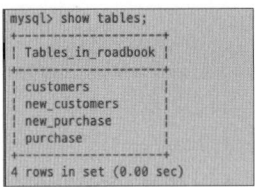

[그림 5-24] show tables; 실행결과

```
mysql > desc new_customers;
```

```
mysql> desc new_customers;
+-------------+-------------+------+-----+-------------------+-------------------+
| Field       | Type        | Null | Key | Default           | Extra             |
+-------------+-------------+------+-----+-------------------+-------------------+
| id          | int         | NO   | PRI | NULL              | auto_increment    |
| name        | varchar(20) | NO   |     | NULL              |                   |
| age         | int         | NO   |     | NULL              |                   |
| sex         | varchar(10) | NO   |     | NULL              |                   |
| joined_date | timestamp   | NO   |     | CURRENT_TIMESTAMP | DEFAULT_GENERATED |
+-------------+-------------+------+-----+-------------------+-------------------+
5 rows in set (0.00 sec)
```

[그림 5-25] desc new_customers; 실행결과

```
mysql > desc new_purchase;
```

[그림 5-26] desc new_purchase; 실행결과

sequelize CRUD

sequelize를 이용해서 데이터베이스를 직접 조작하지 않고 노드 안에서 어떻게 CRUD 작업을 할 수 있는지 살펴보겠습니다.

[함께해봐요 5-6] 클라이언트 화면 생성   chapter05/sequelize/customer.html

```html
01  <!DOCTYPE html>
02  <html lang="en">
03    <head>
04      <meta charset="UTF-8" />
05      <meta http-equiv="X-UA-Compatible" content="IE=edge" />
06      <meta name="viewport" content="width=device-width, initial-scale=1.0" />
07      <title>회원가입</title>
08    </head>
09    <body>
10      <h1>정보를 입력하세요.</h1>
11      <form action="/customer" method="POST">
12        <table>
13          <tr>
14            <td><input type="text" name="name" placeholder="이름 : " /></td>
15          </tr>
16          <tr>
17            <td><input type="text" name="age" placeholder="나이 :" /></td>
18          </tr>
19          <tr>
20            <td><input type="text" name="sex" placeholder="성별 :" /></td>
21          </tr>
22        </table>
23        <input type="submit" value="전송하기" />
24      </form>
25    </body>
26  </html>
```

먼저 데이터에 넣을 정보를 <form>을 통해 얻어오는 클라이언트 화면을 생성해주세요.

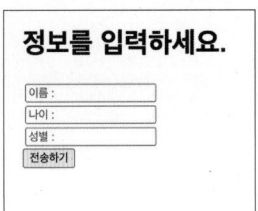

[그림 5-27] 정보 입력 창

customer.html을 실행하면 위와 같은 모습인데, POST 메서드로 폼 안의 정보를 작성하면 데이터베이스에 저장하도록 만들기 위한 화면입니다.

[함께해봐요 5-7] 정보 입력창 서버 코드　　　　　　　　　chapter05/sequelize/app2.js

```javascript
01  const morgan = require('morgan');
02  const models = require('./models');
03
04  const express = require('express');
05  const app = express();
06
07  /* 포트 설정 */
08  app.set('port', process.env.PORT || 8080);
09
10  /* 공통 미들웨어 */
11  app.use(morgan('dev'));
12  app.use(express.json());
13  app.use(express.urlencoded({ extended: true }));
14
15  app.get('/', (req, res, next) => {  // READ
16      models.newCustomer.findAll()
17          .then((customers) => {
18              res.send(customers);
19          })
20          .catch((err) => {
21              console.error(err);
22              next(err);
23          });
24  });
25
```

```
26  app.get('/customer', (req, res) => {
27      res.sendFile(__dirname + '/customer.html');
28  });
29
30  app.post('/customer', (req, res) => {  // CREATE
31      let body = req.body;
32
33      models.newCustomer.create({
34          name: body.name,
35          age: body.age,
36          sex: body.sex,
37      }).then(result => {
38          console.log('customer created..!');
39          res.redirect('/customer');
40      }).catch(err => {
41          console.log(err);
42      })
43  });
44
45  /* 서버와 포트 연결.. */
46  app.listen(app.get('port'), () => {
47      console.log(app.get('port'), '번 포트에서 서버 실행 중 ..')
48  });
```

app.js를 생성했던 위치에 app2.js([함께해봐요 5-7])를 생성해봅시다. 먼저 '/' 라우터에서는 new_customers 테이블에 있는 정보를 불러옵니다(READ)(15~24행). 이때 findAll()이라는 함수를 사용하는데(16행), 모델 안의 모든 정보를 SELECT하는 데 사용하는 함수입니다. 이 외에도 findOne(), find() 함수를 통해 한 개의 원하는 데이터만 읽어올 수 있습니다. count() 함수, findAndCount() 함수도 READ 작업에 속합니다. 그 다음 '/customer' 라우터에서 customer.html 파일을 불러옵니다 (26~28행). 그리고 customer.html 화면에서 이름, 나이, 성별을 입력하면 new_customers 테이블의 name, age, sex 컬럼에 해당 값을 저장합니다(30~43행).

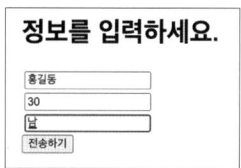

[그림 5-28] 해당 값 저장하기

이렇게 값을 입력하면, app.post('/customer', ~) 라우터가 요청에 대한 작업을 수행하게 되는데,
create({key: 'value'}) 함수를 통해 각 폼의 정보를 newCustomer 모델에 등록하고, 데이터베이
스에 있는 new_customers 테이블에 레코드를 저장합니다. 데이터를 몇 개 입력해보고, 결과를 확인
해봅시다.

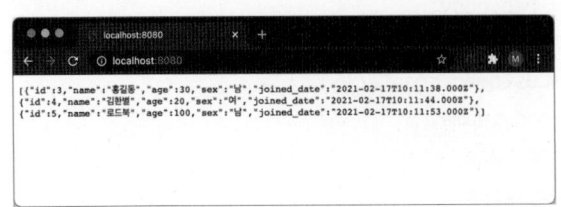

[그림 5-29] Localhost:8080/ 결과 화면

INSERT INTO 구문으로 데이터를 넣는 대신 create() 메서드로 데이터를 생성하고, SELECT 구
문 대신 find() 등의 함수로 데이터를 조회합니다. Update는 update() 메서드, DELETE 작업은
destroy() 함수를 통해 수행할 수 있습니다.

[표 5-5] sequelize 함수, 옵션, 관계

CRUD 메서드	CREATE	Model.create({key: 'value'})	Model에 키-값 생성

	READ	Model.findAll() // 모든 레코드
		Model.findOne() // 하나의 레코드
		Model.find() // 하나의 레코드
		Model.count() // 레코드의 개수
			조건에 맞는 모델의 레코드를 반환

	UPDATE	Model.update({key: 'value'}, {where: 조건})	Where 조건에 맞는 키-값 수정
	DELETE	Model.destroy({where: 조건})	Where 조건에 맞는 레코드 삭제
옵션	Where	조건에 맞는 값만 CRUD하도록 설정	Model.findAll({ where: {id: 1} })
	Attributes	특정 컬럼만 조회	Model.findAll({ attributes: {'name'} })
	Order	지정한 컬럼의 값 기준으로 정렬, DESC 내림차순, ASC 오름차순	Model.findAll({ order: 'column DESC' })
	Limit, offset	조회할 레코드의 개수 설정	Model.findAll({ offset: 1, limit: 1, })
관계	1:1	hasOne() belongsTo()	Source.hasOne(Target) Target.belongTo(Source)
	1:N	hasMany()	Source.hasMany(Target, {foreignKey: 'KeyName'})
	N:M	belongsToMany()	Source.belongsToMany(Target, { as: AliasName, foreignKey: KeyName, otherKey: KeyName })

5.3 NoSQL : MongoDB

MongoDB

사용자, 게시글 데이터처럼 들어올 데이터의 형식이나 양이 어느 정도 예상되면 스키마를 지정해 물건(데이터)에 딱 맞는 바구니를 생성하듯, 안정적이고 촘촘한 데이터베이스를 구축해서 서비스할 수 있습니다. 반면에 무작위로 크롤링을 한 데이터라던가, 세션, 로그 데이터 등의 비정형 데이터는 데이터가 어떤 형태로 들어올지 모르므로 어느 정도 융통성있게 바구니를 짜 놓는게 좋겠습니다.

특히 빅데이터 같은 경우에는 양이나 형태가 가늠되지 않으니, 이 상태에서 데이터를 분산처리하고, 또 그에 맞게 스키마를 작성하는 것은 매우 비효율적일 것입니다. 이럴 때 사용할 수 있는 데이터베이스가 MongoDB이며 NoSQL 중 가장 인기 있는 데이터베이스입니다.

MongoDB의 특징은 다음과 같습니다.

- Schema-Free(Schema-less)입니다.
- 솔루션 자체에 분산 처리, 샤딩, 데이터 리밸런싱, 복제, 복구를 지원합니다.
- 대용량, 비정형 데이터 처리에 적합합니다.
- 데이터베이스의 수평 확장성이 뛰어납니다.
- 내부적으로 *B-Tree 자료구조를 이용합니다.
- JSON의 확장 버전인 BSON(Binary JSON) 형태로 데이터를 저장합니다.

용어정리

B-Tree 자식 노드의 개수가 두 개 이상인 트리입니다.

[표 5-6] 관계형 데이터베이스 VS MongoDB

관계형 데이터베이스	MongoDB
데이터베이스(Database)	데이터베이스(Database)
테이블(Table)	컬렉션(Collection)
행(Row), 레코드(Record)	도큐먼트(Document)
열(Column), 속성(Atrribute)	필드(Field)
인덱스(Index)	인덱스(Index)
CRUD의 결과로 레코드(Record)를 반환	CRUD의 결과로 커서(Cursor)를 반환

```
{
    "_id": ObjectId("5099803df3f4948bd2f98391"),
    "username": "velopert",
    "name": { first: "M.J.", last: "Kim" }
}
```

이전 장에서 캐싱을 구현하기 위해 Redis를 사용한 것을 기억합니까? Redis는 key-value(키-값) 형태로 데이터를 저장하는 NoSQL 중 하나이며 우리가 지금 배워볼 MongoDB는 Document 형태로 데이터를 저장합니다. 그렇지만 Document라고 해서 엑셀 같은 문서 형태로 저장하는 것은 아닙니다.

MongoDB는 Document - oriented(지향적인) 데이터베이스인데, 여기서 말하는 Document는 RDBMS의 레코드와 비슷하다고 생각하면 됩니다. JSON 같은 key - value 구조가 하나가 아닌 여러 개로 이루어져 있는 것을 말하고 이를 BSON, Binary JSON이라고 합니다.

_id 키 값은 각 Document를 구별하는 역할을 하며 RDBMS의 식별자(기본 키)와 같은 역할을 합니다. 이는 12바이트의 hexadecimal 값이며 첫 4바이트는 현재 timestamp, 다음 3바이트는 machine id, 다음 2바이트는 MongoDB 서버의 프로세스 id, 마지막 3바이트는 순차번호입니다.

그리고 RDBMS의 스키마가 정적(static)인 구조라면 MongoDB의 Document는 동적(dynamic)입니다. 또한 Collection(RDBMS의 테이블 같은 역할) 안의 Document(RDBMS의 레코드 같은 역할)끼리 서로 다른 스키마, 즉 서로 다른 데이터를 가질 수 있습니다.

MongoDB 설치하기

윈도우즈

mogodb 홈페이지(https://www.mongodb.com/try/download/community)에서 커뮤니티 서버를 다운받습니다.

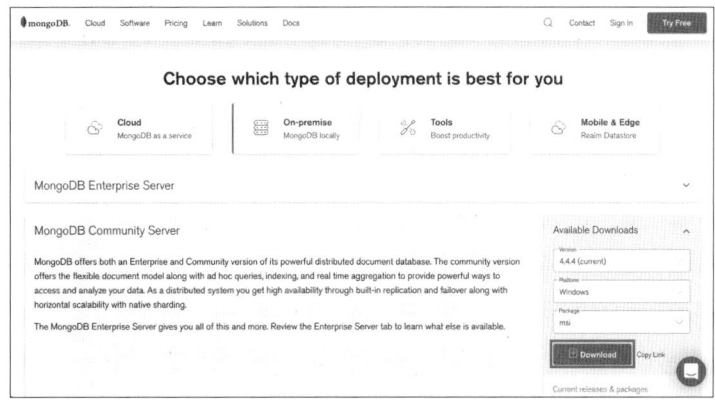

[그림 5-30] MongoDB 다운로드 페이지

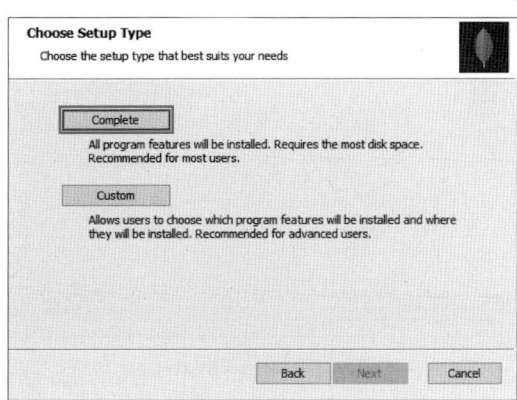

[그림 5-31] Setup type

설치 파일을 실행해서 설치를 진행해줍니다. 대부분 [Next] 버튼을 누르면 되고 'Choose Setup Type'이 나오면 Complete로 선택해줍니다. 원하는 설정을 하고 싶다면 'Custom'으로 선택해도 무방합니다.

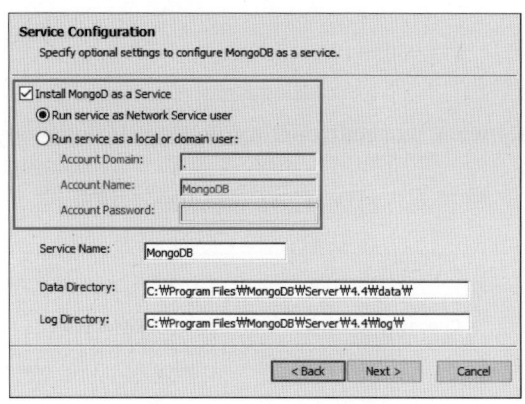

[그림 5-32] Service Configuration

Service Configuration 단계에서 중요한 점은 'Install MongoD as a Service'를 선택하게 되면 클라우드가 내 데이터베이스 서버가 된다는 점입니다. 클라우드로 MongoDB를 이용하고 싶다면 그대로 두고, 아니라면 해제를 해줍니다. 이 책에서는 해지하고 설치를 진행합니다.

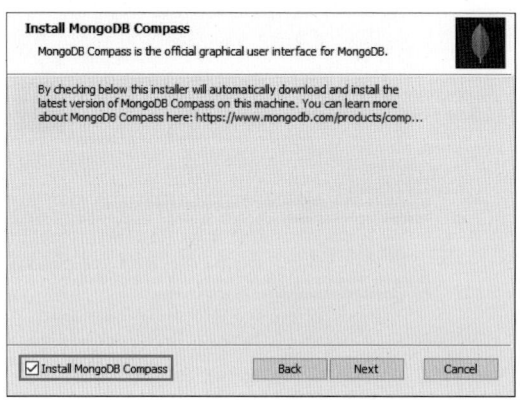

[그림 5-33] MongoDB Compass

MongoDB Compass를 설치하는 부분에서 'Install MongoDB Compass'를 체크하고 설치를 진행하면 MySQL의 워크벤치와 비슷한 역할을 하는 Compass까지 함께 설치됩니다.

```
C:\Program Files\MongoDB\Server\4.4\bin
```

MogoDB가 설치된 경로의 bin 파일로 직접 이동해서 MongoDB 명령어를 수행해도 되고, 환경변수에 MongoDB 설치경로\bin을 등록하고 해당 디렉터리로 이동하지 않아도 명령어를 쓸 수 있게 설정해주어도 됩니다.

```
C:\data\db
```

그리고 MongoDB의 데이터가 들어갈 디렉터리를 따로 생성해주어야 합니다. C 드라이브 밑에 data 폴더와 그 안에 bin 폴더를 생성해줍니다.

```
> mongo
MongoDB shell version v4.4
connecting to: mongodb://127.0.0.1:27017/?compressors=disabled&gssapiServiceN
ame=mongodb
Implicit session: session { "id" : UUID("643e0c18-caa9-44b2-905b-
c0b905316484") }
MongoDB server version: 4.4
```

그리고 $ mongo 명령어로 monogodb 서버를 실행해줍니다(환경변수를 지정하지 않았다면 bin 폴더로 이동한 후 실행). 이 창은 끄지 말고 둬야 서버가 종료되지 않으니 CRUD 작업은 다른 터미널을 하나 더 열어 해주어야 합니다. 다른 터미널을 열고 $ mongo 명령어를 통해 MongoDB 프롬프트로 접속할 수 있습니다(또는 mongod.exe(MongoDB 터미널)을 이용해도 됩니다).

맥

```
$ brew install mongodb
```

MongoDB도 기본적으로 Homebrew를 통해 설치하지만 사양 문제로 설치되지 않을 수도 있습니다. MySQL과 마찬가지로 버전을 낮추어 설치해봅니다. Homebrew가 없다면 설치하거나, https://www.mongodb.com/try/download/community에서 직접 설치 파일을 다운받아 설치해도 됩니다.

```
$ sudo mkdir -p /data/db
```

또는 (접근 권한이 없다면)

```
$ sudo mkdir -p /Users/[username]/data/db
```

그리고 $ brew services start mogodb 명령어로 서비스를 실행합니다.

```
$ export PATH="$PATH:/usr/local/Cellar/mongodb/4.X.X/bin"
```

그리고 bin 폴더가 있는 위치를 환경변수로 추가해서 $ mongo 명령어로 mongo 프롬프트로 접속하거나, 아니면 bin 폴더 위치로 이동해 $ mongo 명령어로 프롬프트에 접속합니다.

리눅스

현재는 4.4버전이지만 버전이 다를 수 있으니 해당 사이트를 참고하여 설치하면 됩니다.

https://docs.mongodb.com/manual/tutorial/install-mongodb-on-ubuntu/#install-mongodb-community-edition-using-deb-packages

```
$ wget -qO - https://www.mongodb.org/static/pgp/server-4.4.asc | sudo apt-key
add -
$ echo "deb [ arch=amd64,arm64 ] https://repo.mongodb.org/apt/ubuntu focal/
mongodb-org/4.4 multiverse" | sudo tee /etc/apt/sources.list.d/mongodb-org-
4.4.list
$ sudo apt-get update
$ sudo apt-get install -y mongodb-org
```

맥과 리눅스도 윈도우즈와 마찬가지로 MongoDB를 시작하는 명령어는 `$ mongo`입니다.

MongoDB 명령어

```
> use roadbook
```

`use` 데이터베이스명은 MySQL에서 use database;로 해줬던 것처럼 MongoDB에서는 Database를 생성해주는 역할을 합니다. 기존에 roadbook으로 생성한 데이터베이스가 없다면, 새로 생성해주고 해당 데이터베이스로 이동합니다.

```
> db
```

현재 Collection이 무엇인지 알고 싶다면 해당 명령어를 사용합니다.

```
> db.createCollection("customer")
{ "ok" : 1 }
```

`db.createCollection("컬렉션명")`을 통해 Collection을 생성합니다.

```
> show collections
customer
```

Collection을 조회합니다.

```
> db.customer.insert({"name" : "홍길동", "age" : "30", "sex" : "남"})
WriteResult({ "nInserted" : 1 })

> db.customer.insert({"name" : "김한별", "sex" : "여"})
WriteResult({ "nInserted" : 1 })
```

db.Collection명.insert({"key" : "value"})로 데이터를 생성합니다. 이처럼 서로 다른 모양으로 입력이 가능합니다.

```
> db.customer.find()
{ "_id" : ObjectId("602d5574e8ea3a70c2dbf607"), "name" : "홍길동", "age" :
"30", "sex" : "남" }
{ "_id" : ObjectId("602d558ae8ea3a70c2dbf608"), "name" : "김한별", "sex" : "여"
}
```

조회는 db.Collection명.find()를 사용합니다. 결과로는 Cursor를 반환하는데, 커서는 쿼리 요청의 결과 값을 가르키는 포인터입니다. 커서 객체를 통해 보이는 데이터의 수를 제한할 수도 정렬(sort)할 수도 있는데, 이는 10분 동안 사용할 수 있습니다.

```
> db.customer.find({"sex":"여"}, {})
{ "_id" : ObjectId("602d558ae8ea3a70c2dbf608"), "name" : "김한별", "sex" : "여"
}
```

```
> db.customer.find({}, {name:1})
{ "_id" : ObjectId("602d5574e8ea3a70c2dbf607"), "name" : "홍길동" }
{ "_id" : ObjectId("602d558ae8ea3a70c2dbf608"), "name" : "김한별" }
```

```
> db.customer.find({}, {name:0})
{ "_id" : ObjectId("602d5574e8ea3a70c2dbf607"), "age" : "30", "sex" : "남" }
{ "_id" : ObjectId("602d558ae8ea3a70c2dbf608"), "sex" : "여" }
```

db.Collection.find(query, projection)을 통해 원하는 데이터만 조회를 할 수 있으며, query는 조회하는 기준을 정하고 기준이 없다면 {}를 입력합니다. Projection은 보여 주고 싶은 Field를 설정합니다. 이때 Field:0이면 해당 필드만 보지 않기, Field:1이면 해당 필드만 보기 명령입니다.

```
> db.customer.remove({"name":"김한별"})
WriteResult({ "nRemoved" : 1 })
> db.customer.find()
{ "_id" : ObjectId("602d5574e8ea3a70c2dbf607"), "name" : "홍길동", "age" :
"30", "sex" : "남" }
```

db.Collection.remove({"key":"value"})는 해당 키와 값이 있는 Document를 삭제합니다.

> db.[collection명].drop()

컬렉션을 삭제하는 명령어입니다.

> db.dropDatabase()

데이터베이스를 삭제하는 명령어입니다.

이렇게 기본 CRUD 명령어 외에도 find().pretty(), find().limit() 등 기타 유용한 명령어와 find() 안에 옵션으로 $where, $regex 등 기타 유용한 것이 더 있습니다. 이건 개인적으로 제안하는 꿀팁 중 하나인데, 공식문서를 보며 나에게 유용할 것 같은 명령어와 옵션을 정리하며 익혀 놓아 나만의 공식 문서를 만들어봅시다. 쿼리나 명령문 작성 시 다른 사람이 정리해 놓은 글보다는 내가 정리해 놓은 글이 더 찾기도 쉽고 이해도 빠르기 때문에 개발 속도를 높일 수 있을 것입니다.

ODM : Mongoose

MySQL을 자바스크립트로 사용하기 위해 sequelize를 사용했던 것처럼 MongoDB에도 mongoose 라는 모듈을 사용할 수 있습니다. sequelize가 ORM이었다면, Mongoose는 ODM인데, ODM은 Object-Document-Mapper의 약자입니다. ODM은 MongoDB 같은 Document DB와 객체를 매핑해주는 역할을 합니다.

사실 MongoDB는 그 자체로 자바스크립트이기 때문에 ODM이 필요하다는 것이 조금 의구심이 들긴 합니다. ODM은 ORM을 사용하는 이유와는 조금 다른데, ODM은 MongoDB에 없는 테이블 기능, JOIN 기능 등을 사용할 수 있다는 이유로 많이 사용됩니다. 사실 엄격한 스키마를 피하고 융통성 있는 데이터베이스를 필요로 할 때 MongoDB를 선택하는데, Mongoose를 사용하게 되면 이러한 RDBMS처럼 데이터베이스의 구조가 조금 엄격해집니다.

하지만 앞서도 언급했듯이 처음부터 모든 데이터와 데이터의 모든 관계를 예상할 수 없으니 MongoDB 안에서도 join이나 스키마를 통해 유효성을 검사하는 작업이 필요할 수도 있습니다. 그리고 생각보다 그린 일이 빈번하다는 것은 Mongoose가 인기 있음을 증명해주고 있습니다.

Mongoose가 할 수 있는 일은 다음과 같습니다.

- MongoDB와 객체를 매핑합니다.
- 스키마를 정의합니다.
- 스키마에서 모델로 변환합니다.

- Populate를 통해 JOIN과 같은 기능을 사용할 수 있습니다.
- Promise, Callback을 사용할 수 있습니다.

```
$ npm install mongoose
```

이제 노드 프로젝트에 mongoose를 사용해보기 위해 노드 프로젝트로 돌아와 mongoose를 설치해줍니다.

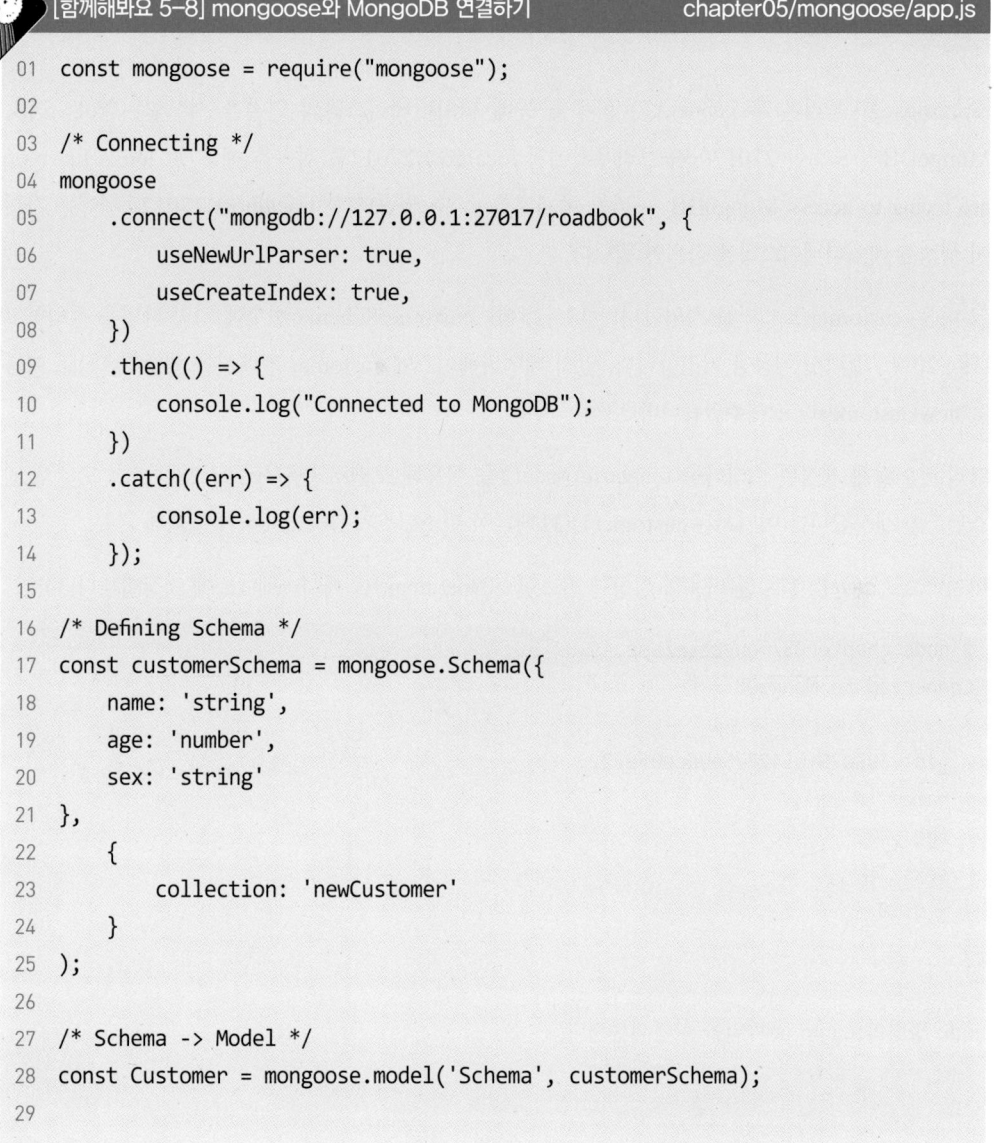

[함께해봐요 5-8] mongoose와 MongoDB 연결하기   chapter05/mongoose/app.js

```
01  const mongoose = require("mongoose");
02
03  /* Connecting */
04  mongoose
05      .connect("mongodb://127.0.0.1:27017/roadbook", {
06          useNewUrlParser: true,
07          useCreateIndex: true,
08      })
09      .then(() => {
10          console.log("Connected to MongoDB");
11      })
12      .catch((err) => {
13          console.log(err);
14      });
15
16  /* Defining Schema */
17  const customerSchema = mongoose.Schema({
18      name: 'string',
19      age: 'number',
20      sex: 'string'
21  },
22      {
23          collection: 'newCustomer'
24      }
25  );
26
27  /* Schema -> Model */
28  const Customer = mongoose.model('Schema', customerSchema);
29
```

```
30   /* Generate Instance */
31   const customer1 = new Customer({ name: '홍길동', age: 30, sex: '남' });
32
33   /* Save Data into MongoDB */
34   customer1.save()
35       .then(() => {
36           console.log(customer1);
37       })
38       .catch((err) => {
39           console.log('Error : ' + err);
40       });
```

mongoose를 불러온 후 connect() 함수를 통해 데이터베이스와의 연결을 시도합니다(4~5행). MongoDB의 포트는 27017이며 브라우저에서 localhost:27017로 접속을 해도 "It looks like you are trying to access MongoDB ~"라는 메시지를 볼 수 있습니다. Localhost:27017/ 뒤에는 자신이 생성한 데이터베이스명을 적으면 됩니다.

그 다음, customer 스키마를 정의합니다(17~25행). customerSchema 변수에 키와 타입을 정의하고 (18~20행), 컬렉션 이름을 지정합니다. 앞서 데이터베이스에 customer 컬렉션을 생성했으므로 이름을 newCustomer라고 해주었습니다(23행).

그리고 이렇게 생성한 스키마를 mongoose.mode()를 이용해 모델로 변환해주고(28행), 그 모델로 인스턴스를 생성합니다(여기서는 customer1)(31행). 이 인스턴스가 Document가 됩니다.

마지막으로 save() 함수를 이용해 생성한 인스턴스(Document)를 데이터베이스에 저장합니다(34행).

```
$ node chapter05/mongoose/app.js
Connected to MongoDB
{
  _id: 602d79fb542775e0dce0fe22,
  name: '홍길동',
  age: 30,
  sex: '남',
  __v: 0
}
```

node 명령어로 app.js 파일을 실행해봅시다.

```
> show collections
customer
newCustomer

> db.newCustomer.find()
{ "_id" : ObjectId("602d79fb542775e0dce0fe22"), "name" : "홍길동", "age" : 30,
"sex" : "남", "__v" : 0 }
```

그런 다음, MongoDB로 돌아가 실제로 데이터베이스에 컬렉션이 반영되었는지 확인합니다.

[표 5-7] BSON 데이터 타입

타입	설명
Null, Undefined	값이 없음(Undefined는 Deprecated 되어 가급적 Null을 이용).
Double/Integer	데이터 생성 시 실수로 입력하면 자동으로 Double 예 3.14 데이터 생성 시 정수로 입력하면 자동으로 Integer 예 314
String	데이터 생성시 "", '' 안에 문자열을 넣으면 자동으로 타입을 String으로 지정 예 "홍길동"
Object	{field: "value"} 형태의 객체
Array	[ ] 형태의 배열 예 [1, 2, {name: "mina"}]
Boolean	True, false 값을 가짐
Date	날짜와 시간, 예 2021-03-12T06:35:33.398Z
ObjectID	각 Document의 식별자 역할을 하며 자동으로 생성됨

스키마와 CREATE 작업을 살펴보았는데, 나머지 READ, UPDATE, DELETE 작업은 다음과 같은 방식으로 하면 됩니다.

READ : Model.find( )

```
Customer.find((err, customer) => {
    console.log('READ : Model.find()');
    if (error) {
        console.log(err);
    } else {
        console.log(customer);
    }
});
```

UPDATE : Model.findById( )

```javascript
Customer.findById({ _id: '602d79fb542775e0dce0fe22' }, (err, customer) => {
    console.log('UPDATE : Model.findById()');
    if (err) {
        console.log(err);
    } else {
        customer.name = 'modified';
        customer.save((err, modified_customer) => {
            if (err) {
                console.log(err);
            } else {
                console.log(modified_customer);
            }
        });
    }
});
```

DELETE : Model.remove( )

```javascript
Student.remove({ _id: '602d79fb542775e0dce0fe22' }, (err, output) => {
    console.log('DELETE : Model.remove');
    if (err) {
        console.log(err);
    }
    console.log('Data Deleted');
});
```

웹 서비스의 거의 대부분은 데이터베이스의 CRUD가 많은 부분을 차지합니다. 따라서 데이터베이스, ORM, ODM은 기능이 무궁무진하게 많고, 알아야 할 개념도 매우 광범위한데, 이 책에서는 아주 기본적인 내용만 살펴보았고, 이 내용을 확장해서 자유자재로 데이터를 다룰 수 있게 연습해야 합니다.

● **이번에 우리가 얻은 것**

이 장에서는 서버가 종료되어도 영구적으로 데이터를 보관할 수 있게 해주는 데이터베이스에 대해 알아보았습니다. 웹 서비스를 위해서는 많은 양의 데이터를 관리하고 서비스하기 위해서는 데이터베이스 사용법과 ORM, ODM에 익숙해져야 합니다.

데이터베이스에는 기본적으로 SQL과 NoSQL이 있고 SQL은 구조화된 쿼리 언어, NoSQL은 SQL이 아닌 데이터베이스를 말합니다. SQL에서 대표적인 MySQL과 이를 객체로 매핑해주는 sequelize에 대해 살펴보았고, NoSQL에서는 MongoDB와 Mongoose를 살펴보았습니다.

SQL과 NoSQL가 있을 때 어떤 데이터베이스를 사용해야 할지 아직 감이 잘 오지 않을 수 있지만, 이론적으로는 SQL은 서비스의 일반적인 데이터베이스(사용자 정보, 거래 정보, 판매 정보, 상품 정보 등)에 좋습니다. 이유는 어떤 타입의 데이터가 어느 정도 들어올지 거의 예측이 가능하기 때문입니다. 그리고 이러한 데이터들은 안정된 서비스 운용이 중요하므로 SQL(RDBMS)을 사용하는 것이 좋습니다.

그리고 세션 관리 데이터, 로그 데이터, 메시지 데이터 등은 메인 서비스 로직이 아닌 약간은 부수적이고 비정형화된 데이터이므로 NoSQL을 사용하는 것이 좋습니다. 하지만 서버를 운용하다 보면 NoSQL 데이터베이스에서도 조인이 필요하거나 스키마가 필요한 경우가 생기게 되는데, 이럴 경우를 위해 Mongoose라는 ODM이 우리를 도와줄 것입니다.

데이터베이스와 ORM, ODM의 기본적인 CRUD 방법도 살펴보았지만 더 많은 옵션에 대해서는 따로 공부해야 합니다.

● 이것만은 알고 갑시다

1. 데이터베이스는 여러 사람이 공유하여 사용할 목적으로 통합, 관리하는 데이터의 집합입니다.

2. 하나의 객체는 테이블로 생성하고 객체의 인스턴스는 레코드로 생성합니다.

3. SQL은 구조화된 쿼리 언어를 말합니다.

4. NoSQL은 SQL이 아닌 데이터베이스를 말하고 데이터를 저장하는 종류에 따라 또 나뉩니다.

5. 정형화된 데이터라면 SQL을, 비정형 데이터라면 NoSQL을 사용합니다.

6. sequelize는 ORM 중 가장 인기 있는 ORM이고 데이터를 객체 형태로 변환하는 것뿐 아니라 Promise 패턴을 사용할 수 있게 해줍니다.

7. sequelize에서 1:N 관계는 hasMany( ) 함수로 만들 수 있습니다.

8. MongoDB는 대용량, 비정형 데이터 처리에 적합하며 BSON 형태로 데이터를 저장합니다.

9. Mongoose는 Document DB를 객체와 매핑하는 것뿐아니라 MongoDB에는 없는 스키마, 조인과 같은 기능을 사용할 수 있게 해줍니다.

1. MySQL 쿼리문을 이용해 다음과 같은 테이블을 생성해 봅시다.

* customers

id	customer_id	book_name	purchase–date
1	1	엔지니어를 위한 문장의 기술	2021–02–16 02:55:52
2	2	개발자를 위한 글쓰기 가이드	2021–02–16 02:55:53
3	3	엔지니어를 위한 문장의 기술	2021–02–16 02:55:54
4	3	백견불여일타 딥러닝 입문	2021–02–16 02:55:55
5	4	엔지니어를 위한 문장의 기술	2021–02–16 02:55:56
NULL	NULL	NULL	NULL

힌트!

MySQL에서 CREATE 작업을 할 때 사용하는 쿼리문을 떠올려봅시다.

2. sequelize/app2.js를 참고해 고객의 id를 req.params로 받아 해당 id의 정보를 수정하고 삭제하는 API 형태의 서버를 만들어 보세요. app2.js의 Promise 패턴 대신 async/await 패턴을 이용해 봅시다.

* chapter05/sequelize/app2.js

```
const morgan = require('morgan');
const models = require('./models');

const express = require('express');
const app = express();

/* 포트 설정 */
app.set('port', process.env.PORT || 8080);

/* 공통 미들웨어 */
app.use(morgan('dev'));
app.use(express.json());
app.use(express.urlencoded({ extended: true }));

app.get('/', (req, res, next) => { // READ
    models.newCustomer.findAll()
```

정답은 https://github.com/MinkyungPark/roadbook-nodejs/tree/master/chapter05/solution에서 확인할 수 있습니다.

```
        .then((customers) => {
            res.send(customers);
        })
        .catch((err) => {
            console.error(err);
            next(err);
        });
});

app.get('/customer', (req, res) => {
    res.sendFile(__dirname + '/customer.html');
});

app.post('/customer', (req, res) => { // CREATE
    let body = req.body;

    models.newCustomer.create({
        name: body.name,
        age: body.age,
        sex: body.sex,
    }).then(result => {
        console.log('customer created..!');
        res.redirect('/customer');
    }).catch(err => {
        console.log(err);
    })
});

/* 서버와 포트 연결.. */
app.listen(app.get('port'), () => {
    console.log(app.get('port'), '번 포트에서 서버 실행 중 ..')
});
```

힌트!

Seqeulize의 update, delete 작업은 update(), destroy() 함수로 실행할 수 있다는 것을 떠올려봅시다.

## 6장

실시간 통신을
구현해보자

웹의 통신은 30년 이상의 시간에 걸쳐 텍스트를 단순히 주고받는 데 만족하던 통신에서, HTTP로, 그리고 AJAX로, 그리고 웹 소켓(Web Socket)으로 진화하게 되었습니다. HTTP로 통신을 하는 방법은, 클라이언트가 웹 브라우저를 통해 서버로 어떠한 요청을 보내고, 서버는 HTTP 규격에 맞춰 사용자가 요청한 정보에 대한 응답을 보내주는 것입니다. 그 응답은 주로 HTML 문서가 브라우저에 예쁘게 표현되는 것이 주를 이루는데 오늘날 웹은 단순 HTML을 뿌려주는 것만으로는 부족할 정도로 진화하게 되었습니다. 4장에서 살펴보았듯이 한 번의 요청에 대해 res.send든 res.json든 응답을 보내면 http 통신은 끝나게 됩니다. 이는 오늘날 진화한 웹에서는 치명적인 단점으로 작용했고 클라이언트가 몇 번의 요청을 다시 보내지 않아도 응답을 보내야 할 상황이 생기게 되었습니다. 예를 들어 실시간 채팅이라든지 동영상 스트리밍 서비스 같은 경우가 그렇습니다. 이 상황을 해결하기 위한 '웹 소켓'이라는 새로운 프로토콜이 등장하게 되었고 클라이언트와 서버가 양방향으로 통신을 할 수 있도록 지원할 수 있게 되었습니다. 이 장에서는 바로 이 웹 소켓이 어떻게 양방향 통신을 지원하는지에 대해 알아보겠습니다.

#실시간통신#웹소켓#WebSocket#SocketIO

웹 소켓이 등장하기 이전에도 HTTP 통신만을 가지고 실시간 서비스를 구현하려는 노력이 있었습니다.

- Polling 방식 : 클라이언트가 일정한 주기로 HTTP 요청을 보내는 방식입니다.
- Long Polling 방식 : 서버가 일정 시간 동안 요청을 대기시키는 방식입니다.
- Streaming 방식 : 서버가 요청을 무한정 대기시키는 방식입니다.

위 세 가지의 방식을 COMET 방식이라고 합니다. 하지만 실시간 통신에서 클라이언트가 언제 다시 요청을 보낼지 예측할 수도 없기 때문에 불필요한 *네트워크 오버헤드가 필연적으로 생기게 되며 대기 시간이 발생하면 그에 따른 성능 저하도 피할 수 없게 됩니다.

용어정리

네트워크 오버헤드(Network OverHead) 데이터를 보내는 데 있어 데이터 외에 부가되는 정보입니다.

6.1 웹 소켓

HTTP와 AJAX

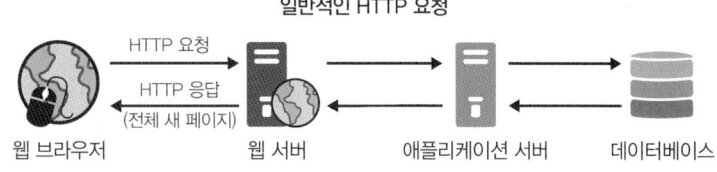

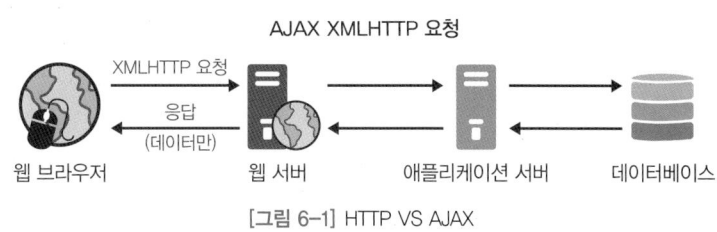

[그림 6-1] HTTP VS AJAX

HTTP는 'Hyper, Text, Transfer Protocol'의 약자로 오늘날 통신에 가장 널리 사용되고 있는 일종의 약속이자 형식입니다. URL과 Header 같은 부가 정보를 포함하여 사용자가 원하는 데이터를 정확히 주고받을 수 있도록 해줍니다. HTTP 통신은 클라이언트 요청 한번에 응답 한 번을 보내고 통신을 끝내게 됩니다. 따라서 페이지의 일부분만 갱신하고 싶어도 응답을 다시 보내야 합니다.

그래서 이러한 제약으로부터 조금 더 진화한 AJAX라는 것이 등장합니다. AJAX는 'Asynchronous JavaScript XML'의 약자로 XMLHttpRequest라는 자바스크립트 객체를 이용해 서버와 비동기 방식으로 통신하여 DOM을 조작해 문서의 일부분만 갱신하는 것을 가능하게 합니다. 우리가 5장에서 사용한 axios도 AJAX입니다. AJAX는 페이지를 일부분만 동적으로 생성하기 때문에 페이지 전체를 갱신하는 HTTP 통신보다 렌더링 속도가 빠르고 오버헤드가 적습니다. 또 비동기 방식으로 통신을 하기 때문에 클라이언트가 불필요하게 대기하는 시간이 줄어듭니다.

따라서 HTTP 대신 AJAX를 사용하는 경우는 이메일 중복 체크나 비밀번호 확인 등 페이지 이동이 없는 경우와 빠른 렌더링을 보장하기 위한 경우에 사용됩니다.

웹 소켓

하지만 AJAX도 HTTP 통신이기 때문에 여전히 클라이언트가 요청을 보내지 않으면 통신을 시작할 수 없다는 한계가 있습니다. 실시간 알림 서비스를 생각해봅시다. 어느 쪽에서 먼저 통신을 걸어야 할까요? 실시간 알림을 받기 위해 클라이언트가 먼저 요청을 보내야 한다면 그것은 실시간 알림이 아닙니다.

그래서 이를 근본적으로 해결하기 위해 새로운 통신 규약이 생겨나게 됩니다.

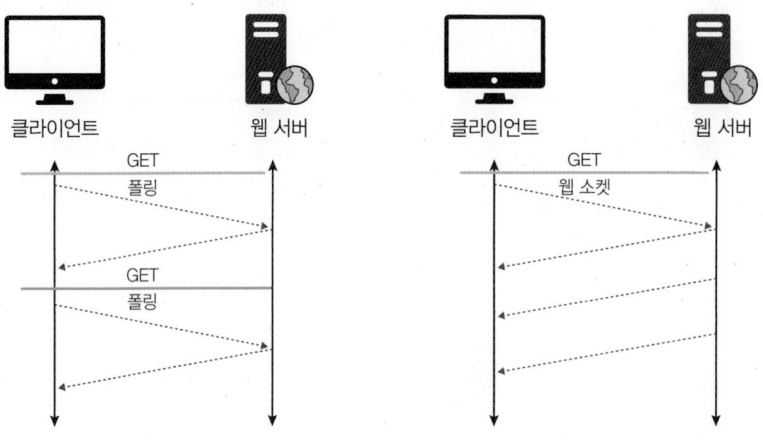

[그림 6-2] HTTP 폴링 VS 웹 소켓

웹 소켓은 클라이언트와 서버 간의 양방향 통신이 가능하도록 지원하는 프로토콜입니다. 'WebSocket Protocol(줄여서 WS)'이 생겨나면서 클라이언트가 요청을 먼저 보내지 않아도 서버 측에서 데이터를 보낼 수 있게 되었습니다. WS는 특히 실시간 채팅이나 게임, 스트리밍 서비스 등을 궁극적으로 발전시킨 원동력이 되었습니다.

클라이언트가 세 번의 요청을 보낸다고 하면 HTTP 방식은 세 번의 통신 연결이 필요하지만 웹 소켓을 사용하면 딱 한 번만 연결을 맺고 양방향으로 통신이 가능합니다. 이렇게 양방향 통신에 있어 성능이 훨씬 뛰어난 WS 프로토콜은 구현 방법도 생각보다 쉽습니다.

단순한 API로 구성되어 있어서 설계나 구현도 간결하고, 기존에 사용하던 http 통신으로 구현한 express 서버와 포트도 공유가 가능합니다. 또 *XMLHttpRequest 객체와 *Server-Sent Events를 조합해서 사용하는 것도 가능합니다.

용어정리

> XMLHttpRequest(XHR) 통신을 비동기적으로 가능하게 해주는 객체입니다.
> Server-Sent Events(SSE) 단방향 통신 연결을 통해 http를 사용해 데이터를 푸시할 수 있도록 해주는 통신 모델입니다. EventSource 객체를 사용해서 구현합니다.

6.2 WS 모듈로 웹 소켓 구현하기

```
$ npm install ws
```

위 명령어로 ws 모듈을 설치합니다.

[예시 코드] ws 프로토콜

```
01  const WebSocket = require('ws');
02
03  const ws = new WebSocket('ws://www.host.com/path');
04
05  ws.on('open', function open() {
06    ws.send('something');
07  });
08
09  ws.on('message', function incoming(data) {
10    console.log(data);
11  });
```

ws 모듈을 불러오고(1행) WebSocket 객체를 생성해(3행) WebSocket 서버를 구현하고 텍스트 데이터를 주고받을 수 있습니다. 인자로 ws 프로토콜을 가진 호스트를 전달하게 되는데(3행), 한 개의 프로토콜 뿐만 아니라 여러 개의 프로토콜을 넣어줄 수도 있습니다.

한번 연결되면 서버로부터 데이터를 전송할 수 있고 send()를 통해 원하는 메시지를 작성해서 보낼 수 있고(6행) on()을 메시지로 전달받을 수 있습니다. 그리고 보낼 수 있는 데이터 타입에는 String, *Blob, ArrayBuffer가 있습니다.

연결은 비동기로 처리되기 때문에 바로 send하는 경우, 실행되지 않을 수 있고 연결이 성립된 후 send하도록 .on()을 통해 on 핸들러를 정의합니다.

> Blob Binary Large Object를 말하며 자바스크립트에서 이미지, 사운드, 비디오 같은 멀티미디어 데이터를 다룰 때 사용하는 타입입니다.

```
01  const WebSocket = require('ws');
02
03  const wss = new WebSocket.Server({ port: 8080 });
04
05  wss.on('connection', function connection(ws) {
06    ws.on('message', function incoming(message) {
07      console.log('received: %s', message);
08    });
09
10    ws.send('something');
11  });
```

또는 위와 같이 http 프로토콜과 포트를 공유하는 서버를 생성할 수도 있습니다. 이제 예제 코드를 보며 더 자세히 알아보겠습니다.

[함께해봐요 6-1] ws 모듈을 이용한 WebSocket 구현   chapter06/ws/socket.js

```
01  const WebSocket = require('ws');
02
03  module.exports = (server) => {
04      const wss = new WebSocket.Server({ server });
05
06      wss.on('connection', (ws, req) => { // Connection
07          const ip = req.headers['x-forwarded-for'] ||
                         req.connection.remoteAddress;
08          console.log('New Client : ', ip);
09          ws.on('message', (message) => {   // 클라이언트로부터 받은 메시지
10              console.log(message);
11          });
12          ws.on('error', (err) => {   // 오류 처리
13              console.error(err);
14          });
15          ws.on('close', () => {      // 종료
16              console.log('클라이언트 접속 해제', ip);
17              clearInterval(ws.interval);
18          });
19
```

```
20          ws.interval = setInterval(() => {   // 서버에서 메시지
21              if (ws.readyState === ws.OPEN) {
22                  ws.send('Message From Server.');
23              }
24          }, 3000);
25      });
26  };
```

먼저 ws/ 디렉터리를 하나 생성해주고 그 안에 app.js, index.html, socket.js 파일을 생성해 줍니다.

먼저 클라이언트가 요청을 보내면 new WebSocket으로 웹 소켓 객체의 인스턴스를 생성(new)해서 wss 변수에 넣어줍니다(4행). 그리고 Connection이 생성되면 req.headers와 req.connection. remoteAddress를 통해 사용자의 IP를 알아냅니다(7행). 그 후 IP와 클라이언트가 보낸 메시지를 서버 콘솔에 띄우게 됩니다(9~11행).

그리고 setInterval 함수로 서버도 클라이언트에게 3초마다 메시지를 보냅니다(20~24행). 비동기 처리로 인해 혹시 연결이 되지 않은 상태에서 메시지를 보내는 것을 막기 위해 ws.readyState를 한 번 체크해줍니다(21행). ws.readyState에는 OPEN(연결 성공), CLOSE(연결 닫힘), CLOSING(닫는 중), CONNECTING(연결 중)이 있습니다. 만약 연결이 종료되었다면(15행) 해당 Interval은 clearInterval로 제거해주어야 합니다(17행).

[함께해봐요 6-2] 클라이언트 코드 작성   chapter06/ws/index.html

```
01  <!DOCTYPE html>
02  <html lang="en">
03    <head>
04      <meta charset="UTF-8" />
05      <meta http-equiv="X-UA-Compatible" content="IE=edge" />
06      <meta name="viewport" content="width=device-width, initial-scale=1.0" />
07      <title>WebSocket</title>
08    </head>
09    <body>
10      <div>ws 모듈로 웹 소켓을 알아봅시다.</div>
11      <script>
12        const webSocket = new WebSocket("ws://localhost:8080");  // ws protocol
13        webSocket.onopen = function () {
14          console.log("Web Socket Connected");
15        };
```

```
16        webSocket.onmessage = function (event) {
17          console.log(event.data);
18          webSocket.send("This Message From Client");
19        };
20      </script>
21    </body>
22  </html>
```

그리고 클라이언트 코드를 작성해줍니다. 클라이언트가 WebSocket 객체의 인스턴스를 생성(new)하고(12행), 웹 소켓과 연결에 성공하면 실행하는 onopen 핸들러(13~15행)와 메시지를 보낼 때 실행하는 onmessage 핸들러(16~19행)를 작성해줍니다.

[함께해봐요 6-3] WebSocket 서버 코드   chapter06/ws/app.js

```
01  const morgan = require('morgan');
02  const cookieParser = require('cookie-parser');
03  const session = require('express-session');
04  const express = require('express');
05  const app = express();
06
07  const webSocket = require('./socket.js');
08
09  /* 포트 설정 */
10  app.set('port', process.env.PORT || 8080);
11
12  /* 공통 미들웨어 */
13  app.use(morgan('dev'));
14  app.use(express.json());
15  app.use(express.urlencoded({ extended: true }));
16  app.use(cookieParser('wsExample'));
17  app.use(session({
18      resave: false,
19      saveUninitialized: false,
20      secret: 'wsExample',
21      cookie: {
22          httpOnly: true,
23          secure: false
24      }
25  }));
26
```

```
27  /* 라우터 설정 */
28  app.get('/', (req, res) => {
29      res.sendFile(__dirname + '/index.html');
30  });
31
32  /* 404 오류 처리 */
33  app.use((req, res, next) => {
34      const error = new Error(`${req.method} ${req.url} 해당 주소가 없습니다.`);
35      error.status = 404;
36      next(error);
37  });
38
39  /* 오류 처리 미들웨어 */
40  app.use((err, req, res, next) => {
41      res.locals.message = err.message;
42      res.locals.error = process.env.NODE_ENV !== 'production' ? err : {};
43      res.status(err.status || 500);
44      res.send('error Occurred');
45  })
46
47  /* 서버와 포트 연결.. */
48  const server = app.listen(app.get('port'), () => {
49      console.log(app.get('port'), '번 포트에서 서버 실행 중 ..')
50  });
51
52  webSocket(server);   // ws와 http 포트 공유
```

마지막으로 서버 코드입니다. 서버 파일의 역할은 단순합니다. 연결된 url로 접속 시 index.html 파일을 보내주고 webSocket 서버와 http를 사용하는 express 서버가 포트를 공유할 수 있도록 해줍니다 (52행).

```
$ npx nodemon app.js경로/ws/app.js
[nodemon] 2.0.7
[nodemon] to restart at any time, enter 'rs'
[nodemon] watching path(s): *.*
[nodemon] watching extensions: js,mjs,json
[nodemon] starting 'node chapter06/ws/app.js'
8080번 포트에서 서버 실행 중 ..
GET / 200 4.606 ms - 670
New Client :  ::1
```

```
GET /favicon.ico 404 1.310 ms - 14
This Message From Client
This Message From Client
This Message From Client
This Message From Client
...
```

그리고 $ node 또는 $ npx nodemon 명령어로 app.js 파일을 실행해줍니다. 그러면 콘솔에는 3초마다 클라이언트로부터 온 메시지가 찍히게 됩니다.

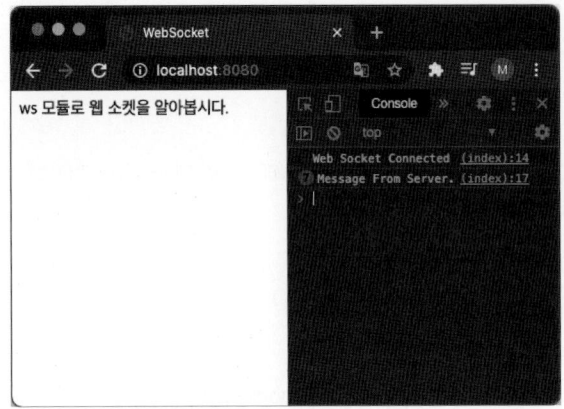

[그림 6-3] 3초마다 오는 메시지 확인

브라우저에 접속해서 클라이언트의 상태도 확인합니다. [개발자도구] → [Console] 탭에서 확인해보면 서버로부터 온 메시지가 3초마다 찍히는 것을 확인할 수 있습니다.

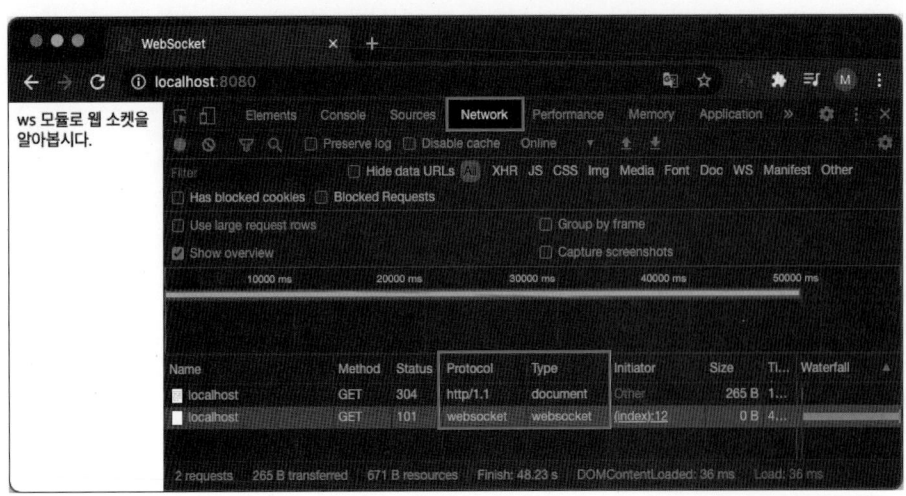

[그림 6-4] [Network] 탭

248

그리고 [Network] 탭에서 보면 두 개의 localhost를 확인할 수 있는데, 하나는 http 프로토콜, 하나는 websocket 프로토콜인 것도 확인할 수 있습니다.

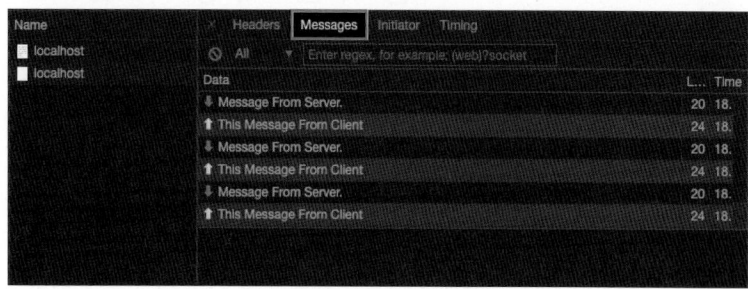

[그림 6-5] Network → Message

Websocket 프로토콜 localhost의 [Message] 탭에서 서버와 클라이언트 데이터가 모두 쌓이고 있는 것도 확인할 수 있습니다.

 **6.3** socket.io로 실시간 채팅 구현하기

그리고 websocket을 사용할 수 있는 방법에는 ws 모듈말고 socket.io라는 것이 있습니다. socket.io
는 ws 모듈의 메시지를 주고받는 기능을 확장한 패키지입니다. 사용자를 그룹화해서 메시지를 보낼
수도 있고 특정 사용자에게만 메시지를 보내는 기능을 쉽게 만들 수도 있어 주로 채팅 기능을 구현할
때 많이 사용합니다.

```
$ npm install socket.io
```

위 명령어로 socket.io 모듈을 설치합니다.

[함께해봐요 6-4] socket.io 모듈 불러오기   chapter06/socket.io/app.js

```
01  const morgan = require('morgan');
02  const cookieParser = require('cookie-parser');
03  const session = require('express-session');
04  const express = require('express');
05  const app = express();
06
07  const webSocket = require('./socket.js');
08
09  ..... 중략(ws/app.js와 동일)
```

그리고 socket.io/라는 폴더를 새로 생성하고 app.js, index.html, socket.js를 생성합니다. app.js의
코드는 ws/app.js와 똑같으니 그대로 복사해서 붙여넣습니다.

[함께해봐요 6-5] SocketIO 인스턴스 생성   chapter06/socket.io/socket.js

```
01  const SocketIO = require("socket.io");
02
03  module.exports = (server) => {
04      const io = SocketIO(server, { path: "/socket.io" });
        // index.js의 path와 동일하게
```

250

```
05
06      io.on("connection", (socket) => {
07          const req = socket.request;
08          const ip = req.headers["x-forwarded-for"] ||
                                    req.connection.remoteAddress;
09          console.log(
10              `New Client : ${ip}, socket.id : ${socket.id}`
11          );
12
13          socket.on("disconnect", () => {
14              console.log(`Client Out : ${ip}, socket.id : ${socket.id}`);
15              clearInterval(socket.interval);
16          });
17
18          socket.on("error", (error) => { });
19
20          socket.on("from client", (data) => {   // 클라이언트가 넘긴 데이터
21              console.log(data);
22          });
23
24          socket.interval = setInterval(() => {   // send대신 emit으로 메시지를 보냄
25              socket.emit("from server", "Message From Serrver");
26          }, 3000);
27      });
28  };
```

먼저 SocketIO 객체의 인스턴스를 생성하고 변수 io에 넣어줍니다(4행). 그리고 두 번째 인자로 path 라는 것을 넣어주어야 하는데, 이는 아무 것이나 지정해도 상관은 없지만 index.html 파일과 동일하게 설정해주어야 합니다.

그리고 io.on()을 통해 Connection을 생성하고 socket.on()을 통해 이벤트를 감지합니다(6~27행). ws 모듈에서 메시지를 보내는 함수가 send()였다면 socket.io에서는 emit()을 사용합니다(25행). io.emit()은 연결된 모든 소켓에게 이벤트를 보내는 것이고 socket.emit()은 특정 소켓에게만 이벤트를 보내는 메서드입니다.

io.on()으로 Connection을 생성한 뒤 콜백으로 넘겨지는 socket은 내부에 request를 가지고 있어 이를 이용해 IP 주소를 알아냅니다(8행).

socket.id라는 것이 있는데 각 소켓에 고유한 ID를 부여해주는 것으로 이를 이용하여 특정 사용자에게만 메시지를 보낸다든가 하는 기능을 만들 수 있습니다(10행).

ws 모듈과 비슷하게 동작하는 것 중 딱 두 개만 기억해야 한다면 send()가 아닌 emit()으로 메시지를 보내고 on()으로 받는 것과 emit()의 인자에는 '이벤트명'과 '메시지'를 전달해주어야 한다는 점입니다. emit()에서 보내주는 이벤트명은 이벤트를 식별하는 역할을 하며 각 이벤트마다 메시지를 다르게 보내줄 수 있습니다. socket.emit("from server" ~)으로 보내준 "from server"라는 이벤트명을 index.html에서 socket.on("from server" ~)로 받아주게 되며 이제 이벤트마다 여러 리스너를 만들 수 있게 되었습니다.

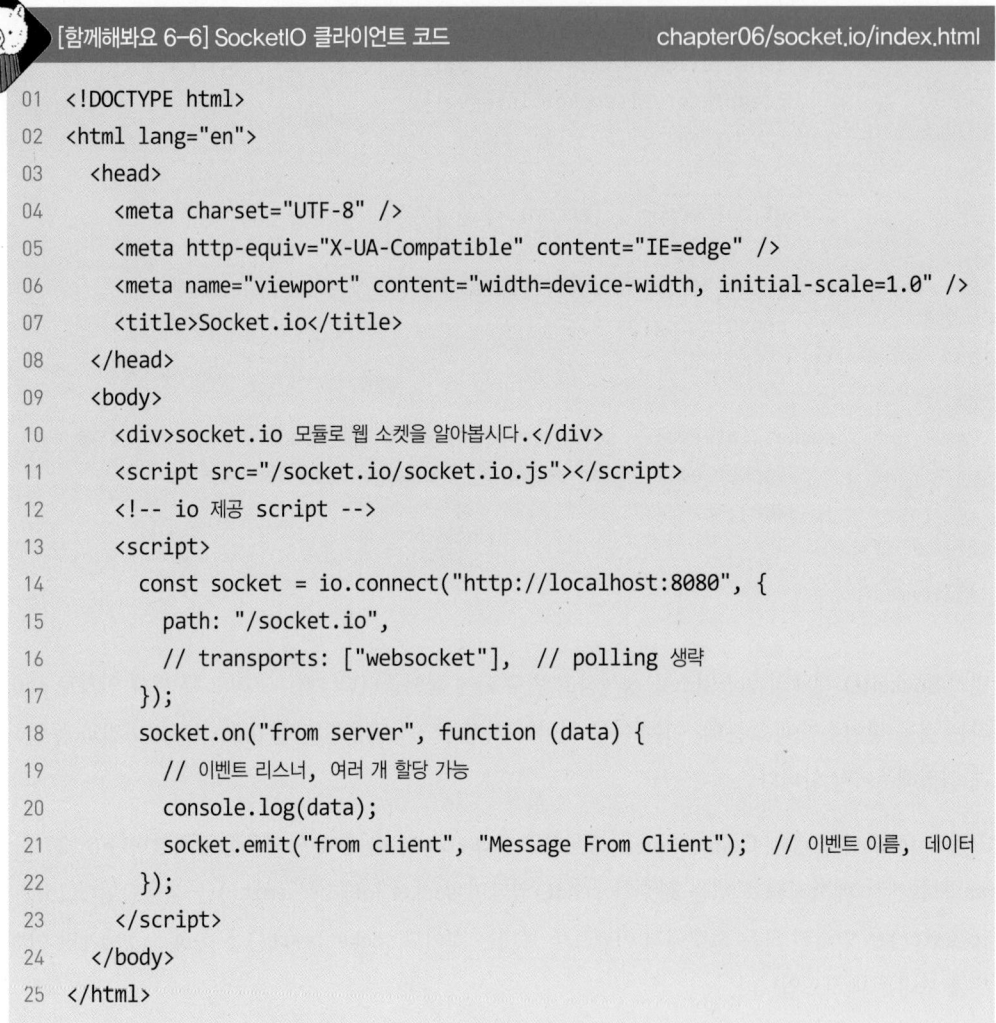

[함께해봐요 6-6] SocketIO 클라이언트 코드   chapter06/socket.io/index.html

```
01  <!DOCTYPE html>
02  <html lang="en">
03    <head>
04      <meta charset="UTF-8" />
05      <meta http-equiv="X-UA-Compatible" content="IE=edge" />
06      <meta name="viewport" content="width=device-width, initial-scale=1.0" />
07      <title>Socket.io</title>
08    </head>
09    <body>
10      <div>socket.io 모듈로 웹 소켓을 알아봅시다.</div>
11      <script src="/socket.io/socket.io.js"></script>
12      <!-- io 제공 script -->
13      <script>
14        const socket = io.connect("http://localhost:8080", {
15          path: "/socket.io",
16          // transports: ["websocket"],  // polling 생략
17        });
18        socket.on("from server", function (data) {
19          // 이벤트 리스너, 여러 개 할당 가능
20          console.log(data);
21          socket.emit("from client", "Message From Client");  // 이벤트 이름, 데이터
22        });
23      </script>
24    </body>
25  </html>
```

클라이언트 파일입니다. <script src="socket.io/socket.io">는 'io'라는 변수로 SocketIO 객체를 사용할 수 있게 해주는 스크립트입니다(11행).

일단 transports: ['websocket'] 부분은 주석 처리를 해주고 살펴봅시다. 여기서 눈여겨봐야 할 점은 io.connect() 인자에 ws 프로토콜이 아닌 http 프로토콜이 들어간다는 점입니다(14행). 일단 서버를 실행한 결과를 확인해본 후 다시 살펴보겠습니다.

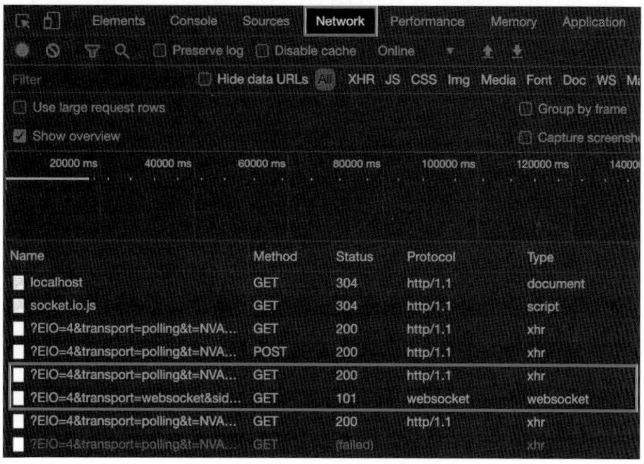

[그림 6-6] localhost:8080

$ node app.js의 경로/socket.io/app.js 명령어로 서버를 실행하고 브라우저에서 localhost:8080 으로 접속해봅시다. 그리고 개발자 도구에서 [Network] 탭을 클릭하고 새로고침을 하면 websocket 으로 바로 연결되는 것이 아니라 http의 폴링을 한번 시도한 후 websocket으로 연결합니다. websocket을 지원하지 않는 브라우저가 있을 수 있기 때문입니다. 이러한 이유로 index.html에서 io.connect()에 http 프로토콜을 넣어준 것이고(14행) Status 101은 웹 소켓 객체를 사용할 수 있다는 뜻입니다.

IE9 버전을 제외한 모든 브라우저는 websocket을 지원하기 때문에 폴링을 시도하는 부분을 지워주겠습니다(16행).

[함께해봐요 6-7] SocketIO 클라이언트 코드에 polling 추가   chapter06/socket.io/index.html

```
12  .... 중략
13  <script>
14      const socket = io.connect("http://localhost:8080", {
15        path: "/socket.io",
16        transports: ["websocket"],
17      });
18  .... 중략
```

주석 처리한 transport: ['websocket'] 부분의 주석을 해제합니다(16행). 이 옵션을 주면 폴링 과정을 넘어가고 바로 websocket으로 연결을 시도합니다.

그리고 ws 모듈에서는 클라이언트가 서버의 데이터를 받을 때 event.data로 데이터를 받아왔으나 socket.io에서는 그냥 data라고 되어 있습니다(18행). 이는 socket.io에서 자체적으로 JSON을 문자열 객체로 변환하는 JSON.stringify와 문자열 객체를 JSON 객체로 변환하는 JSON.parse가 내부적으로 실행되고 있기 때문입니다.

```
$ node app.js경로/socket.io/app.js
8080번 포트에서 서버 실행 중 ..
GET / 200 5.260 ms - 831
New Client : ::1, socket.id : JMhLN51gVWJFnfPRAAAB
Message From Client
Message From Client
Message From Client
Message From Client
...
```

이제 다시 $ node app.js의 경로/socket.io/app.js 명령어로 서버를 실행하고 결과를 확인해봅시다. 먼저 서버 측의 콘솔에는 다음과 같은 결과를 확인할 수 있습니다. 여기서 보이는 socket.id는 각 소켓마다의 고유한 id입니다. 이를 이용해 사용자마다 다른 메시지를 전달할 수 있게 되는 것입니다.

[그림 6-7] localhot:8080

그리고 클라이언트 측의 결과를 확인하기 위해 브라우저에서 개발자 도구를 열고 localhost:8080으로 접속합니다. [Network] → [Message] 탭에서 server와 client 각각이 보낸 메시지를 확인할 수 있습니다. 중간중간 2와 3이라는 메시지를 볼 수 있는데 이는 socket.io에서 자체적으로 핑을 보내 연결이 잘 되고 있는지 확인하는 메시지이므로 신경 쓰지 않아도 됩니다.

6.4 실시간 채팅 구현하기

클라이언트가 두 명 이상 접속해서 채팅을 하는 상황을 socket.io 모듈을 이용해서 예제로 구현해보 겠습니다.

[함께해봐요 6-8] 실시간 채팅창 구현하기 chapter06/chat/app.js

```javascript
01  const http = require("http");
02  const express = require("express");
03  const app = express();
04
05  app.use(express.static(__dirname));
06
07  const server = http.Server(app);
08  const io = require("socket.io")(server);
09  let users = [];
10
11  server.listen(8080, () => {
12      console.log("8080포트에서 서버 실행 중...");
13  });
14
15  app.get("/", (req, res) => {
16      res.sendFile(__dirname + "/index.html");
17  });
18
19  io.on("connection", (socket) => {
20      let name = "";
21      socket.on("has connected", (username) => { // 이벤트 : has connected
22          name = username;
23          users.push(username);
24          io.emit("has connected", { username: username, usersList: users });
```

```
25          });
26
27          socket.on("disconnect", () => { // 이벤트 : has disconnected
28              users.splice(users.indexOf(name), 1);
29              io.emit("has disconnected", { username: name, usersList: users });
30          })
31
32          socket.on("new message", (data) => { // 이벤트 : new message
33              io.emit("new message", data); // 모든 소켓에 메세지를 보냄
34          });
35      });
```

먼저 chat/이라는 디렉터리를 생성하고 app.js, index.html, index.css 파일을 생성합니다. 그리고 http, express 모듈을 불러와서 http.Server(app)을 통해 연결합니다(1~3행). 이렇게 연결한 server 를 socket.io와 포트를 공유해서 io 변수에 담아줍니다. 포트는 8080으로 연결했습니다(9~11행).

'/' 라우터에는 res.sendFile()을 통해 index.html을 보내줍니다(13~15행). 그 다음 우리가 배운 socket.io를 이용해 Connection을 만드는 코드입니다. 총 세 개의 이벤트를 생성했습니다(17~32행).

❶ Has connected : 사용자가 접속하면 users 리스트에 사용자를 넣고 emit()을 통해 username 과 userList를 연결합니다(25행).

❷ Has disconnected : 사용자가 접속을 끊으면 users 리스트에서 splice 함수를 통해 사용자를 제 거합니다(27행).

❸ New message : 새로운 메시지가 클라이언트로부터 오면 on()을 통해 이를 받고, 해당 메시지를 다시 emit()을 통해 모든 소켓에 보내줍니다(30행).

[함께해봐요 6-9] CSS 파일 생성   chapter06/chat/index.css

```
01  html {
02      height: 100%;
03      width: 100%;
04      margin: 0;
05      padding: 0;
06      font-family: Verdana, Geneva, Tahoma, sans-serif;
07  }
08
09  body {
10      height: 100%;
11      width: 100%;
12      margin: 0;
```

```css
13    padding: 0;
14    overflow: hidden;
15  }
16
17  #login-area {
18    width: 500px;
19    height: 300px;
20    border: 1px solid #000;
21    margin: 0 auto;
22    margin-top: 150px;
23  }
24
25  #login-area #login-text {
26    width: 100%;
27    margin-top: 70px;
28    text-align: center;
29  }
30
31  #login-area #login-form-area {
32    width: 100%;
33    margin-top: 40px;
34    text-align: center;
35  }
36
37  #login-area #login-form-area #login-form #user-name {
38    height: 50px;
39    width: 300px;
40    padding: 0px 5px;
41    font-size: 26px;
42    outline: none;
43    outline-offset: 0;
44  }
45
46  #login-area #login-form-area #login-form #login-submit {
47    font-size: 26px;
48    background-color: transparent;
49    border: 1px solid #000;
50    height: 52px;
51    width: 100px;
52    cursor: pointer;
53    outline: none;
54    outline-offset: 0;
```

```css
55  }
56
57  #login-area #login-form-area #login-form #login-submit:hover {
58      background-color: #000;
59      color: #fff;
60  }
61
62  #chat-area {
63      display: none;
64      widows: 100%;
65      height: 100%;
66  }
67
68  #chat-area #users-area {
69      width: 20%;
70      height: 100%;
71      border-top: 1px solid transparent;
72      border-right: 1px solid black;
73      float: left;
74      background-color: #ddd;
75  }
76
77  #chat-area #users-area #online-users-text {
78      margin: 0;
79      padding: 0;
80      margin-top: 50px;
81      text-align: center;
82  }
83
84  #chat-area #users-area #online-users-text h1 {
85      margin: 0;
86      padding: 0;
87  }
88
89  #chat-area #users-area #online-users {
90      margin-top: 50px;
91  }
92
93  #chat-area #users-area #online-users #users {
94      text-align: center;
95      padding: 0;
96      margin: 0;
```

```
 97  }
 98
 99  #chat-area #users-area #online-users #users li {
100    list-style-type: none;
101    font-weight: bold;
102    margin-top: 10px;
103  }
104
105  #chat-area #message-area {
106    width: calc(80% - 1px);
107    height: 100%;
108    float: right;
109    background-color: #aaa;
110  }
111
112  #chat-area #message-area #display-message-area {
113    width: 100%;
114    height: 90%;
115    border-top: 1px solid transparent;
116  }
117
118  #chat-area #message-area #display-message-area #messages {
119    margin: 0;
120    padding: 0;
121  }
122
123  #chat-area #message-area #display-message-area #messages li {
124    list-style-type: none;
125    padding: 10px;
126    margin: 0;
127  }
128
129  #chat-area #message-area #display-message-area #messages li:nth-child(odd) {
130    background-color: #eee;
131  }
132
133  #chat-area #message-area #message-form-area {
134    width: 100%;
135    height: 10%;
136    border-top: 1px solid black;
137  }
138  #chat-area #message-area #message-form-area #message-form #message {
```

```
139    height: 90px;
140    width: 90%;
141    font-size: 28px;
142    padding: 0 5px;
143    outline: none;
144    outline-offset: 0;
145    background-color: transparent;
146    color: #fff;
147    border: 0;
148 }
149
150 #chat-area
151    #message-area
152    #message-form-area
153    #message-form
154    #message::placeholder {
155    color: #fff;
156 }
157
158 #chat-area #message-area #message-form-area #message-form #message-submit {
159    height: 95px;
160    width: calc(10% - 20px);
161    border: 1px solid #000;
162    font-size: 28px;
163    background-color: transparent;
164 }
165
166 #chat-area
167    #message-area
168    #message-form-area
169    #message-form
170    #message-submit:hover {
171    color: #fff;
172    background-color: #000;
173 }
```

Index.html을 꾸며줄 css 파일입니다. 예제 코드를 모아 놓은 깃허브에서 복사하고 붙여넣으면 됩니다.

```html
01  <!DOCTYPE html>
02  <html>
03    <head>
04      <script
05        src="https://code.jquery.com/jquery-3.4.1.js"
06        integrity="sha256-WpOohJOqMqqyKL9FccASB9O0KwACQJpFTUBLTYOVvVU="
07        crossorigin="anonymous"
08      ></script>
09      <script type="text/javascript" src="socket.io/socket.io.js"></script>
10
11      <link rel="stylesheet" type="text/css" href="./index.css" />
12      <title>실시간 채팅</title>
13    </head>
14    <body>
15      <div id="login-area">
16        <div id="login-text"><h1>Username 등록</h1></div>
17        <div id="login-form-area">
18          <form id="login-form">
19            <input
20              id="user-name"
21              type="text"
22              placeholder="Username"
23              autocomplete="off"
24            />
25            <input id="login-submit" type="submit" value="Login" />
26          </form>
27        </div>
28      </div>
29      <div id="chat-area">
30        <div id="users-area">
31          <div id="online-users-text">
32            <h1>Online users:</h1>
33          </div>
34          <div id="online-users">
35            <ul id="users"></ul>
36          </div>
37        </div>
38
```

```
39        <div id="message-area">
40          <div id="display-message-area">
41            <ul id="messages"></ul>
42          </div>
43
44          <div id="message-form-area">
45            <form id="message-form">
46              <input
47                id="message"
48                type="text"
49                placeholder="Type your message..."
50                autocomplete="off"
51              />
52              <input id="message-submit" type="submit" value="Send" />
53            </form>
54          </div>
55        </div>
56      </div>
57  </body>
58  ... 이하 생략
```

그리고 '/' 주소에 보내줄 index.html 클라이언트 파일입니다. 클라이언트 부분은 서버를 공부하고 있는 우리가 아직까지는 크게 신경 쓰지 않아도 되고 <body> 태그 안에는 아래 그림과 같은 화면을 만들기 위한 요소로 작성되어 있다는 것 정도만 알아두면 됩니다. 이 부분도 css와 마찬가지로 예제코드가 있는 깃허브에서 그대로 복사하고 붙여넣어 사용하기를 추천합니다.

[그림 6-8] index.html

```javascript
01  <script type="text/javascript">
02      const socket = io();
03
04      function updateUsers(list) {
05        for (let i = 0; i < list.length; i++) {
06          $("#users").append("<li><b>" + list[i] + "</b></li>");
07        }
08      }
09
10      $("#login-form").submit(function (event) {
11        event.preventDefault();   // 이벤트 취소
12        if ($("#user-name").val() == "" || $("#user-name").val() == " ") {
13          alert("Invalid username");
14        } else {
15          $username = $("#user-name").val(); // get username
16          $("#login-area").hide();
17          $("#chat-area").show();
18
19          $("#messages").html("");   // 오래된 메시지 삭제
20          socket.emit("has connected", $username);
21        }
22      });
23
24      $("#message-form").submit(function (event) {
25        event.preventDefault();
26        if ($("#message").val() == "" || $("message").val() == " ") {
27          alert("메시지를 입력해주세요.");
28        } else {
29          socket.emit("new message", {
30            username: $username,
31            message: $("#message").val(),
32          });
33          $("#message").val("");   // Clear text area
34        }
35      });
36
37      socket.on("has connected", function (data) {
38        $("#users").html("");   // 사용자 disconnect
39        updateUsers(data.usersList);
40        $("#messages").append(
41          "<li><i><b>" + data.username + "</b> has connected </i></li>"
```

```
42        );   // 다른 사용자 접속 알림
43    });
44
45    socket.on("has disconnected", function (data) {
46      $("#users").html("");
47      updateUsers(data.usersList);
48      $("#messages").append(
49        "<li><i><b>" + data.username + "</b> has disconnected </i></li>"
50      );
51    });
52
53    socket.on("new message", function (data) {
54      $("#messages").append(
55        "<li><i><b>" + data.username + "</b>: " + data.message + "</i></li>"
56      );
57    });
58  </script>
59 </html>
```

위의 코드 뒤에 이어지는 부분입니다. Js로 작성된 스크립트 코드입니다. 하나씩 살펴봅시다.

> **여기서 잠깐**
>
> `<div id="users">…</div>`와 같이 html 문서의 특정 부분의 요소를, id를 이용해서 구별할 수 있는데, #은 id를 뜻하는 문자입니다. 즉, #user는 id가 user인 요소를 가리킵니다.
>
> 그리고 이 요소를 참조하는 데 JQuery라는 자바스크립트 라이브러리를 이용했습니다. `$("#users")` 는 id가 users인 요소를 참조하라는 뜻이 됩니다. Jquery를 이용하지 않아도 순수 자바스크립트에서 querySelector 같은 함수를 사용해서 DOM 요소를 가져올 수 있습니다. JQuery는 현재 입지가 많이 줄어 들고 있는 추세인데, JQuery를 사용하는 것은 순수 자바스크립트를 사용하는 것보다 코드가 줄어든다는 것 외에는 큰 장점이 없기 때문입니다. 해당 예제는 예제 코드의 길이를 줄이기 위해 사용했으며 `$("#id")`를 통해 id 요소를 참조한다는 것 정도만 이해하고 넘어가면 됩니다.
>
> 예를 들어 `$("#login-form").submit(callback)`과 같은 경우는 id가 login-form인 요소의 버튼이 눌렸을 때 콜백 함수를 실행한다는 뜻입니다.

첫 부분에 있는 updateUser() 함수는 인자로 받은 리스트의 요소를 #users 요소에 하나씩 넣어주는 함수입니다(4~8행).

Login 버튼(#login-form)을 누르면(submit)(10행) 먼저 event.preventDefault()를 통해 지금까지의 이벤트를 초기화합니다(11행). 그런 다음 username을 #chat-area에 보여주고(17행), emit() 메서드로 "has connected"라는 이벤트명과 "has connected"라는 메시지, 그리고 username을 보냅니다(20행).

Send 버튼(#message-form)을 누르면(submit)(24행) "new meassag"라는 이벤트명과 username, message 값을 emit() 함수로 보냅니다(29~32행).

보내진 메시지는 서버 측에서 on() 함수로 받아 모든 소켓에 보내 클라이언트가 확인할 수 있도록 합니다(app.js 참고).

그리고 socket.on()으로 세 가지의 이벤트를 받습니다. "has connected" 이벤트는 usersList를 업데이트하고 #message 요소에 사용자 이름과 함께 접속을 알려줍니다(37~43행). "has disconnected"는 사용자의 퇴장을 알리고(45~51행) "new message"는 새로운 메시지를 #message에 표시하는 역할을 합니다(53~57행).

```
$ node app.js가 있는 경로/chat/app.js
```

위 명령어를 통해 서버를 실행합니다.

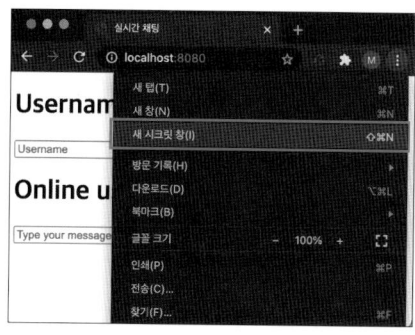

[그림 6-9] 크롬 새 시크릿 창으로 접속

그리고 브라우저를 띄워 localhost:8080에 접속을 해야 하는데, 여러 명의 사용자가 접속한 것처럼 꾸미기 위해 브라우저를 시크릿 창으로 띄워줍니다. 크롬의 경우 오른쪽 상단의 버튼을 누르고 새 시크릿 창을 눌러주면 됩니다. 그렇게 두 개의 브라우저를 켜고 각각 localhost:8080에 접속해서 테스트를 해볼 수 있습니다.

[그림 6-10] localhost:8080

왼쪽 화면은 username에 '홍길동'이라고 입력한 사용자이고 오른쪽 화면은 username에 '로드북'이라고 입력한 사용자 화면입니다. 한번씩 번갈아가며 메시지를 보내 보세요. 바로바로 메시지가 다른 화면에 띄워지는 것을 볼 수 있습니다.

username을 등록하는 요청, has connected 메시지를 보내는 요청, 그리고 new emessage를 보내는 요청까지, 적어도 9번의 통신이 필요했던 과정이 단 한번의 통신 연결로 깔끔하게 해결되었습니다.

● **이번에 우리가 얻은 것**

이 장에서는 통신의 꽃인 웹 소켓(Web Socket) 프로토콜에 대해 알아보고, 이를 Node.js에서 구현할 수 있는 ws 모듈과 socket.io 모듈의 사용법을 알아보았습니다.

왜 websocket이라는 새로운 통신 규약이 생겼는지 알아보기 위해 http와 ajax를 비교해보며 둘의 한계점에 대해서도 얘기했습니다. 실시간 통신을 구현하기 위해서는 websocket의 사용이 필수적이며 ws 모듈과 socket.io를 이용할 수 있고 socket.io는 ws보다 실시간 채팅에 더 적합하다고 했습니다. ws는 각각의 이벤트를 식별할 수 없지만 socket.io는 emit()과 on()에 이벤트명을 입력하여 이벤트마다 다른 로직을 작성할 수 있기 때문입니다.

이 장에서 꼭 기억해야 할 것은 ws 모듈에서는 send()로 메시지를 보내고 on()으로 메시지를 받으며 socket.io는 emit()으로 메시지를 보내고 on()으로 받는다는 점입니다. 오히려 http보다 코드가 더 간단하다고 느끼지 않습니까? 이제 여러분은 필요한 서비스의 필요한 프로토콜을 잘 생각해서 사용할 수 있게 되었습니다.

한번의 응답/요청만 해도 되는 서비스에는 http를, 일부분만 수정해야 하는 경우에는 ajax를, 통신이 끊기지 않고 여러 번의 응답/요청을 생성하고 싶으면 websocket을 사용합시다.

● **이것만은 알고 갑시다**

1. http를 이용해서 실시간 통신을 구현하는 방법은 polling, long polling, streaming 방식이 있습니다.

2. http는 클라이언트 요청 한번에 응답을 한번만 보내고 통신을 disconnection합니다.

3. http의 단점을 보완하기 위해 Ajax가 등장했으며 XMLHttpRequest라는 js 객체를 이용해 서버와 비동기 방식으로 통신하여 문서의 일부분만 갱신하는 것을 가능하게 합니다.

4. Ajax의 단점은 여전히 클라이언트가 요청을 보내지 않으면 통신을 시작할 수 없다는 것입니다.

5. 클라이언트가 요청이 없어도 응답을 보낼 수 있도록 한번의 연결로 여러 번의 응답과 요청을 보낼 수 있도록 한 프로토콜은 websocket입니다.

6. ws 모듈은 send()로 데이터를 보내고 on()으로 데이터를 받습니다.

7. Socket.io 모듈은 emit()으로 데이터를 보내고, on()으로 데이터를 받습니다.

8. Socket.io의 emit() 메서드의 첫 번째 인자로 이벤트명을 넣어 각각의 이벤트를 식별할 수 있게 합니다.

나의 이해도를 측정하자

1. 다음은 ws로 Connecton을 생성하는 클라이언트 파일입니다. ___안에 들어갈 코드는 무엇일까요?

* ws/index.html

```
<script>
    const webSocket = new WebSocket("____://localhost:8080");
    webSocket.onopen = function () {
      console.log("Web Socket Connected");
    };
    webSocket.onmessage = function (event) {
      console.log(event.data);
      webSocket.send("This Message From Client");
    };
  </script>
```

힌트!

통신을 생성하는 프로토콜들을 떠올려봅시다.

2. 다음은 socket.io 모듈로 socket 통신을 하는 클라이언트 코드와 서버 코드입니다. 빈칸에 "from client" 이벤트가 서버로 받아질 때 "Message From Server"를 보내는 서버 코드를 작성하세요.

* socket.io/index.html

```
<script>
    const socket = io.connect("http://localhost:8080", {
      path: "/socket.io",
      transports: ["websocket"],
    });
    socket.on("from server", function (data) {
      console.log(data);
      socket.emit("from client", "Message From Client");
    });
  </script>
```

정답은 https://github.com/MinkyungPark/roadbook-nodejs/tree/master/chapter06/solution에서 확인할 수 있습니다.

* socket.io/socket.js

```js
const SocketIO = require("socket.io");

module.exports = (server) => {
    const io = SocketIO(server, { path: "/socket.io" });

    io.on("connection", (socket) => {
        const req = socket.request;
        const ip = req.headers["x-forwarded-for"] || req.connection.remoteAddress;
        console.log(
            'New Client : ${ip}, socket.id : ${socket.id}'
        );

        socket.on("disconnect", () => {
            console.log(`Client Out : ${ip}, socket.id : ${socket.id}`);
            clearInterval(socket.interval);
        });

        socket.on("error", (error) => { });



        socket.interval = setInterval(() => {
            socket.emit("from server", "Message From Server");
        }, 3000);
    });
};
```

힌트!

Socket.io 모듈에서 메시지를 주고 받는 메서드를 떠올려봅시다.

토이 프로젝트 :
페이스북 클론 코딩

지금까지 자바스크립트와 Node.js에 대한 기본 개념, 그리고 모듈을 사용하는 방법, 통신을 구현하는 방법, 데이터베이스 등 웹 서비스에 필요한 내용을 조각조각 나누어 살펴보았는데, 이제는 내가 가진 조각들로 하나의 덩어리를 만들 순서입니다. 프로그래밍을 배울 때 가장 느리지만 효과적인 방법은 많이 따라해보는 것입니다. 우리가 처음 타자 연습을 할 때 어땠습니까? 각 키의 위치를 파악해야 하고, 〈shift〉로 쌍자음도 표현해야 하고…. 생각보다 복잡한 과정을 거쳐서 지금 이렇게 익숙하게 자판을 눌러 문자를 표현할 수 있게 되었습니다. 프로그래밍도 마찬가지입니다. 내가 가진 조각으로 처음부터 대단한 것을 만들 순 없습니다. 많이 따라해보고 익숙해져서 내 것으로 만들어야 합니다. 그래서 이번에는 '클론 코딩'을 통해 서비스에 대한 전체적인 흐름을 익히고 배포를 위한 하나의 프로젝트를 만들어 보겠습니다. 이를 위해 부가적으로 필요한 개념인 템플릿 엔진, passport에 대해서도 잠깐 살펴보겠습니다.

#토이프로젝트#passport#TemplateEngine

들어가기에 앞서

하나의 서비스를 처음부터 끝까지 만들어 보기 위한 준비 과정을 끝냈습니다. 그 내용을 한번 되짚어 볼까요?

- 1장에서는 웹 서버와 Node.js에 대한 개념, 그리고 개발환경을 설정해 보았습니다.
- 2장에서는 자바스크립트의 기초 문법과 중요한 개념을 공부했습니다.
- 3장에서는 http 모듈로 직접 통신을 구현하는 방법과 express 프레임워크로 통신을 구현하는 방법을 배웠고, 이 두 가지의 차이도 알아보았습니다.
- 4장에서는 API를 사용해 비즈니스 로직을 처리하는 방법을 배웠습니다.
- 5장에서는 SQL과 NoSQL을 Node.js와 연동해서 사용하기 위한 ORM, ODM에 대해 알아보았습니다.
- 6장에서는 http 프로토콜 외에 websocket 프로토콜을 통해 실시간 통신을 구현하는 방법에 대해 살펴보았습니다.

보통 하나의 언어나 프레임워크를 익힐 때 인스타그램instagram, 에어비앤비airbnb, 우버uber 등 유명한 서비스를 따라 만들어보며 연습하는 경우가 많고 이를 '클론 코딩'이라고 합니다. 이제 '지금까지 배웠던 내용'에 더해 'passport'라는 인증 구현 방법과 화면을 동적으로 생성할 때 필요한 '템플릿 엔진'을 덧붙여 페이스북 클론 코딩 프로젝트를 만들어 보겠습니다.

7.1 passport

passport란?

3장에서 쿠키와 세션을 이용해 클라이언트를 식별하는 방법에 대해 언급한 것을 기억합니까? passport는 내부적으로 쿠키와 세션을 사용해서 Node.js에서 인증(Authenicate)을 쉽게 적용할 수 있는 미들웨어입니다. 우리가 해외로 나갈 때 신원을 인증하기 위해 passport(여권)를 사용하게 되는 것처럼 npm의 passport는 클라이언트가 서버에 요청을 보낼 수 있는지 심사하는 역할을 합니다.

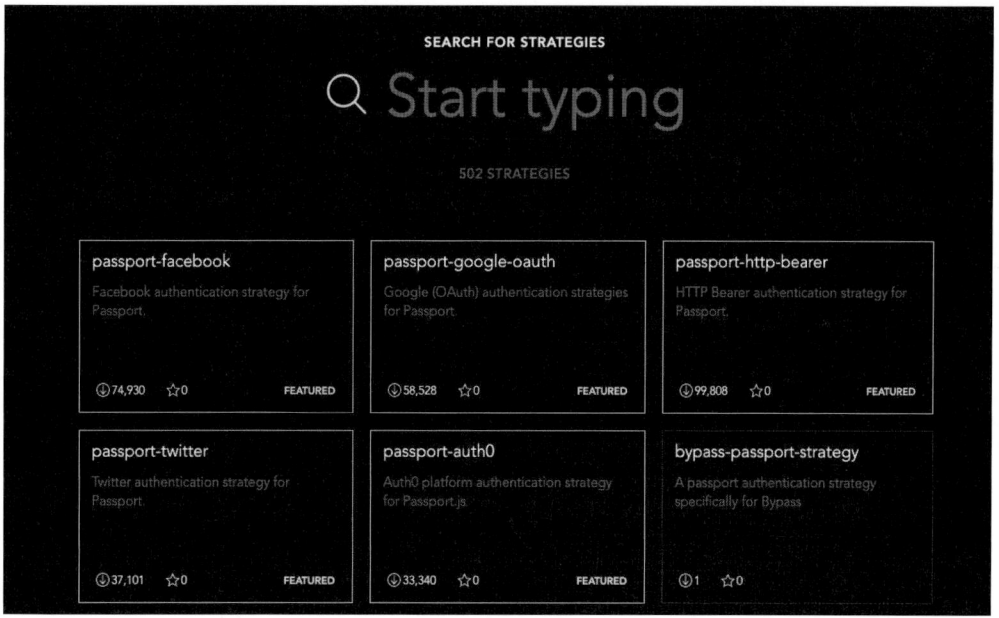

[그림 7-1] http://www.passportjs.org/packages/

그리고 passport는 strategy(전략)라는 인증 전략을 사용하는데, 하나의 플러그인이라고 생각하면 쉽습니다. 2020년 12월을 기준으로 502가지 방법의 strategy가 있다고 공식 홈페이지에 나와 있습니다.

여기서 'strategy'라고 하는 것은 어떤 것을 이용해, 어떻게 인증을 구현할 것인가에 대한 전략을 말합니다. 예를 들어 'passport‑facebook'이라는 전략을 사용한다고 하면, 사용자가 이미 가지고 있는 페이스북 아이디와 연동해서 인증을 수행할 수 있게 되고 'passport‑kakao'를 사용한다고 하면 카카오 계정을 통해 인증을 수행할 수 있게 됩니다. 우리가 흔히 사용하는 소셜 로그인 외에도 OpenID, Heroku, HTTP Bearer를 사용해서 인증하는 방법 등 다양한 방법이 존재합니다. 서비스의 목적에 맞게 사용하면 되는데, 보통의 웹 서비스는 주로 지역(local)에서 구현하는 passport‑local과 passport‑kakao, passport‑facebook 등의 소셜 인증을 사용하게 됩니다.

OAuth를 통해 소셜 로그인을 안전하게 구현하는 방법은 당연히 쉬운 일이 아닙니다. 하지만 passport의 '전략'이라는 것을 이용하면 손쉽게 구현할 수 있게 됩니다.

인증과 권한 관리에 쓰이는 프로토콜에는 여러 가지가 있지만 가장 널리 쓰이는 방법으로 *OAuth와 *OpenID Connect라는 것이 있습니다.

> **여기서 잠깐**
>
> **OAuth**
>
> 우리가 회원가입을 할 때 '카카오로 로그인하기', '구글로 로그인하기' 등을 본적이 있지 않습니까? 카카오나 구글 등의 회사가 다른 앱에 자신들의 회원 정보를 넘겨줬기 때문에 가능한 일입니다. 이렇게 서드 파티 앱에서 사용자의 데이터에 접근할 수 있도록 허락해 준 것을 '위임 권한 부여'라고 합니다. 그리고 OAuth는 위임 권한 부여(Delegated Authorization)를 위한 표준 프로토콜입니다.
>
> **OpenID connect**
>
> OpenID connect는 OAuth와 동일한 레이어에 있고 OAuth를 확장한 것이라고 생각하면 됩니다. OAuth는 주로 API 사용자의 권한 부여(Authorization)에 사용된다면 OpenID는 주로 사용자의 인증(Authentication)에 사용됩니다.

passport 사용하기

```
$ npm install passport passport-local
```

먼저 passport를 설치해 package.json에 반영합니다.

우리는 소셜 미디어 로그인 말고, 직접 아이디와 비밀번호를 입력해서 회원 가입과 인증을 구현해 볼 텐데, 이는 strategy 중 하나인 local 방법입니다. 이를 위해 passport‑local 모듈도 설치해주세요.

```html
01  <!DOCTYPE html>
02  <html lang="en">
03  <head>
04      <meta charset="UTF-8">
05      <meta http-equiv="X-UA-Compatible" content="IE=edge">
06      <meta name="viewport" content="width=device-width, initial-scale=1.0">
07      <title>Document</title>
08  </head>
09  <body>
10      <form action="/login" method="post">
11          <div>
12              <label>Username:</label>
13              <input type="text" name="username"/>
14          </div>
15          <div>
16              <label>Password:</label>
17              <input type="password" name="password"/>
18          </div>
19          <div>
20              <input type="submit" value="Log In"/>
21          </div>
22      </form>
23  </body>
24  </html>
```

chapter07 폴더에 예제를 위한 ex_passport/ 디렉터리를 하나 생성해줍니다. 그리고 로그인을 구현하기 위한 index.html 파일을 작성해줍니다. 간단하게 form을 통해 username과 password를 받아서 Login 버튼을 눌러 로그인하는 화면입니다.

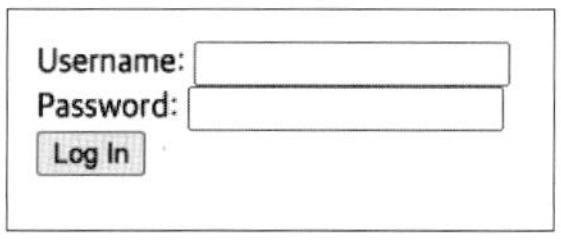

[그림 7-2] Index.html

```
01  const express = require('express');
02  const morgan = require('morgan');
03  const cookieParser = require('cookie-parser');
04  const session = require('express-session');
05  const passport = require('passport');
06  const Localstrategy = require('passport-local').strategy;
07
08  const app = express();
09
10  /* 포트 설정 */
11  app.set('port', process.env.PORT || 8080);
12
13  /* 가상 데이터 */
14  let fakeUser = {
15      username: 'test@test.com',
16      password: 'test@1234'
17  }
18
19  /* 공통 미들웨어 */
20  app.use(morgan('dev'));
21  app.use(express.json());
22  app.use(express.urlencoded({ extended: true }));
23  app.use(cookieParser('passportExample'));
24  app.use(session({
25      resave: false,
26      saveUninitialized: false,
27      secret: 'passportExample',
28      cookie: {
29          httpOnly: true,
30          secure: false
31      }
32  }));
```

그리고 app.js를 생성하고 위 예제와 같이 작성해줍니다. 앞부분은 앞서 다루었던 예제들과 불러오는
모듈, 구조는 거의 동일하고 passport와 passport-local을 불러오는 부분만 다릅니다. 필요한 모듈을
불러오고, express를 호출하고, 포트를 설정하고, express 미들웨어를 장착하는 코드입니다. 이제는
패턴이 파악될 겁니다. 그리고 가상의 회원 데이터를 만들어 줍니다. 여기서는 fakeUser라는 변수에
username과 password가 담긴 객체를 생성해주었습니다(14~17행).

```
34  /* passport 미들웨어 */
35  app.use(passport.initialize());  // passport 초기화
36  app.use(passport.session());      // passport session 연동
37
38  // 세션 처리 - 로그인에 성공했을 경우 딱 한번 호출되어 사용자의 식별자를 session에 저장
39  passport.serializeUser(function (user, done) {
40      console.log('serializeUser', user);
41      done(null, user.username);
42  });
43
44  // 세션 처리 - 로그인 후 페이지 방문마다 사용자의 실제 데이터 주입
45  passport.deserializeUser(function (id, done) {
46      console.log('deserializeUser', id);
47      done(null, fakeUser);  // req.user에 전달
48  });
49
50  passport.use(new Localstrategy(
51      function (username, password, done) {
52          if (username === fakeUser.username) {      // username OK
53              if (password === fakeUser.password) {  // password OK
54                  return done(null, fakeUser);
55              } else {
56                  return done(null, false, { message: "password incorrect" });
57              }
58          } else {
59              return done(null, false, { message: "username incorrect" });
60          }
61      }
62  ));
```

passport 미들웨어를 app.use()를 통해 장착해 줍니다(36행). passport.initialize() 메서드
는 passport를 미들웨어로 사용하겠다고 알려주는 초기화 부분이고(35행), passport.session()은
express 세션을 내부적으로 사용하겠다는 의미이며(36행), req.session에 passport 관련 정보를 저장
하게 됩니다. passport는 세션을 내부적으로 사용하기 때문에 반드시 세션을 활성화하는 코드 다음에
위치해야 합니다.

그리고 `passport.serializeUser()`와 `passport.deserializeUser()`에 주목해봅시다. `serializeUser()`는 로그인 성공 시 딱 한번 호출되어 사용자의 식별자(여기서는 username)를 session 객체(req.session)에 어떻게 저장할지 `done()` 메서드를 통해 설정합니다(39~42행). `done()`에 들어간 두 번째 인자 user.username은 식별자로서, 세션 객체(req.session)에 저장하게 됩니다(41행).

`deserializeUser()`는 로그인이 성공하고 페이지 방문마다 사용자의 실제 데이터를 주입시킵니다 (45~48행). `serializeUser()`를 통해 저장된 세션 객체(req.session)에 있는 사용자의 식별자(여기서 는 username)를 사용자가 페이지를 이동할 때마다 조회하고, `done()`을 통해 조회한 실제 데이터(여 기서는 fakeUser)를 req.user에 담아줍니다(54행).

로그인에 성공하고 메인 페이지로 이동했다면 자동으로 `deserializeUser()`가 호출되고, 우리는 로 그인한 사용자를 req.user를 통해 접근할 수 있게 됩니다. 이렇게 생성된 req.user 정보를 통해 사용 자마다 다른 페이지를 보여줄 수 있습니다.

[함께해봐요 7-4] passport를 이용한 회원가입 서버 코드 수정 ②

chapter07/ex_passport/app.js 64~119행

```
64    /* 라우터 설정 */
65    app.get('/', (req, res) => {
66        if (!req.user) {   // 로그인을 아직 하지 않았을 때
67            res.sendFile(__dirname + '/index.html');
68        } else {           // 로그인 성공 시 세션에 req.user 저장
69            const user = req.user.username;
70            const html = `
71            <!DOCTYPE html>
72            <html lang="ko">
73            <head>
74                <meta charset="UTF-8">
75                <meta name="viewport" content="width=device-width,
                                            initial-scale=1.0">
76                <title>Document</title>
77            </head>
78            <body>
79                <p>${user}님 안녕하세요!</p>
80                <button type="button" onclick="location.href='/logout'">
                 Log Out</button>
81            </body>
82            </html>
83            `
```

```
84        res.send(html);
85    }
86 });
87
88 /* passport Login : strategy-Local */
89 /* Authenticate Requests */
90 app.post('/login',
91    passport.authenticate('local', { failureRedirect: '/' }),
92    function (req, res) {
93        res.send('Login success..!')
94    });
95
96 app.get('/logout', function (req, res) {
97    req.logout();
98    res.redirect('/');
99 });
100
101 /* 404 오류 처리 */
102 app.use((req, res, next) => {
103    const error = new Error(`${req.method} ${req.url} 해당 주소가 없습니다.`);
104    error.status = 404;
105    next(error);
106 });
107
108 /* 오류 처리 미들웨어 */
109 app.use((err, req, res, next) => {
110    res.locals.message = err.message;
111    res.locals.error = process.env.NODE_ENV !== 'development' ? err : {};
112    res.status(err.status || 500);
113    res.send('error Occurred');
114 });
115
116 /* 서버와 포트 연결.. */
117 app.listen(app.get('port'), () => {
118    console.log(app.get('port'), '번 포트에서 서버 실행 중 ..')
119 });
```

그리고 new Localstrategy 부분을 봅시다(50행). Localstrategy 인스턴스를 생성하고 콜백 함수로 사용자가 등록한 username, password를 검사하게 됩니다(51~61행). 원래는 이 부분을 데이터베이스에서 조회하는 부분으로 사용하고, 암호화나 해싱 기술을 적용할 수 있습니다. 우리는 이해를 돕기 위해 간단하게 fakeUser 객체의 값과 일치하는지 if/else 분기처리를 통해 판별해 주었습니다(fakeUser 객체가 실제로 데이터베이스에 저장된 사용자의 데이터라고 상상해보세요). Index.html의 form으로부터 받아진 username과 password 모두 일치한다면 done(null, 실제 사용자 데이터)을, username이나 password가 일치하지 않거나 존재하지 않다면 done(null, false, 실패 정보)을 호출합니다.

done() 메서드의 첫 번째 인자는 오류 여부, 두 번째 인자는 결과 값, 세 번째 인자는 실패했을 경우에 작성하는 메시지입니다(21행, 23행, 26행).

Authenticate Requests 부분을 살펴봅시다(89행). passport.authenticate() 함수를 사용해서 우리가 'local' 전략을 사용할 것이라는 것을 첫 번째 인자로 넣어 알려주었습니다(91행). 로그인에 실패했을 경우 (failureRedirect) '/login' 라우터로 가게 되고(91행), 성공했을 경우 res.send()를 통해 로그인에 성공했다는 메시지를 띄워주게 됩니다(93행).

라우터를 설정해주고, 오류 처리 부분, 서버와 포트를 연결하는 부분을 좀 더 살펴보겠습니다. 먼저 '/' 라우터를 봅시다(65~86행) 앞서 deserializeUser()를 통해 로그인된 상태라면 req.user에 사용자 정보를 넣어준다고 했습니다. 그래서 '/'로 접속했을 때 로그인이 되어있지 않다면(66행) 로그인 화면인 index.html을 보내주고(67행), 로그인이 되어 있다면(68행) req.user에서 username을 user 변수에 넣고 사용자의 이름과 환영 메시지 그리고 로그아웃 버튼을 응답으로 보내줍니다(69~94행).

Index.html 화면에서 로그인 버튼을 누르면 app.post('/login'~) 라우터가 실행되는데(90~94행), passport.authenticate() 메서드를 주목해봅시다(91행). 첫 번째 인자 'local'은 local 전략을 사용하겠다는 의미고 두 번째 인자로 준 옵션 failureRedirect는 로그인 실패 시 '/' 주소로 돌아가겠다는 의미가 됩니다(91행). 그리고 로그인에 성공했을 시 'Login success..!'라는 메시지를 띄워줍니다(93행).

마지막으로 로그아웃 부분을 살펴봅시다(96~99행). 사용자가 로그인에 성공하고 '/' 주소로 이동하면 로그아웃 버튼이 생성되는데, 그 버튼을 누르면 app.get('/logout'~)으로 이동하게 됩니다. 로그아웃은 아주 간단하게 구현할 수 있는데, passport가 알아서 req 객체에 logout() 메서드를 넣어 주기 때문입니다(97행). 이를 호출해서 req.session 객체에 담긴 사용자의 정보를 삭제하고 다시 '/' 루트 페이지로 리다이렉트하게 됩니다(98행).

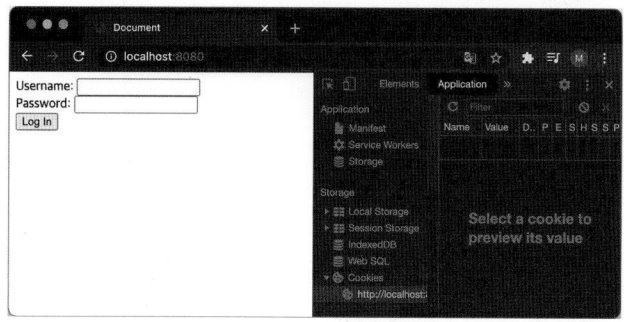

[그림 7-3] localhost:8080

이제 app.js를 실행하고($ node chapter07/ex_passport/app.js 또는 $ npx nodemon chapter07/ex_passport/app.js) localhost:8080에 접속해서 결과를 확인합니다.

fakeUser에 담긴 username과 다르게 입력하거나, password를 다르게 입력하면 로그인에 실패하면서 다시 '/' 페이지로 돌아오는 것을 확인해보세요.

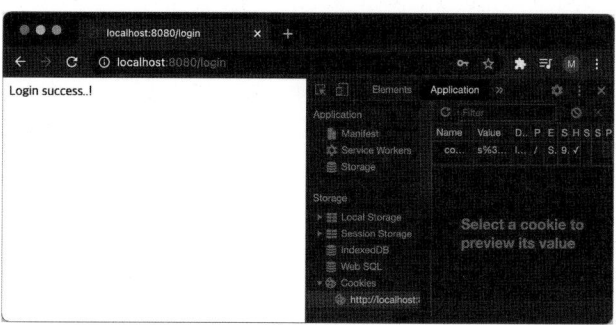

[그림 7-4] localhost:8080 로그인 성공 화면

username과 password를 올바르게 입력해서 로그인에 성공했다면 "Login success..!" 메시지와 함께 세션 쿠키가 생성된 것을 볼 수 있습니다([개발자도구] → [Application] → [Storage] → [Cookies]에서 확인할 수 있습니다).

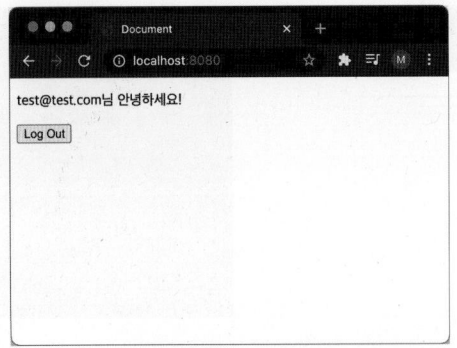

[그림 7-5] localhost:8080 로그인 후 재접속

로그인 성공 메시지를 받고 다시 '/' 페이지로 접속하면 내가 로그인한 usename과 함께 환영 메시지
가 뜨고 [Log Out] 버튼이 생겼습니다. [Log Out] 버튼을 누르면 '/logout' 라우터로 이동하게 되면
서 req.session에 저장된 사용자 정보가 지워지고 다시 로그인 화면으로 페이지가 변하게 됩니다.

7.2 템플릿 엔진

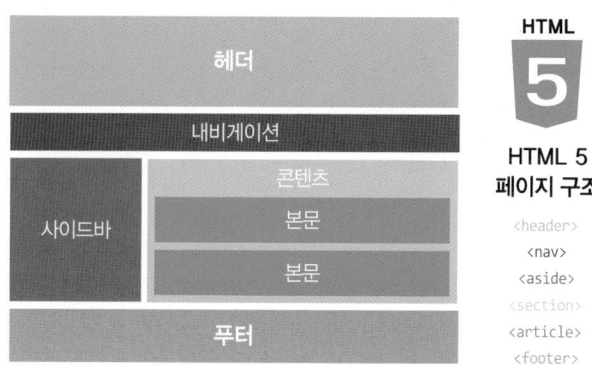

[그림 7-6] 웹 페이지 기본 구조

보통 우리가 생각하는 웹의 기본 구조로는 타이틀, 로고가 있는 메인 헤더 부분, 각종 메뉴를 선택할 수 있는 내비게이션 부분, 내용을 보여주는 콘텐츠 부분, 저작권 표시나 문의 링크 등을 넣는 푸터 부분이 있습니다. 내비게이션에 메뉴 1, 메뉴 2, 메뉴 3 부분이 있고, 메뉴 1에는 웹 페이지 소개, 메뉴 2에는 게시글, 메뉴 3에는 사진을 표시하고 싶다고 생각해봅시다. 이를 구현하려면 기본 HTML을 모두 복사한 후 본문의 일부만 수정해서 페이지 1, 페이지 2, 페이지 3을 생성해주고 메뉴 버튼을 클릭할 때마다 각 페이지를 보내주면 되긴 합니다. 하지만 수백 개의 페이지가 만들어졌다고 상상해보세요. 관리하기 너무 끔찍할 것 같지 않습니까? 따라서 우리는 '템플릿 엔진Template Engine'이라는 것을 사용해서 이 끔찍한 상황을 피해보는 방법에 대해 알아보겠습니다.

정적 파일과 동적 파일

동적 파일과 정적 파일의 큰 차이점은 프로그래밍적으로 웹 페이지가 만들어졌느냐의 여부입니다.

정적 파일 예시

```
01  <!DOCTYPE html>
02  <html lang="ko">
03
04  <head>
05      <title>타이틀</title>
06  </head>
07
08  <body>
09  </body>
10
11  </html>
```

위와 같은 html 파일은 언제, 어디서든, 어떤 이벤트에서 보내든 title은 항상 '타이틀'이라고 출력이
될 것입니다. 이처럼 html, css, js 파일과 같이 한번 만들어진 자원이 언제나 똑같이 보이는 리소스를
'정적 파일'이라고 합니다.

동적 파일 예시

```
01  <title> ${title} </title>
```

하지만 위와 같이 동적으로 코드를 작성해준다면 이벤트에 따라 title을 바꿔서 표시해줄 수 있습니다.
이처럼 '동적 파일'은 사용자와 서버가 상호작용하며 페이지 내용의 일부 혹은 전부가 그때그때 생성
되는 파일을 의미합니다.

[표 7-1] 동적 파일과 정적 파일의 장단점

구분	장점	단점
정적 파일 (static file)	• html 코드 작성이 편리합니다. • 서버를 재시동하지 않아도 변경사항을 바로 반영할 수 있습니다. • 라우터 설정을 하지 않아도 자동으로 설정 됩니다.	• 프로그래밍적인 요소를 사용할 수 없으므로 반복되는 html 코드 작성을 피하기 힘듭니다.
동적 파일 (dynamic file)	• 프로그래밍적인 요소를 사용하여 코드를 줄일 수 있습니다. • 클라이언트와 서버와의 상호작용을 반영할 수 있습니다.	• Js 파일 안에서 html 파일을 작성하는 것이 불편합니다. • 서버를 재시동해야 변경사항이 반영됩니다 (nodemon을 사용해 이를 해결할 수 있습니다).

이렇게 정적 파일과 동적 파일은 장점과 단점이 서로 균형(Trade-off)을 이룹니다. 그러므로 둘 중 하나만 골라서 파일을 서비스해야 할 필요는 없고 바로 이때 '템플릿 엔진'을 사용하면 됩니다. '템플릿 엔진'을 사용하면 정적 파일의 장점과 동적 파일의 장점을 모두 얻을 수 있게 됩니다.

템플릿 엔진

"템플릿 엔진(Template Engine) : 템플릿 양식과 특정 데이터 모델에 따른 입력 자료를 합성하여 결과 문서를 출력하는 소프트웨어이다."

템플릿 엔진은 정적 파일과 동적 파일의 장점만을 합친 기술로 html을 작성하기도 편리하고, 변수도 사용할 수 있고 또 변경사항을 반영하기 위해 서버를 재시동할 필요도 없는 기술입니다.

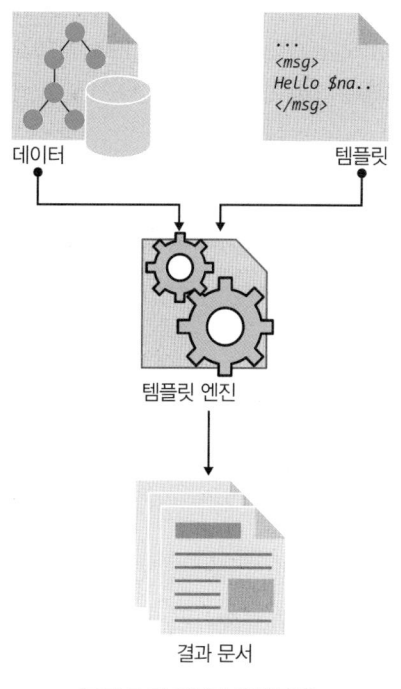

[그림 7-7] 템플릿 진행 과정

아이폰의 '리퍼 서비스'라는 것이 있습니다. 보통의 스마트폰 같은 경우, 카메라가 고장 났으면 카메라만 수리하고, 액정이 파손됐으면 액정만 수리하는 방식으로 A/S를 진행합니다. 하지만 아이폰의 '리퍼 서비스'는 특정 부분이 고장 났을때 그 부분만 수리하는 것이 아니라 '리퍼폰'을 수리 대신 받게 됩니다. 내 스마트폰은 단지 카메라만 고장 났을 뿐인데 통째로 수리된 폰을 받다니…. 조금 비효율적이라는 생각이 들곤 하죠(물론 리퍼폰은 새 제품이나 다름없다는 말이 있긴 하지만요). 하지만 사설 수리 센터에 가면 고장난 부분만 딱 수리해서 몇 분에서 몇 시간이면 수리가 완료됩니다.

여기서 아이폰의 리퍼 시스템은 템플릿 엔진의 등장 이전의 서버입니다. 그리고 사설 수리 센터는 '템플릿 엔진'을 말합니다. 예전의 서버에서는 데이터베이스에서 데이터를 가져올 때마다 html 파일을 새로 만들어 렌더링rendering하는 방식을 채택했습니다. 아주 일부의 데이터만 변경되더라도 전체 페이지를 새로 그려야 했습니다. 물론, ajax가 등장하면서 ajax를 통해 요청을 보내면 서버는 요청한 데이터만 건네주고, 페이지의 가공은 클라이언트가 맡게 되었습니다.

하지만 이 방식도 여전히 손이 많이 가기는 마찬가지였습니다. 그래서 템플릿 엔진이라는 것이 등장했고, 템플릿 엔진을 이용해서 런타임 시 프로그래밍적인 기법(변수 사용, 조건문, 반복문 등)을 사용해 데이터를 가공할 수 있게 되었습니다. 템플릿 엔진을 사용하면 템플릿 파일(ejs, pug) 내의 변수를 서버에서 제공할 수 있는 값(actual value)으로 변환되고 이는 정적 html 파일로 변환하여 클라이언트로 보내주게 됩니다. 이렇게 되면 어떤 장점이 생길까요?

- 코드량을 줄일 수 있습니다

  템플릿 파일은 기존의 html보다 간단한 문법을 사용하기 때문에, 코드량을 (많이) 줄일 수 있습니다.

- 재사용성이 높습니다

  페이지에서 바뀌지 않는 부분(헤더, 내비게이션 등)을 템플릿 파일로 만들어 놓고 여기서 데이터에 따라 바뀌는 부분만 렌더링할 수 있으므로 템플릿 파일의 재사용성이 높아집니다.

- 유지보수가 용이합니다

  10개의 html 파일을 작성했는데 모든 파일에 공통적으로 보이는 헤더 부분에 데이터를 수정하고 싶다고 생각해보세요. 그러면 총 10개의 파일을 모두 수정해야 하지만 템플릿 파일을 이용할 경우 딱 한 개의 파일만 수정해주면 됩니다.

템플릿 엔진의 종류

[그림 7-8] 템플릿 엔진의 종류

html은 정적 언어로, 자바스크립트로 제어하는 등의 기능을 따로 추가할 수 없고, html에서 제공하는 기능만 사용할 수 있습니다. 만약 html 파일 안에 목록을 10개 정도 만들어야 한다면 <li> 태그 10개를 일일이 써주어야 합니다. 하지만 for문을 이용하면 훨씬 간단하게 구현할 수 있습니다. 이렇게 자바스크립트를 사용해 html을 렌더링해주는 것이 템플릿 엔진입니다. 템플릿 엔진으로 파일을 만드는 것은 기존의 html 문법과 다소 차이가 있습니다. 많이 사용하는 템플릿 엔진으로는 pug(jade), ejs, handlebars, nunjucks 등이 있는데, 우리가 주로 사용할 것은 'ejs'입니다.

[표 7-2] 템플릿 엔진의 종류와 장단점

종류	장점	단점
pug(jade)	• 기능이 다양하고 활용도가 높습니다.	• html 문법과 상이합니다. • 오픈소스 html 문법을 그대로 가져다 쓸 때 pug 문법으로 수정해주어야 합니다.
ejs	• pug보다 빠릅니다. • 오류 처리가 수월합니다. • html과 문법이 동일합니다.	• <%%> 태그를 삽입해서 if, for문 작성시 코드가 난잡해 보일 수 있습니다.
Handlebars	• partials 기능을 지원합니다. • 로딩이 빠릅니다. • 로직과 markup이 깔끔하게 분리됩니다.	• 레이아웃 기능이 없습니다. • 자동완성, syntax 하이라이팅 기능을 지원하지 않습니다.
nunjucks	• pug의 이질적인 문법에 적응하기 힘든 분들에게 좋습니다. • html 문법을 그대로 사용합니다.	• 다른 템플릿 엔진보다 많이 사용되지 않습니다.

ejs

ejs는 Embedded JavaScript Template의 약자로, 자바스크립트가 내장되어 있는 html 파일이라는 뜻입니다. 기존의 html에서 <%%> 태그 안에 자바스크립트 코드와 자바스크립트 객체를 삽입하여 서버의 데이터를 사용할 수 있습니다. 그러므로 html에 익숙한 사람이라면 바로 사용이 가능하고 퍼블리셔나 다른 사람과 협업에도 유리하다는 장점이 있으나 레이아웃 기능이 없고, pug보다는 기능이 조금 떨어진다는 단점이 있습니다.

[html]

```
<!DOCTYPE html>
<html>
  <head>
    <title>Title</title>
    <link rel='stylesheet' href='/stylesheets/style.css' />
  </head>
  <body>
    <h1>Title</h1>
    <p>This is html file</p>
  </body>
</html>
```

[ejs]

```html
<!DOCTYPE html>
<html>
  <head>
    <title><%= title %></title>
    <link rel="stylesheet" href="/stylesheets/style.css" />
  </head>
  <body>
    <h1><%= title %></h1>
    <p>This is ejs file</p>
  </body>
</html>
```

위 두 개의 코드는 같은 코드입니다. ejs를 이용하면 <% 자바스크립트 코드 %>, <% 출력할 자바스크립트 객체 %>, 이 두 가지 문법만 추가하여 기존의 html 문법 방식으로 템플릿 파일을 생성할 수 있게 됩니다. 따라서 <%%> 태그를 사용하여 서버에서 받은 데이터를 가져올 수 있습니다.

우리는 이제부터 html 파일이 아닌 ejs 파일을 이용해 클라이언트에 보내줄 문서를 만들어 보겠습니다. 하지만 개인적으로 pug를 공부하고 싶다면 pug를 이용해도 되고 디자인이나 레이아웃을 원하는 대로 만들어도 됩니다.

ejs 빠르게 살펴보기

기본 문법 : ⟨%%⟩와 ⟨%=%⟩

[함께해봐요 7-5] index.js 파일 생성   chapter07/ejs/index.js

```javascript
01  const path = require('path');
02  const express = require('express');
03  const app = express();
04
05  app.set('port', process.env.PORT || 3000);
06  app.set('views', __dirname + '/views')
07  app.set('view engine', 'ejs');
08
09  app.get('/', (req, res) => {
10      res.render('index', {
11          "People":
12              [
13                  {
```

```
14                    "name": "Gildong",
15                    "age": "15"
16                },
17                {
18                    "name": "Jinsu",
19                    "age": "27"
20                },
21                {
22                    "name": "Hyena",
23                    "age": "25"
24                }
25            ]
26        , title: "Express"
27    });
28 });
29
30 app.listen(app.get('port'), () => {
31     console.log(app.get('port'), '번 포트에서 서버 실행 중 ..')
32 });
```

[함께해봐요 7-6] index.ejs 파일 생성 chapter07/ejs/views/index.ejs

```
01 <!DOCTYPE html>
02 <html lang="en">
03 <head>
04     <meta charset="UTF-8">
05     <meta http-equiv="X-UA-Compatible" content="IE=edge">
06     <meta name="viewport" content="width=device-width, initial-scale=1.0">
07     <title><%= title %></title>
08 </head>
09 <body>
10     <h1><%= title %></h1>
11     <% for (var i = 0; i < People.length; i++) { %>
12         <p>Welcome to <%- People[i].name %></p>
13     <% } %>
14 </body>
15 </html>
```

7장. 토이 프로젝트 : 페이스북 클론 코딩

chapter07/ 디렉터리에 ejs 실습을 위한 디렉터리, 서버 파일인 index.js, ejs 파일을 넣을 views/ 디렉터리, 그리고 index.ejs 파일을 생성하여 위와 같이 작성합니다.

먼저 서버 코드 index.js를 살펴보면, 서버 측에서 ejs 파일로 title이라는 변수와 people이라는 객체를 넘겨준 것을 확인할 수 있습니다(11~26행). 이렇게 ejs로 변수가 보내지면 ejs는 <%%> 태그를 통해 해당 변수를 받아 결과에 표시할 수 있습니다. 또, 자바스크립트 로직을 작성하는 부분을 <%%> 태그로 감싸주면 되고, 줄 바꿈을 하면 새로운 <%%> 태그를 추가해야 합니다. 그리고 출력할 값에 해당하는 변수는 <%=%>를 사용하면 되고 <%-%>로 표기해 줄 수도 있습니다. <%#%> 태그는 주석을 만들 때 사용합니다.

```
<% 자바스크립트코드 %>
<%= 출력할 자바스크립트 변수(객체) %>
<%# 주석 %>
```

그런데 이 태그를 사용할 때에는 다음과 같이 주의할 점이 몇 가지 있습니다.

- <%%> 사용 시 줄 바꿈이 적용되지 않습니다. <%%>를 추가해서 줄 바꿈을 해주거나 한 줄로 작성해야 합니다.
- <%%>로 변수를 적용하면 scope가 적용되기 때문에 같은 변수명을 가져도 다른 변수로 인식합니다.
- <%=%> 태그 안의 변수는 타입이 없으므로 문자열로 지정하려면 "<%=%>"처럼 ""로 감싸주어야 합니다.

Include를 이용해 ejs 분할하기

ejs는 jsp와 문법이 비슷합니다. jsp처럼 include를 통해 다른 소스코드를 포함할 수 있는데, 이는 html의 헤더, 내비게이션, 본문 등 각 분할된 요소를 파일로 나눠서 관리할 때 유용한 기능입니다. 먼저 views/ 디렉터리 밑에 partials라는 폴더를 하나 생성해줍니다. 헤더와 푸터 등 조각조각 뜯어놓은 ejs 파일을 그곳에 저장하겠습니다.

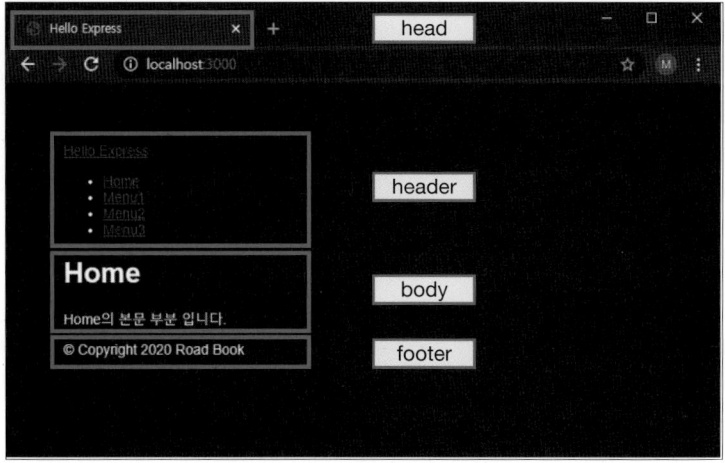

[그림 7-9] 우리가 만들어 볼 화면

partials/ 파일에 head.ejs, header.ejs, footer.ejs를 만들고 index.ejs에 이들을 연결하여 위 그림과
같은 화면을 만들겠습니다.

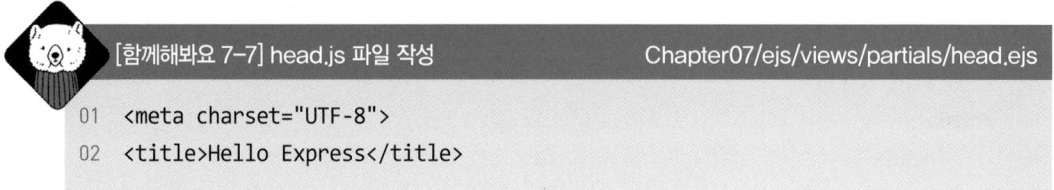
<image name="img_2">[함께해봐요 7-7] head.js 파일 작성   Chapter07/ejs/views/partials/head.ejs</image>

```
01  <meta charset="UTF-8">
02  <title>Hello Express</title>
```

타이틀 부분을 관리해줄 head.ejs 파일입니다.

[함께해봐요 7-8] header.ejs 파일 작성   Chapter07/ejs/views/partials/header.ejs

```
01  <nav>
02      <a href="/">Hello Express</a>
03      <ul>
04          <li>
05              <a href="/">Home</a>
06          </li>
07          <li>
08              <a href="/Menu1">Menu1</a>
09          </li>
10          <li>
11              <a href="/Menu2">Menu2</a>
12          </li>
```

```
13          <li>
14              <a href="/Menu3">Menu3</a>
15          </li>
16      </ul>
17  </nav>
```

메뉴를 표시해줄 내비게이션 부분, header.ejs 파일을 작성했습니다.

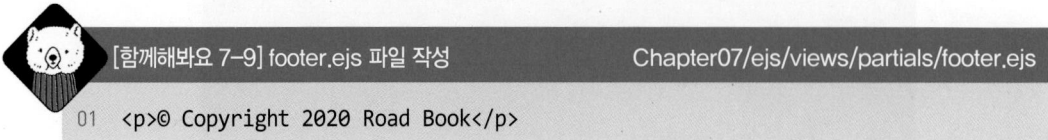

[함께해봐요 7-9] footer.ejs 파일 작성   Chapter07/ejs/views/partials/footer.ejs

```
01  <p>© Copyright 2020 Road Book</p>
```

푸터를 관리해주는 footer.ejs 파일을 작성했습니다.

이렇게 총 세 개의 ejs 파일을 views/partials 밑에 생성합니다.

[함께해봐요 7-10] 조각난 파일을 하나로 모으기   Chapter07/ejs/views/index2.ejs

```
01  <!DOCTYPE html>
02  <html>
03      <head>
04          <%- include('./partials/head'); %>
05      </head>
06
07      <header>
08      <%- include('./partials/header'); %>
09      </header>
10
11      <body>
12          <h1><%= menu %></h1>
13          <p><%= menu %>의 본문 부분 입니다.</p>
14      </body>
15
16      <footer>
17          <%- include('./partials/footer'); %>
18      </footer>
19  </html>
```

그리고 <%- include('경로') %> 태그를 사용해서 조각 퍼즐을 하나의 파일로 맞춰주었습니다.

```
01  const express = require('express');
02  const app = express();
03
04  app.set('port', process.env.PORT || 3000);
05  app.set('views', __dirname + '/views')
06  app.set('view engine', 'ejs');
07
08  /* GET home page. */
09  app.get('/', function (req, res, next) {
10      res.render('index2', { menu: "Home" });
11  });
12
13  app.get('/menu1', function (req, res, next) {
14      res.render('index2', { menu: "Menu1" });
15  });
16
17  app.get('/menu2', function (req, res, next) {
18      res.render('index2', { menu: "Menu2" });
19  });
20
21  app.get('/menu3', function (req, res, next) {
22      res.render('index2', { menu: "Menu3" });
23  });
24
25  app.listen(app.get('port'), () => {
26      console.log(app.get('port'), '번 포트에서 서버 실행 중 ..')
27  });
```

총 세 개의 메뉴를 만들었는데, 일단 각 메뉴의 라우터를 index2.js에서 생성해줍니다. 여기서 menu 라는 변수를 각 메뉴의 이름과 동일한 문자열로 넣어주고 index.ejs로 보내주어 각 메뉴마다 출력되는 변수가 다르게 해주었습니다.

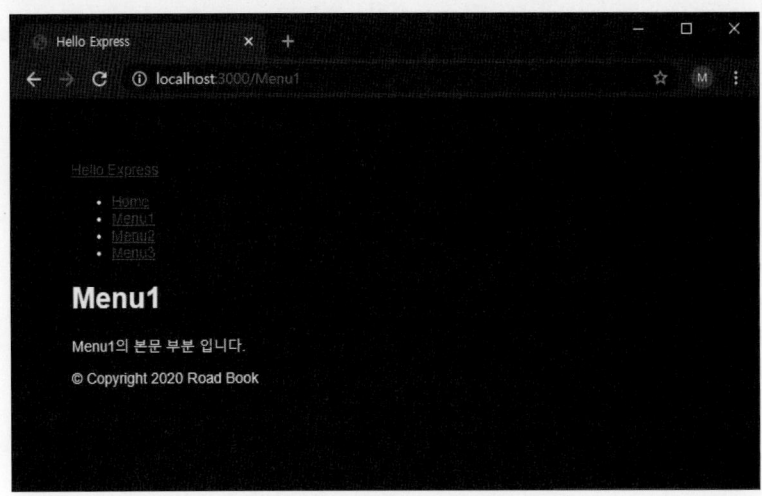

[그림 7-10] localhost:3000/ 실행결과

서버를 구동해서 확인해보면 이렇게 조각조각 뜯어 놓은 ejs 파일이 하나의 파일로 합쳐져서 보이게 됩니다. Menu1을 클릭하면 '/Menu1' 주소로 이동하며 menu 변수에 Menu1이 담겨 본문에 출력되고, Menu2, Menu3도 마찬가지로 동작합니다.

7.3 토이 프로젝트 : 페이스북 클론 코딩

이제 본격적으로 페이스북과 기능이 비슷한 SNS를 만드는 토이 프로젝트를 시작해보겠습니다. 우리가 만들어 볼 토이 프로젝트에는 사용자가 올린 게시글을 사용자 프로필에서 보여주는 기능, 친구를 맺는 기능, 채팅을 하는 기능을 포함합니다.

```json
{
  "name": "facebook_clone",
  "version": "1.0.0",
  "description": "Facebook Clone Coding",
  "main": "app.js",
  "scripts": {
    "start": "npx nodemon app.js"
  },
  "author": "",
  "license": "ISC",
  "dependencies": {
    "body-parser": "^1.19.0",
    "cloudinary": "^1.25.0",
    "connect-flash": "^0.1.1",
    "cookie-parser": "^1.4.5",
    "dotenv": "^8.2.0",
    "ejs": "^3.1.6",
    "express": "^4.17.1",
    "express-session": "^1.17.1",
    "mongoose": "^5.11.18",
    "multer": "^1.4.2",
    "passport": "^0.4.1",
    "passport-local": "^1.0.0",
    "passport-local-mongoose": "^6.1.0",
    "socket.io": "^3.1.2"
  },
  "devDependencies": {
    "nodemon": "^2.0.7"
  }
}
```

[그림 7-11] package.json

새로운 폴더를 하나 생성해주세요. 저는 FACEBOOK-CLONE이라는 새 폴더를 하나 생성해주었습니다. 참고로 https://github.com/MinkyungPark/roadbook-nodejs/tree/master/chapter07/facebook-clone에 접속하면 미리 완성된 프로젝트를 볼 수 있습니다. 하지만 우리는 직접 만들어 볼 것이기 때문에 위 링크에서 views/ 폴더와 package.json 파일, 그리고 public/ 폴더만 다운받아 우리가 생성한 폴더에 넣어줍니다. views/와 public/ 폴더는 프론트엔드 부분인 화면에 보여줄 파일과 각종 리소스를 담고 있는 폴더입니다. 우리가 ejs를 배우긴 했지만 화면을 만들지는 않고, 어떻게 동작하는지만 확인해보면 되기 때문에 복사해 온 것이고 직접 파일을 생성하고 코드를 따라해도 무방합니다.

그리고 package.json만 있으면 다른 사람이 만든 프로젝트에서 어떤 패키지를 사용했는지 확인할 수 있습니다.

```
$ npm install
```

위의 명령어를 사용하면 package.json에 있는 패키지를 한번에 다운받게 됩니다. $ npm install로 한꺼번에 설치해도 좋고 '나는 가장 최신 버전의 모듈을 사용하고 싶다'라고 하면 package.json 파일을 참고해서 아래 명령어로 필요한 패키지를 직접 다운받아 package.json을 생성해주어도 좋습니다.

```
$ npm init                // package.json 파일 생성
$ npm install 패키지명      // dependencies
$ npm install -D 패키지명   // devDependencies
```

필요한 패키지를 설치하면 모든 패키지의 정확한 버전과 정보를 담은 package-lock.json 파일이 생성됩니다.

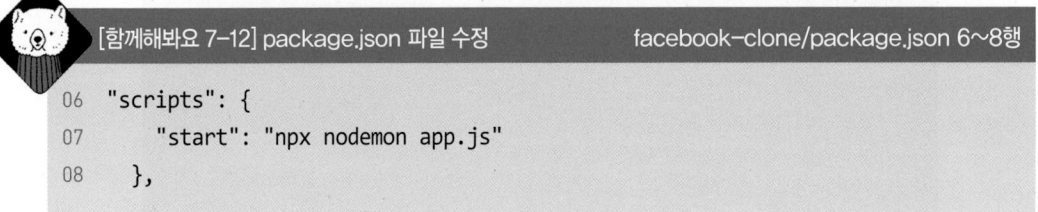

[함께해봐요 7-12] package.json 파일 수정   facebook-clone/package.json 6~8행

```
06  "scripts": {
07      "start": "npx nodemon app.js"
08    },
```

마지막으로 "script"에 "start"를 추가해주고 "npm start" 명령어를 통해 app.js 파일을 nodemon으로 실행하도록 바꾸어줍니다.

[함께해봐요 7-13] app.js 파일 수정 ①   facebook-clone/app.js 1~11행

```
01  const express = require("express ");
02  const mongoose = require("mongoose ");
03  const session = require("express-session ");
04  const cookieParser = require('cookie-parser' );
05  const passport = require("passport ");
06  const Localstrategy = require("passport-local");
07  const socket = require("socket.io ");
08  const dotenv = require("dotenv ");
09  const flash = require("connect-flash");
10  const Post = require("./models/Post");
11  const User = require("./models/User");
```

가장 먼저 서버 파일, app.js 코드에서 필요한 모듈을 불러오는 부분입니다. connect-flash를 제외하고는 우리가 모두 배운 패키지입니다. connect-flash를 사용하는 데 크게 어려움이 없고 중요하지 않은 미들웨어라서 지금부터 살펴보면 됩니다. 그리고 models/ 폴더와 Post, User는 아직 생성해 주지 않았지만 Post, User 데이터를 만들 부분으로 미리 불러주었습니다(10~11행).

[함께해봐요 7-14] app.js 파일 수정 ②　　　　　　　　　facebook-clone/app.js 13~22행

```
13  const port = process.env.PORT || 3000;
14  const onlineChatUsers = {};
15
16  dotenv.config();
17
18  const postRoutes = require("./routes/posts");
19  const userRoutes = require("./routes/users");
20  const app = express();
21
22  app.set("view engine", "ejs");
```

그 다음, 포트를 3000번으로 설정해주고(13행) 채팅 기능을 위해서 user의 정보를 담을 online ChatUser라는 객체 변수를 하나 할당했습니다(14행).

그리고 dotenv를 통해, .env 파일의 변수를 process.env를 통해 사용할 수 있게 해주는 dotenv.config() 메서드를 호출했습니다(16행).

그런 후 게시글 관련한 라우터를 postRoutes에, 사용자에 관한 라우터를 userRoutes로 분리해주었고 express를 호출하여 app 변수에 담아줍니다(18~20행).

마지막으로 app.set을 통해 이제부터 ejs를 사용해 view를 구성할 것이라는 것을 알려줍니다(22행).

[함께해봐요 7-15] app.js 파일 수정 ③　　　　　　　　　facebook-clone/app.js 24~32행

```
24  /* 미들웨어 */
25  app.use(cookieParser(process.env.SECRET))
26  app.use(session({
27      secret: process.env.SECRET,
28      resave: false,
29      saveUninitialized: false
30  })
31  );
32  app.use(flash());
```

이제 cookie-paser, express-session, connect-flash 미들웨어를 장착해줍니다. connect-flash 미들웨어는 내부적으로 cookie-parser와 expess-session을 사용하므로 이 둘 뒤에 작성해주어야 합니다. connect-flash는 req 객체에 req.flash라는 프로퍼티를 생성하고 `req.flash(key, value)` 형태로 키에 매칭된 값을 설정하고 req.flash(key)로 불러와 사용하면 됩니다(24~32행).

[함께해봐요 7-16] .env 파일 생성　　　facebook-clone/.env

```
01   SECRET = "facebookClone"
```

cookie-parser와 express-session의 비밀 키는 .env 파일을 하나 생성해서 담아줍니다.

[함께해봐요 7-17] app.js 파일 수정 ④　　　facebook-clone/app.js 34~44행

```
34   /* passport setup */
35   app.use(passport.initialize());
36   app.use(passport.session());
37   passport.use(new Localstrategy(User.authenticate()));
38   passport.serializeUser(User.serializeUser());
39   passport.deserializeUser(User.deserializeUser());
40
41   /* Middleware */
42   app.use(express.json());
43   app.use(express.urlencoded({ extended: true }));
44   app.use(express.static("public"));
```

passport를 설정하는 부분입니다. 앞에서 본 내용과 동일합니다. 그 다음 body parse를 위한 express의 json, urlencoded를 장착해주고 정적 파일들을 서비스할 폴더를 public/으로 지정해줍니다.

[함께해봐요 7-18] app.js 파일 수정 ⑤　　　facebook-clone/app.js 46~58행

```
46   /* MongoDB Connection */
47   mongoose
48       .connect("mongodb://127.0.0.1:27017/facebook_clone", {
49           useNewUrlParser: true,
50           useCreateIndex: true,
51           useUnifiedTopology: true
52       })
```

```
53    .then(() => {
54        console.log("Connected to MongoDB");
55    })
56    .catch((err) => {
57        console.log(err);
58    });
```

mongoose를 사용해서 MongoDB와 connection을 생성합니다. host는 local을 나타내는 127.0.0.1로, 포트는 MongoDB의 기본 포트인 27017로, 데이터베이스명은 facebook_clone으로 지정해주었습니다(48행).

connect의 옵션으로 넣어준 useNewUrlPaser와 useUnifinedTopology는 true로 설정해주지 않으면 현재 버전 기준으로 deprecatedError가 발생합니다. 참고로 useUnifiedTopology는 Enables the new unified topology layer를 의미하며 자세한 내용은 참고 링크에 남겨두었습니다.

[함께해봐요 7-19] app.js 파일 수정 ⑥   facebook-clone/app.js 60~67행

```
60    /* Template 파일에 변수 전송 */
61    app.use((req, res, next) => {
62        res.locals.user = req.user;
63        res.locals.login = req.isAuthenticated();
64        res.locals.error = req.flash("error");
65        res.locals.success = req.flash("success");
66        next();
67    });
```

템플릿 파일에 user와 Authentication, 그리고 flash와 관련한 변수를 전송해주는 부분입니다.

[함께해봐요 7-20] app.js 파일 수정 ⑦   facebook-clone/app.js 69~75행

```
69    /* Routers */
70    app.use("/", userRoutes);
71    app.use("/", postRoutes);
72
73    const server = app.listen(port, () => {
74        console.log("App is running on port " + port);
75    });
```

라우터를 장착해주고 서버와 연결하는 부분입니다.

 [함께해봐요 7-21] app.js 파일 수정 ⑧　　　　　　　　facebook-clone/app.js 77~110행

```
77  /* WebSocket setup */
78  const io = socket(server);
79
80  const room = io.of("/chat");
81  room.on("connection", socket => {
82      console.log("new user : ", socket.id);
83
84      room.emit("newUser", { socketID: socket.id });
85
86      socket.on("newUser", data => {
87          if (!(data.name in onlineChatUsers)) {
88              onlineChatUsers[data.name] = data.socketID;
89              socket.name = data.name;
90              room.emit("updateUserList", Object.keys(onlineChatUsers));
91              console.log("Online users: " + Object.keys(onlineChatUsers));
92          }
93      });
94
95      socket.on("disconnect", () => {
96          delete onlineChatUsers[socket.name];
97          room.emit("updateUserList", Object.keys(onlineChatUsers));
98          console.log(`user ${socket.name} disconnected`);
99      });
100
101     socket.on("chat", data => {
102         console.log(data);
103         if (data.to === "Global Chat") {
104             room.emit("chat", data);
105         } else if (data.to) {
106             room.to(onlineChatUsers[data.name]).emit("chat", data);
107             room.to(onlineChatUsers[data.to]).emit("chat", data);
108         }
109     });
110 });
```

마지막으로 socket.io를 이용해 websocket 통신을 구현하고 http 통신을 하는 express 서버와 연결해 줍니다. room.emit은 모든 사용자에게 메시지를 보내는 부분이고(84행) socket.on은 특정 이벤트에만 메시지를 보냅니다(86, 95, 101행). 여기서는 새로운 사용자가 등장했을 때(newUser), 사용자가 나갔을 때(disconnect), 사용자들이 메시지를 보냈을 때(chat), 이렇게 세 가지의 상황을 구현해주었습니다. 새로운 사용자가 들어오면(newUser) onlineChatUsers 객체 변수에 해당 사용자를 넣어주고(88행) 사용자가 채팅 방을 나가면(disconnect) onlineChatUsers에 사용자 정보를 삭제합니다(96행).

[함께해봐요 7-22] User.js 파일 작성   facebook-clone/models/User.js

```
01  const mongoose = require("mongoose");
02  const passportLocalMongoose = require("passport-local-mongoose");
03
04  let UserSchema = new mongoose.Schema({   // 사용자 스키마
05      username: String,
06      firstName: String,
07      lastName: String,
08      password: String,
09      profile: String,
10      posts: [
11          {
12              type: mongoose.Schema.Types.ObjectId,
13              ref: "Post"
14          }
15      ],
16
17      liked_posts: [
18          {
19              type: mongoose.Schema.Types.ObjectId,
20              ref: "Post"
21          }
22      ],
23
24      liked_comments: [
25          {
26              type: mongoose.Schema.Types.ObjectId,
27              ref: "Post"
28          }
29      ],
30      friends: [
31          {
```

```
32              type: mongoose.Schema.Types.ObjectId,
33              ref: "User"
34          }
35      ],
36      friendRequests: [
37          {
38              type: mongoose.Schema.Types.ObjectId,
39              ref: "User"
40          }
41      ]
42 });
43
44 UserSchema.plugin(passportLocalMongoose);
45 let User = mongoose.model("User", UserSchema);
46 module.exports = User;
```

우리는 세 가지의 데이터 모델인 Users.js, Post.js, Comment.js를 생성할 텐데, 데이터 모델을 담을 models/ 폴더를 하나 생성해주세요. 사용자의 데이터 스키마를 담고 있는 Users.js부터 살펴보겠습니다.

먼저 UserSchema를 정의합니다(4행). 데이터의 속성(애트리뷰트)을 mongoose에서는 key로 나타내며 이를 Field라고 한다고 했습니다. User 데이터 모델에 username, firstName, lastName, password, profile이라는 속성을 가질 수 있게 키(Field) 값을 설정해주고 각각의 키에 타입을 지정해주었습니다. 여기서는 모두 string 타입을 사용했습니다(5~9행).

그리고 posts, liked_posts, liked_comments, friends, friendRequests라는 Field를 봅시다. ObjectID는 각각의 Document를 식별하는 고유의 아이디라고 한 것을 기억합니까?(12, 19, 26행) 이를 이용해서 다른 Collection의 Document와 매칭할 수 있습니다. 즉 User Collection에 있는 posts 필드는 Post Collection에 있는 Document와 매핑되어 있는 것입니다. 관계형 데이터베이스에서 외래 키를 이용해 Relation을 맺어주는 것과 동일합니다.

그리고 UserSchema.plugin() 메서드를 사용해서 사용자 인증을 위한 passport-local-mongoose 모듈과 스키마를 연결해줍니다(44행).

마지막으로 생성한 UserSchema 구조를 따르는 User라는 이름의 인스턴스를 생성해주었고 이 인스턴스는 MongoDB에서는 Document라고 했습니다(44행). 이렇게 되면 MongoDB 저장소에 User라는 Document가 생성된 것입니다.

```
01  const mongoose = require("mongoose");
02
03  let PostSchema = new mongoose.Schema({   // 게시물 스키마
04      content: String,
05      time: Date,
06      likes: Number,
07      image: String,
08      creator: {
09          _id: {
10              type: mongoose.Schema.Types.ObjectId,
11              ref: "User"
12          },
13          firstName: String,
14          lastName: String,
15          profile: String
16      },
17      comments: [
18          {
19              type: mongoose.Schema.Types.ObjectId,
20              ref: "Comment"
21          }
22      ]
23  });
24
25  let Post = mongoose.model("Post", PostSchema);
26  module.exports = Post;
```

그리고 게시글 관련 데이터 Collection의 스키마를 정의할 Post.js 파일입니다. 앞에서 설명한 것과 동일하고 content, time, likes, image 같은 Post 컬렉션만 가지고 있는 고유 속성(필드, 키)과 필드 타입을 정의했고 creator, comments 속성(필드, 키)은 User 컬렉션의 Document와 Comment 컬렉션의 Document와 매핑해주었습니다(20행).

```
01  const mongoose = require("mongoose");
02
03  let CommentSchema = new mongoose.Schema({   // 댓글용 스키마
04      content: String,
05      likes: Number,
06      creator: {
07        _id: {
08            type: mongoose.Schema.Types.ObjectId,
09            ref: "User"
10        },
11        firstName: String,
12        lastName: String
13      }
14  });
15
16  let Comment = mongoose.model("Comment", CommentSchema);
17
18  module.exports = Comment;
```

마지막으로 댓글 관련 데이터를 관리하는 Comment Collection을 생성하는 Comment.js 파일입니다. User, Post와 다른 부분이 있다면 creator 속성(필드, 키)인데, MongoDB는 NoSQL로 SQL보다 좀 더 자유로운 스키마 구조를 만들 수 있다고 했습니다. 그래서 creator 필드처럼 필드 안에 또 다른 필드를 넣는 것이 가능합니다. creator 필드 안에 _id라는 필드는 User 컬렉션의 Document와 매핑시켰고 firstName, lastName 필드를 추가해주었습니다(6~13행).

```
01  const express = require("express");
02  const User = require("../models/User");
03  const passport = require("passport");
04  const multer = require("multer");
05  const cloudinary = require("cloudinary");
06  const router = express.Router();
07
08  /* Multer setup */
09  const storage = multer.diskStorage({
10      filename: (req, file, callback) => {
11          callback(null, Date.now() + file.originalname);
12      }
```

```
13    });
14
15    const imageFilter = (req, file, callback) => {
16        if (!file.originalname.match(/\.(jpg|jpeg|png)$/i)) {
17            return callback(new Error("Only image files are allowed!"), false);
18        }
19        callback(null, true);
20    };
21
22    const upload = multer({ storage: storage, fileFilter: imageFilter });
```

이제 사용자와 게시글의 비즈니스 로직을 만들어줄 건데, 가장 길고 어려운 부분입니다. 라우터 처리를 위한 파일만 모아 놓을 routes/라는 폴더를 생성해주세요.

먼저 사용자 관련 라우터를 처리하고 비즈니스 로직을 만들어줄 user.js 파일입니다. 먼저 필요한 것을 불러옵니다. express, User 데이터 모델, passport는 알겠는데 multer와 cloudinary는 아직 배운 적이 없습니다. 앞서 모듈의 개념과 사용법을 충분히 익혔다면 크게 어렵지 않으니 하나씩 살펴봅시다.

우리는 urlencoded로 텍스트 데이터를 처리했는데, 텍스트가 아닌 이미지, 동영상 등의 파일 데이터는 urlencoded로 처리하지 못하므로 multer 모듈을 이용해야 합니다.

> **여기서 잠깐**
>
> 멀티파트 미디어 타입(Multipart Media Type)
> facebook_clone/views/posts/news.ejs 파일의 네 번째 줄인 다음 코드에서 HTTP Header의 Content-Type 필드 값이 multipart/form-data로 명시해야 사용자가 전송한 파일을 서버로 전송할 수 있습니다.
>
> ```
> <form action="/post/new" method="POST" enctype="multipart/form-data">
> ```

multer는 텍스트 정보를 저장하는 body 객체와 멀티파트 데이터를 저장하는 file 객체를 req 객체에 추가해주게 됩니다.

multer를 이용해서 저장 경로와 파일명을 처리하기 위해 diskStorage() 메서드를 사용합니다(9행). 우리는 cloudaniary라는 모듈을 사용해서 파일을 저장할 것이므로 저장 경로는 따로 설정하지 않고 filename만 설정해주면 됩니다(10행). diskStorage()의 인자로 객체를 보내주었는데 filename이라는 키 값은 함수이며 이 함수의 인자인 callback을 통해 전송된 파일명을 설정합니다(11행).

imageFilter 부분은 파일의 확장자가 jpg, jpeg, png인지 확인하는 부분이며(15행) 만약 확장자가 올바르지 않을 경우 메시지와 함께 오류 객체를 담은 콜백 함수를 반환합니다(17행). 마지막으로 upload 변수에 multer의 인스턴스를 생성해주는데(22행), 인자로 넘긴 옵션으로 storage, '파일이 저장될 위치'를 지정하는 옵션과 fileFilter, '어떤 파일을 허용할지 제어'하는 옵션을 넣어주었습니다. 그 외의 옵션은 '참고 링크'에 있는 공식 문서를 확인해주세요.

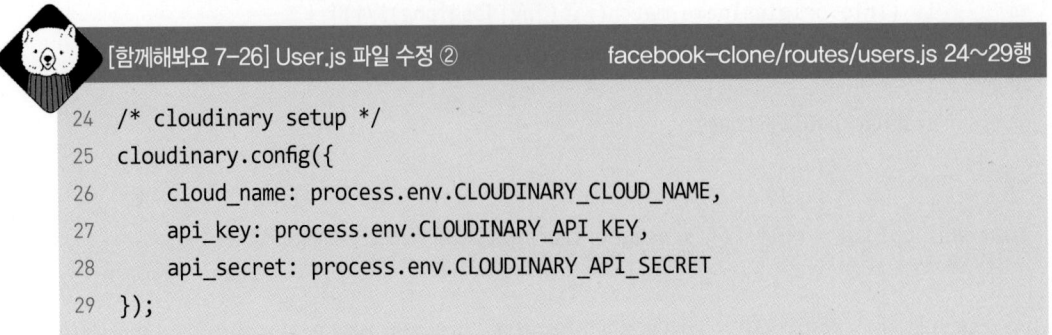

[함께해봐요 7-26] User.js 파일 수정 ②　　　　　　facebook-clone/routes/users.js 24~29행

```
24  /* cloudinary setup */
25  cloudinary.config({
26      cloud_name: process.env.CLOUDINARY_CLOUD_NAME,
27      api_key: process.env.CLOUDINARY_API_KEY,
28      api_secret: process.env.CLOUDINARY_API_SECRET
29  });
```

이미지를 업로드하고 불러올 공간을 빌리기 위해 *SaaS 서비스인 'cloudinary'를 사용했습니다. 토이 프로젝트나 작은 규모의 서비스에는 거의 무료로 이미지를 저장할 공간을 사용할 수 있습니다.

용어정리

SaaS(Software as a Service) 서비스형 소프트웨어, 클라우드를 통해 제공되는 소프트웨어를 의미하며, 별도의 설치나 전환 과정 없이 클라우드에 있는 소프트웨어를 통해 제공받는 서비스입니다.

IaaS(Infrastructure as a Service) 서비스로 제공되는 인프라를 의미하며, 물리적인 자원을 개발사에 제공하는 서비스입니다.

PaaS(Platform as a Service) 서비스로 제공되는 플랫폼을 의미하며, 플랫폼을 개발사에게 제공하는 서비스입니다.

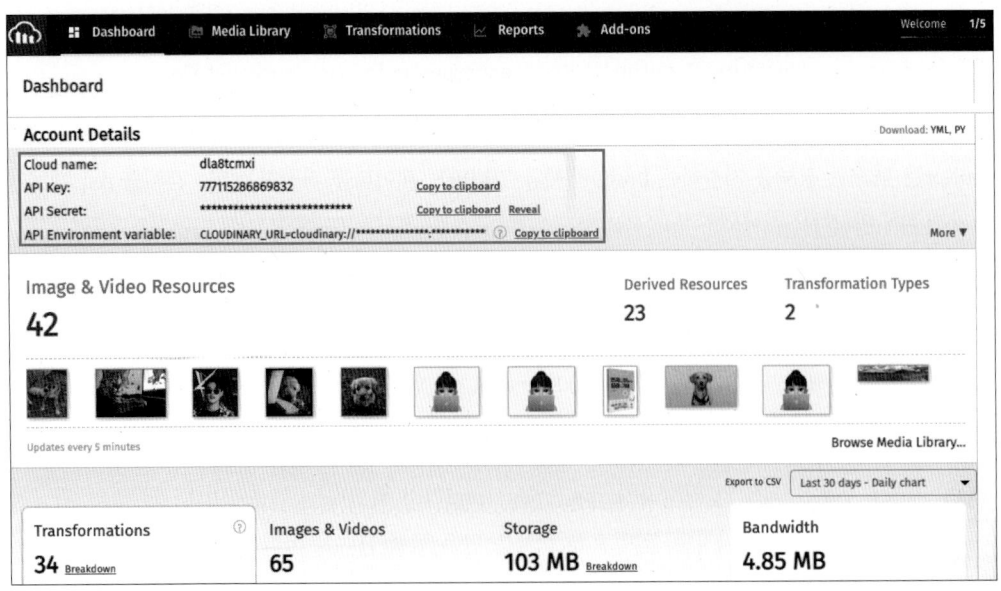

[그림 7-12] cloudinary 대시보드

https://cloudinary.com/에 접속한 후 회원가입을 하고 대시보드를 확인하면 api 키를 확인할 수 있는데 Cloud name, API Key, API Secret을 .env에 작성해 줍니다.

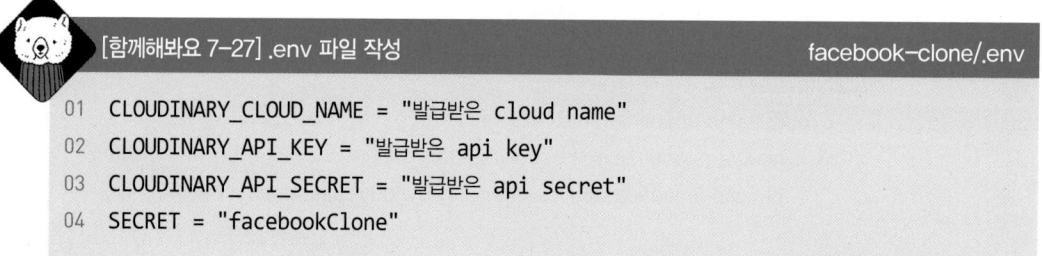

[함께해봐요 7-27] .env 파일 작성　　　　　　　　　facebook-clone/.env

```
01  CLOUDINARY_CLOUD_NAME = "발급받은 cloud name"
02  CLOUDINARY_API_KEY = "발급받은 api key"
03  CLOUDINARY_API_SECRET = "발급받은 api secret"
04  SECRET = "facebookClone"
```

[함께해봐요 7-28] User.js 파일 수정 ③　　　facebook-clone/routes/users.js 31~38행

```
31  /* Middleware */
32  const isLoggedIn = (req, res, next) => {
33      if (req.isAuthenticated()) {
34          return next();
35      }
36      req.flash("error", "You need to be logged in to do that!");
37      res.redirect("/user/login");
38  };
```

로그인하지 않은 사용자를 체크하는 미들웨어 부분입니다. 로그인하지 않은 사용자라면 flash로 오류 메시지를 보내고(36행) /user/login 로그인 화면으로 리다이렉트 해주는 기능을 합니다(37행). 이는 필요한 라우터에 인자로 넣어 로그인이 필요한 동작(프로필 조회, 친구 추가 등)을 할 경우 로그인을 했는지 확인하는 역할을 합니다.

[함께해봐요 7-29] User.js 파일 수정 ④　　　facebook-clone/routes/users.js 40~83행

```
40  /* Routers */
41
42  /* User Routers */
43  router.post("/user/register", upload.single("image"), (req, res) => {
44      if (
45          req.body.username &&
46          req.body.firstname &&
47          req.body.lastname &&
48          req.body.password
49      ) {
```

```
50        let newUser = new User({
51            username: req.body.username,
52            firstName: req.body.firstname,
53            lastName: req.body.lastname
54        });
55        if (req.file) {
56            cloudinary.uploader.upload(req.file.path, result => {
57                newUser.profile = result.secure_url;
58                return createUser(newUser, req.body.password, req, res);
59            });
60        } else {
61            newUser.profile = process.env.DEFAULT_PROFILE_PIC;
62            return createUser(newUser, req.body.password, req, res);
63        }
64    }
65 });
66
67 function createUser(newUser, password, req, res) {
68     User.register(newUser, password, (err, user) => {
69         if (err) {
70             req.flash("error", err.message);
71             res.redirect("/");
72         } else {
73             passport.authenticate("local")(req, res, function () {
74                 console.log(req.user);
75                 req.flash(
76                     "success",
77                     "Success! You are registered and logged in!"
78                 );
79                 res.redirect("/");
80             });
81         }
82     });
83 }
```

여기부터는 User 관련 라우터를 설정하는 부분입니다. 먼저 회원가입을 위한 '/user/register' 라우터부터 만들어봅시다(43행). 회원가입 화면을 통해서 들어온 req.body 객체의 username, firstname, lastname, password를 받고 newUser 객체에 넣어줍니다(50~54행). 그리고 처음 회원 가입을 할 때 프로필 이미지를 받고 이를 multer를 통해 req.file에 설정합니다(55~59행). 그런 후

cloudinary를 이용해 파일을 업로드하고 사용자 프로필을 설정한 뒤, 밑에서 작성할 createUser() 함수를 통해 사용자 인스턴스를 생성합니다(58행). 만약 프로필 사진이 없다면 DEFAULT_ PROFILE_PIC을 프로필 사진으로 지정해주면 됩니다.

이제 createUser() 함수를 생성합니다(67행). '/user/register' 라우터에서 받은 newUser 객체와 비밀번호를 인자로 받아 User 모델에 이를 넣고 passport를 통해 authenticate()로 인증을 수행합니다(73행). 오류 메시지는 connect-flash 모듈의 flash()를 통해 보내주게 됩니다(75행).

[함께해봐요 7-30] User.js 파일 수정 ⑤   facebook-clone/routes/users.js 85~119행

```
85  // Login
86  router.get("/user/login", (req, res) => {
87      res.render("users/login");
88  });
89
90  router.post(
91      "/user/login",
92      passport.authenticate("local", {
93          successRedirect: "/",
94          failureRedirect: "/user/login"
95      }),
96      (req, res) => { }
97  );
98
99  // All users
100 router.get("/user/all", isLoggedIn, (req, res) => {
101     User.find({}, (err, users) => {
102         if (err) {
103             console.log(err);
104             req.flash(
105                 "error",
106                 "There has been a problem getting all users info."
107             );
108             res.redirect("/");
109         } else {
110             res.render("users/users", { users: users });
111         }
112     });
113 });
114
```

```
115  // Logout
116  router.get("/user/logout", (req, res) => {
117      req.logout();
118      res.redirect("back");
119  });
```

로그인을 하는 라우터 '/user/login'을 만듭니다. 먼저 get 방식을 통해 views/users/login.ejs 파일을 렌더링해주고(86~88행), post 방식을 통해 passport 인증을 수행합니다(90~97행). 성공할 경우 '/' 페이지로 이동하고(93행) 실패할 경우 다시 로그인 화면 '/user/login'을 띄워줍니다(94행).

다음으로 로그인한 모든 사용자를 보여주는 'user/all' 라우터 부분입니다(100~113행). 모든 사용자를 User.find() 함수를 통해 조회하고(101행) views/users/users.ejs에 users 객체를 보내주고 렌더링해줍니다(110행).

마지막으로 로그아웃 '/user/logout' 라우터를 구성합니다. 로그아웃은 앞에서 살펴봤듯이 passport가 req 객체에 logout() 메서드를 만들어주고 이를 이용하면 됩니다(117행).

[함께해봐요 7-31] User.js 파일 수정 ⑥   facebook-clone/routes/users.js 121~278행

```
121  // User Profile
122  router.get("/user/:id/profile", isLoggedIn, (req, res) => {
123      User.findById(req.params.id)
124          .populate("friends")
125          .populate("friendRequests")
126          .populate("posts")
127          .exec((err, user) => {
128              if (err) {
129                  console.log(err);
130                  req.flash("error", "There has been an error.");
131                  res.redirect("back");
132              } else {
133                  console.log(user);
134                  res.render("users/user", { userData: user });
135              }
136          });
137  });
138
139  // Add Friend
140  router.get("/user/:id/add", isLoggedIn, (req, res) => {
141      User.findById(req.user._id, (err, user) => {
```

310

```
142        if (err) {
143            console.log(err);
144            req.flash(
145                "error",
146                "There has been an error adding this person to your friends list"
147            );
148            res.redirect("back");
149        } else {
150            User.findById(req.params.id, (err, foundUser) => {
151                if (err) {
152                    console.log(err);
153                    req.flash("error", "Person not found");
154                    res.redirect("back");
155                } else {
156                    if (
157                        foundUser.friendRequests.find(o =>
158                            o._id.equals(user._id)
159                        )
160                    ) {
161                        req.flash(
162                            "error",
163                            'You have already sent a friend request to
164                             ${user.firstName
                                }'
165                        );
166                        return res.redirect("back");
167                    } else if (
168                        foundUser.friends.find(o => o._id.equals(user._id))
169                    ) {
170                        req.flash(
171                            "error",
172                            `The user ${foundUser.firstname
173                            } is already in your friends list`
174                        );
175                        return res.redirect("back");
176                    }
177                    let currUser = {
178                        _id: user._id,
179                        firstName: user.firstName,
180                        lastName: user.lastName
181                    };
182                    foundUser.friendRequests.push(currUser);
```

```
183                         foundUser.save();
184                         req.flash(
185                             "success",
186                             'Success! You sent ${foundUser.firstName
187                             } a friend request!'
188                         );
189                         res.redirect("back");
190                     }
191                 });
192             }
193         });
194 });
195
196 // Accept friend request
197 router.get("/user/:id/accept", isLoggedIn, (req, res) => {
198     User.findById(req.user._id, (err, user) => {
199         if (err) {
200             console.log(err);
201             req.flash(
202                 "error",
203                 "There has been an error finding your profile, are you connected?"
204             );
205             res.redirect("back");
206         } else {
207             User.findById(req.params.id, (err, foundUser) => {
208                 let r = user.friendRequests.find(o =>
209                     o._id.equals(req.params.id)
210                 );
211                 if (r) {
212                     let index = user.friendRequests.indexOf(r);
213                     user.friendRequests.splice(index, 1);
214                     let friend = {
215                         _id: foundUser._id,
216                         firstName: foundUser.firstName,
217                         lastName: foundUser.lastName
218                     };
219                     user.friends.push(friend);
220                     user.save();
221
222                     let currUser = {
223                         _id: user._id,
```

```
224                    firstName: user.firstName,
225                    lastName: user.lastName
226                };
227                foundUser.friends.push(currUser);
228                foundUser.save();
229                req.flash(
230                    "success",
231                    `You and ${foundUser.firstName} are now friends!`
232                );
233                res.redirect("back");
234            } else {
235                req.flash(
236                    "error",
237                    "There has been an error, is the profile you are
                        trying to add on your requests?"
238                );
239                res.redirect("back");
240            }
241        });
242    }
243    });
244 });
245
246 // Decline friend Request
247 router.get("/user/:id/decline", isLoggedIn, (req, res) => {
248     User.findById(req.user._id, (err, user) => {
249         if (err) {
250             console.log(err);
251             req.flash("error", "There has been an error declining the request");
252             res.redirect("back");
253         } else {
254             User.findById(req.params.id, (err, foundUser) => {
255                 if (err) {
256                     console.log(err);
257                     req.flash(
258                         "error",
259                         "There has been an error declining the request"
260                     );
261                     res.redirect("back");
262                 } else {
```

```
263              // remove request
264              let r = user.friendRequests.find(o =>
265                  o._id.equals(foundUser._id)
266              );
267              if (r) {
268                  let index = user.friendRequests.indexOf(r);
269                  user.friendRequests.splice(index, 1);
270                  user.save();
271                  req.flash("success", "You declined");
272                  res.redirect("back");
273              }
274          }
275      });
276      }
277  });
278 });
```

/user/:id/profile 라우터는 사용자의 프로필을 생성하는 역할을 합니다(122~137행). req. params 객체에 있는 id를 통해 현재 사용자를 조회하고 mongoose의 populate() 메서드를 통해 friends, friendRequests, post 필드의 Document를 조회하게 됩니다(124~126행). populate()는 Document가 다른 Document의 ObjectID를 사용할 경우 실제 객체가 어떤 것인지 찾아서 바꿔주는 역할을 합니다. 이를 위해 데이터 모델을 만드는 부분(models/)에서 필드를 생성할 때 mongoose. Schema.Types.ObjectId, req: something을 통해 다른 Document의 값과 매핑해준 것입니다. 그리고 exec()를 통해(127행) 결과인 user를 콜백으로 넘겨주고 이를 'views/users/user.ejs' 화면에서 받아 렌더링할 수 있게 합니다(134행).

/user/:id/add는 친구 추가 기능을 하는 라우터입니다(140~194행). :id 부분이 req.params로 들어오고 들어온 id 값을 이용해서 사용자를 찾고(findById), 해당 사용자의 아이디를 찾을 수 없는 경우, 이미 친구인 경우, 이미 친구 추가 요청을 보낸 경우를 if/else 분기 처리를 통해 처리해주고 모든 조건에 맞는 경우, 요청을 보낸 친구 foundUser를 frinedRequests에 추가해줍니다(182행).

/user/:id/accept는 요청 받은 친구 추가 요청을 사용자가 수락하는 부분을 다루는 라우터입니다(197~244행). 마찬가지로 findById() 메서드를 통해 요청한 친구의 id를 User Collection에서 조회하고 해당 사용자의 friends 키 값에 추가한 친구를 업데이트합니다.

/user/:id/decline은 친구 추가 요청을 거절하는 부분을 다루는 라우터입니다(247~278행). 마찬가지로 req.params로 들어온 id 값을 이용해 사용자를 찾고(findById), user의 frinedRequests를 삭제해서 해당 요청을 거절합니다.

코드가 좀 길지만 간단한 로직이므로 한 줄씩 살펴보며 이해하고, 코드를 보지 않고 구현해보는 연습을 해보면 실력 향상에 도움이 됩니다.

[함께해봐요 7-32] User.js 파일 수정 ⑦   facebook-clone/routes/users.js 280~298행

```
280  /* Chat Routers */
281  router.get("/chat", isLoggedIn, (req, res) => {
282      User.findById(req.user._id)
283          .populate("friends")
284          .exec((err, user) => {
285              if (err) {
286                  console.log(err);
287                  req.flash(
288                      "error",
289                      "There has been an error trying to access the chat"
290                  );
291                  res.redirect("/");
292              } else {
293                  res.render("users/chat", { userData: user });
294              }
295          });
296  });
297
298  module.exports = router;
```

마지막으로 '/chat' 라우터입니다. 채팅창의 로직을 구현하는 부분이고 User 컬렉션에서 user를 찾고 해당 user의 friends 값을 populate()를 통해(283행) 접근하고 가져온 데이터를 'views/users/chat.ejs'에 보내주고 렌더링하는 부분입니다(293행).

끝으로 이렇게 작성한 모든 라우터를 module.exports를 통해 app.js에서 사용할 수 있도록 해줍니다(298행).

```javascript
01  const express = require("express");
02  const Post = require("../models/Post");
03  const User = require("../models/User");
04  const Comment = require("../models/Comment");
05  const multer = require("multer");
06  const cloudinary = require("cloudinary");
07  const router = express.Router();
08
09  // Multer setup
10  const storage = multer.diskStorage({
11      filename: (req, file, callback) => {
12          callback(null, Date.now() + file.originalname);
13      }
14  });
15
16  const imageFilter = (req, file, callback) => {
17      if (!file.originalname.match(/\.(jpg|jpeg|png)$/i)) {
18          return callback(new Error("Only image files are allowed!"), false);
19      }
20      callback(null, true);
21  };
22
23  const upload = multer({ storage: storage, fileFilter: imageFilter });
24
25  /* Cloudinary setup */
26  cloudinary.config({
27      cloud_name: process.env.CLOUDINARY_CLOUD_NAME,
28      api_key: process.env.CLOUDINARY_API_KEY,
29      api_secret: process.env.CLOUDINARY_API_SECRET
30  });
31
32  /* Middleware */
33  const isLoggedIn = (req, res, next) => {
34      if (req.isAuthenticated()) {
35          return next();
36      }
37      req.flash("error", "You need to be logged in to do that!");
38      res.redirect("/user/login");
39  };
40
```

```
41  /* Routers */
42  router.get("/", isLoggedIn, (req, res) => {
43      User.findById(req.user._id)   // 친구들의 게시글
44          .populate({
45              path: "friends",
46              populate: {
47                  path: "posts",
48                  model: "Post"
49              }
50          })
51          .populate("posts")   // 현재 사용자의 게시글
52          .exec((err, user) => {
53              if (err) {
54                  console.log(err);
55                  req.flash(
56                      "error",
57                      "There has been an error finding all posts."
58                  );
59                  res.render("posts/index");
60              } else {
61                  let posts = [];
62                  for (var i = 0; i < user.friends.length; i++) {
63                      for (var j = 0; j < user.friends[i].posts.length; j++) {
64                          posts.push(user.friends[i].posts[j]);
65                      }
66                  }
67                  for (var i = 0; i < user.posts.length; i++) {
68                      posts.push(user.posts[i]);
69                  }
70                  if (posts) {
71                      res.render("posts/index", {
72                          posts: posts
73                      });
74                  } else {
75                      res.render("posts/index", { posts: null });
76                  }
77              }
78          });
79  });
80
```

```
81  router.get("/post/:id/like", isLoggedIn, (req, res) => {
82      User.findById(req.user._id, (userErr, user) => {
83          if (userErr) {
84              console.log(userErr);
85              req.flash(
86                  "There has been an error trying to like this post,
    are you logged in?"
87              );
88              rse.redirect("back");
89          } else {
90              Post.findById(req.params.id, (postErr, post) => {
91                  if (postErr) {
92                      console.log(postErr);
93                      req.flash(
94                          "There has been an error trying to like this post,
    are you sure you are in the correct URL?"
95                      );
96                      res.redirect("back");
97                  } else {
98                      for (let i = 0; i < user.liked_posts.length; i++) {
                        // 이미 좋아요 했는지 체크
99                          if (user.liked_posts[i].equals(post._id)) {
100                             req.flash("error", "You already liked this post");
101                             return res.redirect("back");
102                         }
103                     }
104                     post.likes = post.likes + 1; // 좋아요
105                     post.save();
106                     user.liked_posts.push(post._id);
107                     user.save();
108                     req.flash(
109                         "success",
110                         `You successfully liked ${post.creator.firstName
111                         }'s post`
112                     );
113                     res.redirect("back");
114                 }
115             });
116         }
117     });
118 });
119
```

```
120 router.get("/post/:postid/comments/:commentid/like", isLoggedIn, (req, res) => {
121     User.findById(req.user._id, (userErr, user) => {
122         if (userErr) {
123             console.log(userErr);
124             req.flash(
125                 "error",
126                 "There has been an error trying to like this post"
127             );
128             res.redirect("back");
129         } else {
130             Comment.findById(req.params.commentid, (commentErr, comment) => {
131                 if (commentErr) {
132                     console.log(commentErr);
133                     req.flash(
134                         "error",
135                         "There has been an error trying to find the comment,
    are you sure the URL is correct?"
136                     );
137                     res.redirect("back");
138                 } else {
139                     comment.likes = comment.likes + 1;
140                     comment.save();
141                     user.liked_comments.push(comment._id);
142                     user.save();
143                     req.flash(
144                         "success",
145                         `You successfully liked ${comment.creator.firstName
146                         }'s comment`
147                     );
148                     res.redirect("back");
149                 }
150             });
151         }
152     });
153 });
154
155 router.get("/post/new", isLoggedIn, (req, res) => {
156     res.render("posts/new");
157 });
158
```

```
159  router.post("/post/new", isLoggedIn, upload.single("image"), (req, res) => {
160      if (req.body.content) {
161          let newPost = {};
162          if (req.file) {
163              cloudinary.uploader.upload(req.file.path, result => {
164                  newPost.image = result.secure_url;
165                  newPost.creator = req.user;
166                  newPost.time = new Date();
167                  newPost.likes = 0;
168                  newPost.content = req.body.content;
169                  return createPost(newPost, req, res);
170              });
171          } else {
172              newPost.image = null;
173              newPost.creator = req.user;
174              newPost.time = new Date();
175              newPost.likes = 0;
176              newPost.content = req.body.content;
177              return createPost(newPost, req, res);
178          }
179      }
180  });
181
182  function createPost(newPost, req, res) {
183      Post.create(newPost, (err, post) => {
184          if (err) {
185              console.log(err);
186          } else {
187              req.user.posts.push(post._id);
188              req.user.save();
189              res.redirect("/");
190          }
191      });
192  }
193
194  router.get("/post/:id", isLoggedIn, (req, res) => {
195      Post.findById(req.params.id)
196          .populate("comments")
197          .exec((err, post) => {
198              if (err) {
199                  console.log(err);
200                  req.flash("error", "There has been an error finding this post");
```

```
201                 res.redirect("back");
202             } else {
203                 res.render("posts/show", { post: post });
204             }
205         });
206 });
207
208 router.post("/post/:id/comments/new", isLoggedIn, (req, res) => {
209     Post.findById(req.params.id, (err, post) => {
210         if (err) {
211             console.log(err);
212             req.flash("error", "There has been an error posting your comment");
213             res.redirect("back");
214         } else {
215             Comment.create({ content: req.body.content }, (err, comment) => {
216                 if (err) {
217                     console.log(err);
218                     req.flash(
219                         "error",
220                         "Something went wrong with posting your comment"
221                     );
222                     res.redirect("back");
223                 } else {
224                     comment.creator._id = req.user._id;
225                     comment.creator.firstName = req.user.firstName;
226                     comment.creator.lastName = req.user.lastName;
227                     comment.likes = 0;
228                     comment.save();
229                     post.comments.push(comment);
230                     post.save();
231                     req.flash("success", "Successfully posted your comment");
232                     res.redirect("/post/" + post._id);
233                 }
234             });
235         }
236     });
237 });
238
239 module.exports = router;
240
```

users.js 코드를 이해했다면 posts.js를 이해하는 것은 크게 어렵지 않습니다. User 컬렉션에서 findById()를 통해 사용자를 조회하듯이 post 컬렉션도 똑같이 적용해주면 되고(43, 82, 90, 121, 130, 195, 209행), 상황에 맞게 분기처리를 해주는 부분도 users.js와 크게 다르지 않습니다. 다른 부분이 있다면 '/post/new'에서 post 방식으로 동작하는 라우터 부분입니다(159~180행). cloudinary의 uploader.upload() 메서드를 이용해서 받은 파일(req.file)을 업로드하고(163행) 새로운 게시글을 담을 newPost 객체에 image, creator, time, likes, content 속성을 입력해준 뒤 createPost()를 통해 새로운 Post를 하나 생성해주는 부분 정도입니다(162~170행).

```
$ npm start
```

자, 이제 위 명령어를 통해 서버를 실행해주세요.

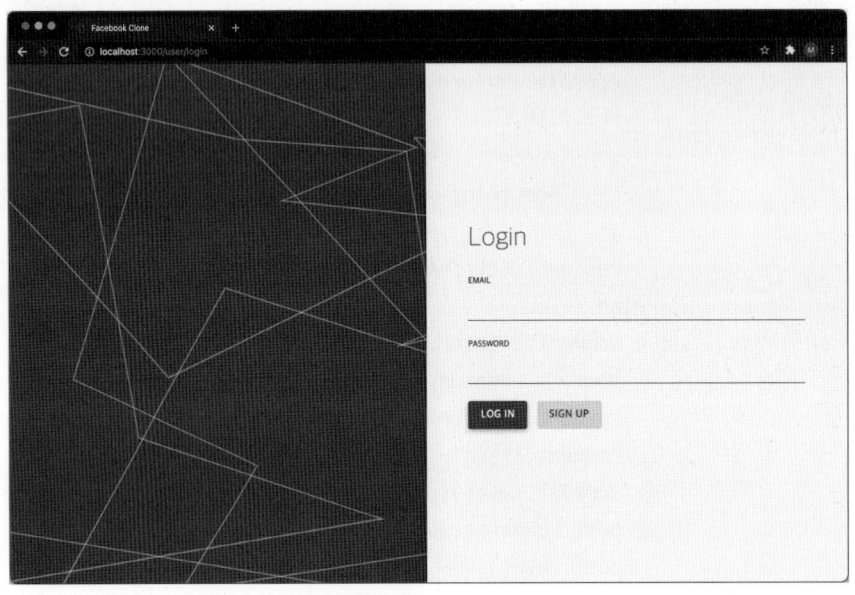

[그림 7-13] localhost:3000

그리고 브라우저에서 localhost:3000으로 접속해보면, 처음 화면은 '/user/login' 로그인 화면이 뜨게 됩니다. 아직 테스트 회원 데이터를 생성하지 않았으면 [SIGN UP] 버튼을 눌러 회원가입 화면으로 접속해봅시다.

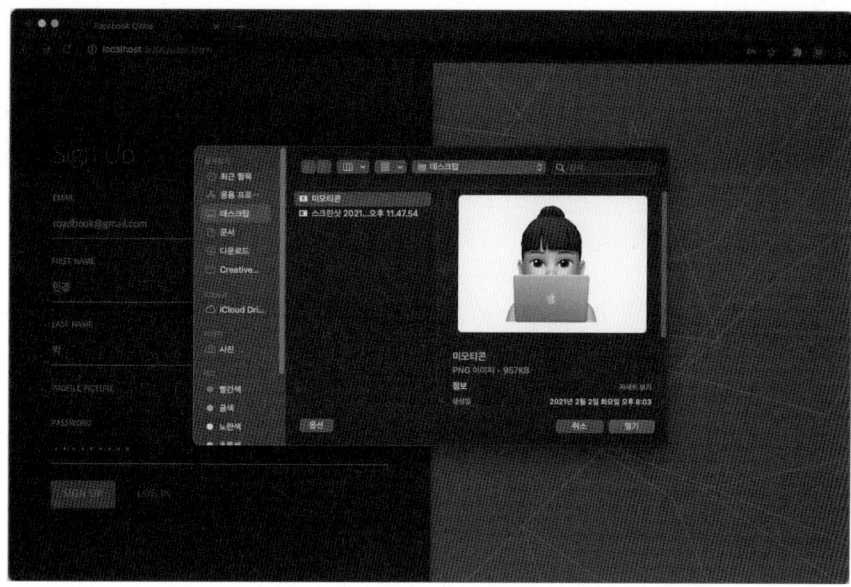

[그림 7-14] localhost:3000/user/register

'user/register' 주소로 접속되고 회원가입을 하는 부분입니다. 테스트할 user email과 firstName, lastName, 프로필 사진, 비밀번호를 입력한 후 회원가입을 해줍니다.

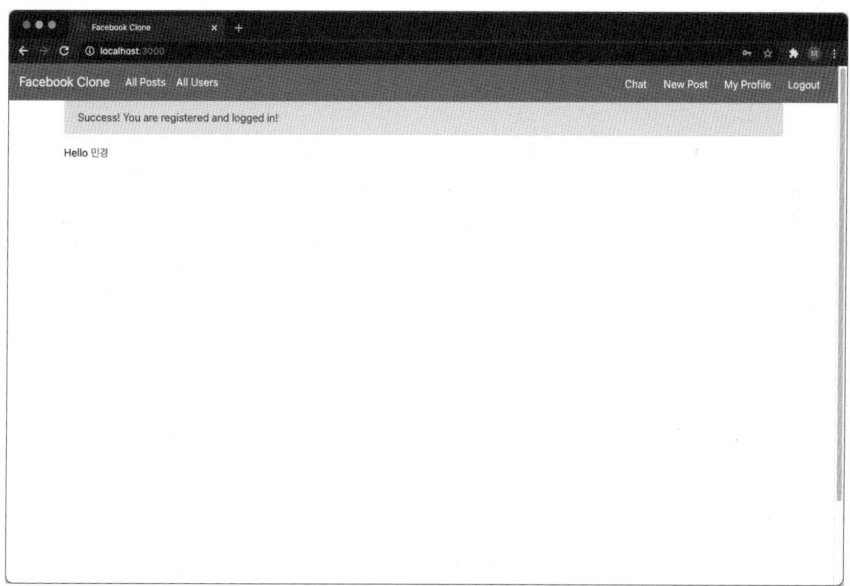

[그림 7-15] localhost:3000

로그인을 하면 메인 화면으로 이동하고, 로그인한 사용자의 이름이 표시됩니다.

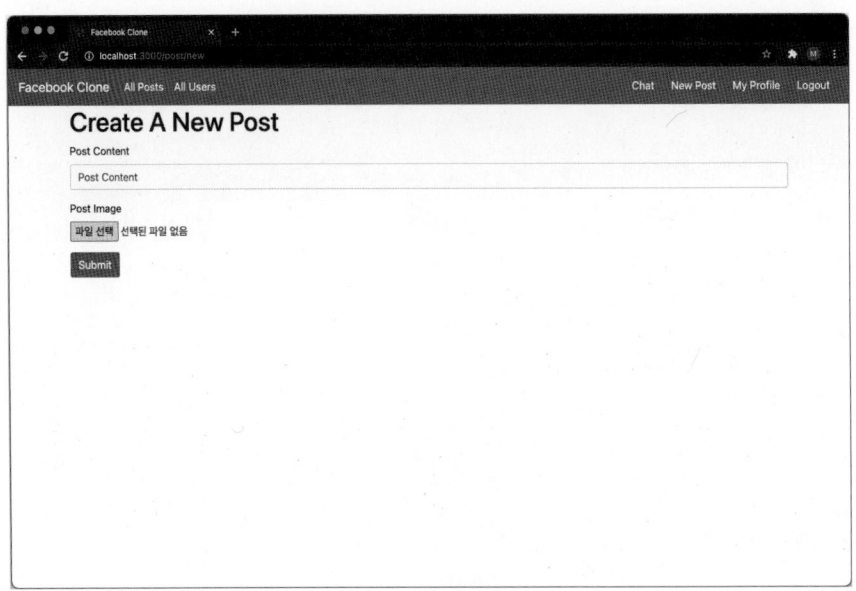

[그림 7-16] localhost:3000/post/new

New Post 메뉴에 접속해보면 새로운 게시물 등록을 위한 화면 파일 views/posts/new.ejs이 렌더링됩니다. 테스트를 위해 게시물을 몇 개 생성해봅시다.

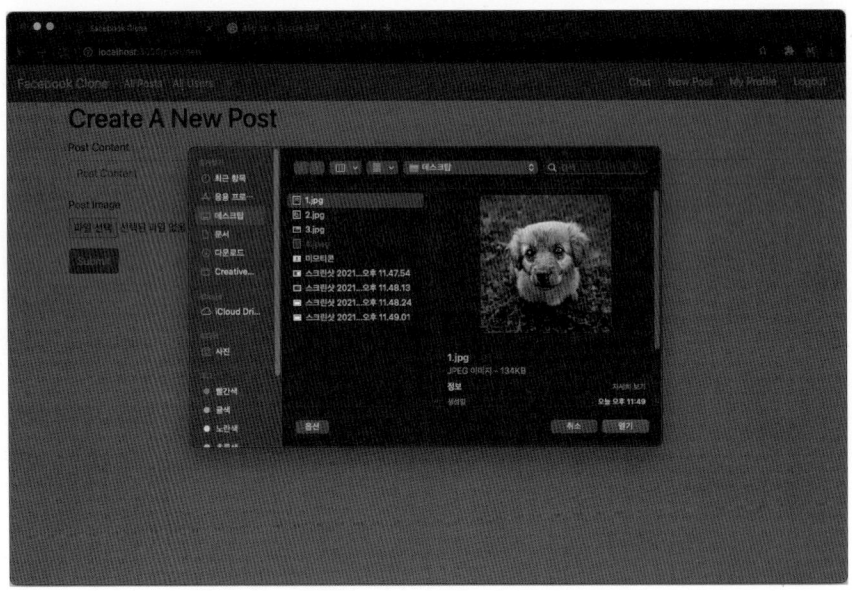

[그림 7-17] localhost:3000/post/new

사용자의 local disk에 접근해서 파일을 업로드할 수 있습니다. 이렇게 업로드한 파일은 cloudinary 서비스의 스토리지에 업로드됩니다.

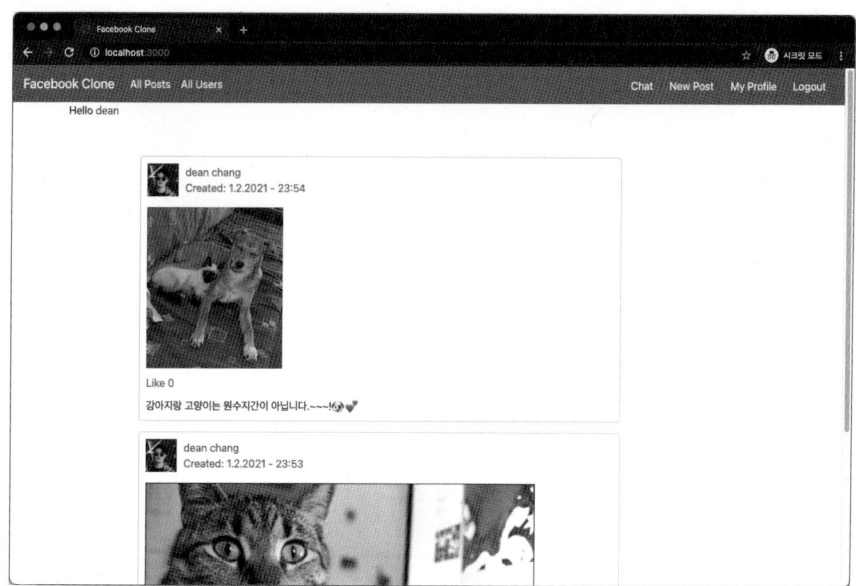

[그림 7-18] localhost:3000/

사용자를 여러 명 등록해서 게시물을 여러 개 작성해 봅시다. 그러면 메인 화면에 여러 사용자가 올린 모든 게시물이 표시됩니다.

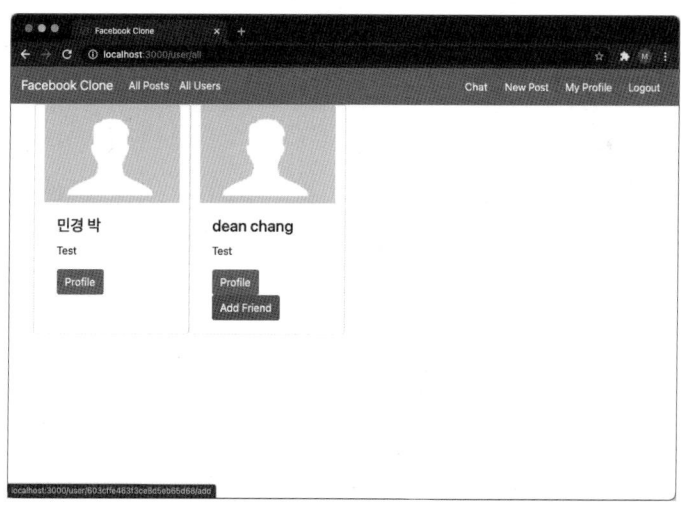

[그림 7-19] localhost:3000/user/all

All Users 메뉴에 접속하면 모든 사용자가 표시되고 [Add Friend] 버튼을 눌러 친구 추가 기능 로직을 수행할 수 있습니다.

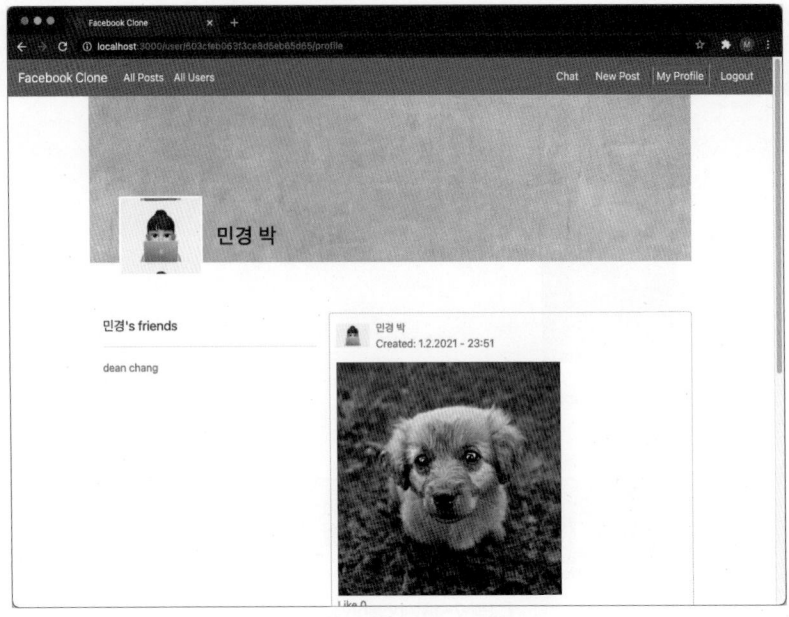

[그림 7-20] localhost:3000/user/:id/profile

[My Profile] 메뉴에는 나의 프로필이 표시됩니다. 우리가 작성한 routes/users.js에서 해당 라우터 부분을 다시 한번 확인하면서 결과를 보도록 합시다.

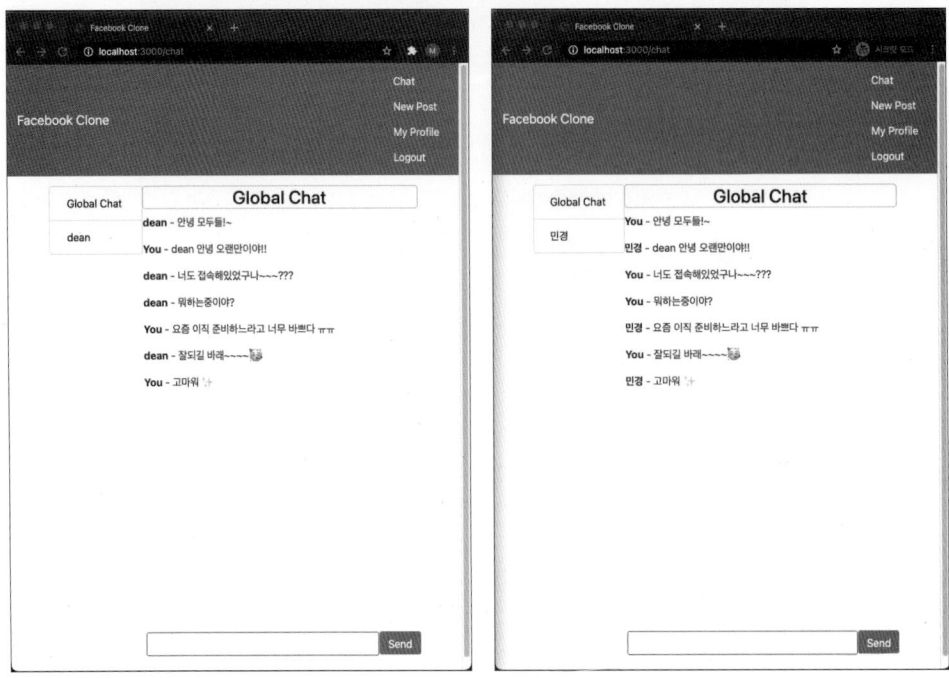

[그림 7-21] localhost:3000/chat

마지막으로 chat 메뉴에 접속하면 socket.io으로 구현한 websocket을 이용해 모든 사용자와 실시간으로 대화를 할 수 있습니다. 크롬 시크릿창을 이용해서 여러 사용자가 접속한 것처럼 만들어서 테스트를 해볼 수 있습니다.

데이터 모델 스키마를 생성하는 부분은 models/에, 라우터들을 관리하는 파일은 routes/에, 화면 관련 파일은 views/에, 정적 파일을 관리하는 파일들은 public/에 나누어 생성했습니다. 이렇게 목적에 맞게 파일을 분리하는 부분, 모듈화, 리팩토링을 하는 부분은 처음부터 깔끔하게 할 순 없고 여러 프로젝트를 통해 감을 익히는 것이 중요합니다.

비즈니스 로직을 짜는 부분도 처음엔 어렵지만 웹 서비스의 동작이 사용자의 데이터를 관리하고, 사용자가 생성하는 데이터를 CRUD로 처리하는 것이 대부분이므로 익숙해지면 지금 예제보다 훨씬 좋은 서비스를 개발할 수 있게 될 것입니다.

● **이번에 우리가 얻은 것**

이 장에서는 그동안 우리가 배운 것에 약간의 조미료를 추가해 하나의 프로젝트를 처음부터 끝까지 구현해봤습니다.

앞 부분에서는 1~6장까지 배우지 않은 내용 중에 꼭 알아야 하는 passport와 템플릿 엔진에 대해서 살짝 짚어 보았습니다. passport는 내부적으로 쿠키와 세션을 사용해 Node.js에서 인증을 쉽게 적용할 수 있는 미들웨어라고 했고, 이를 사용해서 페이스북 클론 코딩 프로젝트에 사용자를 인증하는 부분을 구현했습니다.

또 화면을 동적으로 생성해주는 '템플릿 엔진'에 대해서도 알아보았고 우리는 그 중 ejs를 사용해보았습니다. 템플릿 엔진을 사용하면 정적 html을 사용하는 것보다 코드량도 줄일 수 있고 재사용성도 높으며 유지보수에 용이합니다.

그리고 1장에서 배운 Node.js의 개념과 2장에서 배운 자바스크립트 기초 문법, 3장에서 배운 http 통신 구현, 4장에서 배운 비즈니스 로직 처리 부분, 5장에서 배운 데이터베이스, 6장에서 배운 websocket과 추가적으로 배운 템플릿 엔진, passport, multer, cloudinary를 사용해서 페이스북 클론 코딩이라는 토이 프로젝트도 진행해보았습니다. 이를 통해 실제 서비스에 내가 배운 것들이 어떻게 쓰이는지 감을 익히는 시간이 되었기를 바랍니다.

● **이것만은 알고 갑시다**

1. passport는 내부적으로 쿠키와 세션을 사용해서 인증(Authenticate)을 구현하는 미들웨어입니다.

2. passport는 strategy라는 인증 전략을 사용하는데, 어떤 것을 이용해 어떻게 인증을 구현할 것인가를 나타냅니다.

3. passport는 serializeUser()를 통해 사용자의 식별자를 세션 객체에 저장합니다.

4. passport는 deserializeUser()를 통해 인증이 완료된 사용자를 req.user를 통해 접근할 수 있게 합니다.

5. 정적 파일과 동적 파일의 큰 차이점은 프로그래밍적으로 웹 페이지가 만들어졌느냐 아니냐의 여부입니다.

6. 템플릿 엔진은 정적 파일의 장점과 동적 파일의 장점을 모두 얻을 수 있습니다.

7. ejs는 <%%>와 <%=%> 태그를 이용해서 자바스크립트 코드나 변수, 객체를 렌더링 파일로 가져올 수 있습니다. .

8. Multer는 멀티파트 데이터를 다루는 미들웨어입니다.

9. cloudinary는 이미지 업로드를 위한 SaaS 서비스입니다.

1. 서버를 실행하는 다음과 같은 app.js 모듈이 있습니다. '/' 주소로 접속했을 때 views/index.ejs 파일을 띄워주는 역할을 합니다. 여기서 10행의 People 객체의 name을 모두 출력하는 index.ejs 파일을 작성하시오.

* app.js

```
1.   const express = require('express');
2.   const path = require('path');
3.   const app = express();
4.
5.   app.set('port', process.env.PORT || 8080);
6.   app.set('views', path.join(__dirname, 'views'));
7.   app.set('view engine', 'ejs');
8.
9.   app.get('/', (req, res) => {
10.      res.render('index', {
11.          "People" : [
12.              { "name" : "Cho-rong" },
13.              { "name" : "Seul-gi" },
14.              { "name" : "Jin-kyung" },
15.              { "name" : "Hyun-jeong" },
16.              { "name" : "Ah-reum" }
17.          ]
18.      });
19.  });
20.
21.  app.listen(app.get('port'), () => {
22.      console.log(app.get('port'),'번 포트에서 서버 실행 중..')
23.  });
```

나의 이해도를 측정하자

정답은 https://github.com/MinkyungPark/roadbook-nodejs/tree/master/chapter07/solution에서 확인할 수 있습니다.

* 결과화면

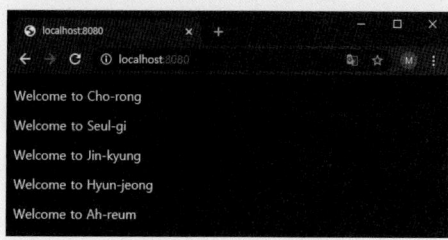

[그림 7-22] 결과화면

힌트!

서버의 변수를 ejs 파일로 가져오는 방법을 떠올려봅시다.

2. 다음은 passport를 사용한 app.js 파일의 일부입니다. 빈칸에 로그인에 성공했을 경우 처리하는 부분과 로그인 후 사용자가 페이지를 방문할 때마다 사용자의 실제 데이터를 주입하는 메서드가 무엇인지를 넣으면 됩니다.

* app.js

```
... 중략
passport._____(function (user, done) {
    console.log('serializeUser', user);
    done(null, user.username);
});

passport._____(function (id, done) {
    console.log('deserializeUser', id);
    done(null, fakeUser);
});
... 중략
```

힌트!

passport에서 로그인 성공 시 호출되는 메서드와 로그인한 사용자가 페이지 방문 시 호출되는 메서드를 떠올려봅시다.

수백 번 봄들 한번 만들어불만 하라!

百見不如一打

백견불여일타

Node.js로
서버 만들기

## 8장

서버를
배포해보자

원하는 기능을 하나의 서비스로 올리고 이 서비스를 전 세계의 사용자가 인터넷을 통해 접속하게 만들려면 어떻게 해야 할까요? 여기서 등장하는 개념이 바로 '배포'입니다. 이해를 돕기 위해 외국에서 발간된 책을 우리가 번역하여 출판하는 번역가라고 생각해봅시다. 외국어로 쓰여진 글을 번역하는 것을 '컴파일', 번역한 글을 하나의 책으로 엮는 것을 '빌드', 번역이 완료된 책을 서점에 진열해 고객들이 볼 수 있도록 하는 것을 '배포'라고 비유해볼 수 있겠습니다.

우리가 코드와 컴파일 등 여러 도구를 이용해서 만든 결과물(빌드한 소프트웨어)을 물리적 서버에서 설정을 하든, 클라우드 서버에서 설정을 하든, 다른 곳에서 접속할 수 있도록 만들어주어야 합니다. 배포를 위한 방법은 간단하게는 웹 호스팅부터 클라우드 또는 내 컴퓨터에 직접 올리는 방법까지 다양합니다. 이 시간에는 가장 빠르고 간단하게 배울 수 있는 배포 방법에 대해 몇 가지 살펴보고 'Node.js로 서버 만들기'를 마무리짓겠습니다.

#배포#웹호스팅#클라우드배포#도커

하나의 서비스를 개발하는 과정은 다음과 같습니다.

- 컴파일(Compile) : 개발자가 작성한 프로그래밍 언어를 컴퓨터가 이해할 수 있는 기계어로 번역하는 것입니다.
- 빌드(Build) : 컴파일된 코드를 실제 실행할 수 있는 상태로 만드는 것입니다.
- 배포(Deploy) : 빌드된 소프트웨어를 사용자가 실행 파일로 다운받을 수 있거나 웹으로 접근할 수 있게 하는 것입니다.

우리가 7장에서 만든 하나의 토이 프로젝트를 개발한 것까지 보통 '빌드'라고 하고, 그 이후 서비스를 열어 사용자가 접근할 수 있도록 만드는 것을 '배포'라고 합니다.

배포를 하는 방법은 컴퓨터에 파일을 두고 네트워크를 통해 접속할 수 있도록 해주면 됩니다. 내 컴퓨터를 서버로 사용하는 방법은 고정 IP를 받은 후, 내 컴퓨터 포트에서 코드를 실행하고 사용자가 웹을 통해서 내 고정 IP로 접속하면 코드를 띄운 프로세스로 연결하도록 Node.js, Nginx, Tomcat과 같은 웹 서버를 이용해 설정하면 됩니다.

하지만 이렇게 내 컴퓨터를 서버로 이용하는 것은 배포의 어려움보다는 운영의 어려움이 있습니다. 서버가 끊기지 않도록, 즉 프로세스가 내려가거나 장애가 발생하지 않도록 관리해주어야 하고, 동시 접속자 수가 많아질 경우 서버의 scale up(서버 사양 증진)이나 scale out(서버 개수 증진)이 필요할 수도 있습니다. 그러므로 파일을 배포할 때 간단하게는 무료 웹 호스팅 heroku나 깃허브를 이용하는 방법, AWS, GCP, Azure 같은 클라우드 서비스에서 서버를 빌려서 배포하는 방법을 많이 이용하게 됩니다.

여기서 잠깐

보통 실제 서비스에서는 서비스를 배포한 상태로 계속 두지 않고 새로운 기능을 추가한다거나 수정할 내용이 있다거나 버그를 고쳐야 하는 등 지속적인 업데이트가 필요합니다. 업데이트 도중에 서비스가 멈추지 않도록 하면서 버전을 수정해주는 작업을 '무중단 배포'라고 하는데 이를 위한 개념인 'CI/CD(지속적 통합, 지속적 배포)'는 이 책에서 다루지 않습니다.

8.1 기본 준비

cross-env 설정하기

지금까지 dotenv 모듈을 사용해서 .env 파일에 있는 환경변수를 자동으로 process.env로 불러와 사용할 수 있었습니다. process.env.NODE_ENV 환경변수 같은 경우는 개발모드일 때는 'dev', 배포 모드일 때는 'production' 등 동적으로 바꾸어주어야 합니다. 이를 위해 cross-env라는 모듈을 이용하면 됩니다. 환경변수는 맥과 리눅스, 윈도우즈가 설정하는 방법이 다르지만 cross-env는 이와 관계없이 일괄 적용할 수 있습니다.

```
npm install cross-env
```

사용법은 아주 간단합니다. 우리가 지난 시간에 만든 토이 프로젝트 FACEBOOK-CLONE 폴더에서 cross-env를 먼저 설치하고 서버를 실행하는 명령어에 환경변수를 넣어주기만 하면 됩니다(CLI $ NODE_ENV=production PORT=3000 node app.js).

> **여기서 잠깐**
>
> 페이스북 클론 프로젝트는 https://github.com/minkyungpark/facebook-clone에서 확인하실 수 있으며, heroku 배포 버전 코드는 main-for-heroku 브랜치로 이동하면 확인할 수 있습니다.

> **[함께해봐요 8-1] package.json 파일 수정 ①**　　　　　　　　facebook-clone/package.json
>
> ```
> 01  "scripts": {
> 02      "start": "cross-env NODE_ENV=production PORT=3000 node app.js",
> 03      "dev": "npx nodemon app.js"
> 04  },
> ```

package.json 파일 스크립트를 배포용과 개발용으로 나누어 줍니다. 이제 $ npm start 명령어를 사용하면 process.env.NODE_ENV=production, PORT=3000이라는 환경변수를 가지고 app.js 파일을 실행하게 됩니다. 개발용으로 서버를 실행할 때는 $ npm dev 명령어를 사용하면 됩니다.

morgan, winston 설정하기

3장. '자주 사용하는 미들웨어' 부분에서 배운 morgan이라는 logger API를 기억합니까? 우리에게 깔끔한 로그를 보여주는 미들웨어라고 했습니다. 우리가 지금까지는 morgan을 미들웨어로 등록할 때 morgan('dev')처럼 'dev' 옵션만 사용해보았는데 'combinded' 옵션을 주면 'dev'보다 더 자세한 로그 사용자의 IP, 브라우저 정보 등까지 표시할 수 있으므로 배포 시 변경해주는 것이 좋습니다. 그리고 서버가 재시작되면 console.log, console.error 등의 기록은 사라지게 됩니다. 그러므로 winston 모듈을 이용해 로그들을 파일에 기록하게 해주는 것도 필요합니다. 단 AWS 같은 클라우드 서비스에서는 서버가 재시작되어도 로그를 기록에 남기는 서비스를 제공하기 때문에 이때는 winston을 설정해주지 않아도 무방합니다.

```
npm install morgan winston
```

위 명령어로 morgan과 winston 모듈을 추가해줍니다. 그리고 winston 파일을 설정할 config/ 폴더와 로그 파일을 담을 logs/ 폴더를 생성해주세요.

[함께해봐요 8-2] winston.js 파일 수정　　　　　facebook-clone/config/winston.js

```
01  const winston = require('winston')
02
03  const logger = winston.createLogger({
04      level: 'info',
05      format: winston.format.json(),
06      transports: [
07          new winston.transports.File({ filename: 'logs/error.log',
                                          level: 'error' }),
08          new winston.transports.File({ filename: 'logs/combined.log' })
09      ]
10  });
11
12  if (process.env.NODE_ENV !== 'production') {
13      logger.add(new winston.transports.Console({
14          format: winston.format.simple()
15      }));
16  }
17
18  module.exports = logger
```

winston을 이용해 log를 설정하는 파일 winston.js를 config/ 폴더 아래에 생성하고 위와 같이 작성합니다. winston은 로그에 대한 아주 다양한 기능을 제공하고 있어서 원하는 기능을 찾아 더 자세한 로그를 만들거나 파일에 저장하는 것까지도 가능합니다. 여기서는 기본적인 부분만 넣어주었습니다. 하나씩 살펴보겠습니다.

winston.createLogger() 함수를 통해 logger를 생성하고 로거의 레벨 'info'에 대해 정의합니다(3~4행). 로거의 레벨은 총 일곱 가지가 있는데 숫자가 높을수록 위험하거나 중요한 로그라는 뜻으로 정의됩니다.

- error: 0, warn: 1, info: 2, http: 3, verbose: 4, debug: 5, silly: 6

level: 'info'에서 info 레벨에 대해 정의했는데, 이는 winston.info('출력할 정보')의 형태로 console.log() 대신 사용할 수 있는 것입니다. 그리고 transport는 로그를 어디에 저장할지 설정하는 부분이고(6~9행) 여기서 파일로 저장할지 콘솔로 저장할지의 여부, 날짜와 크기, 압축 등의 옵션을 지정할 수 있습니다. 로거의 핸들러 같은 역할을 한다고 생각하면 됩니다. 위 예제에서는 단순히 logs/ 폴더 밑에 combined.log라는 이름으로 info 로그를 저장하고 level이 'error' 로그일 때는 logs/error.log에 저장하는 옵션만 주었습니다(7행).

'production' 모드로 실행하지 않았을 경우(if (process.env.NODE_ENV !== 'production')는 단순히 콘솔에만 간략한 포맷으로 출력하겠다고 명시해주었습니다(13행). 개발 시에는 콘솔에 바로 정보들이 출력되는 것이 좋습니다. 사용자 IP 등의 자세한 로그 정보까지는 필요하지 않기 때문입니다.

추가적으로 winston-daily-rotate-file이라는 모듈을 이용해서 하루 단위로 새 로그 파일을 생성해주거나 로그 파일의 크기와 저장 파일 개수 등을 설정할 수도 있습니다.

[함께해봐요 8-3] app.js 파일 수정 ①　　　　　　　　　facebook-clone/app.js

```
01  const express = require("express");
02  const morgan = require('morgan')
03  const winston = require('./config/winston')
04  ... 이하 생략
05
06  /* 미들웨어 */
07  if (process.env.NODE_ENV === 'production') {
08      app.use(morgan('combined'))
09  } else {
10      app.use(morgan('dev'))
11  }
12  ... 이하 생략
```

```
13
14   /* MongoDB Connection */
15   mongoose
16       .connect("mongodb://127.0.0.1:27017/facebook_clone", {
17           useNewUrlParser: true,
18           useCreateIndex: true,
19           useUnifiedTopology: true
20       })
21       .then(() => {
22           console.log("Connected to MongoDB");
23       })
24       .catch((err) => {
25           winston.error(err);
26       });
27
28   ... 이하 생략
29
30   const server = app.listen(port, () => {
31       winston.info(`App is running on port ${port}`);
32   });
33
34   /* WebSocket setup */
35   const io = socket(server);
36
37   const room = io.of("/chat");
38   room.on("connection", socket => {
39       winston.info("new user : ", socket.id);
40
41       room.emit("newUser", { socketID: socket.id });
42
43       socket.on("newUser", data => {
44           if (!(data.name in onlineChatUsers)) {
45               onlineChatUsers[data.name] = data.socketID;
46               socket.name = data.name;
47               room.emit("updateUserList", Object.keys(onlineChatUsers));
48               winston.info("Online users: " + Object.keys(onlineChatUsers));
49           }
50       });
51
52       socket.on("disconnect", () => {
53           delete onlineChatUsers[socket.name];
54           room.emit("updateUserList", Object.keys(onlineChatUsers));
55           winston.info(`user ${socket.name} disconnected`);
```

```
56        });
57
58        socket.on("chat", data => {
59            winston.info(data);
60            if (data.to === "Global Chat") {
61                room.emit("chat", data);
62            } else if (data.to) {
63                room.to(onlineChatUsers[data.name]).emit("chat", data);
64                room.to(onlineChatUsers[data.to]).emit("chat", data);
65            }
66        });
67    });
```

app.js에 morgan 모듈을 불러옵니다(2행). app.use를 통해 morgan을 미들웨어로 등록해주는데 배포 시에는 'combined', 개발 시에는 'dev' 인자를 넣을 수 있도록 합니다(7~11행). 그리고 앞서 설정한 config/winston.js 모듈을 불러온 후(3행) console.log, console.error 등으로 로그를 출력했던 부분 중 로그 파일에 기록하고 싶은 부분이 있다면 winston.info(), winston.error()로 바꾸어 줍니다(25, 31, 39, 48, 55행).

express-session 수정하기

[함께해봐요 8-4] app.js 파일 수정 ②   facebook-clone/app.js

```
01  ... 중략
02  /* 미들웨어 */
03  if (process.env.NODE_ENV === 'production') {
04      app.use(morgan('combined'))
05      // app.enable('trust proxy');
06  } else {
07      app.use(morgan('dev'))
08  }
09  ...중략
10  const sessOptions = {
11      secret: process.env.SECRET,
12      resave: false,
13      saveUninitialized: false,
14      cookie: {
15          httpOnly: true,
16          secure: false,
```

```
17          },
18     };
19     if (process.env.NODE_ENV === 'production') {
20          // sessOptions.proxy = true;
21          // sessOptions.cookie.secure = true;
22     }
23     app.use(session(sessOptions));
24     ... 이하 생략
```

express-session 옵션을 설정하는 부분을 수정해주는데, 옵션을 객체 변수 sessOptions에 따로 분리해주었습니다(10~17행). sessOptions에 설정한 값은 개발 시 기본으로 설정해줄 옵션과 if문 분기처리를 통해 배포 시 (process.env.NODE_ENV === 'production') 옵션들을 추가적으로 지정할 수 있게 해주었습니다(19행).

🦉 여기서 잠깐

express-session 옵션
- secret : 암호화된 쿠키와 세션을 사용하기 위한 임의의 문자를 지정합니다.
- resave : 새로운 요청 시 세션에 변동 사항이 없어도 다시 저장할지의 여부를 설정합니다.
- saveUninitialized : 세션에 저장할 내용이 없어도 저장할지의 여부를 설정합니다.
- cookie : 세션 쿠키의 옵션을 설정합니다.
  - httpOnly : 로그인을 구현할 때 필수로 적용합니다. js로 쿠키에 접근하지 못하게 막고 웹 서버로 오면 쿠키에 접근할 수 있도록 설정합니다.
  - secure : https에서만 cookie를 사용할 수 있도록 설정합니다.
  - 그 외 maxAge(만료 시간 설정), expires(만료 날짜 설정), path(쿠키 경로), domain(도메인 이름 설정), signed(쿠키의 서명 여부 설정) 등의 옵션이 있습니다.

배포 시 추가할 옵션에 대해 살펴보면, proxy 값을 true로 설정해주고 cookie.secure 값을 true로 변경해주는데, 두 옵션 모두 꼭 필요한 것은 아니지만 실제 서비스 시 nginx 같은 서버를 사용해서 proxy를 설정하거나 인증서를 이용해 https를 적용할 때 필요한 옵션입니다. proxy라는 것은 보안상의 문제로 직접 클라이언트와 서버가 통신하기보다 중간에 프록시 서버를 두어 클라이언트와 서버의 중간에서 중계 역할을 해주는 것을 말합니다. 꼭 보안 문제 때문이 아니라도 프록시 서버에 요청된 내용을 저장(캐시)하기 위해서도 사용합니다. proxy를 설정할 것이라면 express-session 옵션의 proxy를 true로 설정하는 것과, app.enable('trust proxy');를 통해 서버가 proxy를 허용할 수 있도록 해주어야 합니다. proxy나 https를 적용하는 것은 실제 서비스에서는 거의 필수사항이지만 우리 실습에서는 proxy와 https는 적용하지 않을 것이기 때문에 배포용 옵션은 주석처리를 해두었습니다.

보안 관련 모듈 추가하기

- XSS(Cross-Site Scripting) 공격
  XSS 공격은 입력 폼을 통해 웹 사이트에 의도하지 않은 스크립트를 넣고 이를 실행시켜 사용자의 쿠키 정보나 비밀번호 등의 정보를 캐내는 공격을 말합니다.

- CSRF(Cross-Site Request Forgery) 공격
  CSRF 공격은 사이트의 사용자가 자신의 의도와는 무관하게 공격자가 의도한 행위를 특정 웹 사이트에 요청하게 만드는 공격입니다(예 비밀번호 변경 API를 이용해 비밀번호를 변경).

위 두 가지가 가장 대표적인 웹 취약점입니다. XSS는 '사용자가 특정 웹 사이트를 신뢰하는 점'을 이용한 공격이고, CSRF는 '특정 웹 사이트가 사용자의 웹 브라우저를 신뢰하는 점'을 이용한 공격입니다. 위 두 개의 취약점은 helmet, http, sanitize-html, csurf 등 npm의 보안 패키지를 이용해 막도록 설정할 수 있습니다.

```
npm install helmet hpp sanitize-html csurf
```

먼저 위 명령어로 helmet, hpp, sanitize-html, csurf 패키지를 설치해줍니다.

[함께해봐요 8-5] app.js 파일 수정 ③　　　　　　　　　　facebook-clone/app.js

```
01  ... 중략
02  const helmet = require('helmet');
03  const hpp = require('hpp')
04
05  ... 중략
06
07  /* Middleware */
08  if (process.env.NODE_ENV === 'production') {
09      // app.enable('trust proxy');
10      app.use(morgan('combined'));
11      app.use(helmet({ contentSecurityPolicy: false }));
12      app.use(hpp());
13  } else {
14      app.use(morgan('dev'));
15  }
```

helmet, hpp 모듈을 불러온 후(2~3행) 'production' 모드 시 사용하겠다고 등록해주기만 하면(8행) 위 두 모듈이 서버 요청에 필요한 보안 관련된 내용을 처리해줍니다. helmet의 옵션 contentSecurityPolicy는 외부 css, script 로딩 시 오류가 나지 않도록 false로 설정해둡니다(11행).

여기서 잠깐

helmet 모듈의 기능

- csp : XSS 공격과 Cross-site Injection으로부터 보호하는 기능입니다.
- hidePoweredBy : X-Powered-By 헤더를 제거하여 서버가 express를 사용했다는 정보를 노출시키지 않는 기능입니다.
- hpkp : Public Key Pining 헤더를 추가해 위조된 인증서를 이용한 중간자 공격을 방지합니다.
- hsts : SSL/TLS를 통한 http 연결을 적용하는 Strict-Transport-Security 헤더를 설정합니다.
- noCache : Cache-Control 및 Pragma 헤더를 설정해 클라이언트에서 캐싱을 사용하지 않도록 하는 기능입니다.
- frameguard : X-Frame-Options 헤더를 설정해 clickjacking(다른 것을 클릭하도록 속이는 기법)에 대한 보호입니다.
- ieNoOpen : IE8 이상에서 X-Download-Options를 설정합니다.
- xssFilter : X-XSS-Projection을 설정해 최신 브라우저에서 XSS 필터를 사용합니다.
- noSniff : X-Content-Type-Options를 설정해 선언된 콘텐츠 유형에서 벗어난 응답에 대한 브라우저의 MIME(전자우편을 위한 인터넷 표준 포맷) 가로채기를 방지하는 기능입니다.

여기서 사용한 예제는 app.use(helmet())을 통해 내부적으로 위 기능을 모두 적용한 것이라고 볼 수 있습니다.

hpp는 HTTP Parameter Pollution의 약자로 express가 동일한 이름을 가진 파라미터가 있을 경우 array로 만들어주는데, 의도치 않은 동작을 하도록 하는 공격을 방지해줍니다.

[함께해봐요 8-6] post.js 파일 수정   facebook-clone/routs/posts.js

```
01  ... 중략
02  const sanitize = require('sanitize-html');
03
04  ... 중략
05
06  router.post("/post/new", isLoggedIn, upload.single("image"), (req, res) => {
07      if (req.body.content) {
08          let newPost = {};
09          if (req.file) {
10              cloudinary.uploader.upload(req.file.path, result => {
11                  newPost.image = result.secure_url;
12                  newPost.creator = req.user;
13                  newPost.time = new Date();
14                  newPost.likes = 0;
15                  newPost.content = sanitize(req.body.content);
16                  return createPost(newPost, req, res);
17              });
18          } else {
```

```
19          newPost.image = null;
20          newPost.creator = req.user;
21          newPost.time = new Date();
22          newPost.likes = 0;
23          newPost.content = sanitize(req.body.content);
24          return createPost(newPost, req, res);
25      }
26    }
27  });
```

sanitize—html 모듈은 XSS 공격, 즉 사용자의 input에 <script>를 사용해 악의적인 접근을 할 수 없도록 input에서 받은 내용에서 <script>를 걸러주는 역할을 합니다.

예를 들어, "<script>'location.href='http://hacker.com';</script>" 스크립트가 html input 폼에 입력되면 사용자를 다른 사이트로 이동하게 해버릴 수 있는 것입니다. 따라서 이렇게 입력 내용이 오염될 수 있는 부분(현재 프로젝트에서는 게시글을 등록할 때의 content 항목)에 sanitize—html로 감싸면 <script> 태그가 걸러집니다. sanitize(입력 내용, allowedTags : {'h1', 'b', 'em'}); 과 같이 옵션에 allowedTags를 지정해 허용할 태그를 지정할 수도 있습니다.

[함께해봐요 8-7] users.js 파일 수정   facebook—clone/routes/users.js

```
01  ... 중략
02  const csrf = require('csurf');
03  const csrfProtection = csrf({ cookie: true });
04  ... 중략
05  // Login
06  router.get("/user/login", csrfProtection, (req, res) => {
07      res.render("users/login", { csrfToken: req.csrfToken() });
08  });
09
10  router.post(
11      "/user/login",
12      csrfProtection,
13      passport.authenticate("local", {
14          successRedirect: "/",
15          failureRedirect: "/user/login"
16      }),
17      (req, res) => { }
18  );
19  ... 중략
```

csrf 공격은 공격자가 보낸 요청을 사용자가 보낸 것처럼 속여 공격하는 기법이라고 했습니다. 이는 csurf 모듈로 get 요청을 보낸 사용자의 csrfToken과 post 요청을 보낸 사용자의 csrfToken이 같은지 확인하는 방법으로 csrf 공격을 방어할 수 있게 됩니다. csrfToken을 생성하여 쿠키로 보내는 미들웨어를 get, post 요청시 넣어주어 확인하면 됩니다(7, 12행).

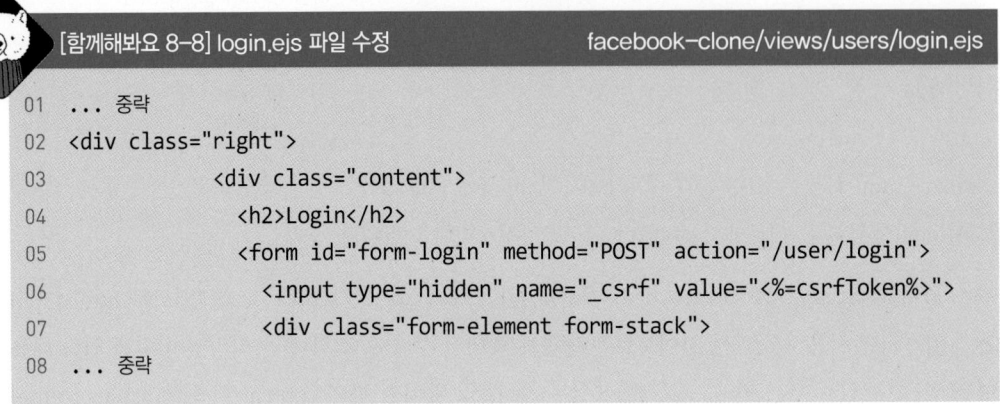

[함께해봐요 8-8] login.ejs 파일 수정   facebook-clone/views/users/login.ejs

```
01  ... 중략
02  <div class="right">
03          <div class="content">
04            <h2>Login</h2>
05            <form id="form-login" method="POST" action="/user/login">
06              <input type="hidden" name="_csrf" value="<%=csrfToken%>">
07              <div class="form-element form-stack">
08  ... 중략
```

이렇게 보낸 토큰을 "/user/login" post 요청을 보내는 html form에 csrfToken을 숨겨놓을 input 태그를 하나 작성해줍니다(6행). <input type="hidden" name="_csrf" value="<%=csrfToken%>"> get 요청 시 이 input 태그에 csrfToken이 저장되고, post 요청 시, 이 input 태그의 csrfToken 값을 비교하여 사용자가 일치하는지 확인합니다.

깃, 깃허브 사용하기

이렇게 만든 우리의 프로젝트를, 코드를 작성한 컴퓨터가 아닌 다른 곳에 옮길 때 깃git과 깃허브github를 이용하겠습니다. 다른 방법도 있지만 깃은 형상 관리 도구(소스코드를 관리하는 버전 관리 시스템) 중 가장 많이 사용하고 사용법도 쉬워서 많은 개발자의 사랑을 받고 있는 툴 중 하나입니다. 깃과 깃허브를 이용하면 소스코드를 여러 컴퓨터와 저장소에 분산해서 저장할 수 있고 여러 명이 동시에 작업하는 병렬 개발을 가능하게 해줘서 협업 툴로도 많이 사용합니다. 버전관리 툴은 소스코드를 시간별로 변경사항을 확인하거나 되돌릴 수 있고 여러 방식을 만들어 적용하고 다시 취소할 수 있게 해주는 것을 말합니다.

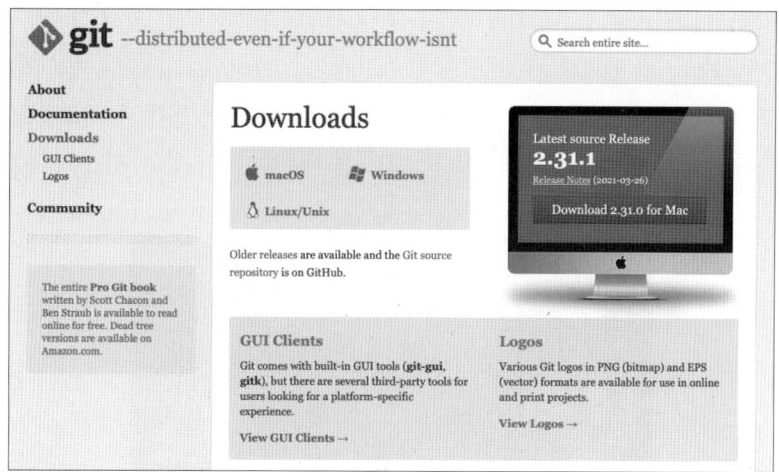

[그림 8-1] https://git-scm.com/downloads

먼저, 깃이 설치되어 있지 않다면 https://git-scm.com/downloads에서 운영체제에 맞게 깃을 다운 받습니다.

```
$ git --version
git version 2.30.1
```

깃을 설치한 후 $ git --version 명령어로 설치가 잘 되었는지 확인해줍니다.

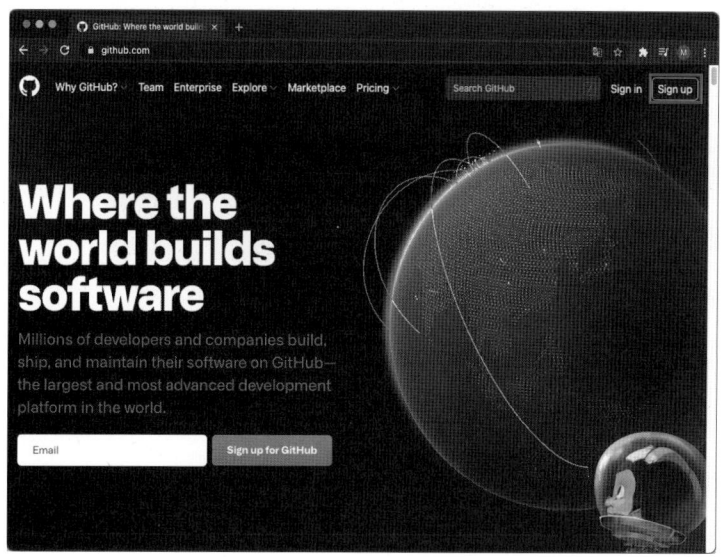

[그림 8-2] https://github.com/

그리고 https://github.com/에 접속해서 계정을 하나 생성해줍니다. 깃은 앞서 설명한 것처럼 지역 컴퓨터에서 내 소스코드를 관리해주는 버전 관리 시스템VCS, Version Control System이고 깃허브는 클라우드 방식으로 소스코드를 관리해주는 버전 관리 시스템입니다. 깃을 통해 내 프로젝트를 깃허브에 올리고, 다른 환경에서 깃허브에 업로드된 내 소스코드를 다운받아 관리할 수 있게 됩니다.

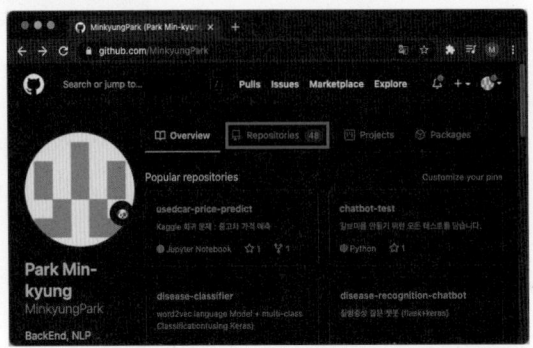

[그림 8-3] https://github.com/username

등록한 username과 비밀번호를 치고 접속한 뒤 [Repositories] 탭으로 이동합니다. Repositories(레포지토리)는 프로젝트 저장소를 의미합니다.

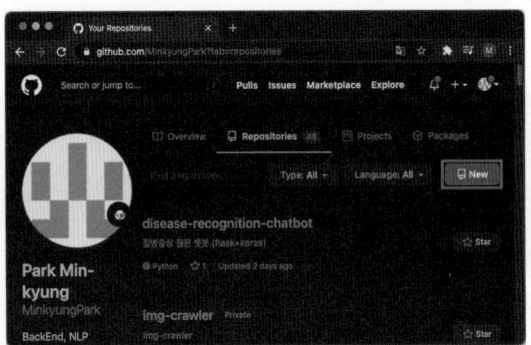

[그림 8-4] https://github.com/username Repositories 탭

그리고 [New] 버튼을 클릭해 레포지토리 생성 화면으로 이동합니다.

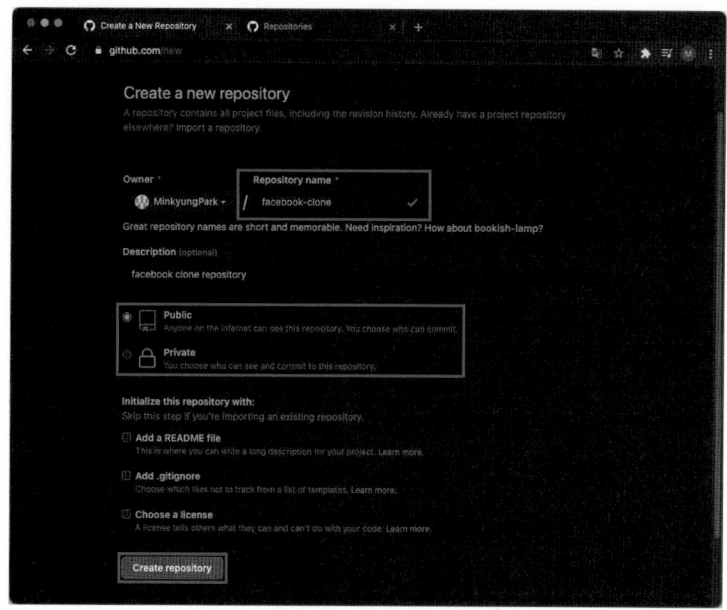

[그림 8-5] 레포지토리 생성

레포지토리 이름, 공개 여부를 선택하고 [Create repository] 버튼을 클릭합니다. 공개 여부에서 Public 선택 시 모든 사람에게 이 레포지토리가 보여지게 됩니다. 본인만 볼 수 있는 Private으로 선택해도 되지만 배포의 편의를 위해 Public으로 설정합니다.

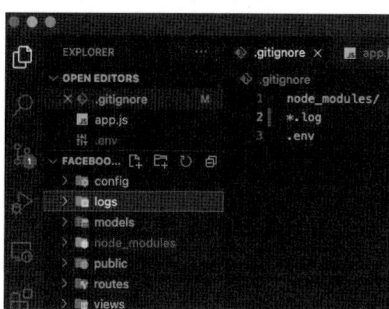

[그림 8-6] .gitignore 생성

우리의 프로젝트로 돌아와서 .gitignore 파일을 하나 생성하고 node_modules/ *.log .env를 적어줍니다. .gitignore 파일은 깃에서 관리하지 않을 파일과 디렉터리를 설정해주는 파일입니다. node_modules/는 너무 크고 무겁기 때문에 깃에 올리지 않고 다른 환경에서 다운받을 때 $ npm install 을 통해 새로 받는 것이 훨씬 효율적이기 때문입니다. 로그 파일도 깃이 관리할 필요가 없기 때문에 제외하고 .env는 깃에 등록하면 우리의 API 키나 비밀번호가 노출되기 때문에 보안상의 이유로 꼭 제외합니다.

```
$ git config --global user.email 회원가입 시 등록한 email
$ git config --global user.name 회원가입 시 등록한 username
```

git 명령어를 통해 처음에 한번만 user.email과 user.name을 등록해주고 비밀번호를 입력하여 자신의 계정을 깃에 등록합니다.

```
// 터미널에서 facebook-clone/이 있는 디렉터리 위치에서 다음 명령어를 입력합니다.
// 저의 경우는 ~/Documents/workspace/facebook-clone > 입니다.
$ git init
$ git commit -m "Initial Commit"
$ git remote add origin https://github.com/회원 가입 시 등록한 Username/facebook-clone
```

$ git init은 현재 디렉터리를 깃으로 관리할 것이라고 초기화 해주는 명령어입니다.

$ git add .은 소스코드들을 이제부터 깃이 추적할 수 있도록 추가하는 명령어입니다. . 옵션 사용 시 모든 소스코드(.gitignore에 작성된 파일 제외)를 깃이 관리하도록 등록해 줍니다.

$ git commit -m "Initial Commit" git commit은 변경사항을 확정짓겠다는 의미입니다. -m 옵션으로 "commit message"와 함께 작성해주면 됩니다. Commit을 하면 commit한 부분으로 다시 소스코드를 되돌릴 수 있게 됩니다.

$ git remote add origin 생성한 레포지토리의 주소에서 git remote는 지역 저장소와 깃허브 저장소를 서로 연결해주는 명령어입니다. 여기서 origin은 내 깃허브 레포지토리 주소의 별명이고 다른 것으로 정해주어도 상관없으나 보통 origin을 사용합니다.

그리고 마지막으로 push 명령어로 지역 디렉터리를 깃허브에 올리면 되는데, 그 전에 $ git branch 명령어로 기본 브랜치명을 확인해줍니다. 기본 브랜치명이 main일 수도 있고 master일 수도 있기 때문입니다. 기본 브랜치 설정은 깃허브에서 변경해 줄 수 있습니다.

[그림 8-7] 기본 브랜치명 확인

제 경우는 main으로 확인했습니다. 확인했다면 〈q〉를 눌러 다시 명령창으로 빠져나와 줍니다.

```
$ git push origin main
```

이제 git push 명령어를 통해 지역 디렉터리를 깃허브 레포지토리에 올려줍니다. 기본 브랜치가 master로 확인되었으면 $ git push origin main을 입력해주면 됩니다.

여기서 잠깐

위 과정에서 실수를 했을 경우 $ rm -rf .git 명령어로 초기화한 후 다시 처음부터 진행하면 됩니다.

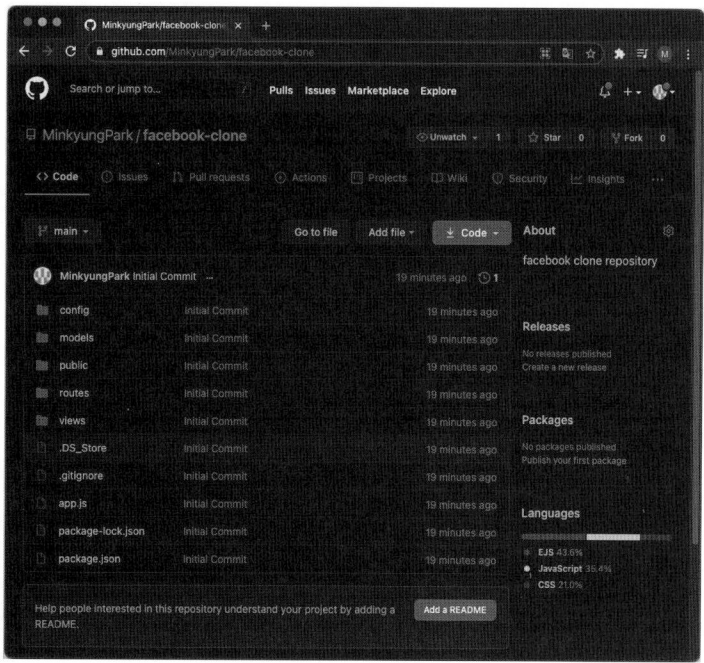

[그림 8-8] 깃허브 확인

깃허브 레포지토리로 접속하면 내 소스코드가 잘 업로드된 것을 확인할 수 있습니다.

더 나아가기 : pm2와 메모리 DB

Node.js는 기본적으로 싱글 스레드입니다. 즉, 컴퓨터의 코어를 한 개만 사용한다는 것입니다. 하지만 여러 개의 코어를 사용하고 싶을 수도 있는데, 그때 pm2라는 프로세스 관리자를 사용하면 됩니다. pm2는 클러스터Cluster 모듈을 통해 단일 프로세스를 멀티 프로세스 즉, 일꾼을 여러 명으로 늘릴 수 있는 방법을 제공합니다. 내 컴퓨터의 코어가 여섯 개라면 일꾼 6명을 둘 수 있다는 얘기가 됩니다. 이 뿐만 아니라 pm2는 서버가 오류 발생으로 꺼졌을 때 다시 자동으로 켜주는 등 프로세스를 관리하는 여러 기능을 제공합니다. 다만, 이렇게 cluster를 사용해 프로세스를 여러 개 사용할 경우 프로세스 간에 메모리 공유가 되지 않는다는 단점이 있습니다. 이때 모든 프로세스가 공유할 수 있는 메모리 데이터베이스가 필요한데, redis와 memcached가 대표적입니다.

큰 서비스가 아닌 경우에 노드는 한 개의 프로세스로도 충분하고 이에 관련한 내용은 좀 더 고수준의 내용이라 이 책에서는 언급하는 정도로 지나가겠습니다. 꼭 cluster를 사용하지 않더라도 서버 재시작을 위해 pm2는 사용하는 것이 좋고 이에 관련한 내용은 '참고 링크'에 첨부해두겠습니다.

8.2 클라우드 서비스

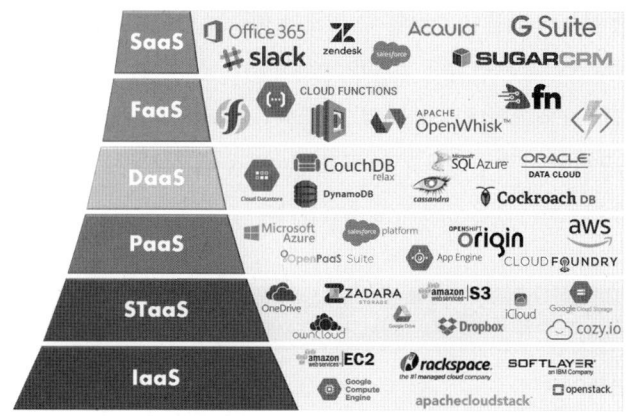

[그림 8-9] 클라우드 서비스 종류

클라우드 서비스의 종류에는 IaaS, STaaS, PaaS, DaaS, FaaS, SaaS 등이 있는데, 몇 가지만 짧게 설명하면 다음과 같습니다.

- IaaS Infrastructure as a Service : 필요한 인프라를 빌려주고 사용한 만큼 비용을 지불하는 서비스입니다.
- PaaS Platform as a Service : 특정 서비스를 쉽게 개발할 수 있는 개발 플랫폼을 제공하는 서비스입니다.
- SaaS SW as a Service : 클라우드 환경에서 동작하는 소프트웨어를 제공하는 서비스입니다.
- BaaS Backend as a Service : 모바일 앱 개발자를 위한 클라우드 서비스 API나 플러그인 형태로 제공합니다.
- FaaS Function as a Service : 서버를 관리할 필요 없이 특정 이벤트를 위한 함수를 등록하고 함수가 사용된 만큼 비용을 지불하는 서비스입니다.

클라우드 종류는 빌리는 형태에 따라 나뉘게 되는데 인프라 자체를 빌릴 수도 있고, 이미 만들어진 플랫폼이나 소프트웨어를 빌릴 수도 있습니다. 이렇게 다양한 종류의 클라우드 서비스가 개발되어 개발 시간도 단축되고, 개발환경에 의한 제약도 거의 사라지게 되었습니다. 우리가 페이스북 클론 프로젝트 개발 시 사용했던 cloudinary는 PaaS 중 하나입니다. 서버 배포 시에는 PaaS인 Heroku, IaaS인 AWS EC2를 사용해보며 클라우드의 서비스 배포에 대한 흐름을 살펴보겠습니다.

 **8.3** 클라우드 호스팅 서비스 : Heroku

Heroku는 깃을 통해 무료로 웹을 호스팅할 수 있도록 해주는 플랫폼 서비스입니다. 단 무료이기 때문에 특정 시간 동안 요청이 없으면 수면 상태로 전환해 초기 접속 시간에 지연이 발생합니다. 따라서 지금처럼 토이 프로젝트를 배포한다든지, 개인 블로그나 포트폴리오 사이트를 배포할 때 많이 이용하는 서비스입니다. 사용법이 아주 간단하고 또 무료라는 장점 때문에 배포나 인프라를 따로 배우고 싶지 않다면 Heroku를 이용하는 것을 강력하게 추천합니다.

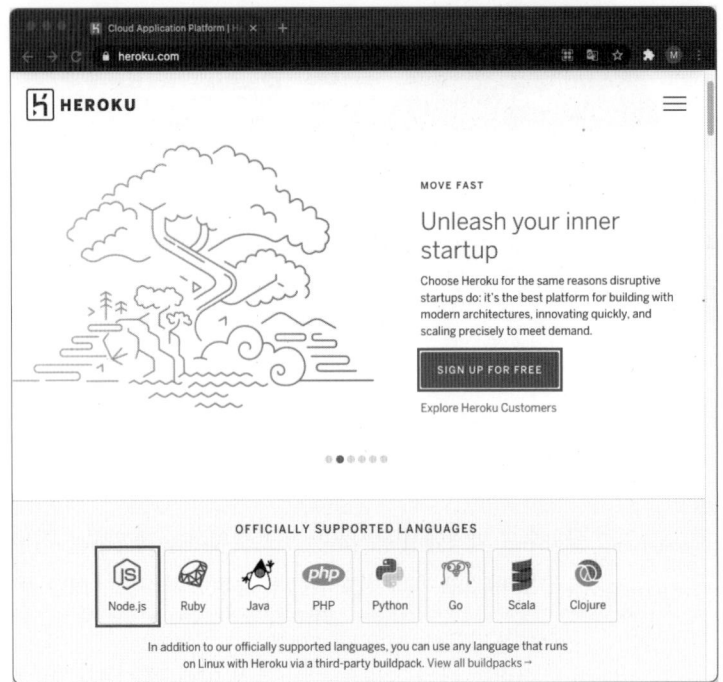

[그림 8-10] https://www.heroku.com/

먼저 https://www.heroku.com/의 Heroku 홈페이지에 접속해 계정을 생성해줍니다. 계정 생성 시 Primary development laguage를 Node.js로 설정하고 가입을 완료한 뒤 이메일 인증, 비밀번호 변경까지 진행한 다음 로그인하고 다시 Heroku 페이지로 접속합니다.

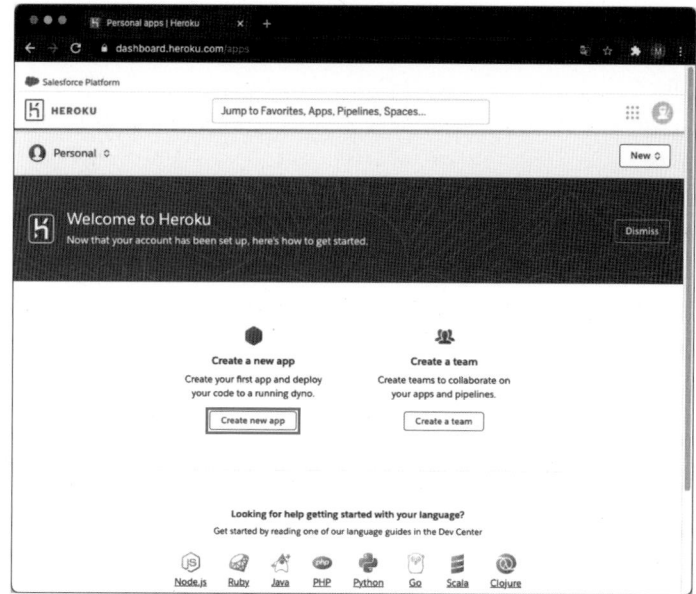

[그림 8-11] https://dashboard.heroku.com/

로그인 후 Heroku 페이지로 접속하면 바로 나의 대시보드로 진입하게 되는데 여기서 [Create new app] 버튼을 눌러 내 웹 프로젝트를 배포할 앱을 하나 생성해줍니다.

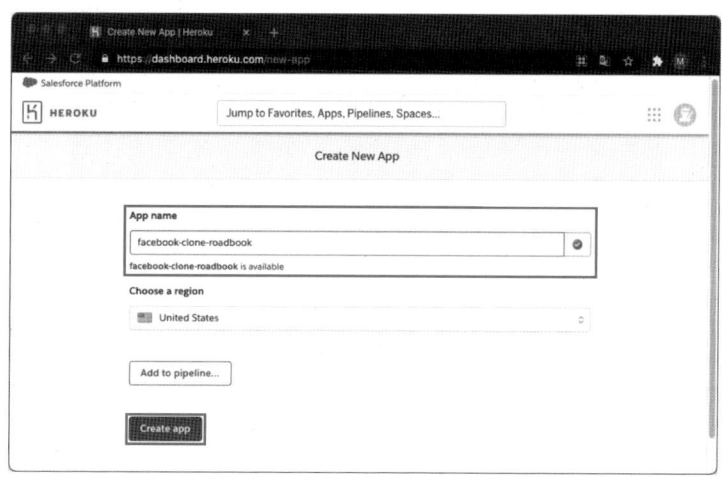

[그림 8-12] https://dashboard.heroku.com/new-app

'App name'은 다른 사람과 중복되지 않게 설정해주고 [Create app] 버튼을 눌러 줍니다.

```
$ npm install -g heroku
```

그리고 터미널을 켜서 Heroku 명령어를 이용할 수 있게 -g 전역 옵션을 주어 heroku를 설치합니다.

```
$ heroku login
 >   Warning: Our terms of service have changed: https://dashboard.heroku.com/
terms-of-service
heroku: Press any key to open up the browser to login or q to exit:
Opening browser to https://cli-auth.heroku.com/auth/cli/browser/7af370e5-7bdf-
46be-a1b3-e9d6e79245b3?requestor=SFMyNTY.g2gDbQAAAA8xMTkuMTkyLjIzNy4yMDJuBgAZ
3bt0eAFiAAFRgA.JtYFRgZk_jZ6tL-d9jZ0GVssTcf5baMCgWiH-p622-g
Logging in... done
Logged in as roadbook@naver.com
```

$ heroku login 명령어를 입력하고, 로그인하기 위해 아무 키나 누르면 로그인 화면이 브라우저에 띄워집니다.

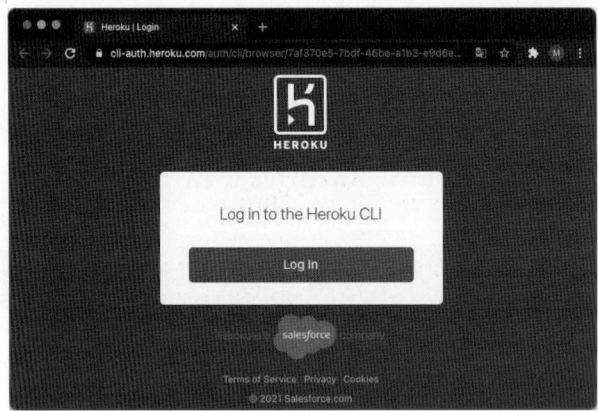

[그림 8-13] Login in th the Heroku CLI

로그인한 뒤 다시 터미널로 돌아옵니다(터미널은 facebook-clone/ 경로로 이동한 상태여야 합니다).

```
$ heroku git:remote -a facebook-clone-roadbook
set git remote heroku to https://git.heroku.com/facebook-clone-roadbook.git
```

$ heroku git:remote -a 생성한 앱 이름 명령어를 통해 heroku와 우리의 repository를 연동해줍니다.

```
$ git checkout -b main-for-heroku
```

깃 브랜치 기능을 이용하면 평행우주를 이동하듯 소스코드를 여러 버전으로 생성하고 관리할 수 있습니다. Heroku에 배포하기 위해서 기존 소스코드를 약간 변경해주어야 하는데, 이를 위해 main-for-heroku라는 이름의 브랜치를 하나 생성해주고 해당 브랜치로 이동합니다.

우리가 기존 프로젝트에서 지역에 설치한 MongoDB와 moongoose를 연동해주었는데, heroku에서는 MongoDB를 따로 설치할 수 없습니다. 그래서 우리가 cloudinay 서비스를 이용했던 것처럼 MongoDB를 클라우드 형태로 만든 서비스를 이용해야 합니다.

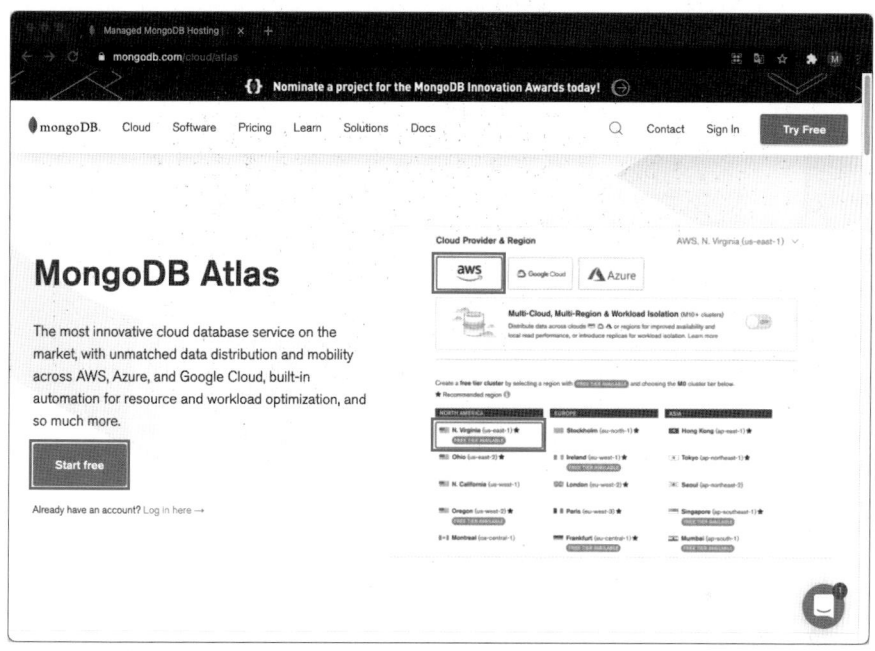

[그림 8-14] https://www.mongodb.com/cloud/atlas

https://www.mongodb.com/cloud/atlas 홈페이지로 접속해서 [Start free] 버튼을 눌러 계정을 생성할 수 있는 페이지로 이동합니다.

[그림 8-15] 회원가입

이메일 주소와 이름, 비밀번호를 입력하고 계정을 생성합니다.

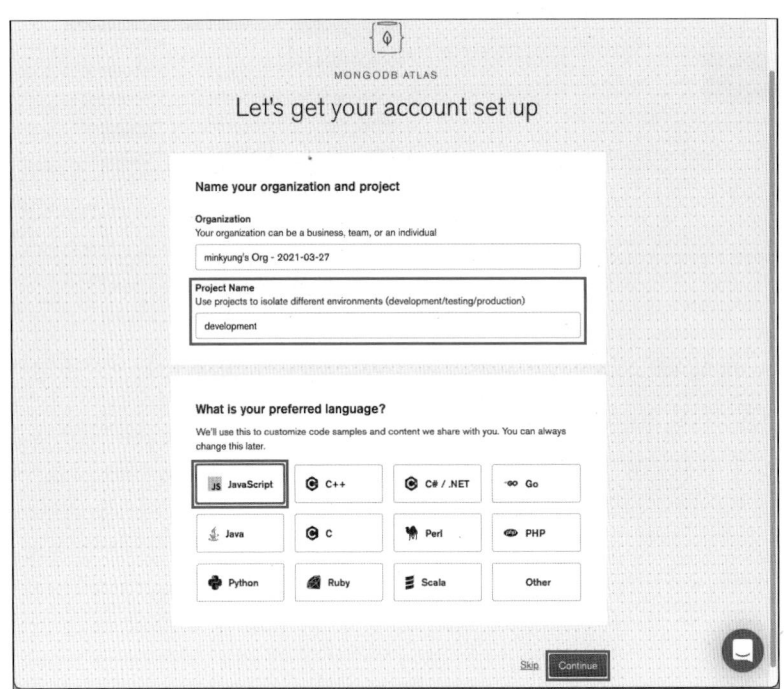

[그림 8-16] Account Setup

Accout Setup에서 Project Name을 원하는 이름으로 생성하고 선호 언어(여기서는 JavaScript)를 선택하고 [Continue] 버튼을 누릅니다.

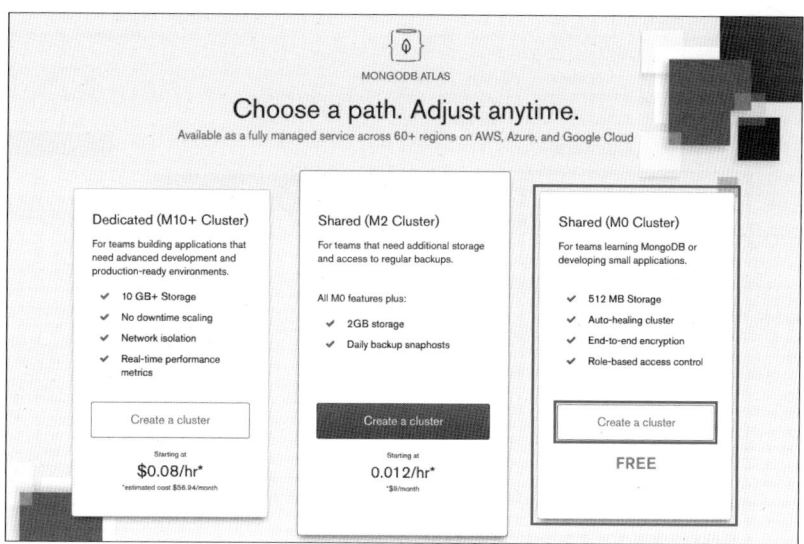

[그림 8-17] 버전 선택

맨 오른쪽의 무료 버전(FREE)을 선택하고 [Create a cluster] 버튼을 클릭합니다.

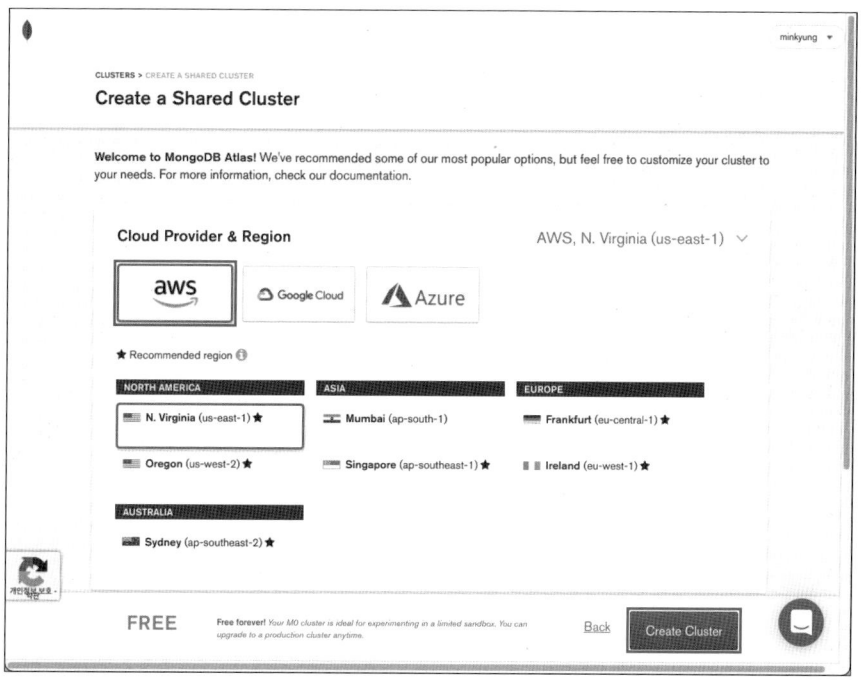

[그림 8-18] 클러스터 유형 선택

클러스터(클라우드 데이터베이스) 유형을 선택하는데, 딱히 건드릴 설정 없이 [Create a cluster] 버튼을 누릅니다.

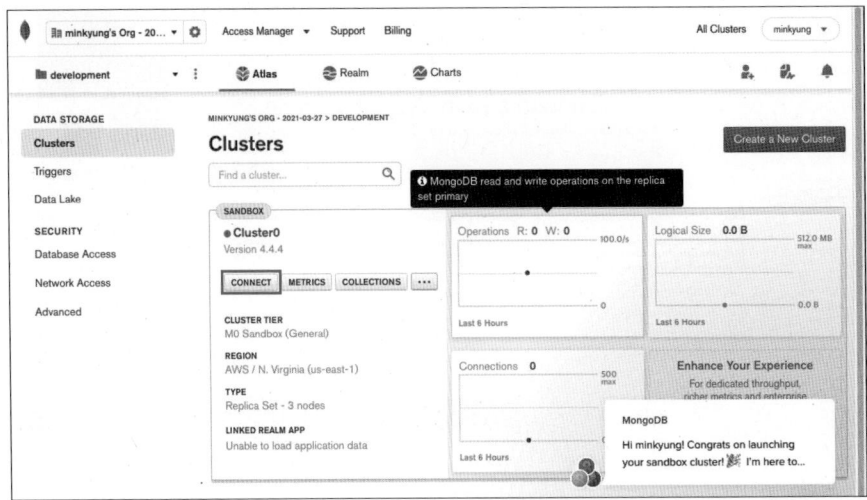

[그림 8-19] Clusters

Cluster가 생성되는데 1~3분 정도의 시간이 소요되고 위와 같은 화면이 나오면 [CONNECT] 버튼을 눌러줍니다.

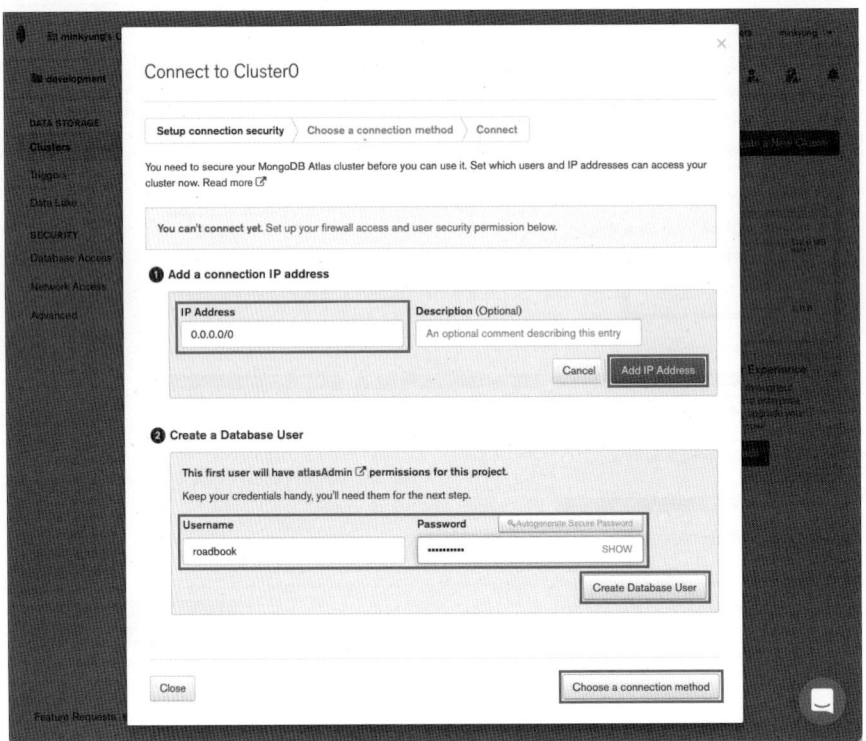

[그림 8-20] Cluster 연결

❶의 [Add a connection IP address] 탭에서 [Add Your Current IP Adress] 버튼을 눌러 0.0.0.0/0
을 입력하고 [Add IP Address] 버튼을 눌러줍니다. 이는 모든 IP의 접근을 허용하겠다는 의미이고
heroku나 AWS 서버의 IP를 알면 해당 IP만 등록해주는 것이 좋지만 일단은 모든 IP에 대한 접근을
허용해줍니다.

❷의 [Create a Database User] 탭에 Username과 Password를 등록해주고 [Create Database User]
버튼을 눌러줍니다. 마지막으로 [Choose a connection method] 버튼을 클릭해 저장해줍니다.

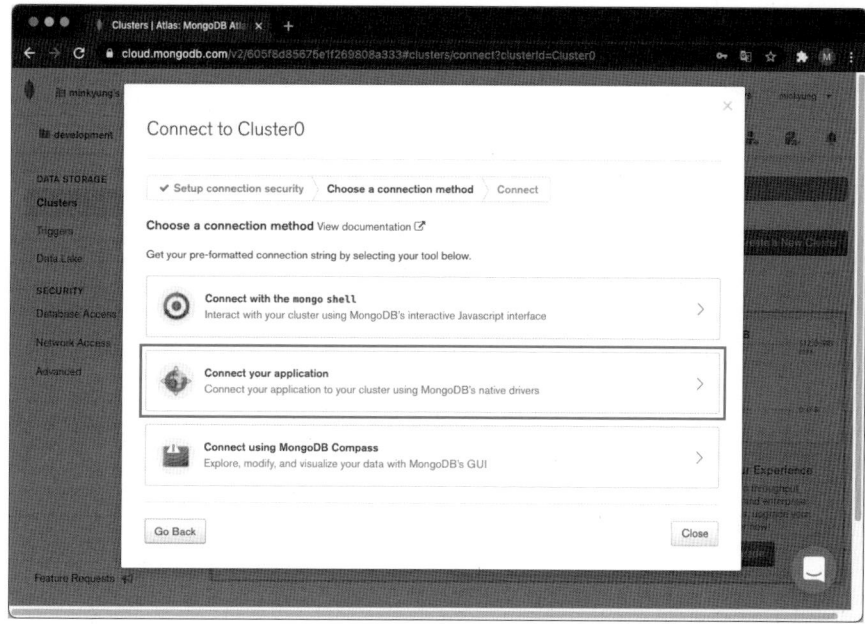

[그림 8-21] 애플리케이션 연결

connection method를 선택하는 부분에서 [Connect your application] 탭을 클릭합니다.

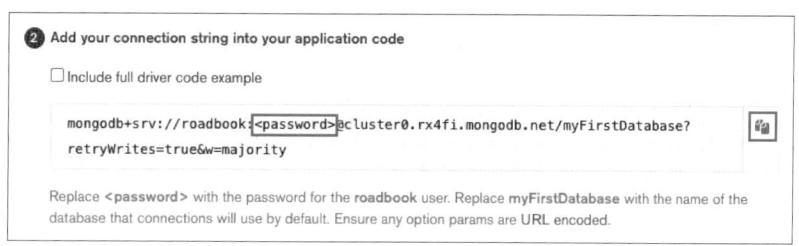

[그림 8-22] MongoDB URI

그러면 connection할 수 있는 MongoDB URI가 주어지는데 이를 복사한 뒤 .env 파일에 `MONGODB_`
`URI = "복사한내용"`을 적어줍니다. 이때 주의할 점은 URI의 〈password〉 부분을 지우고 Create
Database User를 생성할 때 등록한 비밀번호를 입력해주어야 한다는 것입니다.

```
01  SECRET = "facebookClone"
02  CLOUDINARY_CLOUD_NAME = "내 CLOUDINARY NAME"
03  CLOUDINARY_API_KEY = "발급받은 API KEY"
04  CLOUDINARY_API_SECRET = "API SECRET"
05  MONGODB_URI = "mongodb+srv://roadbook:password1234@cluster0.x4k6s.mongodb
                   .net/myFirstDatabase?retryWrites=true&w=majority"
```

```
01  ... 중략
02  /* MongoDB Connection */
03  mongoose
04      .connect(process.env.MONGODB_URI, {  // 변경
05          useNewUrlParser: true,
06          useCreateIndex: true,
07          useUnifiedTopology: true
08      })
09      .then(() => {
10          console.log("Connected to MongoDB");
11      })
12      .catch((err) => {
13          winston.error(err);
14      });
15  ... 중략
```

app.js에서 MongoDB를 connect하는 부분을 MONGODB_URI로 변경해줍니다(4행).

```
01  ... 중략
02  "scripts":
03      "start": "node app.js",
04      "dev": "npx nodemon app.js"
05  },
06  ... 중략
```

마지막으로 package.json의 script에서 "start"를 "node app.js"로 변경해줍니다(3행). 이유는 Heroku는 기본으로 process.env.NODE_ENV가 "production"으로 설정되어 있고 cross-env 명령 어를 통해 npm start를 했을 때 오류가 나기 때문입니다.

```
$ git add .
$ git commit -m "commit for heorku"
$ git push heroku main-for-heroku
```

이제 변경사항을 add, commit하고 heroku로 push해 줍니다.

```
$ npm install -g heroku-dotenv
/usr/local/bin/heroku-dotenv -> /usr/local/lib/node_modules/heroku-dotenv/bin.js
+ heroku-dotenv@0.4.1
added 48 packages from 30 contributors in 3.251s
```

.env 파일은 보안을 위해 깃에 업로드하지 않았는데 heroku는 깃을 이용하기 때문에 .env 파일이 없 는 채로 프로젝트가 Heroku 저장소에 업로드됩니다. 그렇게 되면 .env 환경변수를 사용하는 기능이 동작하지 않습니다. 이때 heroku-dotenv라는 모듈을 사용해서 .env 파일을 heroku에 push하면 됩 니다. 먼저 heroku-dotenv를 -g 전역으로 설치해줍니다.

```
$ heroku-dotenv push
Setting SECRET, CLOUDINARY_CLOUD_NAME, CLOUDINARY_API_KEY, CLOUDINARY_API_
SECRET and restarting facebook-clone-roadbook... done, v3
```

그리고 $ heroku-dotenv push 명령어를 통해 facebook-clone/에 있는 .env 파일을 Heroku 저장 소로 push해 줍니다.

```
$ heroku ps:scale web=1
Scaling dynos... done, now running web at 1:Free
$ heroku open
```

$ heroku ps:scale web=1은 Heroku 앱을 깨우는 명령어이고, $ heroku ps:scale web=0을 입력 하면 Heroku app이 중지됩니다. 앱을 먼저 깨우고 Heroku open 명령어를 입력하면 Heroku로 배포 된 내 앱이 브라우저에서 열리게 됩니다. $ heroku open 명령어를 입력하지 않아도 "https://내가설 정한앱이름.herokuapp.com/" 주소로 브라우저에서 직접 들어가서 확인해도 됩니다.

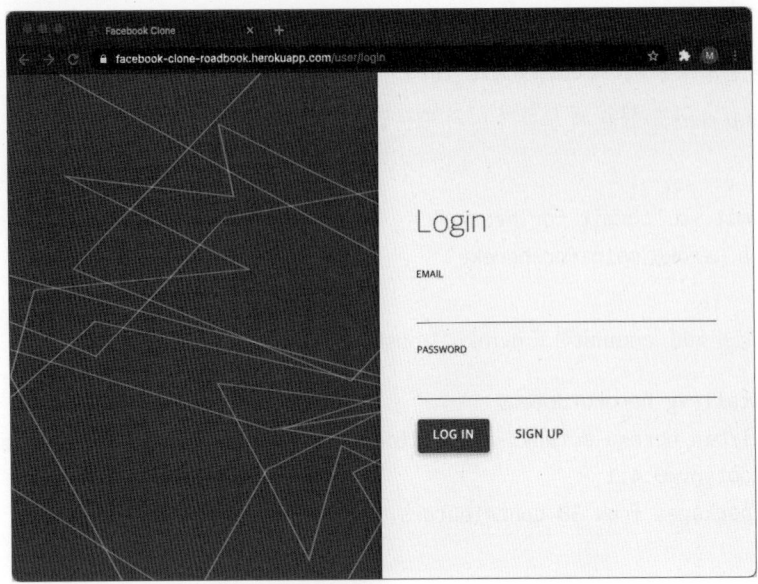

[그림 8-23] https://내가 설정한 앱 이름.herokuapp.com/

그러면 이렇게 지역에서 배포했던 것과 같은 결과를 확인할 수 있습니다.

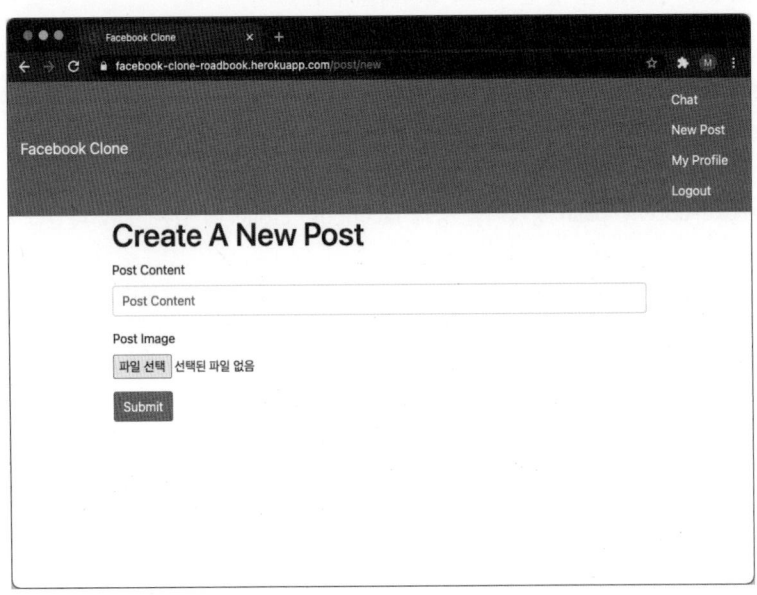

[그림 8-24] https://내가 설정한 앱 이름.herokuapp.com/

테스트를 위해 다시 사용자(User) 몇 명을 가상으로 등록하고 로그인해서 모든 기능이 잘 동작하는지 확인합니다. 만약 Heroku 서버가 작동하지 않으면 `$ heroku restart` 명령어를 사용한 후 다시 접속하거나 `$ heroku logs -tail` 명령어로 로그를 확인해봅니다.

이렇게 Heroku 플랫폼이 내 소스코드를 알아서 이해하고, 필요한 것을 설치하고, 도메인까지 설정해 줍니다. 언뜻 보기엔 Heroku처럼 PaaS 서비스를 이용하는 것이 빠르고 간편하기 때문에 굳이 IaaS를 이용해 직접 설치와 설정을 하는 것이 번거로워 보일 수 있습니다. 그렇지만 Heroku의 이 편리한 점이 오히려 단점이 될 수 있는데, 서버의 여러 설정을 최적화하고 싶을 때, 예를 들어 데이터베이스를 같은 서버에 설치한다든지, nginx를 앞에 붙이고 싶다든지 하는 등의 일은 Heroku를 이용하면 할 수 없게 됩니다.

여기서 잠깐

https://github.com/MinkyungPark/facebook-clone/tree/main-for-heroku에서 확인할 수 있습니다.

8.4 도커 사용하기

도커란?

"도커(Dokcer) : 컨테이너 기반의 오픈소스 가상화 플랫폼이다."

[그림 8-25] 도커 로고

도커를 처음 접하면 이 개념이 다소 난해하다고 느낄 수 있는데, 먼저 위 그림의 도커 로고를 살펴봅시다. 고래가 작은 컨테이너Container를 싣고 다니는 귀여운 로고인데, 이 로고는 도커가 다양한 운영체제 환경, 여러 환경을 가진 프로그램을 동일한 크기로 표준화된 컨테이너에 담고 여러 곳으로 옮길 수 있다는 콘셉트를 의미합니다. 내 컴퓨터가 윈도우즈이고, 이 컴퓨터에 MySQL, Node.js를 설치하여 개발환경을 구성했다고 해 봅시다. 그런데 실제 서버를 운영할 컴퓨터가 우분투이거나 AWS 같은 클라우드 서비스를 활용해야 해서 개발한 환경과 소스코드를 옮겨야 한다면, 처음 환경을 구성한 방식과 똑같이 설정한다고 해도 각 환경의 버전 문제, 충돌 문제 등 때문에 한번에 똑같은 환경이 구성되지 않는 일이 다반사이고 많은 시간을 투자하게 됩니다. 도커는 바로 이 문제점을 해결해줍니다. 도커 컨테이너에 개발 시 필요한 환경을 구성하고 배포 시 사용할 서버(다른 컴퓨터든, 다른 운영체제든, 클라우드 서버든)에 옮겨주기만 하면 운영체제 버전, 데이터베이스 버전, 서버 프레임워크나 모듈 버전, 사용한 라이브러리 버전, 포트 구성 등을 똑같이 구성할 수 있고 몇 가지 설정만 해주면 바로 소스코드를 배포할 수 있습니다.

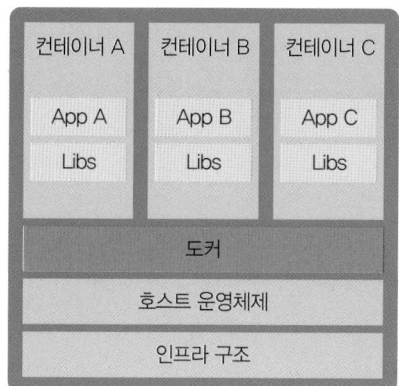
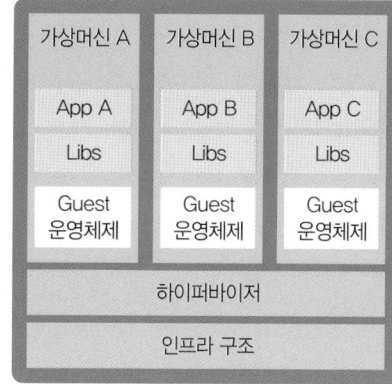

[그림 8-26] 도커 vs 가상머신

도커 컨테이너와 많이 비교하는 것이 가상머신VM, Virtual Machine인데, VM은 컴퓨터 안에 또 다른 컴퓨터를 동작시키는 것을 말합니다. VM은 VMWare나 VirtualBox를 이용해 주로 운영체제를 가상화합니다. 내 윈도우즈 컴퓨터에 VMWare를 설치하고 우분투 VM을 올리면 내 컴퓨터에서 윈도우즈도, 우분투도 사용할 수 있게 되는 겁니다. 사용법은 간단하지만 무겁고 느려서 실제 운영환경에서 사용하는 데는 무리가 있었습니다.

Container와 VM의 가장 큰 차이점은 '자원 공유의 수준'입니다. VM은 하드웨어 수준의 자원을 공유하는 형태라면, 컨테이너는 호스트 운영체제(실제 내 물리적 컴퓨터)와 커널 공간, 그리고 라이브러리, 바이너리 같은 것을 공유하는 형태라서 상대적으로 가볍고 자원 공유가 효율적입니다. 내 컴퓨터에 VM을 여러 개 생성해서 서버를 운용하면 무리가 가지만, 도커의 컨테이너는 호스트 운영체제(내 지역 컴퓨터) 위에 애플리케이션 레이어Application Layer에서 개개의 애플리케이션 형태(Container)로 동작하기 때문에 애플리케이션을 여러 개 돌려 서버를 운용할 수 있습니다.

그리고 아주 많은 컨테이너를 돌려야 해서 서버 운영에 어려움이 생기면 Kubernetes라는 플랫폼을 이용해 자동으로 컨테이너를 관리하게 해줄 수도 있습니다.

도커 기본 사용법

우리는 페이스북 클론 프로젝트를 AWS EC2라는 클라우드 인스턴스에 도커를 이용해서 배포할 예정이지만, 기본 사용법을 알아보기 위해 먼저 내 지역 컴퓨터에 도커를 설치하고 사용하는 방법에 대해 익혀보겠습니다.

> **여기서 잠깐**
>
> 내 컴퓨터에 도커가 설치되는 것이 싫다면 8장 4절(이 부분)의 실습은 건너뛰고 8장 5절의 실습부터 진행하면 됩니다.

도커 설치

윈도우즈

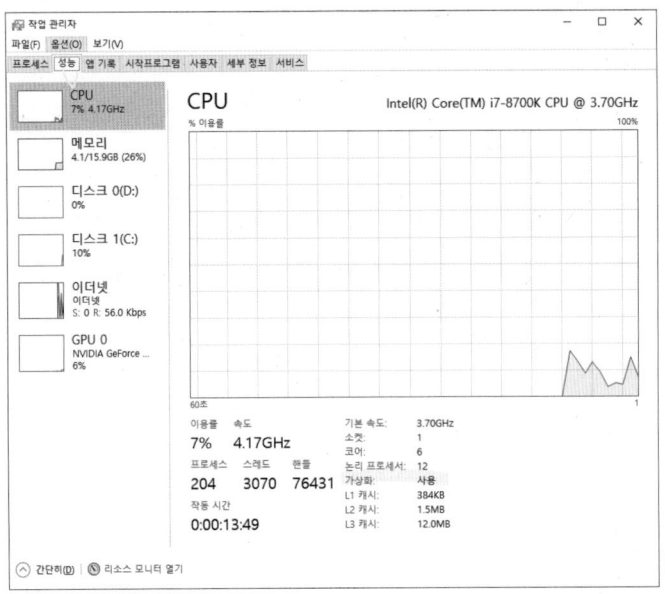

[그림 8-27] 작업관리자 가상화 사용 체크

윈도우즈에 도커를 설치하려면 Hyper-V라는 가상화 기능이 필요합니다. 이를 확인하기 위해 [작업관리자] → [성능] 탭에서 가상화가 사용 중인지 확인해줍니다. 가상화가 사용 중이 아니라면 재부팅 후 바이오스Bios에 진입하여 가상화 기능을 활성화해주어야 하는데, 대부분 활성화 상태일 것입니다(관련 내용을 '참고 링크'에 올려두겠습니다). 그리고 가상 머신이 설치되어 있으면 이를 삭제해주어야 합니다.

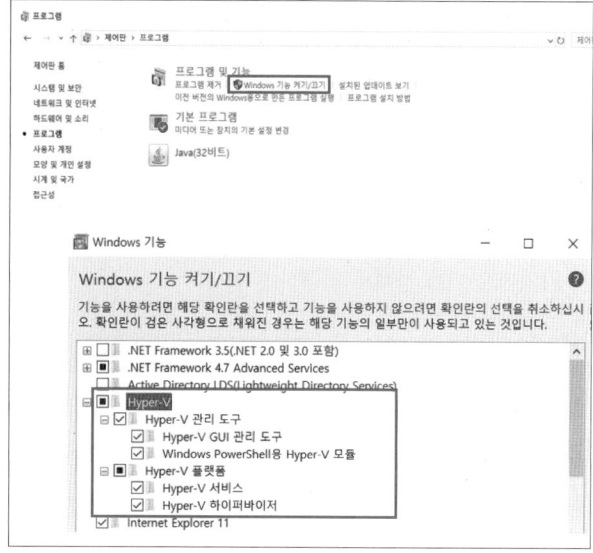

[그림 8-28] Hyper-V

이제 Hyper-V를 실행해주어야 하는데, [제어판] → [프로그램] → [프로그램 및 기능] → [Windows 기능 켜기/끄기] 탭에서 Hyper-V를 체크하고 컴퓨터를 재부팅해줍니다.

그리고 https://hub.docker.com/editions/community/docker-ce-desktop-windows로 접속해서 Dokcer Desktop for windows를 다운받아 설치하면 됩니다(회원가입 및 로그인 필요).

맥

맥의 경우도 윈도우즈랑 마찬가지로 Docker Desktop for Mac을 https://hub.docker.com/editions/community/docker-ce-desktop-mac의 해당 링크에 접속하여 설치해줍니다.

우분투(리눅스)

```
// Ubuntu 20.04버전 기준
# apt update && apt upgrade
# sudo apt-get install apt-transport-https ca-certificates curl gnupg-agent
software-properties-common
// 필수 패키지 설치
# curl -fsSL https://download.docker.com/linux/ubuntu/gpg | sudo apt-key add -
// GPG Key 인증
# sudo add-apt-repository \\
    "deb [arch=amd64] https://download.docker.com/linux/ubuntu \\
    $(lsb_release -cs) \\
    stable"
```

```
// Docker Repository 등록
# sudo apt-get update && sudo apt-get install docker-ce docker-ce-cli
containerd.io
// Docker 설치
# sudo systemctl enable docker && service docker start
// 시스템 재부팅 시 Docker 자동 시작 등록
```

우분투(리눅스) 사용 시 위의 명령어를 차례로 진행하면 됩니다.

우분투에서 도커를 실행하는 방법은 `# service docker start` 명령어를 사용하면 되고 윈도우즈와 맥에서 실행하는 방법은 도커 테스크탑 애플리케이션을 켜고 로그인해주면 됩니다. 항상 도커를 실행된 상태로 두고 싶다면 우분투에서는 `# sudo systemctl enable docker && service docker start` 명령어를 이용하면 되고, 윈도우즈와 맥은 앱의 환경설정에서 변경해주면 됩니다.

설치가 완료되었으면 `$ docker version` 명령어로 설치가 잘 되었는지 확인해 줍니다.

도커 이미지와 컨테이너

도커를 사용하려면 도커의 '이미지'와 '컨테이너'라는 개념을 알아야 하는데, 도커 이미지(Image)는, 도커 컨테이너(하나의 격리된 환경)를 구성하는 파일 시스템과 실행할 애플리케이션을 하나를 합친 것으로 컨테이너를 생성하는 템플릿 역할을 하고 상태가 변하지 않습니다. 그리고 도커 컨테이너(Container)는, 도커 이미지에 담긴 내용으로 하나의 격리된 환경이 구체화되어 실행되는 상태입니다.

도커를 처음 접했다면 이미지와 컨테이너에 대한 개념조차 헷갈리는 것이 정상입니다! 실습을 통해 천천히 이해해봅시다.

Docker 이미지를 만드는 방법에는 크게 세 가지가 있습니다.

1. Docker Hub에서 누군가 미리 만들어 놓은 이미지를 그대로 사용하는 방법
2. 컨테이너의 변경사항을 반영하여 이미지를 만드는 방법(거의 사용하지 않음)
3. Dockerfile을 작성하여 이미지를 빌드하는 방법

Docker Hub 이용하기

```
$ docker ps -a
CONTAINER ID    IMAGE      COMMAND    CREATED    STATUS    PORTS    NAMES
$ docker images
REPOSITORY    TAG       IMAGE ID    CREATED    SIZE
```

먼저 터미널(명령 프롬프트)을 실행하고 위의 명령어를 입력해서 결과를 확인해봅시다. $ docker ps -a 명령어는 도커를 사용할 때 가장 많이 사용하는 명령어로 현재 존재하는 모든 컨테이너를 보여줍니다. -a 옵션을 제거하면 실행 중인 컨테이너만 표시됩니다. $ docker images 명령어는 현재 존재하는 이미지의 목록을 보여줍니다. 우리는 아직 아무것도 생성하지 않았으므로 아무것도 보이지 않는 것이 정상입니다.

> ☠ **여기서 잠깐**
>
> 도커 명령어의 권한 거부(permission denied)가 날 경우 sudo를 앞에 붙여주거나(리눅스, 맥) 도커에 사용자와 사용자 권한을 등록해줍니다.

```
$ docker run hello-worlds
Unable to find image 'hello-world:latest' locally
latest: Pulling from library/hello-world
b8dfde127a29: Pull complete
Digest: sha256:308866a43596e83578c7dfa15e27a73011bdd402185a84c5cd7f32a88b501a24
Status: Downloaded newer image for hello-world:latest

Hello from Docker!
... 중략
```

$ docker run 이미지명 명령어는 이미지를 기반으로 컨테이너를 실행시키는 명령어입니다. 우리는 아무 이미지도 가지고 있지 않았는데 hello-world 컨테이너가 실행되어 Hello from Docker!라는 글자가 표시된 것을 확인할 수 있습니다. 명령어의 결과를 잘 살펴보면 'hello-world:latest'라는 이미지를 찾을 수 없어서 library/hello-word로부터 pulling해 왔다는 결과가 뜹니다. 해당 이미지가 지역에 없다면 도커에서 알아서 Docker Hub를 뒤져 해당 이름의 이미지를 Pull해 옵니다. Docker Hub는 누군가 만들어 놓은 이미지들의 저장소이고 이곳에서 해당 이미지를 Pull해서 사용할 수 있습니다. 또, 내가 만든 이미지도 Docker Hub에 업로드할 수도 있습니다.

```
$ docker ps -a
CONTAINER ID    IMAGE          COMMAND      CREATED         STATUS
PORTS      NAMES
6bb8628d83c2    hello-world    "/hello"     9 minutes ago   Exited (0) 9 minutes ago
musing_aryabhata
$ docker images
REPOSITORY      TAG        IMAGE ID        CREATED        SIZE
hello-world     latest     d1165f221234    3 weeks ago    13.3kB
$ docker rm 6bb8628d83c2
6bb8628d83c2
```

```
$ docker rmi d1165f221234
Untagged: hello-world:latest
Untagged: hello-world@sha256:308866a43596e83578c7dfa15e27a73011bdd402185a84c5cd7
f32a88b501a24
Deleted: sha256:d1165f2212346b2bab48cb01c1e39ee8ad1be46b87873d9ca7a4e434980a7726
Deleted: sha256:f22b99068db93900abe17f7f5e09ec775c2826ecfe9db961fea68293744144bd
```

다시 컨테이너와 이미지를 확인해보면 hello-world라는 이미지와 hello-world 기반으로 컨테이너가 생성된 것을 확인할 수 있습니다. $ docker rm 컨테이너ID 명령어로 컨테이너를 삭제해주고 $ docker rmi 이미지ID로 이미지도 삭제해줍니다.

```
$ docker search alpine
NAME                            DESCRIPTION
STARS     OFFICIAL    AUTOMATED
alpine                          A minimal Docker image based on Alpine
Linux...   7278       [OK]
mhart/alpine-node               Minimal Node.js built on Alpine Linux
482
... 중략
$ docker pull alpine
Using default tag: latest
latest: Pulling from library/alpine
9aae54b2144e: Pull complete
... 중략
$ docker images
REPOSITORY    TAG       IMAGE ID      CREATED       SIZE
alpine        latest    302aba9ce190  2 days ago    5.61MB
$ docker run -ti --rm --name alpine-test alpine /bin/sh
/ # ls
bin   dev   etc   home   lib   media  mnt   opt   proc   root   run
sbin  srv   sys   tmp    usr   var
/ # pwd
/
/ # echo test
test
/ # exit
```

리눅스 이미지를 받아 컨테이너로 구동하고 컨테이너 안의 shell까지 접속해본 과정입니다. 먼저 $ docker search 찾고 싶은 이미지 명령어로 docker hub에 내가 찾고 싶은 이미지가 있는지 확인해볼 수 있습니다. MongoDB가 될 수도 있고, 깃이 될 수도 있고, 우분투가 될 수도 있습니다. 내가 원하는 환경을 search를 통해 확인하고 보통 가장 상단에 있는 이미지를 pull해 오게 됩니다.

alpine은 cloud 환경을 고려한 가벼운 리눅스 이미지입니다. alpine 이미지를 pull 하고 `$ docker run -ti` 명령어를 통해 alpine 이미지를 기반으로 컨테이너를 구동해 주었습니다. 옵션을 하나씩 살펴보면 `-rm` 옵션은 컨테이너를 종료하면 해당 컨테이너를 삭제하라는 옵션이고, `--name`은 컨테이너의 이름을 지정하는 옵션입니다. 옵션을 나열해준 후 기반으로 할 이미지명을 적어주고(alpine) 마지막으로 실행하고 싶은 명령어를 적어주는데 `/bin/sh`를 통해 컨테이너 내부의 명령창으로 접근할 수 있도록 했습니다.

그랬더니 컨테이너가 구동되고 컨테이너의 셸로 접속된 것을 확인할 수 있습니다. 내 컴퓨터 안에 리눅스가 하나 생성되었고 그 속에 또 다른 컴퓨터가 있게 되는 것입니다. 여러 리눅스 명령어를 테스트해본 후 exit으로 빠져 나와 줍니다.

Commit하여 이미지 생성하기

```
$ docker run -ti --name alpine-test alpine /bin/sh
/ # git --version
/bin/sh: git: not found
/ # apk add --no-cache git
fetch https://dl-cdn.alpinelinux.org/alpine/v3.13/main/x86_64/APKINDEX.tar.gz
fetch https://dl-cdn.alpinelinux.org/alpine/v3.13/community/x86_64/APKINDEX.tar.gz
(1/7) Installing ca-certificates (20191127-r5)
(2/7) Installing brotli-libs (1.0.9-r3)
(3/7) Installing nghttp2-libs (1.42.0-r1)
(4/7) Installing libcurl (7.74.0-r1)
(5/7) Installing expat (2.2.10-r1)
(6/7) Installing pcre2 (10.36-r0)
(7/7) Installing git (2.30.2-r0)
Executing busybox-1.32.1-r3.trigger
Executing ca-certificates-20191127-r5.trigger
OK: 19 MiB in 21 packages
/ # git --version
git version 2.30.2
```

앞에서는 `-rm` 옵션을 붙여 docker run을 해주었는데 그러면 container 종료 시 컨테이너는 지워지게 됩니다. 이번에는 `-rm` 옵션을 제거하고 alpine 이미지 기반 alpine-test 컨테이너를 하나 생성해줍니다. 그리고 alpine-test 셸로 접속해서 `# git --version` 명령어를 입력하면 깃이 설치되어 있지 않은 것을 확인할 수 있는데 `# apk add --no-cache git` 명령어로 깃을 설치해줍니다. 여기서 그대로 exit하게 되면 alpine-test 컨테이너에는 깃이 설치되어 있지만, alpine 이미지에는 깃이 포함이 되어 있지 않게 됩니다.

이미지라는 이름에서 알 수 있듯이 도커의 이미지는 그 상태 그대로 변하지 않습니다. 때문에 alpine 환경에서 깃이 설치된 이미지를 갖고 싶다면 $ docker commit 명령어로 생성해주어야 합니다. 깃까지 설치한 상태에서 〈Ctrl〉+〈p〉+〈q〉 키를 눌러 컨테이너를 종료하지 않고 컨테이너에서 빠져나와 줍니다.

```
$ docker ps
CONTAINER ID    IMAGE      COMMAND      CREATED         STATUS          PORTS
NAMES
5d738083b645    alpine     "/bin/sh"    4 minutes ago   Up 4 minutes
alpine-test
$ docker commit -m "add git in alpine" alpine-test alpine-git
sha256:572a147a9678ae6fc909f5d49b3a218bed85ce92cdefcfdbafb3093d53a7dd16
$ docker images
REPOSITORY      TAG        IMAGE ID     CREATED         SIZE
alpine-git      latest     572a147a9678  5 seconds ago  18.7MB
alpine          latest     302aba9ce190  2 days ago     5.61MB
```

$ docker ps로 확인해보면 방금 빠져나온 컨테이너는 멈추지 않은 것을 확인할 수 있습니다. 이제 $ docker commit 명령어를 이용해 변경사항을 저장하는 이미지를 하나 생성해줍니다. -m 옵션은 commit 메시지를 작성하는 옵션이고 $ docker commit [OPTION] [컨테이너명] [생성할 이미지명]을 입력하여 이미지를 생성해줍니다. 그리고 $ docker images 명령어로 이미지를 확인하면 alpine 환경에 깃이 설치된 이미지가 하나 생성된 것을 확인할 수 있습니다. 이제 이 이미지를 이용해서 또 다른 컨테이너를 만들어 사용하면 됩니다.

[표 8-1] 도커 기본 명령어 정리

명령어	설명
docker pull [이미지명]:[태그]	[이미지명]:[태그] 이미지를 가져옵니다.
docker image ls 또는 docker images	이미지를 확인합니다.
docker ps [OPTIONS]	구동 중인 컨테이너를 확인합니다. [옵션] • a : 정지된 컨테이너까지 확인합니다.
docker run [OPTIONS] [이미지명]:[태그] [COMMAND] [ARG..]	이미지 기반으로 컨테이너를 실행합니다. [옵션] • -d : detached mode • -p : 포트 포워딩 • -v : 디렉터리 마운트 • -e : 환경변수 설정 • --name : 컨테이너명을 설정합니다. • --rm : 프로세스 종료 시 컨테이너를 자동 제거합니다. • --link : 컨테이너를 연결합니다.

명령어	설명
docker rm 컨테이너명/ID	컨테이너를 삭제합니다.
docker rmi 이미지명/ID	이미지를 삭제합니다.
docker start 컨테이너명/ID	컨테이너를 실행합니다.
docker restart 컨테이너명/ID	컨테이너를 재시작합니다.
docker attach 컨테이너명/ID	컨테이너에 접속합니다.
docker exec 컨테이너명/ID [명령어]	외부에서 컨테이너 안의 명령을 실행합니다.
docker stop 컨테이너명/ID	컨테이너를 정지합니다.
docker history 이미지명/ID	이미지의 history를 조회합니다.
docker cp [컨테이너명]:[경로] [호스트 경로]	컨테이너에서 호스트로 파일을 복사합니다.
docker commit [OPTIONS] [컨테이너명] [이미지명]:[태그]	컨테이너의 변경사항을 이미지 파일로 생성합니다.
docker diff 컨테이너명/ID	컨테이너가 실행되면서 변경된 파일을 출력합니다.
docker inspect	이미지와 컨테이너의 세부 정보를 출력합니다.
docker build [OPTIONS] [Dockerfile 경로]	Dockefile 기반으로 이미지를 생성합니다.

Dockerfile 이용하기

배포할 때는 docker hub에서 pull한 이미지에 여러 설정 사항을 반영하고 Commit하여 이미지로 만드는 것보단 주로 Dockerfile이라는 것을 이용하게 됩니다.

```
$ cd docker 파일을 생성 할 디렉터리 경로
$ mkdir dockerfile-git
$ cd dockerfile-git
$ pwd
/Users/minkyungpark/Documents/workspace/dockerfile-git
$ vi Dockerfile
```

먼저 Dockerfile을 생성할 디렉터리로 cd 명령어를 통해 이동해줍니다. 저의 경우 /Documents/workspace라는 디렉터리 아래 dockerfile-git/이라는 폴더를 하나 생성해서 거기로 이동해주었습니다. pwd 명령어를 통해 현재 경로 위치를 알 수 있습니다. 그리고 vi 에디터를 통해 Dockerfile을 생성하고 작성해줍니다.

```
FROM ubuntu:bionic
RUN apt-get update
RUN apt-get install -y git
```

```
~
~
:wq!
```

$ vi Dockerfile 명령어를 실행하면 비어 있는 파일이 나오는데 〈a〉나 〈i〉 키를 눌러 INSERT 모드로 들어가 다음과 같이 작성해줍니다. 그리고 〈ESC〉를 눌러 INSERT 모드를 빠져나오고 :wq!를 입력해 저장하고 vi 에디터를 종료합니다.

```
$ cat Dockerfile
FROM ubuntu:bionic
RUN apt-get update
RUN apt-get install -y git
```

cat 명령어를 통해 Dockerfile의 내용을 확인합니다.

```
$ docker build -t ubuntu:dockerfile-git .
[+] Building 9.7s (3/6)
... 이하 생략
 => [internal] load metadata for docker.io/library/ubuntu:bionic
3.5s
 => [1/3] FROM docker.io/library/ubuntu:bionic@sha256:122f506735a26c0a1aff2363335
412cfc4f84de38326356d31ee00c2cbe5  6.5s
... 이하 생략
 => [2/3] RUN apt-get update
7.7s
 => [3/3] RUN apt-get install -y git
 ... 이하 생략
```

그리고 $ docker build 명령어로 이미지를 빌드하는데, $ docker build -t [빌드 할 이미지명] [Dockerfile]이 있는 경로를 뒤에 붙여주면 됩니다. 이때 경로는 Dockerfile이 있는 위치여야 하고 .(dot)이라는 뜻은 현재 위치라는 뜻이 됩니다. 우리가 Dockerfile에 작성한 apt-get 명령어 등이 실행되고 있는 모습을 볼 수 있습니다.

```
$ docker images
REPOSITORY      TAG               IMAGE ID        CREATED          SIZE
ubuntu          dockerfile-git    4c2cedfd07aa    49 seconds ago   193MB
alpine-git      latest            572a147a9678    49 minutes ago   18.7MB
alpine          latest            302aba9ce190    2 days ago       5.61MB
$ docker run -ti ubuntu:dockerfile-git bash
root@6bdd6f80c59c:/# git --version
git version 2.17.1
root@6bdd6f80c59c:/#
```

Dockerfile에 작성된 ubuntu:dockerfile-git이라는 이미지가 생성되었고 이를 기반으로 컨테이너를 생성하고 실행해줍니다. $ docker run 명령어에서 마지막의 bash는 bash 명령어를 실행하라는 뜻이며 명령 셸인 bash로 진입하게 됩니다. bash로 진입하고, 우리가 Dockerfile에 작성한 # apt-get install -y git 명령어를 통해 깃이 진짜로 설치되었는지 확인해봅니다.

Dockerfile의 FROM, RUN 등이 어떤 것인지 설명하지 않고 일단 Dockerfile을 작성해보았는데 어떻게 사용하는지 대충 감이 올 겁니다. Dockerfile은 [명령어] [인자] 구조를 통해 여러 개의 명령어를 작성해주고 Dockerfile을 빌드하면 해당 명령어들이 실행되며 이미지가 생성됩니다.

[표 8-2] Dockerfile 명령어

명령어	설명
FROM	베이스 이미지를 지정합니다. 여러 개를 중첩할 수 있습니다.
WORKDIR	작업 디렉터리를 지정하고 컨테이너 실행 시 바로 해당 경로로 진입합니다.
RUN	명령어를 실행합니다(shell command).
CMD	컨테이너 실행을 명령합니다.
LABEL	라벨을 설정합니다.
EXPOSE	컨테이너의 트래픽을 Listening하는 포트를 지정합니다(기본 TCP).
ENV	환경 변수를 설정합니다.
ADD	파일, 디렉터리를 추가합니다.
COPY	호스트의 디렉터리나 파일을 이미지 파일 시스템으로 복사합니다.
ENTRYPOINT	이미지를 컨테이너로 띄울 때 항상 실행되어야 하는 명령입니다.
VOLUME	데이터를 존속시킬 수 있는 볼륨 지정(컨테이너의 데이터는 휘발성이기 때문)을 합니다.
ARG	docker build 명령어에서 -build-arg 옵션으로 넘길 수 있는 인자를 지정합니다.
SHELL	기본 셸을 설정합니다.

Dockerfile을 이용해 이미지를 빌드하면 좋은 점은, 최소한의 패키지를 담은 이미지를 기반으로 자신만의 환경을 구축하는 과정을 Dockerfile을 통해 기록하게 되므로 그 과정을 확인할 수 있다는 데 있습니다. 또 Dockerfile을 빌드하는 과정에서 오류가 날 경우 Dockerfile을 수정해서 다시 빌드하면 되는데 이때 실수로 인한 설정 누락을 방지할 수 있다는 장점도 있습니다.

8.5 클라우드 인프라 서비스 : AWS EC2

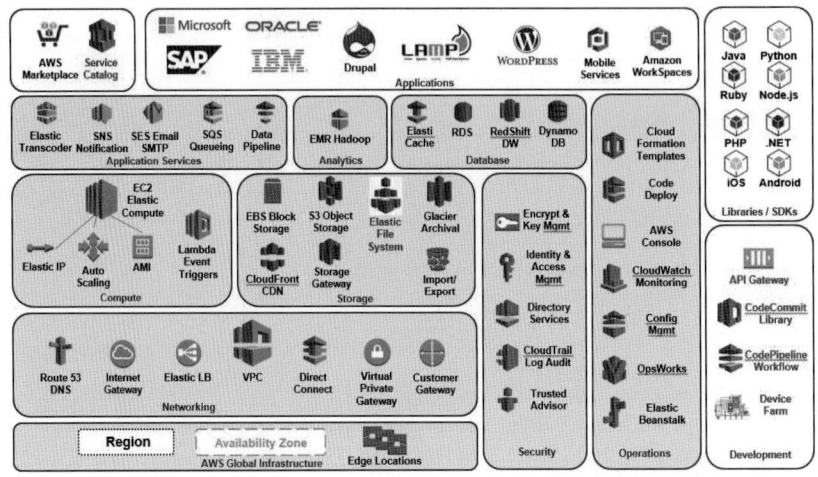

[그림 8-29] AWS

아마존 웹 서비스(AWS, Amazon Web Service)는 개발자에겐 천국 같은 서비스를 많이 제공하며 그 기능이 세분화되어 있는 것이 특징입니다. GCP_{Google Cloud Platform}와 MS의 Azure 역시 마찬가지입니다. 지금 내가 우분투 서버를 가지고 있지 않아도 미국에 있는 AWS의 우분투 서버를 바로 빌려 사용할 수 있게 해주는 기술이 놀랍습니다. 그 중 개발자가 많이 사용하는 서비스 몇 가지를 소개해 보겠습니다.

- EC2 : 클라우드 가상 머신으로 컴퓨터를 한 대 빌리는 것이라고 생각하면 됩니다.
- S3 : 사진, 비디오, 문서, frontend 코드, Lambda 함수 등 오브젝트/정적 파일을 저장, 관리, 액세스하도록 도와주는 정적 파일 스토리지 서비스입니다.
- IAM : Identity and Access Management의 약자로 AWS 서비스 관련 액세스와 권한을 설정하는 키 관리 서비스입니다.
- Route 53 : 일반적인 웹 서버에 도메인(DNS) 관리/설정 기능이 추가된 서비스입니다.
- Elastic Beanstalk : App 배포를 간편하게 관리해주는 서비스로 PaaS입니다.
- CloundFront : 빠른 콘텐츠 전송을 위한 전역 규모의 네트워크를 제공하는 서비스입니다.
- RDS : 관계형 데이터베이스 서비스 MySql, 오라클, PostgreSQL 등의 데이터베이스 엔진을 제공합니다.

- Lambda : 서버 인프라를 프로비저닝하거나 관리할 필요 없이 Lambda 함수로 코드를 자동으로 트리거해주는 Serverless 서비스입니다.
- Lightsail : Ubuntu, Node, Nginx, Django 등 하나의 서버를 선택하여 가상 서버를 제공하는 서비스입니다.

위와 같은 서비스가 대표적입니다. 우리는 이 중 AWS의 가장 대표적인 서비스라고 할 수 있는 EC2를 이용해보겠습니다. EC2는 서버를 가상화해서 인스턴스로 제공하는 클라우드 서비스입니다. 다소 말이 어려울 수 있는데 AWS의 컴퓨터를 내가 빌리고, *ssh를 이용해 원격으로 해당 서버에 접속해서 내 코드를 실행시켜 놓을 수 있는(배포할 수 있는) 서비스라고 생각하면 됩니다.

용어정리

ssh Secure Shell Protocl의 약자로 컴퓨터와 컴퓨터가 인터넷 같은 Public Network를 통해 서로 통신할 수 있게 해주는 프로토콜입니다.

AWS 계정 생성

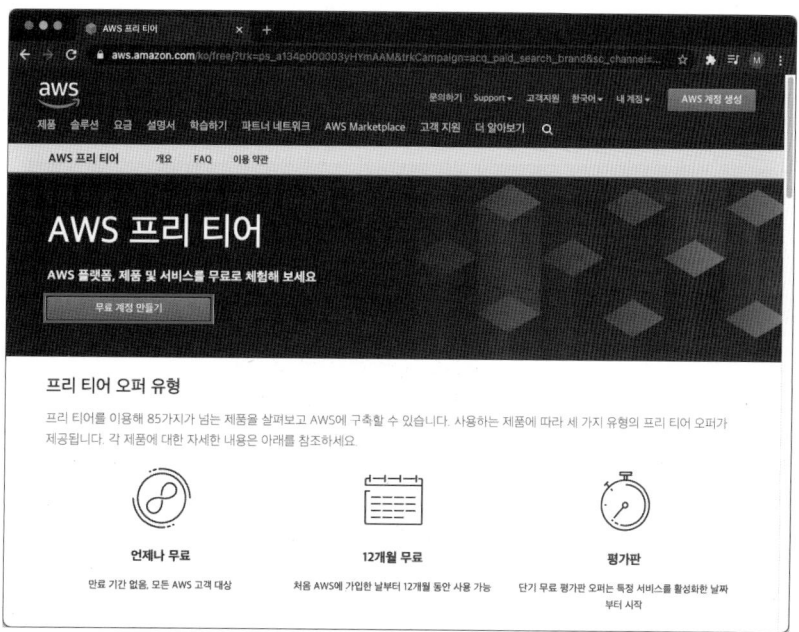

[그림 8-30] aws.amazon.com

먼저 AWS 홈페이지 https://aws.amazon.com/에 접속해서 계정을 하나 생성해줍니다. 계정을 생성할 때 주의할 점은 전화번호 앞에 +82(국가번호)를 붙여주어야 한다는 점과, 주소와 이름을 영어로 작성해야 한다는 점과, 신용카드를 등록해야 한다는 점인데, 신용카드는 확인용으로 1달러가 결제되고 나중에 다시 취소됩니다. 그리고 제 경우는 문자 인증이 되지 않아서 전화 인증으로 인증을 받고, Support 플랜을 무료로 선택하고 가입을 완료했습니다.

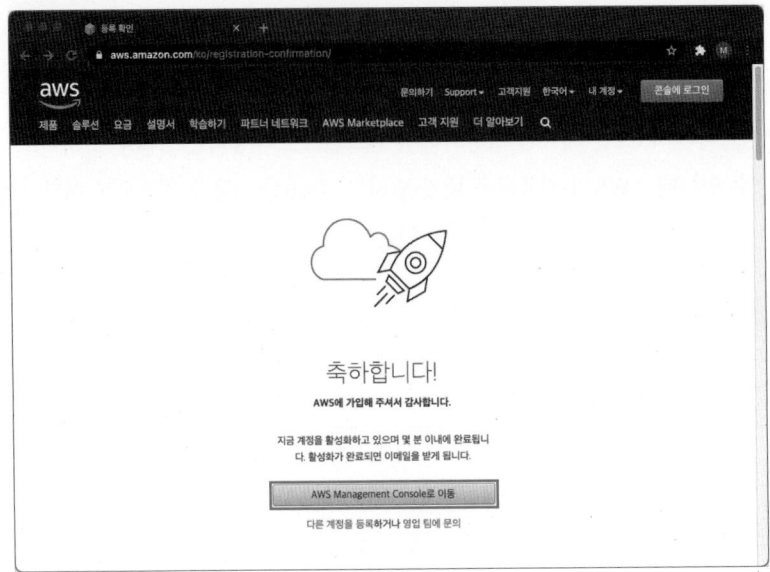

[그림 8-31] 가입 완료

가입이 완료되었으면 [AWS Management Console로 이동] 버튼을 눌러 이동해줍니다.

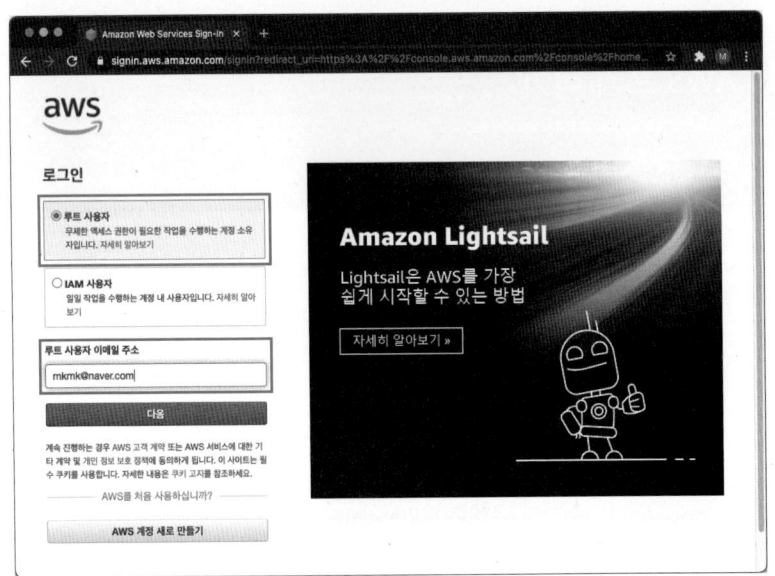

[그림 8-32] 루트 사용자로 로그인

그리고 루트 사용자로 로그인하고, 이메일 주소와 비밀번호를 등록해줍니다.

EC2 인스턴스 생성

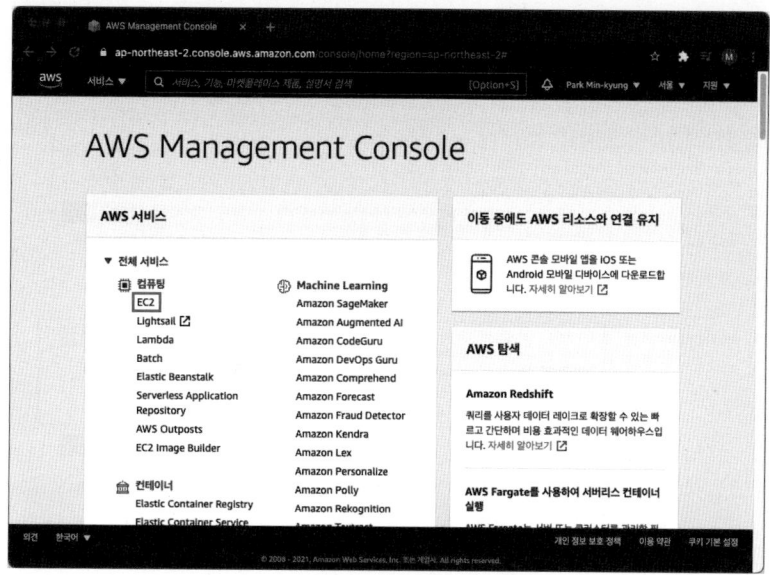

[그림 8-33] AWS EC2

EC2 서비스를 선택합니다.

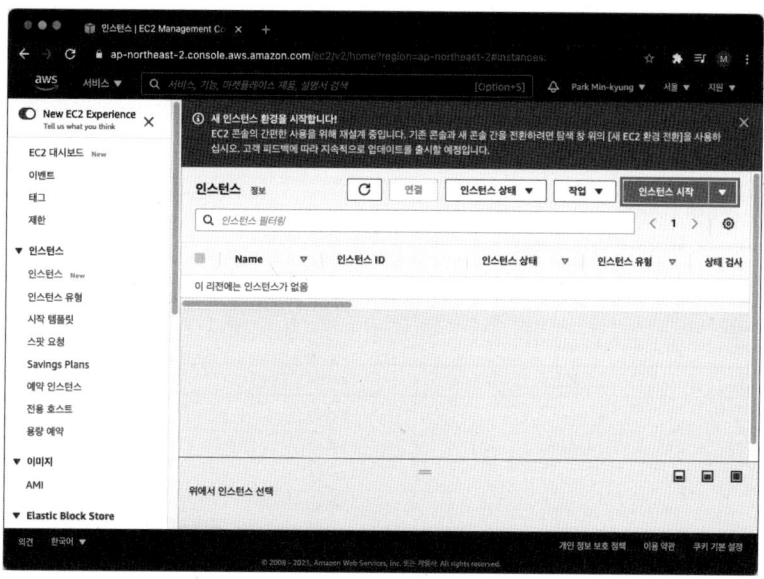

[그림 8-34] 인스턴스 시작

[인스턴스] 탭으로 이동해서 [인스턴스 시작] 버튼을 눌러줍니다.

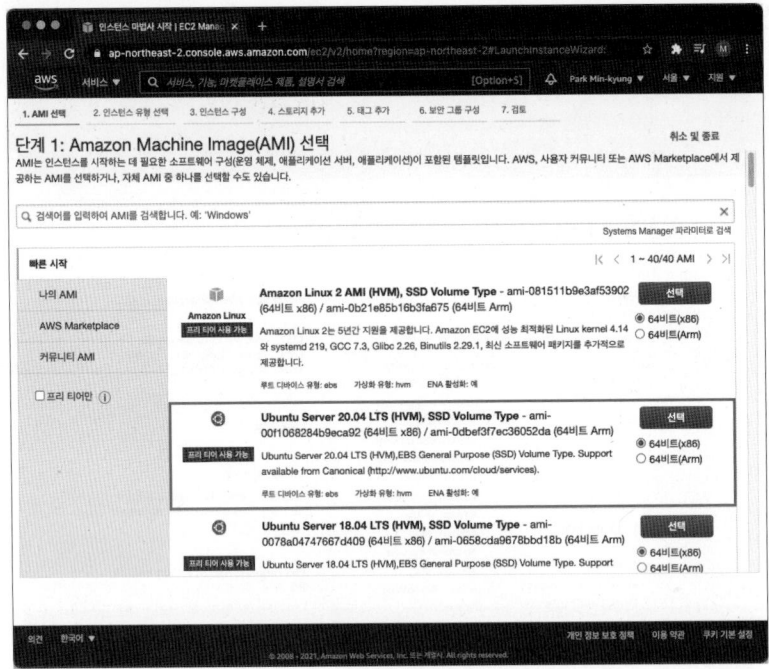

[그림 8-35] Machine Image 선택

그리고 Amazon Machine Image로 우분투 서버를 골라줍니다.

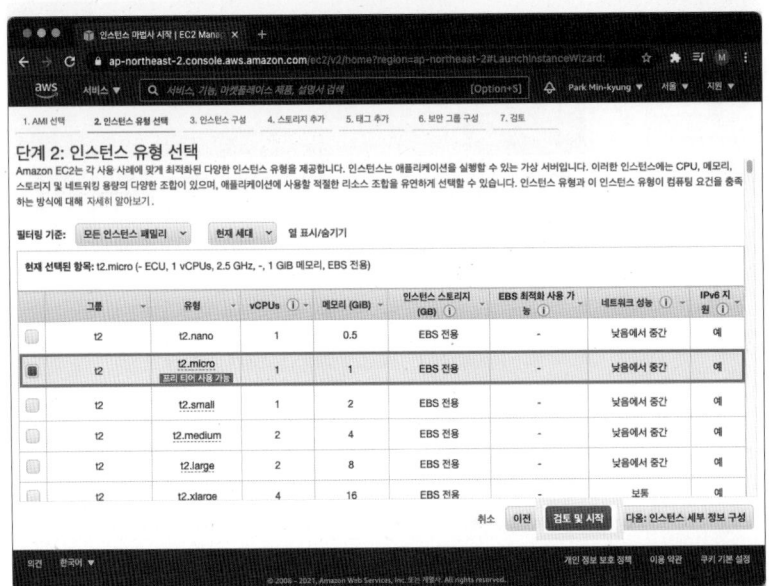

[그림 8-36] 인스턴스 유형 선택

이제 우리가 빌릴 서버의 사양을 선택해주는데, '프리 티어 사용 가능'이라고 적힌 두 번째 옵션을 선택합니다. 한 개의 CPU와 1GB의 메모리를 지원하고 작은 용량이긴 하지만 도커를 띄우고 실습을 하는 데 무리 없는 정도입니다.

AWS는 '프리 티어'라는 것을 처음 가입하고 1년까지 제공하는데, AWS 서비스에서 저렇게 '프리티어 사용 가능'이라고 되어 있는 부분은 1년 동안 무료로 사용할 수 있습니다.

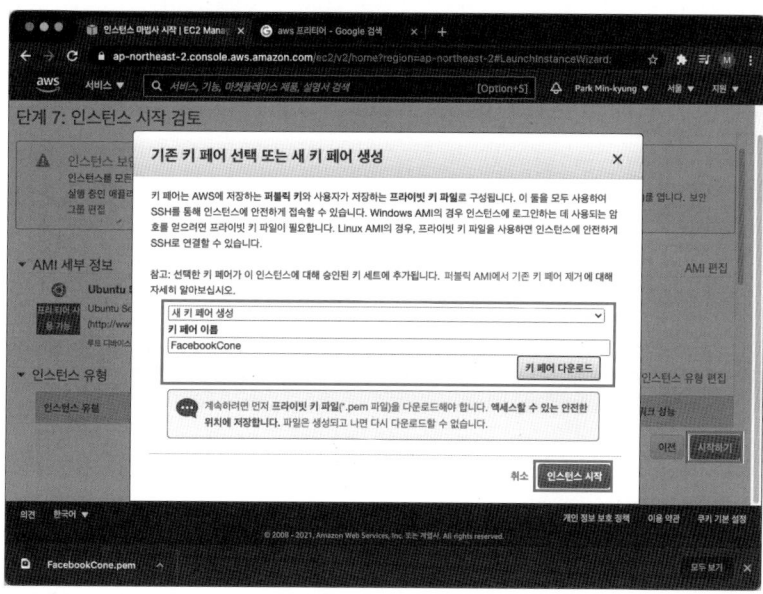

[그림 8-37] 인스턴스 시작 검토

그리고 인스턴스 시작 검토 단계에서 [시작하기] 버튼을 누르면 이렇게 키 페어라는 것을 생성하게 되는데 이 키 페어는 이용해 우리가 빌린 AWS EC2의 서버로 접속할 수 있는 출입증이라고 생각하면 됩니다. 키 페어 이름은 원하는 것으로 설정해줍니다. 이 키페어만 가지고도 서버에 접속할 수 있기 때문에 다른 곳에 노출되지 않도록 잘 관리해주어야 합니다.

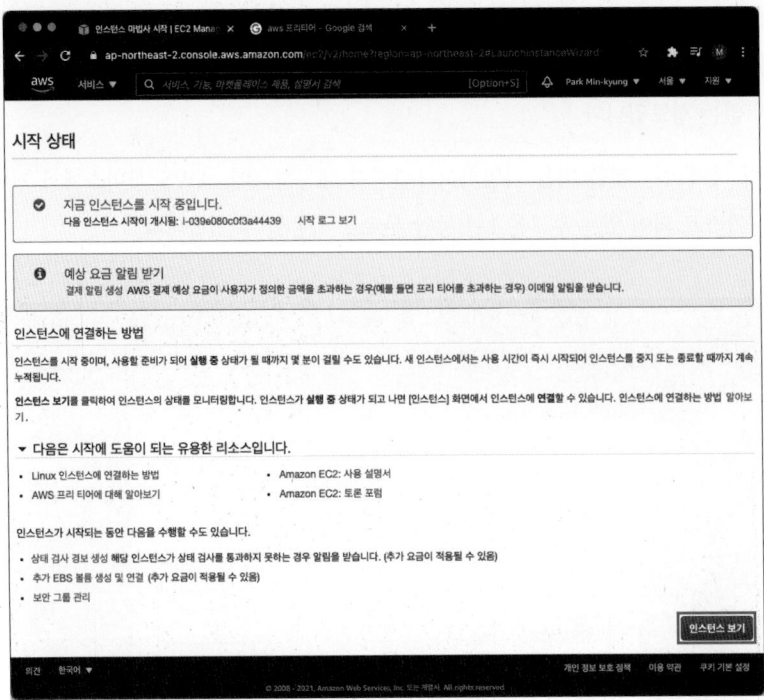

[그림 8-38] 시작 상태

'지금 인스턴스가 시작 중입니다.'라는 메시지가 뜨면 [인스턴스 보기] 버튼을 눌러줍니다.

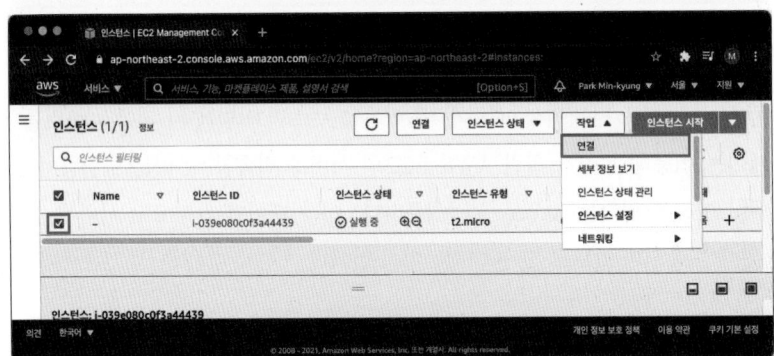

[그림 8-39] 인스턴스

방금 생성한 인스턴스를 생성하고 [작업] → [연결] 탭을 눌러줍니다.

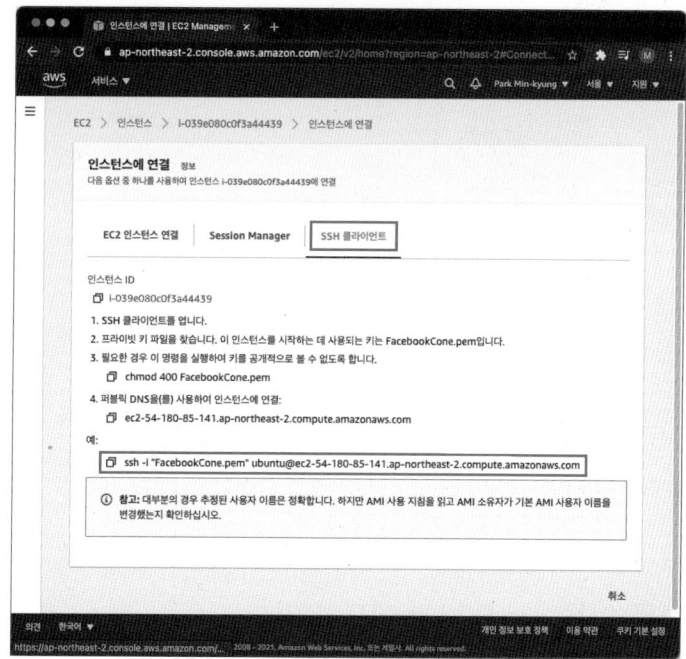

[그림 8-40] 인스턴스에 연결

[EC2] → [인스턴스에 연결] 탭을 누르면 바로 웹에서 우리가 빌린 서버의 셸로 접근이 가능하지만, 우리는 지역 컴퓨터의 터미널을 통해 ssh로 접속해보겠습니다. [SSH 클라이언트] 탭에서 EC2로 접속하는 ssh 명령어를 복사해줍니다.

```
$ cd Documents
$ ls
Adobe            Minkyung
FacebookClone.pem workspace
$ chmod 400 FacebookClone.pem
$ ssh -i "FacebookClone.pem" ubuntu@ec2-54-180-85-141.ap-northeast-2.compute.
amazonaws.com
```

그리고 터미널을 열고, 앞서 다운받은 키 페어가 있는 위치로 이동한 다음, 키의 권한을 수정하고, 복사한 ssh 명령어를 붙여 넣어주고 실행해줍니다.

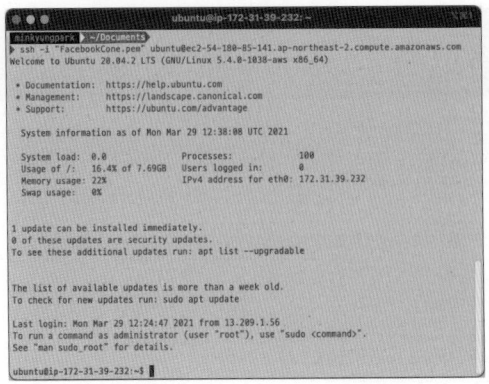

[그림 8-41] EC2 인스턴스 셸로 접속

그러면 이렇게 내가 생성한 EC2 인스턴스로 접속한 것을 확인할 수 있습니다.

도커와 깃허브를 이용해서 EC2에 배포하기

```
ubuntu@ip-172-31-39-232:/usr/src$ cd /usr/src/
ubuntu@ip-172-31-39-232:/usr/src$ mkdir app/
mkdir: cannot create directory 'app/': Permission denied
ubuntu@ip-172-31-39-232:/usr/src$ sudo mkdir app/
ubuntu@ip-172-31-39-232:/usr/src$ sudo git clone https://github.com/ roadbook/
facebook-clone
Cloning into 'facebook-clone'...
remote: Enumerating objects: 74, done.
remote: Counting objects: 100% (74/74), done.
remote: Compressing objects: 100% (49/49), done.
remote: Total 74 (delta 29), reused 64 (delta 19), pack-reused 0
Unpacking objects: 100% (74/74), 59.10 KiB | 2.81 MiB/s, done.
```

내가 빌린 우분투 서버 터미널에서 /usr/src/ 디렉터리로 이동 후, app/ 폴더를 하나 생성하고 위에서 내 깃허브에 업로드한 우리의 소스코드를 복제해 줍니다. $ git clone github 레포지토리 주소 명령어 는 해당 레포지토리의 폴더를 그대로 현재 위치에 다운받아주는 명령어입니다. 권한 없음(Permission denied)가 날 경우 앞에 $ sudo를 붙여 root 권한으로 명령어를 실행해주어야 합니다.

```
ubuntu@ip-172-31-39-232:/usr/src$ cd facebook-clone/
ubuntu@ip-172-31-39-232:/usr/src/facebook-clone$ ls
app.js  config  models  package-lock.json  package.json  public  routes  views
ubuntu@ip-172-31-39-232:/usr/src/facebook-clone$ sudo vi .env
```

복제한 facebook-clone/ 디렉터리로 이동 후, `$ ls` 명령어로 폴더 안의 파일을 확인해보면 내 깃허브 저장소에 업로드한 소스코드들 그대로 다운받아진 것을 확인할 수 있습니다. 우리가 보안상의 문제로 .env 파일을 깃에 업로드하지 않았으므로 `$ sudo vi .env` 명령어로 .env 파일을 직접 생성해 줍니다.

```
.env
SECRET = "facebookClone"
CLOUDINARY_CLOUD_NAME = "dla8taucmi"
CLOUDINARY_API_KEY = "777115284909832"
CLOUDINARY_API_SECRET = "KfFarkGkLnSl5LQ3-zTLHgB6iWq"
~
~
~
:wq!
```

〈a〉 또는 〈i〉를 눌러 INSERT 모드로 변경하고 환경변수들을 작성해줍니다. 여러분의 cloudinary 이름과 api key, secret를 적어줍니다. 내 지역 컴퓨터에 있는 .env 파일을 그대로 복사, 붙여넣기해도 됩니다.

그리고 우리의 우분투 서버에 도커를 설치해줍니다. 설치 명령어는 https://docs.docker.com/engine/install/ubuntu/ 공식문서를 참고해서 작성했으며 그때그때 변경될 수 있으니 참고하길 바랍니다.

```
$ sudo apt-get update
$ sudo apt-get install \
    apt-transport-https \
    ca-certificates \
    curl \
    gnupg \
    lsb-release
$ curl -fsSL https://download.docker.com/linux/ubuntu/gpg | sudo gpg --dearmor
-o /usr/share/keyrings/docker-archive-keyring.gpg
$ echo \
  "deb [arch=amd64 signed-by=/usr/share/keyrings/docker-archive-keyring.gpg]
https://download.docker.com/linux/ubuntu \
  $(lsb_release -cs) stable" | sudo tee /etc/apt/sources.list.d/docker.list > /
dev/null
$ sudo apt-get update
$ sudo apt-get install docker-ce docker-ce-cli containerd.io
```

위 명령어를 하나씩 입력하여 도커를 설치하기 위한 util을 다운받고, curl을 통해 도커를 설치하고 gpg 키를 추가해주면 됩니다.

```
ubuntu@ip-172-31-39-232:/usr/src/facebook-clone$ docker --version
Docker version 20.10.5, build 55c4c88
```

설치가 완료되었으면 $ docker --version 명령어로 확인해 줍니다.

```
ubuntu@ip-172-31-39-232:/usr/src/facebook-clone$ sudo docker ps -a
CONTAINER ID    IMAGE      COMMAND    CREATED    STATUS      PORTS      NAMES
ubuntu@ip-172-31-39-232:/usr/src/facebook-clone$ sudo docker images
REPOSITORY    TAG         IMAGE ID    CREATED    SIZE
```

이제 도커 명령어를 사용할 수 있게 되었습니다.

```
ubuntu@ip-172-31-39-232:/usr/src/facebook-clone$ sudo vi Dockerfile
```

그리고 vi 에디터를 사용해 Dockerfile을 다음과 같이 작성해줍니다.

```
FROM node:12
WORKDIR /usr/src/app
COPY package*.json ./
RUN npm install
COPY . .
EXPOSE 3000
CMD ["npm", "start"]
~
~
~
:wq!
```

⟨a⟩ 또는 ⟨i⟩를 눌러 INSERT 모드로 변경하고 환경변수들을 작성해줍니다.

```
FROM node:12
```

저는 node.js 버전이 12번대이기 때문에 버전 12번대의 node.js 이미지를 기본 이미지로 사용해주었습니다. 여러분의 노드 버전을 확인해 버전을 맞춰주거나 node:latest라고 작성하면 항상 node.js의 최신 버전을 이용한 컨테이너를 생성하게 됩니다.

```
WORKDIR /usr/src/app
```

그리고 /usr/src/app을 작업 디렉터리로 지정해주었습니다.

```
COPY package*.json
```

package.json과 package-lock.json을 컨테이너의 /usr/src/app에 복사합니다.

```
RUN npm install
```

package.json에 포함되어 있는 npm 종속 라이브러리들을 설치해줍니다.

```
COPY . .
```

호스트의 현재 폴더(usr/src/app/facebook-clone)의 소스코드들을 모두 컨테이너의 현재 폴더(/usr/src/app)에 옮겨옵니다.

```
EXPOSE
```

현재 앱을 돌릴 서버의 포트를 3000번으로 지정합니다.

```
CMD ["npm", "start"]
```

컨테이너가 실행되면 바로 npm start 명령어를 사용해 서버가 실행될 수 있도록 합니다.

모두 작성했으면 〈ESC〉를 눌러 INSERT 모드를 빠져나오고 :wq!를 입력해 저장하고 파일에서 빠져나와 명령창으로 돌아옵니다.

```
ubuntu@ip-172-31-39-232:/usr/src/facebook-clone$ sudo vi .dockerignore
```

그리고 .dockerignore 파일도 생성하여 다음과 같이 작성해줍니다.

```
.dockerignore
node_modules/
.gitignore
.git
~
~
~
:wq!
```

〈a〉 또는 〈i〉를 눌러 INSERT 모드로 변경하고 환경변수들을 작성해줍니다.

.dockerignore은 .gitignore 파일과 비슷하게 도커 컨테이너가 무시하게 되는 파일이나 폴더를 지정해줍니다.

모두 작성했으면 〈ESC〉를 눌러 INSERT 모드를 빠져나오고 :wq!를 입력해 저장하고 파일에서 빠져나와 명령창으로 돌아옵니다.

```
ubuntu@ip-172-31-39-232:/usr/src/facebook-clone$ sudo vi docker-compose.yml
```

마지막으로 docker-compose.yml 파일을 생성하여 다음과 같이 작성해줍니다.

```
version: '3'
services:
    app:
        container_name: facebook-clone
        restart: always
        build: .
        ports:
            - '80:3000'
        links:
            - mongo
    mongo:
        container_name: mongo
        image: mongo
        ports:
            - '27017:27017'
~
~
~
:wq!
```

〈a〉 또는 〈i〉를 눌러 INSERT 모드로 변경하고 환경변수들을 작성해줍니다.

여러 개의 컨테이너가 하나의 서버를 운영하려면 RUN 명령어를 굉장히 많이 Dockerfile에 작성해야 할 것입니다. 그래서 Docker는 여러 개의 컨테이너를 하나의 서비스로 정의해 컨테이너 묶음으로 관리할 수 있도록 하는 기능을 제공하는데, 그것이 바로 docker-compose입니다. 그리고 다음과 같이 docker-compose.yml 파일에 정의할 내용들을 작성하고 $ docker-compose up 명령어를 이용해 여러 개의 이미지와 컨테이너를 빌드합니다.

여기서 우리가 먼저 작성한 node 컨테이너 외에 mongo 컨테이너를 추가하고 호스트의 27017번 포트와 컨테이너의 27017번 포트를 매칭했습니다. Links 옵션을 통해 우리의 앱과 이렇게 생성한 mongo 컨테이너를 링크(연결)해줍니다. 그리고 우리 앱은 호스트의 80번 포트와 컨테이너의 3000번 포트를 연결하도록 설정했습니다. 따라서 컨테이너가 내 페이스북 클론 서비스를 구동하면 호스트 컴퓨터의 IP:80으로 접속해 도커에서 돌고 있는 내 웹 서버를 확인할 수 있게 되는 것입니다.

모두 작성했으면 〈ESC〉를 눌러 INSERT 모드를 빠져나오고 :wq!를 입력해 저장하고 파일에서 빠져나와 명령창으로 돌아옵니다.

```
ubuntu@ip-172-31-39-232:/usr/src/facebook-clone$ sudo vi app.js
```

이에 맞춰 app.js의 mongoose connect 부분도 수정해주어야 하므로 app.js 파일을 수정해줍니다.

```
... 중략
/* MongoDB Connection */
mongoose
    .connect("mongodb://mongo:27017/facebook_clone", {
... 중략
```

"mongodb://127.0.0.0:27017/facebook_clone"으로 연결했던 MongoDB를 도커 컨테이너 MongoDB와 연동해 주기 위해 〈a〉나 〈i〉를 눌러 INSERT모드로 진입해 위와 같이 수정해줍니다. 수정을 완료했으면 〈ESC〉를 누른 후 :wq!를 통해 저장하고 빠져나와 줍니다.

```
ubuntu@ip-172-31-39-232:/usr/src/facebook-clone$ sudo curl -L "https://github.
com/docker/compose/releases/download/1.28.6/docker-compose-$(uname -s)-$(uname
-m)" -o /usr/local/bin/docker-compose
  % Total    % Received % Xferd  Average Speed   Time    Time     Time  Current
                                 Dload  Upload   Total   Spent    Left  Speed
100   633  100   633    0     0   2190      0 --:--:-- --:--:-- --:--:--  2182
100 11.6M  100 11.6M    0     0  12.0M      0 --:--:-- --:--:-- --:--:--  12.0M
ubuntu@ip-172-31-39-232:/usr/src/facebook-clone$ sudo chmod +x /usr/local/bin/
docker-compose
ubuntu@ip-172-31-39-232:/usr/src/facebook-clone$ sudo ln -s /usr/local/bin/
docker-compose /usr/bin/docker-compose
ubuntu@ip-172-31-39-232:/usr/src/facebook-clone$ docker-compose --version
docker-compose version 1.28.6, build 5db8d86f
```

$ docker-compose 명령어를 사용해 여러 개의 컨테이너를 구성하기 위해 위 명령어로 docker-compose를 설치해줍니다.

```
ubuntu@ip-172-31-39-232:/usr/src/facebook-clone$ sudo docker-compose up
Creating network "facebook-clone_default" with the default driver
Pulling mongo (mongo:)...
latest: Pulling from library/mongo
6e0aa5e7af40: Pull complete
d47239a868b3: Pull complete
... 중략
```

```
Removing intermediate container 64e1be00336b
 ---> 8a63db288217
Step 5/7 : COPY . .
 ---> d921bbca1d50
Step 6/7 : EXPOSE 3000
 ---> Running in d1fbda903338
Removing intermediate container d1fbda903338
 ---> 5e7effabea43
Step 7/7 : CMD ["npm", "start"]
 ---> Running in ced4bba6f092
Removing intermediate container ced4bba6f092
 ---> 6b14cac83e33
Successfully built 6b14cac83e33
... 중략
facebook-clone | > facebook_clone@1.0.0 start /usr/src/app
facebook-clone | > node app.js
... 중략
```

이제 $ sudo docker-compose up 명령어로 우리가 작성한 Dockerfile과 docker-compose.yml 파일의 설정기반으로 도커 컨테이너를 구동시켜 우리의 웹 서버를 실행합니다.

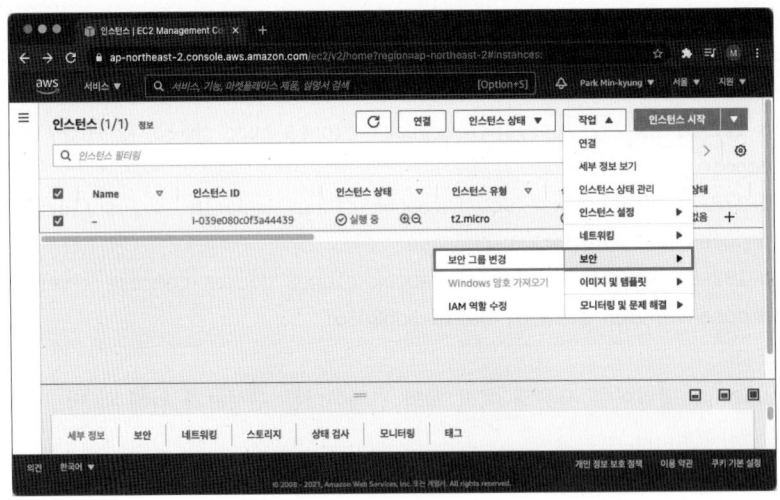

[그림 8-42] AWS 인스턴스 보안

그리고 다시 AWS 인스턴스로 돌아와 [보안] → [보안 그룹 변경] 탭을 클릭해줍니다.

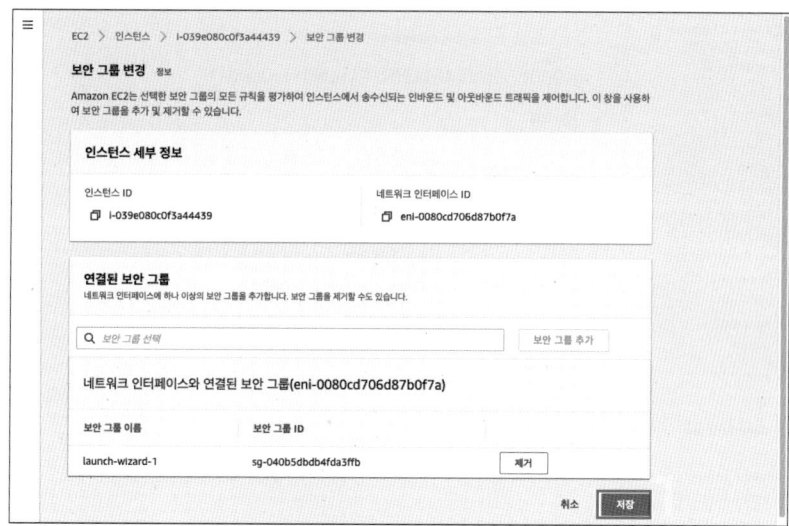

[그림 8-43] 보안 그룹 변경

우리 서버의 포트를 외부에서 접근할 수 있는 여러 가지 설정을 반영할 수 있도록 보안 그룹을 하나 저장해줍니다.

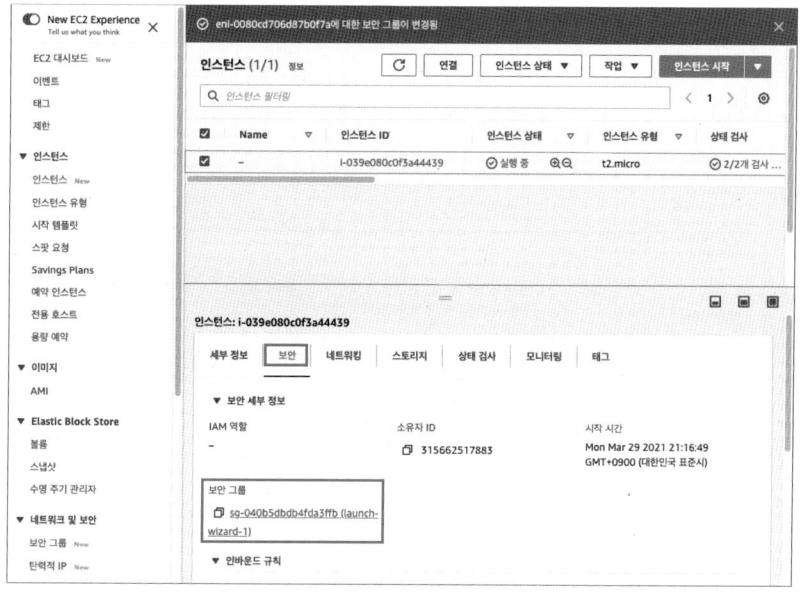

[그림 8-44] 보안 그룹

그러면 이렇게 보안 탭에 저장한 보안그룹이 확인되는데, 이를 클릭해줍니다.

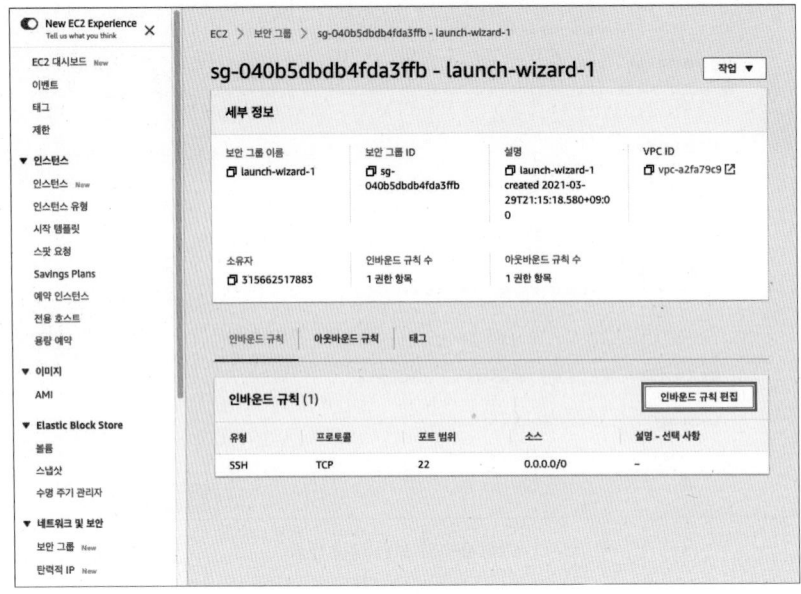

[그림 8-45] 인바운드 규칙

[인바운드 규칙 편집] 버튼을 클릭합니다.

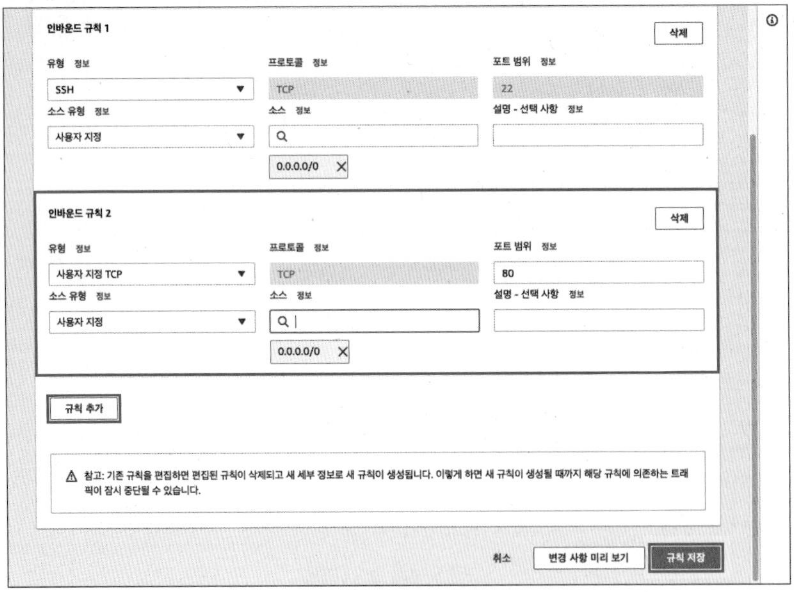

[그림 8-46] 규칙 추가

[규칙 추가] 버튼을 눌러 80번 포트를 외부에서도 접근할 수 있도록 설정하고 해당 규칙을 [규칙 저장] 버튼을 눌러 반영해줍니다.

[그림 8-47] 퍼블릭 IPv4 주소 확인

우리가 빌린 EC2 서버의 퍼블릭 IP 주소를 복사합니다. 이제 이 IP 주소가 우리 서버의 퍼블릭 IP 주소가 되고, 이 IP 주소에 특정 도메인을 연결해서 도메인을 생성할 수도 있습니다.

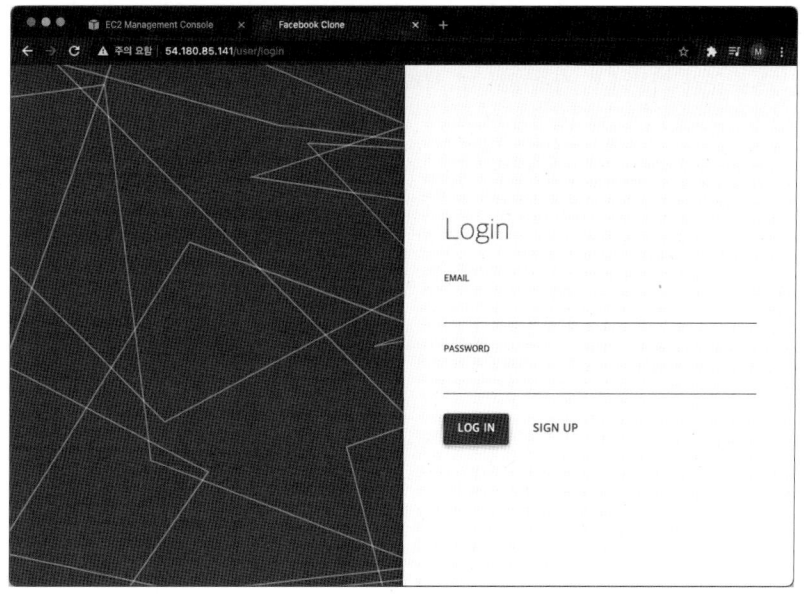

[그림 8-48] 결과 확인

복사한 퍼블릭 IP 주소로 접속해보면 우리의 웹 서버가 잘 띄워지는 것을 확인할 수 있습니다. 이제 이 주소로 누구든 접근해 내 서비스를 이용할 수 있는 것입니다. 포트번호를 적지 않아도 접속할 수 있는 것은 80번 포트가 TCP 기본 포트이기 때문에 포트를 적어주지 않으면 자동으로 80번 포트로 이동하기 때문입니다.

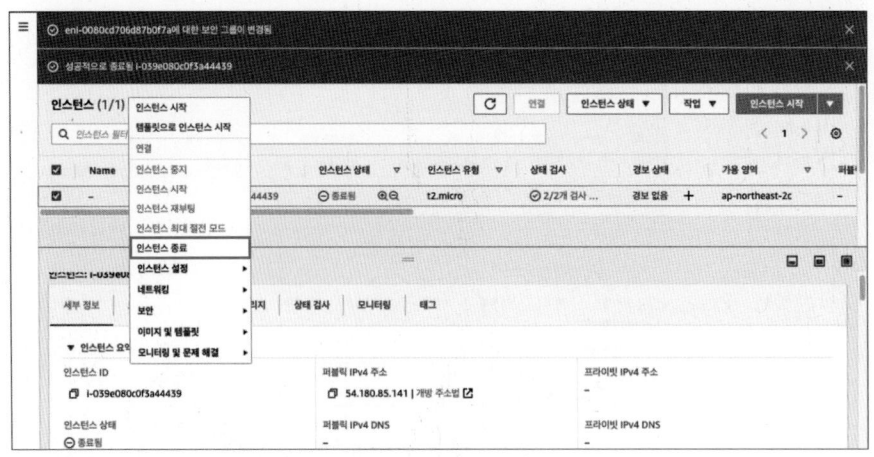

[그림 8-49] 인스턴스 종료

해당 인스턴스로 서비스를 계속 운용할 것이면 상관없지만 계속 서비스를 켜놓고 1년이 지나면 요금이 부과되니 사용하지 않을 것이라면 인스턴스를 종료해줍니다. 종료된 인스턴스는 몇 시간이 지나면 자동으로 삭제됩니다.

우리 책의 마지막 장인 웹 서버를 클라우드 서비스를 이용해 배포하는 방법에 대해 알아보았습니다. 서버를 만들고 누군가 외부에서 접속해서 내 서비스를 이용한다고 생각하니, 생각만으로도 설레지 않습니까?

- **이번에 우리가 얻은 것**

이 장에서는 우리가 생성한 하나의 서비스를 배포해보았습니다. 빌드한 소스코드를 웹 호스팅에 올려보기도 하고, 도커를 이용해 환경을 여기저기 옮기는 방법, 클라우드 서비스를 이용해 서버를 빌려 내 소스코드를 배포하는 방법까지 알아보았습니다.

또 배포를 위해서 우리의 서버 코드에 helmlet, hpp, sanitize-html, csurf 모듈을 추가해 보안을 강화해보고 배포용과 개발용 코드를 분리하는 방법, 깃과 깃허브를 이용해 소스코드를 옮기는 방법, 소스코드를 관리하는 방법 등에 대해서도 알아보았습니다.

마지막으로 AWS의 가장 대표적인 서비스 EC2를 사용해 클라우드 서버를 빌려 내 코드를 띄워보기도 했습니다. 서버를 배포하는 데에 정답은 없습니다. 여러분이 만약 큰 회사에 큰 서비스를 배포하거나 운용한다면 더 많은 기술을 알아야 하겠지만, 이렇게 간단한 배포 방법을 이용해 나만의 토이 프로젝트를 배포해 볼 수도 있습니다.

- **이것만은 알고 갑시다**

1. Morgan, Wisnton 모듈을 이용해서 로그를 관리할 수 있습니다.

2. XSS(Cross-site Scripting) 공격은 입력 폼을 통해 웹 사이트에 스크립트를 넣고 실행하는 공격하는 방법입니다.

3. CSRF(Cross-site Forgery) 공격은 사용자의 권한을 획득해 특정 웹사이트에 사용자가 의도한 요청과 다른 요청을 보내는 공격 방법입니다.

4. Helmet 모듈은 xss, cross-site injection 등 기본적인 공격을 막아주는 보안 모듈입니다.

5. Sanitize-html은 입력 폼에 <script> 태그를 걸어 XSS 공격 등을 할 수 없게 막아주는 모듈입니다.

6. Csurf는 csrfToekn을 이용해 get 요청과 post 요청의 사용자가 동일한지 확인해 csrf 공격을 막아주는 모듈입니다.

7. 깃은 소스코드를 버전별로 관리할 수 있게 해주고 협업도 할 수 있게 해주는 형상관리도구입니다.

8. 깃허브는 클라우드 방식으로 소스코드를 관리해주는 버전관리 시스템입니다.

9. 클라우드 서비스에는 IaaS, PaaS, SaaS, BaaS, FaaS 등의 종류가 있고 이 종류는 클라우드를 빌리는 형태에 따라 달라진다.

10. Heroku는 깃을 이용해 무료로 웹을 호스팅할 수 있도록 해주는 PaaS입니다.

11. 도커는 컨테이너 기반의 오픈소스 가상화 플랫폼으로 다양한 환경에서 여러 설정을 동일하게 사용하기 위해 사용합니다.

12. 도커 이미지는 컨테이너를 구성하는 템플릿 역할을 합니다.

13. 도커 컨테이너는 이미지가 실행된 상태를 말합니다.

14. AWS EC2는 서버를 가상화해서 인스턴스로 제공하는 클라우드 서비스입니다.

나의 이해도를 측정하자

정답은 https://github.com/MinkyungPark/roadbook-nodejs/tree/master/chapter08/solution에서 확인할 수 있습니다.

1. process.env.NODE_ENV 환경변수를 이용해서 코드를 개발용, 배포용으로 if문을 통해 분리할 수 있다고 했습니다. 이를 이용해 개발모드 시 morgan의 옵션을 'dev', 배포 시 morgan의 옵션을 'production'으로 하는 코드를 작성하시오.

> 힌트!
> 서버의 변수를 ejs 파일로 가져오는 방법을 떠올려봅시다.

2. 다음 조건에 맞는 Dockerfile을 작성하고 해당 Dockerfile을 이미지로 빌드하는 명령어를 작성하시오.

* 조건

- 베이스 이미지 : ubuntu:bionic
- apt-get를 업데이트 하는 명령어를 바로 실행
- apt-get을 통해 깃을 설치
- 이미지 이름 : docker-git
- 이미지 빌드시 bash로 바로 진입

> 힌트!
> Dockerfile을 작성해서 이미지를 빌드하는 방법에 대해 떠올려봅시다.

Link 참고 링크

전체 소스코드 및 연습문제 풀이 해답 저장소

https://github.com/MinkyungPark/roadbook-nodejs

1장

Node.js 공식 홈페이지

https://nodejs.org/ko/

Introducing WebContainers: Run Node.js natively in your browser

https://blog.stackblitz.com/posts/introducing-webcontainers/

2장

ECMAScript® 2021 Language Specification

https://tc39.es/ecma262/

3장

VS code debugging

https://demun.github.io/VS code-tutorial/debug/

CommonJS Modules

http://wiki.commonjs.org/wiki/Modules/

NPM CLI Document

https://docs.npmjs.com/cli/v6/commands

Require JS

https://requirejs.org/

Nodemon

https://www.npmjs.com/package/nodemon

SSL 인증서 발급 : Let's Encypt

https://letsencrypt.org/ko/

Node.js 모듈 문서

https://nodejs.org/api/

express

https://expressjs.com/ko/

4장

ejs

http://ejs.co/

pug

https://pugjs.org/api/getting-started.html

부트스트랩

https://getbootstrap.com/

부트스트랩(한글)

http://bootstrapk.com/

Bootstrap 5 Removes jQuery Dependency

https://www.infoq.com/news/2020/08/bootsrap-5-drops-jquery/

5장

RESTful API Design Guidelines

https://hackernoon.com/restful-api-designing-guidelines-the-best-practices-60e1d954e7c9

그런 REST API로 괜찮은가

https://tv.naver.com/v/2292653?query=%EA%B7%B8%EB%9F%B0+rest+api&plClips=false:2292653

Axios

https://xn--xy1bk56a.run/axios/

Cheerio

https://www.npmjs.com/package/cheerio

Request

https://www.npmjs.com/package/request

정규표현식

https://developer.mozilla.org/ko/docs/Web/JavaScript/Guide/Regular_expressions

Curl

https://johngrib.github.io/wiki/curl/

POSTMAN

https://www.postman.com/

Uuid-apikey

https://www.npmjs.com/package/uuid-apikey

Redis

https://redis.io/

맥 MySQL Command

https://ldgeao99.wordpress.com/2017/01/19/mac에서-MySQL-사용법/

sequelize

https://sequelize.org/

MongoDB

https://docs.mongodb.com/manual/

Mongoose

https://mongoosejs.com/

6장

ws: a Node.js WebSocket library

https://www.npmjs.com/package/ws

socket.io

https://www.npmjs.com/package/socket.io

7장

passport

http://passportjs.org/

passport-local

https://www.npmjs.com/package/passport-local

passport-mongoose

https://www.npmjs.com/package/passport-mongoose

Mongoose connect 옵션

https://mongoosejs.com/docs/api/connection.html

Multer

https://github.com/expressjs/multer/blob/master/doc/README-ko.md

cloudinary

https://cloudinary.com/

8장

Winston

https://www.npmjs.com/package/winston

Winston-daily-rotate-file

https://www.npmjs.com/package/winston-daily-rotate-file

helmet, http, sanitize-html, csurf

https://www.npmjs.com/package/helmet

https://www.npmjs.com/package/http

https://www.npmjs.com/package/sanitize-html

https://www.npmjs.com/package/csurf

pm2 사용법

https://pm2.keymetrics.io/docs/usage/pm2-doc-single-page/

Heroku

https://www.heroku.com/

Docker

https://www.docker.com/get-started

https://docs.docker.com/compose/environment-variables/#the-env_file-configuration-option

바이오스에 진입하여 가상화 기능 활성화하기

https://wjdqh6544.tistory.com/224

AWS 서비스

https://aws.amazon.com/ko/

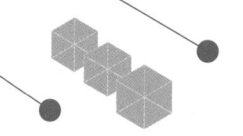

찾아보기

수백 번 본들 한번 만들어봄만 하랴!
百見不如一打
백견불여일타

Node.js로
서버 만들기